D1692100

westermann

11

Bayern

Standpunkte der Ethik

Erarbeitet von Joachim Aulinger und Dr. Harald Münster

Teile der vorliegenden Ausgabe basieren auf:

Standpunkte der Ethik. Herausgegeben von Johannes Hilgart. Erarbeitet von Erarbeitet von Marten Bleekemolen, Johannes Hilgart, Eva Lensch und Christin Schermuk. Paderborn: Schöningh 2017

© 2023 Westermann Bildungsmedien Verlag GmbH, Georg-Westermann-Allee 66, 38104 Braunschweig
www.westermann.de

Das Werk und seine Teile sind urheberrechtlich geschützt. Jede Nutzung in anderen als den gesetzlich zugelassenen bzw. vertraglich zugestandenen Fällen bedarf der vorherigen schriftlichen Einwilligung des Verlages.

Die enthaltenen Links verweisen auf digitale Inhalte, die der Verlag bei verlagsseitigen Angeboten in eigener Verantwortung zur Verfügung stellt. Links auf Angebote Dritter wurden nach den gleichen Qualitätskriterien wie die verlagsseitigen Angebote ausgewählt und bei Erstellung des Lernmittels sorgfältig geprüft. Für spätere Änderungen der verknüpften Inhalte kann keine Verantwortung übernommen werden.

Druck A[1] / Jahr 2023
Alle Drucke der Serie A sind inhaltlich unverändert.

Externe Redaktion: Dr. Siegfried Brewka
Umschlaggestaltung: LIO Design GmbH, Braunschweig
Druck und Bindung: Westermann Druck GmbH, Georg-Westermann-Allee 66, 38104 Braunschweig

ISBN 978-3-14-**161339**-1

Inhaltsverzeichnis

Philosophische Deutung des Menschen 8

Anthropologische Positionen von der Antike bis zur Moderne 10
- Der griechische Mythos vom Eros (nach Platon) 10
- Platon: Der Mythos von Prometheus 12
- Der biblische Mythos von der Erschaffung des Menschen 14
- Der biblische Mythos vom Sündenfall und der Vertreibung aus dem Paradies 15
- Bruce Chatwin: Wie die Erde gesungen wurde … – der Mythos der australischen Ureinwohner 16

Der Mensch als Naturwesen 18
- Konrad Lorenz: Aggression als Wesensmerkmal des Menschen 18
- Peter Kropotkin: Gegenseitige Hilfe als Wesensmerkmal des Menschen 19

Der Mensch als kulturelles und soziales Wesen 20
- Aristoteles: Die Hand – „Werkzeug aller Werkzeuge" 20
- Aristoteles: Der Mensch braucht Gemeinschaft 21
- Karl Marx: Durch die Arbeit verändert der Mensch seine eigene Natur 22
- Hannah Arendt: Vita activa oder Vom tätigen Leben 23
- Die Maslowsche Bedürfnispyramide 23
- Arnold Gehlen: Der Mensch als Mängelwesen und als Prometheus 24
- Helmut Plessner: Exzentrische Positionalität 25

Der Mensch als geistiges Wesen 26
- Max Scheler: Die Stellung des Menschen im Kosmos 26
- Søren Kierkegaard: Verzweiflung als Missverhältnis im Selbst des Menschen 28
- Johann Gottfried Herder: Abhandlung über den Ursprung der Sprache 29
- Martin Buber: Ich und Du 30

Psychologische Betrachtung des Menschen 32
- „Der Mensch ist nicht einmal Herr im eigenen Haus" – Psychoanalyse 32
- Sigmund Freud: Die psychische Struktur des Menschen 32
- Sigmund Freud: Die Macht des Es 34
- Wie arbeitet die Seele des Träumenden? 35
- Sigmund Freud: Die Bedeutung der Träume 36
- Christoph Stölzl: Was bleibt von Freud? 37
- Dual-Process-Theorien 38
- Elsbeth Stern und Ralph Schumacher: Wie lernt man unbewusst? 40
- Lieke Asma: „Aber was genau sind implizite Einstellungen?" 42
- Kognitive Dissonanzen 44
- Melanie Otto, Carmen Deffner: Selbststeuerung 45

Der Mensch als moral- und bildungsfähiges Wesen   46
- Annemarie Pieper: Gegenstand und Ziele der Ethik   46
- Georg Lind: Ist Moral lehrbar?   47
- Platon: Das Höhlengleichnis – der Weg zum wahren Wissen   48
- Franz Kafka: Im Tunnel   49
- Aufklärung: Autonomie als Bildungsziel   50
- Theodor Wiesengrund Adorno: Erziehung zur Mündigkeit   51
- Digitalität und Selbstbestimmung   52
- Die Idee der Privatsphäre   53

Der Mensch als Träger von Rechten und als Person   54
- Cicero: Vom pflichtgemäßen Handeln   54
- John Locke: Über die Regierung   55
- Giovanni Pico della Mirandola: Über die Würde des Menschen   56
- Immanuel Kant: Menschenwürde und kategorischer Imperativ   57
- Der Begriff der Menschenwürde im Grundgesetz der Bundesrepublik Deutschland   58

➡ **Standpunkte kontrovers: Moralische Autonomie und menschliches Handeln in der Geschichte** ⬅   60

Beeinflussung der Zuschauer durch Darstellung des Menschen in Spielfilmen   62
- Maria Schrader: „Ich bin dein Mensch" (2021)   62

■ **STANDPUNKTE KOMPAKT** ■   68

Politische Ethik   70

Grundlegende Vorstellungen zu Staatsverfassungen   72
- Funktionen eines Staates für die Menschen und ihr Zusammenleben   72
- Hans Nawiasky: „Der Staat ist um des Menschen willen da"   73
- Unterschiedliche Staatsverfassungen und Staatsideale im Vergleich   74
- Platons Staatsideal   76
- Hans-Gerd Jaschke: Totalitarismus   79

Legitimation staatlicher Gewalt durch Gesellschaftsvertragstheorien   80
- Thomas Hobbes: Der Leviathan   80
- Jean-Jacques Rousseau: Die Prinzipien des politischen Rechts   82

Verhältnis der Staaten untereinander   84
- Immanuel Kant: Zum ewigen Frieden   84
- Möglichkeiten der Friedenssicherung durch internationale Organisationen   86

Menschenrechte – universale Rechte für alle? 88
- Die Entwicklung des Menschenrechtsgedankens 88
- Vereinte Nationen: Allgemeine Erklärung der Menschenrechte vom 10. Dezember 1948 89
- Bernd Hamm/Franz Nuscheler: „Maximalistische" Menschenrechtskataloge? 90
- Vereinte Nationen: Übereinkommen gegen Folter und andere grausame, unmenschliche oder erniedrigende Behandlung und Strafe (1984) 90
- Simone Wolken: Ursprünge des Asylrechts 91
- Norbert Brieskorn: Menschenrechtsbewegungen 91

Merkmale und Erscheinungsformen von autoritären Systemen 92
- Kommunistische Partei Chinas: „Dokument 9" 92
- Das chinesische Sozialkreditsystem als Ausdruck staatlicher Kontrolle sowie der Unterdrückung individueller Rechte 93

Verhältnis von Staat und Bürger in der Demokratie 96
- Hans Kelsen: Vom Wesen und Wert der Demokratie (1929) 96
- Legitimität von Protest und Widerstand 98
- Jürgen Habermas: Ziviler Ungehorsam 98
- Dietmar von der Pfordten: Widerstand 100
- Martin Luther King: Was ist gewaltloser Widerstand? 101
- 1989 – Eine „friedliche Revolution"? 102
- Rainer Eckert: Der Sturz der Berliner Mauer als Ergebnis der Friedlichen Revolution 103

Gefahren für Demokratien heute 104
- Populismus 104
- Platon: Gorgias 105
- Wie man mit Populisten diskutiert – ohne ihnen in die Falle zu gehen 106
- Lobbyismus als Gefahr für die Demokratie? 108

➡ **Standpunkte kontrovers: Lobbyismus in der Diskussion: Pro und Kontra** ⬅ **110**

Stereotypen durch Bilder in Medien (Visiotypen) 112
- Visiotype 112
- Zeitgenössische Visiotype? 114
- Martina Thiele: Medien und Stereotype 115

■ **STANDPUNKTE KOMPAKT** ■ 116

Medizinethik   118

Grundlagen medizinethischer Argumentation   120
- Einleitung: der Argumentationsraum   120
- Der praktische Syllogismus als eine Grundfigur medizinethischen Argumentierens   122
- Von der Logik zur Argumentationstheorie: das Toulmin-Schema   124
- Das Toulmin-Schema in der Medizinethik am Beispiel der Organspende   126
- Widerspruchslösung? Bitte ja.   127
- Sein-Sollen-Fehlschluss   128
- Personen- gegen Menschenwürde: Sein-Sollen-Fehlschluss in der medizinethischen Debatte um das Klonen?   130
- Dammbruchargument   131
- Euthanasie: Die Gefahr des Dammbruchs?   131

Philosophische Grundbegriffe in der Medizinethik   132
- Moralischer Status   132
- Peter Singer: Nur Personen haben ein Recht auf Leben   132
- Robert Spaemann: Alle Menschen sind Personen   133

Medizinethische Entscheidungsfindung anhand der vier Prinzipien der Medizinethik („Amerikanisches Modell")   134
- Georg Marckmann: Was ist eigentlich prinzipienorientierte Medizinethik?   134

Aktuelle medizinethische Probleme   136
- Sterbehilfe   136
- Stellungnahme der Bundesärztekammer zur Sterbehilfe   136
- Stellungnahme der Kirchen zur Sterbehilfe   137

➡ **Standpunkte kontrovers: Soll die Präimplantationsdiagnostik (PID) zugelassen werden?** ⬅   138

■ STANDPUNKTE KOMPAKT ■   140

Methoden 134

Begriffe definieren   142
Folgerichtig und stimmig argumentieren   143
Gedankengänge darstellen und prüfen   144
Texte verstehen und deuten (Hermeneutik)   145
Eine Dilemma-Diskussion führen   146
Gedankenexperimente durchführen   147
Einen Essay schreiben   148
Filme untersuchen – Grundbegriffe der Filmanalyse   149
Bilder und Kunstwerke beschreiben und deuten   150
Einen Podcast erstellen   151

Übersicht über Anforderungsbereiche und Operatoren 152

Glossar   154

Personenregister   161

Sachregister   163

Bildquellen   166

* Mit einem Sternchen gekennzeichnete Begriffe werden im Glossar erklärt.

Philosophische Deutung des Menschen

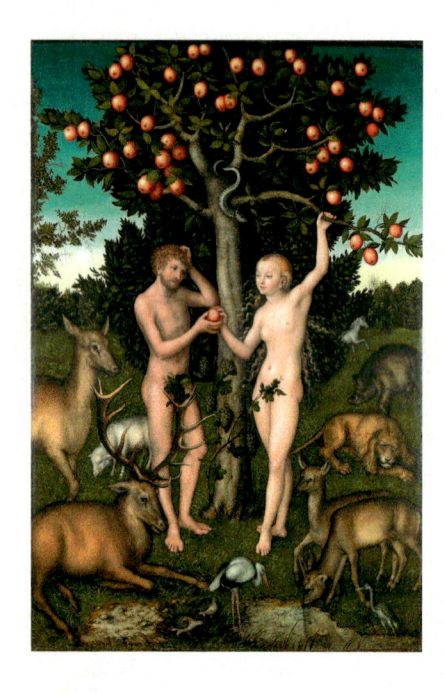

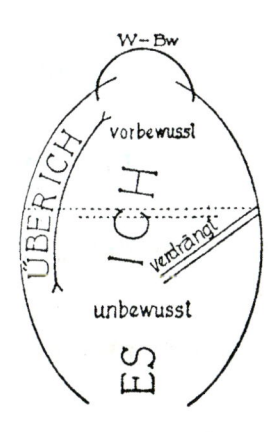

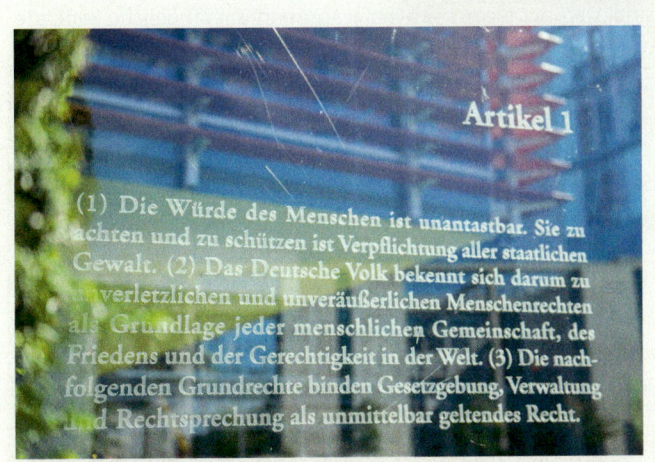

1. Beschreiben Sie anhand der bildlich dargestellten Facetten des menschlichen Daseins assoziativ menschliche Wesenszüge.

2. Diskutieren Sie die Frage „Was macht das Menschsein aus?"

Anthropologische* Positionen von der Antike bis zur Moderne*

„Amors Pfeil hat sie getroffen", „er ist schön wie Adonis", „sie leisten eine wahre Sisyphusarbeit", „narzisstische* Persönlichkeitsstörung", „mit Argusaugen beobachten", „Achillesferse": einige wenige Beispiele für die Gegenwart mythischer Figuren in unserer Alltagssprache. Und während man einerseits lobt, dass ein Mythos* (z. B. eines Autos, eines Ereignisses usw.) weiterlebt, sagt man jedoch andererseits abwertend, wenn etwas in den „Bereich der Mythen" gehöre, dass es märchenhaft und erlogen sei.

Was ist ein Mythos? Worin liegt seine „Wahrheit"? Ursprünglich bedeutet das griechische Wort so viel wie „Wort", „Gesagtes", „Erzählung", „Sage". Vor der Entstehung abstrakten und rein begrifflichen Denkens haben die Menschen versucht, typische Lebenssituationen und Verhaltensweisen („Archetypen"[1]), aber auch unerklärliche Vorgänge in der Natur mittels bildhaften Erzählens festzuhalten, zu erklären und weiterzugeben. Die „Wahrheit" und bleibende Aktualität dieser Geschichten besteht darin, dass in ihnen Grundmuster menschlicher Existenz, z. B. Liebe, Schuld, Leid usw., ausgesprochen und in einer erlebbaren Form überliefert und vermittelt sind. Darüber hinaus geben sie Auskunft über mögliche konkrete Lebensvollzüge und über Weltbilder früherer Kulturen*. Dabei sind Mythen oft mehrdeutig und beschäftigen daher bis heute nicht nur Dichter, Philosophen und Künstler, sondern finden sich auch in der Alltagskultur wieder. Für den Philosophen Karl Jaspers beginnt mit dem mythischen Denken die Philosophie, wobei der Mythos für ihn keinen festen Erkenntnisinhalt vermittelt, sondern rätselhaft und geheimnisvoll ist und bleibt und deshalb immer wieder für ein neues Verständnis ausgelegt und entschlüsselt werden muss.

Franz von Stuck (1863 – 1928): Narziss.
Der schöne Jüngling Narziss verliebte sich dem Mythos zufolge in sein Spiegelbild. Aus Verzweiflung über die Unerfüllbarkeit dieser Liebe grämte er sich zu Tode und wurde von den Göttern in die gleichnamige Blume verwandelt.

Der griechische Mythos vom Eros (nach Platon)

Bei einem Gastmahl (Symposion) erzählte der Dichter Aristophanes den Mythos vom Urmenschen. Diese Geschichte zeichnete Platon in seinem Werk „Symposion" auf.

Unsere ursprüngliche Natur war nicht die gleiche wie jetzt, sondern ganz anders. Denn erstlich gab es drei Geschlechter von Menschen, nicht wie jetzt nur zwei, männliches und weibliches, sondern es gab noch ein drittes dazu, welches das gemeinschaftliche war von diesen beiden. [...]
Ferner war die ganze Gestalt eines jeden Menschen rund, sodass Rücken und Brust im Kreise herumgingen. Und vier Hände hatte jeder und Schenkel ebenso viel als Hände und zwei Angesichter, auf einem kreisrunden Halse einander genau ähnlich, und einen gemeinschaftlichen Kopf für beide einander gegenüberstehende Angesichter und vier Ohren, auch zweifache Schamteile und alles Übrige, wie es sich hieraus ein jeder weiter ausmalen kann. Man ging aber nicht nur aufrecht wie jetzt, nach welcher Seite man wollte, sondern auch wenn jemand schnell wohin wollte, so machte er es, wie wenn man Purzelbäume schlägt und mit emporgestreckten Beinen sich im Kreise überschlägt. [...]

Platon (427 – 347 v. Chr.) war ein griechischer Philosoph und Schüler des Sokrates (470 – 399 v. Chr.), dessen Lehre durch die Aufzeichnungen Platons überliefert ist. Platon gründete in Athen die Akademie, einen Ort für das philosophische Gespräch und die philosophische Bildung junger Männer. Viele seiner Werke sind in Form von Dialogen verfasst, in deren Mittelpunkt Sokrates steht.

---

[1] Archetypus (gr./lat.): zuerst geprägt, Urbild; in der Psychologie: urtümliche, allen Menschen angeborene und unbewusste Leitbilder von Verhaltensweisen und Erfahrungen

Zeus also und die anderen Götter ratschlagten, was sie mit ihnen tun sollten, und wussten nicht was. Denn es war weder tunlich, sie zu töten und wie bei den Giganten das ganze Geschlecht mit dem Blitz zu vernichten, denn dann wären sie auch um die Verehrung und die Opfer vonseiten der Menschen gekommen, noch konnten sie sie weiter freveln lassen. Mit Mühe endlich hatte Zeus sich etwas ersonnen und sagte: Ich glaube nun ein Mittel zu haben, wie es noch weiter Menschen geben kann und sie doch aufhören müssen mit ihrer Ausgelassenheit, wenn sie nämlich schwächer geworden sind. Denn jetzt, sprach er, will ich sie, jeden von ihnen, in zwei Hälften zerschneiden, so werden sie schwächer sein. [...]

Mit diesen Worten zerschnitt er die Menschen in zwei Hälften, wie wenn man Früchte zerschneidet, um sie einzumachen. Sobald er aber einen zerschnitten hatte, befahl er dem Apollon, ihm das Gesicht und den halben Hals herumzudrehen nach der Schnittfläche hin, damit der Mensch seine Zerschnittenheit vor Augen habe und sittsamer würde, und das Übrige befahl er ihm zu heilen. Als so ihre natürliche Gestalt entzweigeschnitten war, sehnte sich jedes nach seiner anderen Hälfte, und so kamen sie zusammen, umfassten sich mit den Armen und umschlangen einander in dem Bestreben, zusammenzuwachsen. [...]

Da erbarmte sich Zeus und gab ihnen ein anderes Mittel an die Hand, indem er ihnen die Schamteile nach vorne verlegte, denn vorher trugen sie auch diese nach außen und zeugten nicht eines in dem anderen, sondern in die Erde wie Zikaden. Nun aber verlegte er sie ihnen nach vorne und bewirkte vermittels ihrer das Zeugen ineinander, in dem weiblichen durch das männliche, deshalb, damit in der Umarmung, wenn der Mann eine Frau träfe, sie zugleich zeugten und Nachkommenschaft entstände, wenn aber ein Mann den anderen, sie doch Befriedigung hätten durch ihr Zusammensein und erquickt sich zu ihren Geschäften wenden und was sonst zum Leben gehört besorgen könnten [...] Wenn aber einmal einer seine wahre eigne Hälfte antrifft, ein Knabenfreund oder jeder andere, dann werden sie wunderbar entzückt zu freundschaftlicher Einigung und Liebe wollen und wollen sozusagen auch nicht die kleinste Zeit voneinander lassen. [...]

Hiervon ist nun dies die Ursache, dass unsere ursprüngliche Naturanlage diese war und wir ein Ganzes waren, und dies Verlangen eben und Trachten nach dem Ganzen heißt Liebe. Und vordem, wie gesagt, waren wir eins. Jetzt aber sind wir wegen unserer Ungebärdigkeit von dem Gott auseinandergelegt und verteilt worden.

Platon: Hauptwerke. Ausgewählt, eingeleitet und übersetzt von Wilhelm Nestle. Stuttgart: Alfred Kröner Verlag 1931, S. 115–119

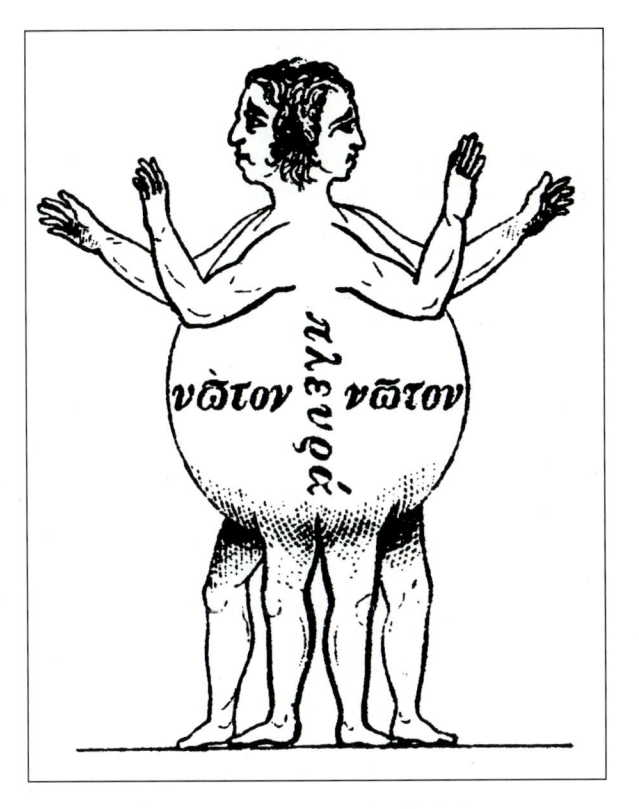

Doppelgeschlechtlicher Urmensch (Darstellung aus dem 19. Jh.). Die griechischen Aufschriften lauten übersetzt: Rücken, Seite (senkrecht).

1 Recherchieren Sie die im Einführungstext genannten mythologischen Figuren.

2 Geben Sie in eigenen Worten die Aussagen des Mythos über Ursprung und Formen der menschlichen Liebe wieder.

3 Recherchieren und definieren Sie die griechischen Begriffe „Eros", „Philia", „Storge" und „Agape" (Caritas). Stellen Sie in einer Übersicht die damit gemeinten verschiedenen Aspekte der Liebe zusammen.

4 Fassen Sie Platon Aussagen über den Menschen zusammen. Berücksichtigen Sie dabei die Ergebnisse der vorherigen Aufgaben.

Platon: Der Mythos von Prometheus

Es war also einmal eine Zeit, da gab es schon Götter, aber noch keine sterblichen Wesen. Als nun auch für diese die Zeit gekommen war, die das Schicksal für ihre Entstehung bestimmt hatte, formten die Götter sie im Schoß der Erde aus einem Gemisch von Erde und Feuer und allem, was sich mit Feuer und Erde verbinden lässt. Als sie im Begriffe waren, sie ans Licht zu bringen, gaben sie Prometheus[1] und Epimetheus[2] den Auftrag, diese Wesen auszustatten und einem jeglichen die Fähigkeiten zu verleihen, die ihm zukommen. Epimetheus erbat sich von Prometheus, diese Zuteilung selbst vorzunehmen. „Wenn ich damit fertig bin", sagte er, „so prüfe mein Werk." So überredete er ihn und begann mit der Verteilung. Dabei verlieh er den einen Stärke, aber keine Schnelligkeit, und die Schwächeren stattete er dafür mit Schnelligkeit aus. Den einen schenkte er Waffen, den anderen gab er eine wehrlose Natur und dachte für sie eine andere Fähigkeit aus, mit der sie sich erhalten konnten. Denjenigen Wesen, die er in Kleinheit gehüllt hatte, gab er Flügel, mit denen sie fliehen konnten, oder eine unterirdische Behausung; den anderen, die er zur Größe ausdehnte, gab er gerade darin die Möglichkeit zur Rettung, und mit allen Gaben schaffte er so einen Ausgleich. Das aber richtete er ein aus Vorsorge, damit keine ihrer Gattungen vertilgt werde. Nachdem er sie aber hinreichend vor der gegenseitigen Ausrottung geschützt hatte, dachte er auch einen Schutz für sie aus gegen die Jahreszeiten, die Zeus uns sendet, er umkleidete sie mit dichten Haaren und einer festen Haut, die ausreichten, um die Kälte abzuhalten, die aber auch die Hitze abwehren und, wenn sie zur Ruhe gingen, einem jeden Lebewesen als eigene und selbst gewachsene Decke dienen konnten. [...]

Weil nun aber Epimetheus nicht eben sehr gescheit war, hatte er, ohne es zu merken, alle Fähigkeiten für die vernunftlosen Wesen aufgebraucht; so blieb ihm als Einziges das Menschengeschlecht, das noch nicht ausgestattet war, und er wusste keinen Rat, was er damit anfangen sollte. Wie er noch in Verlegenheit ist, kommt Prometheus und will die Verteilung in Augenschein nehmen; er sieht, dass die übrigen Lebewesen mit allem angemessen ausgestattet sind, dass aber der Mensch nackt, ohne Schuhe, ohne Decken und ohne Waffen geblieben ist. Und schon war der schicksalhafte Tag da, an dem auch der Mensch aus der Erde ans Licht treten sollte. In seiner Verlegenheit, welches Mittel zur Rettung und Erhaltung er für den Menschen finden könnte, stiehlt er dem Hephaistos[3] und der Athene ihr kunstreiches Handwerk samt dem Feuer – denn es war unmöglich, es ohne Feuer zu erwerben oder nutzbar zu machen – und schenkt beides dem Menschen. Die Kunst, sein Leben zu führen, erhielt also der Mensch auf diese Weise; die Staatskunst hingegen besaß er noch nicht. Denn diese lag bei Zeus.

Platon: Protagoras. In: Frühdialoge. Zürich und München: Artemis 1974, S. 202 ff.

---

[1] Prometheus (gr.): vorbedacht, der Vorausdenkende
[2] Epimetheus (gr.): nachbedacht, der Nachherdenkende, Bruder des Prometheus
[3] Hephaistos (gr.): Gott des Feuers und der Schmiedekunst

Die griechische Göttin Athene. Dem Mythos zufolge entsprang Athene dem Haupt des Zeus und wurde als Göttin der Weisheit, der Städte, der Künste und der Wissenschaft verehrt. Die meisten Abbildungen zeigen sie mit Helm und Lanze oder mit einer Eule, dem Symbol der Weisheit.

Anthropologische Positionen von der Antike bis zur Moderne

> 📖 50 Klassiker: Mythen. Die bekanntesten Mythen der griechischen Antike, dargestellt von Gerold Dommermuth-Gudrich, Köln: Anaconda 2016

Gustave Moreau (1826 – 1898): Die Leiden des Prometheus

Varianten des Prometheus-Mythos

Der Mythos von Prometheus erfuhr mancherlei Wandlungen und Ergänzungen. So heißt es z. B. bei Hesiod[1], dass Prometheus aus in der Erde verborgenem Samen die Menschen erschuf und sie mit von den Tieren entlehnten guten und bösen Eigenschaften versah. In der Göttin Athene fand er eine Gönnerin, die diese Schöpfung bewunderte und ihr Geist und Weisheit gab.

Da Zeus den Menschen das Feuer vorenthielt, stahl Prometheus dies vom Sonnenwagen, unterwies die Menschen in dessen Gebrauch und unterrichtete sie darüber hinaus in Wissenschaften und Kunstfertigkeiten. Daraufhin wurde Zeus auf die Menschen eifersüchtig und sann auf Rache. Er ließ eine wunderschöne Frau namens Pandora (die Allbeschenkte) formen, stattete sie mit einem Gefäß voller Unheil, von dem die Menschen bisher verschont geblieben waren, aus, schickte sie zu Epimetheus und brachte ihn gegen das Anraten des Prometheus dazu, das Geschenk anzunehmen. Pandora öffnete das Gefäß und es entwichen Übel wie Krankheit, Neid, Habgier, die von den Menschen Besitz ergriffen. Ein einziges Gut, das unten im Gefäß lag, die Hoffnung, konnte nicht entweichen, da Pandora den Deckel für immer zuschlug.

Auch an Prometheus rächte sich Zeus, indem er ihn an einen Felsen schmieden und einen Adler täglich von seiner nachwachsenden Leber fressen ließ. Erst nach langen Qualen wurde Prometheus von Herakles befreit, musste aber weiterhin seine Ketten tragen.

---

[1] Hesiod (um 700 v. Chr.): griechischer Dichter

1 Vergleichen Sie die Darstellung von Mensch und Tier in beiden Versionen des Mythos miteinander.

2 Begründen Sie, warum Zeus dem Menschengeschlecht das Feuer vorenthalten will.

3 Erklären Sie, worin Verdienst und Elend des Prometheus liegen.

4 Analysieren Sie, mit welcher Haltung der Maler den Prometheus dargestellt hat.

5 Lesen Sie das Gedicht „Prometheus" von J. W. von Goethe und erörtern Sie seine Interpretation des Prometheus-Mythos.

Der biblische Mythos von der Erschaffung des Menschen

Das Alte Testament schildert im Buch Genesis (Entstehung) in zwei verschiedenen Erzählungen, die um 1000 bzw. 500 v. Chr. entstanden sind, die Erschaffung der Welt als ein Werk Gottes. Während in einem der Berichte dargestellt wird, wie Gott den Menschen aus Erde bildete und ihm den göttlichen Atem einhauchte (Gen 2,4b–3, 3,24), ist in dem anderen, jüngeren Bericht von einem Sechs-Tage-Werk die Rede, wonach der Mensch am sechsten Tag, demnach als Abschluss und Höhepunkt der Schöpfung, erschaffen wurde (Gen 1 – 2,4a).

„Die Erzählungen der Urgeschichte sind weder als naturwissenschaftliche Aussagen noch als Geschichtsdarstellung, sondern als Glaubensaussagen über das Wesen der Welt und des Menschen und über deren Beziehung zu Gott zu verstehen" (Vorwort zur Einheitsübersetzung der Bibel, 1980).

Genesis 1,26 – 31: (26) Dann sprach Gott: Lasst uns Menschen machen als unser Bild, uns ähnlich! Sie sollen walten über die Fische des Meeres, über die Vögel des Himmels, über das Vieh, über die ganze Erde und über alle Kriechtiere, die auf der Erde kriechen. (27) Gott erschuf den Menschen als sein Bild, als Bild Gottes erschuf er ihn. Männlich und weiblich erschuf er sie. (28) Gott segnete sie und Gott sprach zu ihnen: Seid fruchtbar und mehrt euch, füllt die Erde und unterwerft sie und waltet über die Fische des Meeres, über die Vögel des Himmels und über alle Tiere, die auf der Erde kriechen! (29) Dann sprach Gott: Siehe, ich gebe euch alles Gewächs, das Samen bildet auf der ganzen Erde, und alle Bäume, die Früchte tragen mit Samen darin. Euch sollen sie zur Nahrung dienen. (30) Allen Tieren der Erde, allen Vögeln des Himmels und allem, was auf der Erde kriecht, das Lebensatem in sich hat, gebe ich alles grüne Gewächs zur Nahrung. Und so geschah es. (31) Gott sah alles an, was er gemacht hatte: Und siehe, es war sehr gut. Es wurde Abend und es wurde Morgen: der sechste Tag.

Einheitsübersetzung der Heiligen Schrift, © 2016 Katholische Bibelanstalt GmbH, Stuttgart

---

Abgrenzung zwischen Mythos und Wissenschaft

„Insofern sich die Sätze einer Wissenschaft auf die Wirklichkeit beziehen, müssen sie falsifizierbar sein, und insofern sie nicht falsifizierbar sind, beziehen sie sich nicht auf die Wirklichkeit." Daraus ergibt sich für Karl Popper (s. S. 78) als Abgrenzungskriterium die Falsifizierbarkeit* einer Behauptung durch empirische* Tatsachen. „Ein empirisch-wissenschaftliches System muss an der Erfahrung scheitern können." (Logik der Forschung 1984, S. 15)

Das Abgrenzungsproblem oder auch Demarkationsproblem* genannt, fragt in der Wissenschaftstheorie* von Popper nach einem Kriterium, wonach Behauptungen (Sätze, Satzsysteme) der empirischen Wissenschaft unterschieden werden können von Aussagen der Logik*(gr.: Lehre vom folgerichtigen Denken und Argumentieren), der Mathematik, der Metaphysik* oder auch von Mythen. Popper schlägt vor, die Falsifizierbarkeit einer Aussage durch Basissätze als Abgrenzungskriterium zu wählen. Eine Überprüfbarkeit von Wahrheit oder Falschheit müsse immer gewährleistet sein.

Geschichtswissenschaftliche Forschung etwa muss ihre Thesen angesichts neuer Erkenntnisse immer widerlegbar halten. Ein Mythos aber verändere sich nicht angesichts neuer Forschung.

Michelangelo (1475 – 1564): Die Erschaffung Adams (Ausschnitt)

Der biblische Mythos vom Sündenfall und der Vertreibung aus dem Paradies

Nach der Schöpfung bestand die Erde aus dem Garten Eden, dem Paradies. Dort gab es neben anderen Bäumen den sogenannten „Baum der Erkenntnis" (von Gut und Böse), dessen Früchte zu essen den ersten Menschen von Gott verboten war. Aufgrund der Verführung durch eine Schlange aßen Adam und Eva dennoch die verbotene Frucht, was in der christlichen Tradition als „Sündenfall" bezeichnet wird.

Genesis 3,7–24: (7) Da gingen beiden die Augen auf und sie erkannten, dass sie nackt waren. Sie hefteten Feigenblätter zusammen und machten sich einen Schurz. (8) Als sie an den Schritten hörten, dass sich Gott, der HERR, beim Tagwind im Garten erging, versteckten sich der Mensch und seine Frau vor Gott, dem HERRN, inmitten der Bäume des Gartens. (9) Aber Gott, der HERR, rief nach dem Menschen und sprach zu ihm: Wo bist du? (10) Er antwortete: Ich habe deine Schritte gehört im Garten; da geriet ich in Furcht, weil ich nackt bin, und versteckte mich. (11) Darauf fragte er: Wer hat dir gesagt, dass du nackt bist? Hast du von dem Baum gegessen, von dem ich dir geboten habe, davon nicht zu essen? (12) Der Mensch antwortete: Die Frau, die du mir beigesellt hast, sie hat mir von dem Baum gegeben. So habe ich gegessen. (13) Gott, der HERR, sprach zu der Frau: Was hast du getan? Die Frau antwortete: Die Schlange hat mich verführt. So habe ich gegessen. (14) Da sprach Gott, der HERR, zur Schlange: Weil du das getan hast, bist du verflucht unter allem Vieh und allen Tieren des Feldes. Auf dem Bauch wirst du kriechen und Staub fressen alle Tage deines Lebens.
(15) Und Feindschaft setze ich zwischen dir und der Frau, zwischen deinem Nachkommen und ihrem Nachkommen. Er trifft dich am Kopf und du triffst ihn an der Ferse.
(16) Zur Frau sprach er: Viel Mühsal bereite ich dir und häufig wirst du schwanger werden. Unter Schmerzen gebierst du Kinder. Nach deinem Mann hast du Verlangen und er wird über dich herrschen.
(17) Zum Menschen sprach er: Weil du auf die Stimme deiner Frau gehört und von dem Baum gegessen hast, von dem ich dir geboten hatte, davon nicht zu essen, ist der Erdboden deinetwegen verflucht. Unter Mühsal wirst du von ihm essen alle Tage deines Lebens.
(18) Dornen und Disteln lässt er dir wachsen und die Pflanzen des Feldes wirst du essen.
(19) Im Schweiße deines Angesichts wirst du dein Brot essen, bis du zum Erdboden zurückkehrst; denn von ihm bist du genommen, Staub bist du und zum Staub kehrst du zurück.
(20) Der Mensch gab seiner Frau den Namen Eva, Leben, denn sie wurde die Mutter aller Lebendigen. (21) Gott, der HERR, machte dem Menschen und seiner Frau Gewänder von Fell und bekleidete sie damit.
(22) Dann sprach Gott, der HERR: Siehe, der Mensch ist wie einer von uns geworden, dass er Gut und Böse erkennt. Aber jetzt soll er nicht seine Hand ausstrecken, um auch noch vom Baum des Lebens zu nehmen, davon zu essen und ewig zu leben. (23) Da schickte Gott, der HERR, ihn aus dem Garten Eden weg, damit er den Erdboden bearbeite, von dem er genommen war. (24) Er vertrieb den Menschen und ließ östlich vom Garten Eden die Kerubim wohnen und das lodernde Flammenschwert, damit sie den Weg zum Baum des Lebens bewachten. .

Einheitsübersetzung der Heiligen Schrift, © 2016 Katholische Bibelanstalt GmbH, Stuttgart

Masaccio (1401–1428): Die Vertreibung aus dem Paradies (Ausschnitt)

1 Fassen Sie die Aussagen des biblischen Schöpfungsmythos über die Stellung des Menschen in der Welt und sein Verhältnis zu Gott und Natur zusammen.

2 Beschreiben Sie die vom alttestamentlichen Erzähler geschilderte Ursünde des Menschen. Gestalten Sie eine Mindmap mit den Folgen und Abhängigkeiten des Geschehens.

3 Vergleichen Sie diese Strafe mit den Strafen der Pandora hinsichtlich der hier wiederkehrenden Motive.

4 Stellen Sie Funktion und „Wahrheit" dieser beiden Mythen gegenüber. Was bedeutet der Mythos für den gläubigen Menschen?

5 Arbeiten Sie Merkmale des den beiden bildlichen Darstellungen von Michelangelo und Masaccio implizierten Menschenbildes heraus.

Bruce Chatwin (1940–1989) war ein englischer Weltenbummler, Journalist, Kunstexperte und Romancier.

Bruce Chatwin: Wie die Erde gesungen wurde ... – der Mythos der australischen Ureinwohner

Bruce Chatwin lebte eine Zeit lang bei den Aborigines, den australischen Ureinwohnern, und gewann ihr Vertrauen. Dadurch gelang es ihm, in die Geheimnisse ihres Erdentstehungsmythos einzudringen. Über diese Erfahrungen schrieb er das Buch „Traumpfade". Darin erzählt er, wie die Aborigines die Wege, die ihre Ururahnen einst gingen, immer wieder abschreiten müssen, damit die Welt nicht verschwindet. Auf geheimnisvolle Weise ist jedem Ureinwohner auch heute noch der besondere Weg seiner persönlichen Ahnen bekannt, obwohl es darüber keine Karten oder Aufzeichnungen gibt. So ist ganz Australien von diesen Traumpfaden durchzogen, an Knotenpunkten kreuzen sie sich – deshalb sind dort heilige Orte. Inzwischen hat die Regierung diese Pfade und ihre Knotenpunkte anerkannt und berücksichtigt sie manchmal bei der Streckenführung im Straßenbau. Dazu werden dann Experten herangezogen, die selbst Aborigines sind.

Am Anfang war die Erde eine unendliche, finstere Ebene, getrennt vom Himmel und vom grauen Salzmeer und in schattenhaftes Zwielicht getaucht. Es gab weder Sonne noch Mond noch Sterne. Doch in weiter Ferne lebten die Himmelsbewohner: jugendlich unbekümmerte Wesen, mit menschlicher Gestalt, aber den Füßen von Emus[1], und ihr goldenes Haar glitzerte wie Spinnweben im Sonnenuntergang; zeitlos und ohne zu altern lebten sie seit eh und je in ihrem grünen, wasserreichen Paradies jenseits der westlichen Wolken.

Auf der Oberfläche der Erde waren die einzigen Merkmale einige Höhlungen, die eines Tages Wasserlöcher sein würden. Es gab keine Tiere und keine Pflanzen, doch um die Wasserlöcher ballte sich eine breiige Fülle von Materie: Klumpen von Ursuppe – lautlos, blind, nicht atmend, nicht wach und nicht schlafend –, und jeder Einzelne trug die Substanz des Lebens oder die Möglichkeit der Menschwerdung in sich.

Unter der Erdkruste jedoch glitzerten die Konstellationen, die Sonne schien, der Mond nahm zu und nahm ab, und alle Formen des Lebens lagen schlafend da: das Scharlachrot einer Wüstenwicke, das irisierende Licht auf einem Schmetterlingsflügel, der zuckende weiße Schnurrbart des alten Kängurumannes – sie ruhten wie Samen in der Wüste, die auf einen vorbeiziehenden Regenschauer warten müssen.

Am Morgen des ersten Tages hatte die Sonne das Verlangen, geboren zu werden. Am selben Abend sollten Sterne und Mond folgen. Die Sonne brach durch die Oberfläche, überflutete das Land mit goldenem Licht, wärmte die Höhlungen, unter denen jeder Ahne schlief.

Anders als die Himmelsbewohner waren diese Alten nie jung gewesen. Es waren lahme, erschöpfte Graubärte mit steifen Gliedern, und sie hatten in Abgeschiedenheit ewige Zeiten durchschlafen.

So kam es, dass an diesem ersten Morgen jeder schlummernde Ahne die Wärme der Sonne auf seinen Augenlidern lasten spürte und spürte, wie sein Körper Kinder gebar. Der Schlangenmann spürte, wie Schlangen aus seinem Nabel glitschten. Der Kakadumann spürte Federn. Der Witchettymann[2] spürte ein Schlängeln, die Honigameise ein Kitzeln, das Geißblatt spürte, wie seine Blätter und Blüten sich öffneten.

Der Bandikutmann[3] spürte, wie junge Bandikuts unter seinen Armhöhlen hervorquollen. Alle „lebenden Geschöpfe", ein jedes an seiner eigenen, gesonderten Geburtsstätte, streckten sich dem Licht des Tages entgegen.

---

[1] Emu: australischer Straußenvogel – [2] Witchetty: In dem Witchetty-Busch leben die Witchetty-Grubs; Raupen, die bei den Aborigines als Nahrung beliebt sind. – [3] Bandikut: Beuteldachs, Säugetier aus der Gattung der Beuteltiere; lebt in höheren Gebieten Australiens

Aborigines bei einem rituellen Tanz

Auf dem Grund ihrer Höhlungen, die sich jetzt mit Wasser füllten, bewegten die Alten zuerst ein Bein, dann das andere Bein. Sie schüttelten ihre Schultern und reckten ihre Arme. Sie richteten ihre Körper aus dem Schlamm empor. Ihre Augenlider platzten auf. Sie sahen ihre Kinder im Sonnenschein spielen.

Der Schlamm fiel von ihren Schenkeln, wie Plazenta von einem Neugeborenen. Dann, dem ersten Schrei eines Neugeborenen ähnlich, öffnete jeder Ahne den Mund und rief „ICH BIN". „Ich bin Schlange ... Kakadu ... Honigameise ... Geißblatt!" Und dieses erste „Ich bin!", diese uranfängliche Namensgebung, galt – in diesem Augenblick und für alle nachfolgende Zeit – als die geheimste und heiligste Strophe des Ahnen-Lieds.

Jeder der Alten, die sich jetzt im Sonnenlicht wärmten, setzte seinen linken Fuß voran und rief einen zweiten Namen. Er setzte seinen rechten Fuß voran und rief einen dritten Namen. Er benannte das Wasserloch, die Riedbeete, die Gummibäume – er rief nach rechts und nach links, er rief alle Dinge ins Dasein und verwob ihre Namen zu Versen.

Die Alten sangen ihren Weg durch die ganze Welt. Sie sangen die Flüsse und Bergketten, die Salzpfannen und Sanddünen. Sie jagten, aßen, liebten, tanzten, töteten: Wo immer ihre Pfade hinführten, hinterließen sie eine musikalische Spur.

Sie hüllten die ganze Welt in ein Liednetz ein, und als die Erde schließlich gesungen war, fühlten sie sich müde. Wieder spürten sie in ihren Gliedern die eisige Bewegungslosigkeit ewiger Zeiten. Einige versanken in der Erde, auf der sie standen. Einige verkrochen sich in Höhlen. Einige schleppten sich zu ihrer „ewigen Heimstatt", zu den uralten Wasserlöchern, die sie geboren hatten.

Alle kehrten sie „zurück ins Innere".

Bruce Chatwin: Traumpfade. Aus dem Englischen von Anna Kamp. Frankfurt/Main: Fischer Taschenbuch Verlag 1992, S. 103 ff.

1 Erklären Sie den komplizierten Mythos der Erdentstehung: Wie sah die Welt ganz zu Anfang aus? Wie kam es zu Licht und zur Gestalt der Erde? Wie entstand tierisches, pflanzliches und mineralisches Leben?

2 Beschreiben Sie die Beziehung, die zwischen einem Menschen, der mit diesem Mythos aufwächst, und seiner Umwelt besteht.

3 Beschreiben Sie unsere heutige Welt aus der Sicht von Aborigines.

4 Vergleichen Sie das Verhältnis zwischen Mensch und Welt im biblischen, im prometheischen und im Aborigines-Mythos. Fragen Sie dafür nach dem Anlass der Weltentstehung, dem ersten Beweger sowie nach der Rolle des Menschen in dieser Welt.

Der Mensch als Naturwesen

Konrad Lorenz: Aggression als Wesensmerkmal des Menschen

Nehmen wir an, ein objektivierender Verhaltensforscher säße auf einem anderen Planeten, etwa dem Mars, und untersuche das soziale Verhalten des Menschen mit Hilfe eines Fernrohrs, dessen Vergrößerung zu gering sei, um Individuen wiederzuerkennen, das aber wohl gestatte, grobe Ereignisse, wie Völkerwanderungen, Schlachten usw. zu beobachten. Er würde nie auf den Gedanken kommen, dass das menschliche Verhalten von Vernunft* oder gar von verantwortlicher Moral* gesteuert sei.

Wenn wir annehmen, unser außerirdischer Beobachter sei ein reines Verstandeswesen, das, selbst bar aller Instinkte, nichts davon wüsste, wie Instinkte im Allgemeinen und Aggressionen im Besonderen funktionieren und welcher Weise ihre Funktion misslingen kann, er würde in arger Verlegenheit sein, die menschliche Geschichte zu verstehen. Die sich immer wiederholenden Ereignisse der Geschichte können aus menschlichem Verstand und menschlicher Vernunft nicht erklärt werden. Es ist ein Gemeinplatz zu sagen, sie seien durch dasjenige verursacht, was man gemeinhin „menschliche Natur" nennt. Die vernünftige und unlogische Natur lässt zwei Nationen miteinander wetteifern und kämpfen, auch wenn keine wirtschaftlichen Gründe sie dazu zwingen, sie veranlasst zwei politische Parteien oder Religionen trotz erstaunlicher Ähnlichkeit ihrer Heilsprogramme zu erbittertem Kampf, und sie treibt einen Alexander oder Napoleon, Millionen von Untertanen dem Versuch zu opfern, die ganze Welt unter seinem Zepter zu einen. Merkwürdigerweise lernen wir in der Schule, Menschen, die diese und ähnliche Absurditäten* begangen haben mit Respekt zu betrachten, ja als große Männer zu verehren. Wir sind dazu erzogen, uns der sogenannten politischen Klugheit der für die Staatsführung Verantwortlichen zu unterwerfen, und wir sind an alle hier in Rede stehenden Phänomene so gewöhnt, dass die meisten von uns sich daraus nicht klar darüber werden, wie ungemein dumm und menschheitsschädlich das historische Verhalten der Völker ist. Hat man dies aber einmal erkannt, so kann man der Frage nicht ausweichen, wie es kommt, dass angeblich vernünftige Wesen sich so unvernünftig verhalten können. […]

Alle diese erstaunlichen Widersprüche finden eine zwanglose Erklärung und lassen sich lückenlos einordnen, sowie man sich zu der Erkenntnis durchgerungen hat, dass das soziale Verhalten des Menschen keineswegs ausschließlich von Verstand und kultureller Tradition diktiert wird, sondern immer noch allen jenen Gesetzlichkeiten gehorcht, die in allem phylogenetisch entstandenen instinktiven Verhalten obwalten, Gesetzlichkeiten, die wir aus dem Studium tierischen Verhaltens recht gut kennen.

Nehmen wir nun aber an, unser extraterrestrischer Beobachter sei ein erfahrener Ethologe […] – er müsste unvermeidbar den Schluss ziehen, die menschliche Sozietät sei sehr ähnlich beschaffen wie die der Ratten, die ebenfalls innerhalb der geschlossenen Sippe sozial und friedfertig, wahre Teufel aber gegen jeden Artgenossen sind, der nicht zur eigenen Partei gehört. Wüsste unser Beobachter vom Mars außerdem noch von der explosiven Bevölkerungszunahme, der ständig anwachsenden Furchtbarkeit der Waffen und von der Verteilung der Menschheit auf einige wenige politische Lager – er würde ihre Zukunft nicht rosiger beurteilen als diejenige einiger feindlicher Rattensozietäten auf einem beinahe leer gefressenen Schiff. Dabei wäre diese Prognose noch optimistisch, denn von den Ratten lässt sich voraussagen, dass nach dem großen Morden immerhin genug von ihnen übrig bleiben werden, um die Art zu erhalten, was vom Menschen nach Gebrauch der Wasserstoffbombe gar nicht so sicher ist.

Konrad Lorenz: Das sogenannte Böse. Zur Naturgeschichte der Aggression, München [31] 2020, S. 222 ff.

Konrad Lorenz (1903 – 1989), österreichischer Verhaltensforscher; Professor in Münster und München, Leiter des Max-Planck-Instituts für Verhaltensphysiologie in Seewiesen (Oberbayern), 1973 Nobelpreis für Physiologie oder Medizin.

1 Stellen Sie die wesentlichen Aussagen von Konrad Lorenz über den Menschen in einer Mindmap dar.

2 Nennen Sie mithilfe Ihrer Alltagserfahrungen Beispiele für aggressives Verhalten im Sinne des Textes. Erläutern Sie anschließend das aggressive Verhalten bei Alexander dem Großen und Napoleon.

3 Beurteilen Sie im Text enthaltene Aussage (Z. 37 – 41) von Konrad Lorenz im Hinblick auf ihre Tragfähigkeit als Beschreibung des Menschen.

Peter Kropotkin: Gegenseitige Hilfe als Wesensmerkmal des Menschen

Auf den Reisen, die ich in meiner Jugend durch das östliche Sibirien und die nördliche Mandschurei machte, empfing ich zwei starke Eindrücke aus dem Reiche des Tierlebens. Der eine war die außerordentliche Härte des Kampfes um die Existenz, den die meisten Tierarten wider eine raue Natur zu führen haben; die in ungeheuren Dimensionen stattfindende Vernichtung von Lebewesen, die periodisch aus natürlichen Ursachen erfolgt, und die daraus sich ergebende spärliche Verteilung von Lebewesen über jenes weite Gebiet, das Gegenstand meiner Beobachtungen wurde. Den anderen Eindruck zeitigte folgende Bemerkung: selbst an den wenigen Orten, wo das Tierleben üppig gedieh, konnte ich, obwohl ich emsig darauf achtete, nicht jenen erbitterten Kampf um die Existenzmittel zwischen Tieren, die zur gleichen Art gehören, entdecken. Und es war dieser Kampf, der seitens der meisten Darwinisten – keineswegs aber ständig von Darwin selbst – als typische Kennzeichen des Kampfes ums Dasein und als der Hauptfaktor der Entwicklung betrachtet wurde. [...]

Auf der anderen Seite, wo ich auch immer das Tierleben in reicher Fülle auf engem Raum beobachtete, wie z. B. auf den Seen, wo unzählige Arten und Millionen von Individuen zusammen- kamen, um ihre Nachkommenschaft aufzuziehen; wie in den Kolonien der Nagetiere; wie bei den Wanderungen von Vögeln, die zu jener Zeit in wahrhaft amerikanischen Maßstabe dem Usuri entlang erfolgten; wie namentlich bei einer Wanderung von Damhirschen, die ich am Amur beobachten konnte und während deren Tausende dieser intelligenten Tiere von einem unermesslichen Gebiete sich sammelten, um den drohenden Schnee zu entfliehen und den Amur an seiner schmalsten Stelle zu überschreiten – in all diesen Szenen des Tierlebens, die sich vor meinen Augen abspielten, sah ich gegenseitige Hilfe und gegenseitige Unterstützung sich in einem Maße betätigen, dass ich in ihnen einen Faktor von größter Wichtigkeit für die Erhaltung des Lebens und jeder Spezies, sowie ihrer Fortentwicklung zu ahnen begann. [...]

Konkurrenz [ist] weder im Tierreich noch in der Menschheit die Regel. Sie beschränkt sich unter Tieren auf Ausnahmezeiten, und die natürliche Auslese findet bessere Gelegenheiten zu ihrer Wirksamkeit. Bessere Zustände werden geschaffen durch die Überwindung der Konkurrenz durch gegenseitige Hilfe. In dem großen Kampf ums Dasein – für die möglichst große Fülle und Intensität des Lebens mit dem geringsten Aufwand an Kraft – sucht die natürliche Auslese fortwährend ausdrücklich die Wege aus, auf denen sich die Konkurrenz möglichst vermeiden lässt. [...]

„Streitet nicht! – Streit und Konkurrenz ist der Art immer schädlich, und ihr habt reichlich die Mittel, sie zu vermeiden!" Das ist die Tendenz der Natur, die nicht immer völlig verwirklicht wird, aber immer wirksam ist. Das ist die Parole, die aus dem Busch, dem Wald, dem Fluss, dem Ozean zu uns kommt. „Daher vereinigt euch – übt gegenseitige Hilfe! Das ist das sicherste Mittel, um all und jedem die größte Sicherheit, die beste Garantie der Existenz und des Fortschrittes zu geben, körperlich, geistig und moralisch." Das ist es, was die Natur uns lehrt, und das ist es, was alle die Tiere, die die höchste Stufe in ihren Klassen erreicht haben, getan haben. Das ist es auch, was der Mensch – der primitivste Mensch – getan hat; [...]

Wenn man die primitiven Menschen erforscht, muss man tiefe Eindrücke von der Geselligkeit bekommen, die sie schon bei ihren ersten Schritten ins Leben übten. [...] Der Mensch ist keine Ausnahme von der Natur. Er ist ebenfalls dem großen Prinzip der gegenseitigen Hilfe unterworfen, das denen die besten Aussichten des Überlebens gewährt, die einander am besten im Kampf ums Dasein unterstützen.

Peter Kropotkin: Gegenseitige Hilfe in der Tier- und Menschenwelt, Aschaffenburg 2021, S. 19, 20, 85, 86, 119

Pjotr (russ. Pjotr) **Kropotkin** (1842 – 1921) russischer Anarchist und Wissenschaftler; In seinem 1902 erschienenen Werk „Gegenseitige Hilfe in der Tier- und Menschenwelt" beschreibt er seine Sicht der Wirkung evolutionärer* Einflüsse auf den Menschen.

1 Fassen Sie die Aussagen Kropotkins über die wesentlichen Verhaltensmerkmale in der Tier- und Menschenwelt zusammen.

2 Analysieren Sie den vorliegenden Text auf deskriptive* (beschreibende) und präskriptive* (empfehlende) Aussagen über den Menschen. Beurteilen Sie die Schlüssigkeit der präskriptiven Aussagen.

3 Stellen Sie die Thesen Kropotkins und Lorenz' tabellarisch gegenüber. Gestalten Sie in Partner- oder Gruppenarbeit anhand der Tabelle eine fiktive Diskussion zwischen Lorenz und Kropotkin über das Thema „Naturwesen Mensch: Aspekte einer biologisch-evolutionären Anthropologie".

Der Mensch als kulturelles und soziales Wesen

Aristoteles (384–322 v. Chr.), griechischer Philosoph; entwickelte ein auf genauer Naturbeobachtung basierendes Verfahren, die Welt zu analysieren. Er bestimmte den Menschen als ein „zoon politicon"* (gr.), ein Staaten bildendes Wesen. In den nebenstehenden Texten zeigt sich sein teleologisches* Weltbild, das alle Abläufe in Welt und Natur auf ein Ziel gerichtet sieht.

Aristoteles: Die Hand – „Werkzeug aller Werkzeuge"

[Der Mensch] ist das einzige Geschöpf mit aufrechter Haltung, weil seine Natur und sein Wesen göttlich sind. Die Aufgabe des göttlichen Wesens ist aber Denken und Sinnen. Dies wird erschwert, wenn die Körperlast von oben zu groß wird, weil die Last das Denken und den Allgemeinsinn zu unbeweglich macht. [...]

Da [der Mensch] aber nun aufrecht geht, braucht er vorn keinerlei Schenkel, und so hat ihm die Natur dafür Arme und Hände gegeben. Anaxagoras[1] meint, der Mensch sei deswegen das vernünftigste Geschöpf geworden, weil er Hände habe. Sinnvoller jedoch ist es, dass er Hände bekommen habe, weil er das vernünftigste Geschöpf ist. Denn die Hände sind ein Werkzeug, die Natur teilt aber, wie ein verständiger Mensch, jedes Werkzeug nur dem zu, der damit umgehen kann. Es ist ja auch passender, einem Flötenspieler Flöten zu geben, als einen nur deswegen als Flötenspieler zu bezeichnen, weil er Flöten besitzt. Sie fügt dem Größeren und Bedeutsameren das Geringere an, aber nicht dem Geringeren das Ehrwürdigere und Größere. Wenn es nun so besser ist, die Natur aber immer von allen Möglichkeiten die beste verwirklicht, dann ist der Mensch nicht deshalb so vernünftig, weil er Hände hat, sondern er hat Hände, weil er das vernünftigste Geschöpf ist. Denn der Vernünftigste kann auch wohl mit den meisten Werkzeugen gut umgehen, und die Hand bedeutet nicht nur ein Werkzeug, sondern viele, sie ist gleichsam das Werkzeug aller Werkzeuge. [...]

Diejenigen aber, die den Bau der Menschen bemängeln und ihn für das bedauernswerteste Geschöpf erklären, weil er ohne Schuhe sei und nackt und ohne Waffen zum Kampf, tun nicht recht daran. Denn die anderen Geschöpfe haben alle immer nur ein Hilfsmittel, das sie nicht mit einem anderen vertauschen können, sondern sie müssen gleichsam gestiefelt und gespornt schlafen und alles tun und können das Wärmekleid um ihren Leib niemals ablegen noch die Waffe, die sie nun mal haben, gegen eine andere vertauschen. Dem Menschen dagegen sind viele Hilfsmittel gegeben, und er kann diese noch verändern, er kann sich die Waffe aussuchen, wie er sie will und wo, da die Hand ihm zur Kralle, zur Schere, zum Horn wird und zum Speer, zum Schwerte und jeder anderen Waffe und jedem Werkzeug. Dies alles ist ja die Hand, weil sie es alles ergreifen und halten kann.

Aristoteles: Über die Glieder der Geschöpfe. Die Lehrschriften. Band 8.2. Hg. und übersetzt von P. Gohlke. Paderborn: Schöningh 1959, S. 164 und 166 ff.

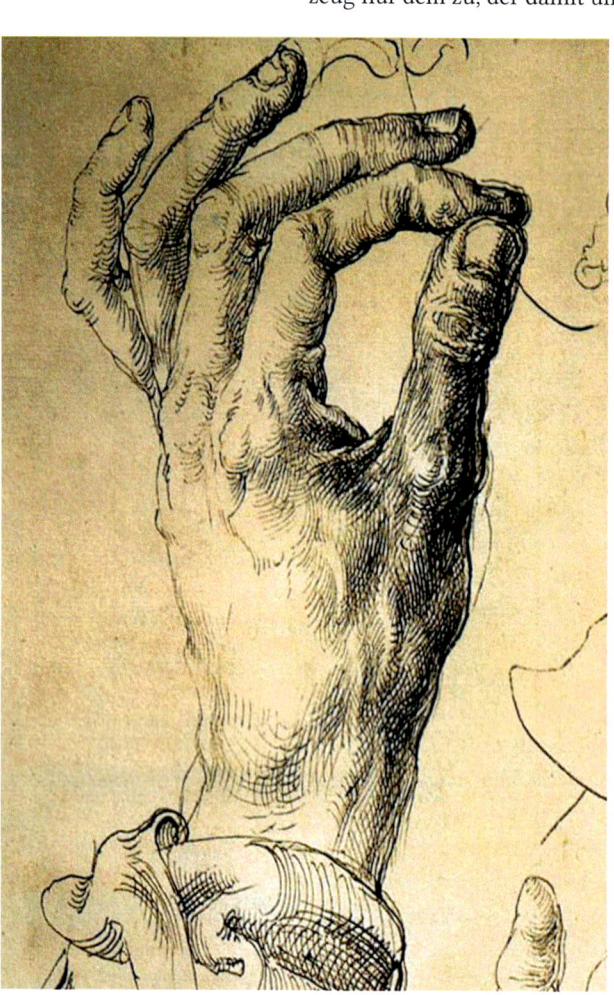

Albrecht Dürer (1471–1528): Studie einer Hand

---

[1] Anaxagoras (5. Jh. v. Chr.): griechischer Philosoph

Aristoteles: Der Mensch braucht Gemeinschaft

Es ist also notwendig, dass sich zuerst diejenigen Individuen verbinden, die ohne einander nicht sein können, also einmal Weibliches und Männliches der Fortpflanzung wegen – und zwar nicht aus Willkür, sondern nach dem auch der anderen Sinnenwesen und den Pflanzen innewohnenden Triebe, ein anderes, ihnen gleiches Wesen zu hinterlassen –,
5 dann zweitens von Natur Herrschendes und Beherrschtes der Erhaltung wegen. Denn was von Natur dank seinem Verstande vorzusehen vermag, ist ein von Natur Herrschendes und von Natur Gebietendes, was dagegen mit den Kräften seines Leibes das so Vorgesehene auszuführen imstande ist, das ist ein Beherrschtes und von Natur Sklavisches, weshalb sich denn die Interessen des Herrn und des Sklaven begegnen. [...]
10 Aus diesen beiden Gemeinschaften nun entsteht zuerst das Haus. So ist denn die für das tägliche Zusammenleben bestehende natürliche Gemeinschaft das Haus oder die Familie. [...] Dagegen ist die erste Gemeinschaft, die aus mehreren Familien um eines über den Tag hinaus reichenden Bedürfnisses entsteht, die Dorfgemeinde. [...]
Endlich ist die aus mehreren Dorfgemeinden gebildete vollkommene Gesellschaft der
15 Staat (polis), eine Gemeinschaft, die gleichsam das Ziel vollendeter Selbstgenügsamkeit (Autarkie*) erreicht hat, die um des Lebens willen entstanden ist und um des vollkommenen Lebens willen besteht. Darum ist alles staatliche Gemeinwesen von Natur, wenn anders das Gleiche von den ersten und ursprünglichen menschlichen Vereinen gilt. Denn der Staat verhält sich zu ihnen wie das Ziel (telos), nach dem sie streben; das ist aber eben
20 die Natur. [...]
Hieraus erhellt also, dass der Staat zu den von Natur bestehenden Dingen gehört und der Mensch von Natur ein staatliches Wesen ist und dass jemand, der von Natur und nicht bloß zufällig außerhalb des Staates lebt, entweder schlecht ist oder besser als ein Mensch, wie auch der von Homer[1] als ein Mann „ohne Geschlecht und Gesetz und Herd" gebrand-
25 markte. Denn er ist gleichzeitig von Natur ein solcher und „nach dem Kriege begierig", indem er isoliert dasteht wie ein Stein im Brett.
Dass aber der Mensch mehr noch als jede Biene und jedes schwarm- oder herdenweise lebende Tier ein Vereinswesen ist, liegt am Tage. Die Natur macht, wie wir sagen, nichts vergeblich. Nun ist aber einzig der Mensch unter allen animalischen Wesen mit der Spra-
30 che begabt. Die Stimme ist das Zeichen für Schmerz und Lust und darum auch den anderen Sinneswesen verliehen, indem ihre Natur so weit gelangt ist, dass sie Schmerz und Lust empfinden und beides einander zu erkennen geben. Das Wort aber oder die Sprache ist dafür da, das Nützliche oder das Schädliche und so denn auch das Gerechte und das Ungerechte anzuzeigen. Denn das ist den Menschen vor den anderen Lebewesen eigen,
35 dass sie Sinn haben für Gut und Böse, für Gerecht und Ungerecht und was dem ähnlich ist. Die Gemeinschaftlichkeit dieser Ideen aber begründet die Familie und den Staat.
Darum ist denn auch der Staat der Natur nach früher als die Familie und als der einzelne Mensch, weil das Ganze früher sein muss als der Teil. [...]
Darum haben denn alle Menschen von Natur in sich den Trieb zu dieser Gemeinschaft,
40 und der Mann, der sie zuerst errichtet hat, ist der Urheber der größten Güter. Denn wie der Mensch in seiner Vollendung das vornehmste Geschöpf ist, so ist er auch, des Gesetzes und Rechtes ledig, das schlechteste von allen.

Aristoteles: Politik. Übersetzt von Eugen Rolfes. Hamburg: Felix Meiner Verlag 1990, S. 2–6

[1] Homer (8. Jh. v. Chr.): griechischer Dichter

1 Stellen Sie den Unterschied zwischen Mensch und den anderen Lebewesen nach Aristoteles dar.

2 Sammeln Sie, wie er die körperlichen Eigenheiten des Menschen deutet. Untersuchen Sie in diesem Zusammenhang seine Argumentation gegen Anaxagoras (S. 20, Z. 6 f.).

3 Erläutern Sie die Auffassung des Aristoteles, dass der Mensch ein staatliches Wesen (zoon politikon) sei.

4 „Wer nicht in Gemeinschaft leben kann oder ihrer nicht bedarf, ist entweder ein Tier oder ein Gott." Diskutieren Sie diese These des Aristoteles.

5 Setzen Sie sich kritisch mit den Aussagen des Aristoteles auseinander. Welche seiner Vorstellungen sind Ihrer Meinung nach „überholt", welche heute noch gültig?

Karl Marx (1818–1883) war ein deutscher Philosoph. Er entwickelte eine einflussreiche Lehre („Marxismus*"), die dem Idealismus* (Ideen bestimmen das menschliche Leben) eine materialistische* Weltauffassung gegenüberstellt: Das Denken der Menschen fuße auf ihrer Arbeit, auf ihrer Produktion von materiellen Gütern und auf ihren Lebensbedingungen („das Sein bestimmt das Bewusstsein*").

Karl Marx: Durch die Arbeit* verändert der Mensch seine eigene Natur

Die Arbeit ist zunächst ein Prozess zwischen Mensch und Natur, ein Prozess, worin der Mensch seinen Stoffwechsel mit der Natur durch seine eigene Tat vermittelt, regelt und kontrolliert. Er tritt dem Naturstoff selbst als eine Naturmacht gegenüber. Die seiner Leiblichkeit angehörigen Naturkräfte, Arme und Beine, Kopf und Hand, setzt er in Bewegung, um sich den Naturstoff in einer für sein eignes Leben brauchbaren Form anzueignen. Indem er durch diese Bewegung auf die Natur außer ihm wirkt und sie verändert, verändert er zugleich seine eigene Natur. Er entwickelt die in ihr schlummernden Potenzen und unterwirft das Spiel ihrer Kräfte seiner eigenen Botmäßigkeit. Wir haben es hier nicht mit den ersten tierartig instinktmäßigen Formen der Arbeit zu tun. Wir unterstellen die Arbeit in einer Form, worin sie dem Menschen ausschließlich angehört. Eine Spinne verrichtet Operationen, die denen des Webers ähneln, und eine Biene beschämt durch den Bau ihrer Wachszellen manchen menschlichen Baumeister. Was aber von vornherein den schlechtesten Baumeister vor der besten Biene auszeichnet, ist, dass er die Zelle in seinem Kopf gebaut hat, bevor er sie in Wachs baut. Am Ende des Arbeitsprozesses kommt ein Resultat heraus, das beim Beginn desselben schon in der Vorstellung des Arbeiters, also schon ideal vorhanden war. Nicht dass er nur eine Formveränderung des Natürlichen bewirkt; er verwirklicht im Natürlichen zugleich seinen Zweck, den der weiß, der die Art und Weise seines Tuns als Gesetz bestimmt und dem er seinen Willen unterordnen muss. Und diese Unterordnung ist kein vereinzelter Akt. Außer der Anstrengung der Organe, die arbeiten, ist der zweckmäßige Wille, der sich als Aufmerksamkeit äußert, für die ganze Dauer der Arbeit erheischt, und umso mehr, je weniger sie durch den eigenen Inhalt und die Art und Weise ihrer Ausführung den Arbeiter mit sich fortreißt, je weniger er sie daher als Spiel seiner eigenen körperlichen und geistigen Kräfte genießt.

Karl Marx: Das Kapital. Bd. 1. Frankfurt/Main: Europäische Verlagsanstalt 1968, S. 192 f.

Jonathan Borofsky (geb. 1942): Hammering Man.
Die sich in ständiger Bewegung befindende Skulptur steht vor dem Messegelände in Frankfurt/Main.

1 Stellen Sie den Unterschied zwischen menschlicher Arbeit und tierischer Tätigkeit dar.

2 Vergleichen Sie die Aussage von Marx mit Ihren eigenen Erfahrungen erläutern Sie, inweiweit der Mensch durch seine Arbeit auch seine eigene Natur verändert.

3 Erörtern Sie den Sachverhalt, dass Arbeitslosigkeit nicht nur ein materielles Problem darstellt.

Hannah Arendt: Vita activa oder Vom tätigen Leben

„Mit dem Wort Vita activa sollen im folgenden drei menschliche Grundtätigkeiten zusammengefasst werden: Arbeiten, Herstellen und Handeln. Sie sind Grundtätigkeiten, weil jede von ihnen einer der Grundbedingungen entspricht, unter denen dem Geschlecht der Menschen das Leben auf der Erde gegeben ist.

Die Tätigkeit der Arbeit entspricht dem biologischen Prozess des menschlichen Körpers, der in seinem spontanen Wachstum, Stoffwechsel und Verfall sich von Naturdingen nährt, welche die Arbeit erzeugt und zubereitet, um sie als die Lebensnotwendigkeiten dem lebendigem Organismus zuzuführen. Die Grundbedingung, unter der die Tätigkeit des Arbeitens steht, ist das Leben selbst.

Im Herstellen manifestiert sich das Widernatürliche eines von der Natur abhängigen Wesens, das sich der immerwährenden Wiederkehr des Gattungslebens nicht fügen kann und für seine individuelle Vergänglichkeit keinen Ausgleich findet in der potenziellen Unvergänglichkeit des Geschlechts. Das Herstellen produziert eine künstliche Welt von Dingen, die sich den Naturdingen nicht einfach zugesellen, sondern sich von ihnen dadurch unterscheiden, dass sie der Natur bis zu einem gewissen Grade widerstehen und von den lebendigen Prozessen nicht einfach zerrieben werden. In dieser Dingwelt ist menschliches Leben zu Hause, das von Natur in der Natur heimatlos ist; und die Welt bietet Menschen eine Heimat in dem Maße, in dem sie menschliches Leben überdauert, ihm widersteht und als objektiv-gegenständlich gegenübertritt. Die Grundbedingung, unter der die Tätigkeit des Herstellens steht, ist Weltlichkeit, nämlich die Angewiesenheit menschlicher Existenz auf Gegenständlichkeit und Objektivität.

Das Handeln ist die einzige Tätigkeit der Vita activa, die sich ohne Vermittlung von Materie, Material und Dingen direkt zwischen Menschen abspielt. Die Grundbedingung, die ihr entspricht, ist das Faktum der Pluralität, nämlich die Tatsache, dass nicht ein Mensch, sondern viele Menschen auf der Erde leben und die Welt bevölkern. […] Das Handeln bedarf einer Pluralität, in der zwar alle dasselbe sind, nämlich Menschen, aber dies auf die merkwürdige Art und Weise, dass keiner dieser Menschen je einem anderen gleicht, der einmal gelebt hat oder lebt oder leben wird.

Alle drei Grundtätigkeiten und die ihnen entsprechenden Bedingungen sind nun nochmals in der allgemeinsten Bedingtheit menschlichen Leben verankert, dass es nämlich durch Geburt zur Welt kommt und durch Tod aus ihr wieder verschwindet.

Hannah Arendt: Vita activa oder Vom tätigen Leben, München/Berlin 18. Aufl. 2016, S. 16 ff.

Hannah Arendt (1906–1975) war eine deutsche Philosophin. Ihre Zivilcourage wurde oft als Unnachgiebigkeit wahrgenommen und bekämpft, insbesondere ihre Arbeit zum Eichmann-Prozess.

Hannah Arendt (Regie: Margarethe von Trotta, Deutschland 2012)

Abraham Maslow (1908–1970) US-amerikanischer Psychologe; befasste sich vor allem mit den positiven Aspekten der menschlichen Psyche („Positive Psychologie").

Die Maslowsche Bedürfnispyramide

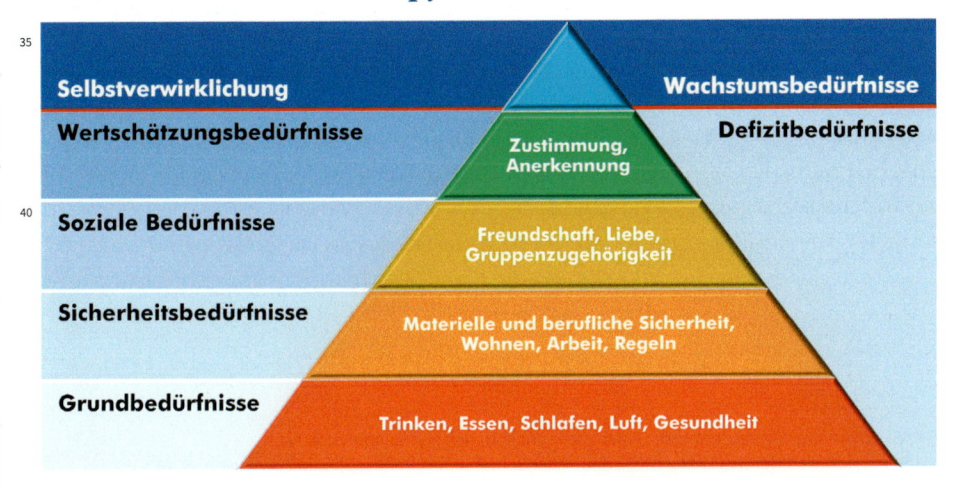

Ebene	Inhalt	Typ
Selbstverwirklichung		Wachstumsbedürfnisse
Wertschätzungsbedürfnisse	Zustimmung, Anerkennung	Defizitbedürfnisse
Soziale Bedürfnisse	Freundschaft, Liebe, Gruppenzugehörigkeit	
Sicherheitsbedürfnisse	Materielle und berufliche Sicherheit, Wohnen, Arbeit, Regeln	
Grundbedürfnisse	Trinken, Essen, Schlafen, Luft, Gesundheit	

1 Stellen Sie die drei Grundtätigkeiten „Arbeiten", „Herstellen" und „Handeln" einander gegenüber. Nennen Sie für diese drei Grundtätigkeiten Beispiele aus dem Alltag.

2 Vergleichen Sie die Ausführungen Hannah Arendts und Karl Marx' über das Arbeiten. Diskutieren Sie, welche Auffassung von Arbeit Ihrer Ansicht nach zutreffender ist.

3 Erläutern Sie Bezüge zwischen den Aussagen Hannah Arendts über das Wesen des Menschen zur abgebildeten Bedürfnispyramide von Abraham Maslow.

Arnold Gehlen: Der Mensch als Mängelwesen und als Prometheus[1]

Sieht man den Menschen theoretisch unbefangen an, so bemerkt man einige Merkmale, die zunächst einmal aufgezählt seien.

Er ist ‚organisch mittellos', ohne natürliche Waffen, ohne Angriffs- oder Schutz- oder Fluchtorgane, mit Sinnen von nicht besonders bedeutender Leistungsfähigkeit, denn jeder unserer Sinne wird von den ‚Spezialisten' im Tierreich weit übertroffen. […] Die Gesamtheit dieser Merkmale fasst man unter dem Begriff der ‚Unspezialisiertheit' zusammen, und daher stammt die Berechtigung, den Menschen in einen beschreibenden und vergleichenden Gegensatz zum Tier zu bringen. […]

Wir sehen weiter, wo wir auch hinblicken, den Menschen über die Erde verbreitet und trotz seiner physischen Mittellosigkeit sich zunehmend die Natur unterwerfen. Es ist dabei keine ‚Umwelt', kein Inbegriff natürlicher und urwüchsiger Bedingungen angebbar, der erfüllt sein muss, damit ‚der Mensch' leben kann, sondern wir sehen ihn überall, unter Pol und Äquator, auf dem Wasser und auf dem Lande, in Wald, Sumpf, Gebirge und Steppe ‚sich halten'. Und zwar lebt er als ‚Kulturwesen', d. h. von den Resultaten seiner *voraussehenden*, geplanten und gemeinsamen Tätigkeit, die ihm erlaubt, aus sehr beliebigen Konstellationen von Naturbedingungen durch deren voraussehende und tätige Veränderung sich Techniken und Mittel seiner Existenz zurechtzumachen. Man kann daher die ‚Kultursphäre' jeweils den Inbegriff tätig *veränderter* Bedingungen nennen, innerhalb deren der Mensch allein lebt und leben kann. Irgendwelche Waffen, Organisationsformen gemeinsamer Tätigkeit und Schutzmaßnahmen vor Feinden, vor der Witterung usw. gehören daher zu den Beständen auch der primitivsten Kultur, und ‚Naturmenschen', d. h., Kulturlose gibt es überhaupt nicht.

Man muss die Resultate dieser geplanten, verändernden Tätigkeit einschließlich der dazugehörigen Sachmittel, Denk- und Vorstellungsmittel zu den physischen Existenzbedingungen des Menschen rechnen, und diese Aussage gilt für kein Tier. Die Bauten der Biber, die Vogelnester usw. sind niemals voraussehend geplant und gehen aus rein instinktiven Betätigungen hervor. Den Menschen als *Prometheus* zu bezeichnen, hat daher einen exakten und einen guten Sinn. Wenn man bemerkt, dass die Kultursphäre des Menschen in der Tat eine biologische Bedeutung hat, so liegt es nahe, den für die Zoologie bewährten Begriff der Umwelt auch hier anzuwenden, wie es meistens geschieht. Aber es besteht doch ein wesentlicher Unterschied: Ohne Zweifel muss man ja die organische Mittellosigkeit des Menschen und auf der anderen Seite seine kulturschaffende Tätigkeit aufeinander beziehen und als biologisch eng sich gegenseitig bedingende Tatsachen fassen. […]

Der Mensch ist organisch ‚Mängelwesen' (Herder[2]), er wäre in jeder natürlichen Umwelt lebensunfähig, und so muss er sich eine zweite Natur, eine künstlich bearbeitete und passend gemachte Ersatzwelt, die seiner versagenden organischen Ausstattung entgegenkommt, erst schaffen, und er tut dies überall, wo wir ihn sehen. Er lebt sozusagen in einer künstlich entgifteten, handlich gemachten und von ihm ins Lebensdienstliche veränderten Natur, die eben die Kultursphäre ist. Man kann auch sagen, dass er biologisch zur Naturbeherrschung gezwungen ist.

Arnold Gehlen: Anthropologische Forschung. Reinbek bei Hamburg: Rowohlt 1961, S. 46 ff.

Arnold Gehlen (1904–1976) war ein deutscher Philosoph und Soziologe. Eines seiner wichtigsten Werke ist „Der Mensch. Seine Natur und seine Stellung in der Welt" (1940). Er versuchte, die Erkenntnisse der modernen Naturwissenschaften, insbesondere der Biologie, für das philosophische Denken nutzbar zu machen.

1 Beschreiben Sie, worin der Mensch dem Tier unterlegen ist und womit er diesen Nachteil ausgleicht.

2 Vergleichen Sie Gehlens Deutung der Prometheus-Gestalt mit dem mythischen Vorbild (s. S. 12 f.). Erörtern Sie, ob Sie dieser Deutung zustimmen.

3 Diskutieren Sie: Hat der Mensch sich durch seine „zweite Natur" in neue Abhängigkeiten begeben?

---

[1] Prometheus: der Vorausdenkende; Figur in der griechischen Mythologie (s. S. 12 f.)
[2] Johann Gottfried Herder (1744–1803): deutscher Schriftsteller, Philosoph und Theologe (s. S. 29)

Helmut Plessner: Exzentrische Positionalität

In seiner Lebendigkeit unterscheidet sich der organische Körper vom anorganischen dadurch, daß er Positionalität hat, d.h. dadurch, dass er gegen sein Umfeld abgegrenzt ist und ein, je nach Organisationsstufe verschiedenes, Verhältnis zu seiner Grenze hat. Ein Lebewesen ist nicht nur in seine Umgebung, sondern auch *gegen* sie gestellt. Es lebt in dynamischer Bezogenheit sowohl auf sein Umfeld als auch im Gegensinne zu ihm, dem lebendigen Ding, *zurück*, d.h. also im *Doppelaspekt* ineinander nicht überführbarer Richtungsgegensätze. Demnach ist der *Prozess* die Weise seines Seins. Das gilt für alles Lebendige: Pflanzen, Tiere und Menschen. […]

Im Unterschied zur Pflanze ist beim Tier das positionale Moment *Konstitutionsprinzip* des lebendigen Dinges geworden: eine besondere Wendung, durch die es in seine eigene Mitte gesetzt ist, in das Hindurch seines zur Einheit vermittelten Seins. Das Tier lebt aus seiner Mitte heraus in seine Mitte hinein, aber es lebt nicht als Mitte. Die Schranke der tierischen Organisation liegt darin, dass dem Individuum sein selber Sein verborgen ist. Es erlebt Inhalte im Umfeld, Fremdes und Eigenes. Es vermag auch über den eigenen Leib Herrschaft zu gewinnen, es bildet ein auf es selbst rückbezügliches System, ein Sich, aber es erlebt nicht – sich. […]

Ist das Leben des Tieres zentrisch, so ist das Leben des Menschen, ohne die Zentrierung aufzugeben, *exzentrisch*. Exzentrizität ist die Positionalität des Menschen, die Form seiner Gestelltheit gegen das Umfeld.

Der Mensch, in seine Grenze gesetzt, lebt über sie hinaus, die ihn, das lebendige Ding, begrenzt. Er lebt und erlebt nicht nur, sondern er erlebt sein Erleben. Ihm ist der Umschlag vom Sein innerhalb des eigenes Leibes zum Sein außerhalb des Leibes ein unaufhebbarer Doppelaspekt der Existenz, ein wirklicher Bruch seiner Natur. Er lebt diesseits und jenseits des Bruches, als Körper und Seele *und* als die psychophysisch neutrale Einheit dieser Sphären. Die Einheit überdeckt jedoch nicht den Doppelaspekt, sie lässt ihn nicht aus sich hervorgehen, sie ist nicht das den Gegensatz versöhnende Dritte, das in die entgegengesetzten Sphären überleitet, sie bildet keine selbstständige Sphäre. Sie ist der Bruch, der Hiatus[1], das leere Hindurch der Vermittlung, die für den Lebendigen selber dem absoluten Doppelcharakter und Doppelaspekt von Körperleib und Seele gleichkommt, in der ihn/sich erlebt.

Positional liegt ein Dreifaches vor: Das Lebendige *ist* Körper, *im* Körper (als Innenleben der Seele) und *außer* dem Körper als Blickpunkt, von dem aus es beides ist. Ein Individuum, welches positional derart dreifach charakterisiert ist, heißt *Person**. Es ist das Subjekt seines Erlebens, seiner Wahrnehmungen und seiner Aktionen, seiner Initiative. Es weiß und es will. Seine Existenz ist wahrhaft auf Nichts gestellt.

Wenn der Charakter des Außersichseins das Tier zum Menschen macht, so ist, da mit Exzentrizität keine neue Organisationsform ermöglicht wird, klar, dass er körperlich Tier bleiben muss. Physische Merkmale der menschlichen Natur haben daher nur empirischen Wert. Gebunden ist der Mensch nur an die zentralistische Organisationsform, welche die Basis für seine Existenz abgibt.

Helmut Plessner: Mit anderen Augen, Aspekte einer philosophischen Anthropologie, Stuttgart 2009, S. 9ff.

Helmuth Plessner (1892–1985) deutscher Philosoph und Soziologe, Professor in Köln, Groningen und Göttingen; Ein Schwerpunkt seiner Veröffentlichungen war die Philosophische Anthropologie.

1 Beschreiben Sie mit eigenen Worten, was Plessner mit „Positionalität" meint.

2 Erläutern Sie anhand des Textes die Begriffe „zentrische" und „extentrische Positionalität".

3 Fassen die Aussagen des Textes über den Menschen zusammen. Nutzen Sie dazu Ihre Ergebnisse aus den Aufgaben 1 und 2. Arbeiten Sie abschließend eine kurze Definition des Menschen heraus („Der Mensch ist …").

---

[1] Lat. „Kluft", „Spalt", „Öffnung", „Schlund"

Der Mensch als geistiges Wesen

Max Scheler: Die Stellung des Menschen im Kosmos

[...] Ich behaupte: Das Wesen des Menschen und das, was man seine „Sonderstellung" nennen kann, steht hoch über dem, was man Intelligenz und Wahlfähigkeit nennt, und würde auch nicht erreicht, wenn man sich diese Intelligenz und Wahlfähigkeit quantitativ beliebig, ja bis ins Unendliche gesteigert vorstellte.[1]

Aber auch das wäre verfehlt, wenn man sich das Neue, das den Menschen zum Menschen macht, nur dächte als eine zu den psychischen Stufen Gefühlsdrang, Instinkt, assoziatives Gedächtnis, Intelligenz und Wahl noch hinzukommende neue Wesensstufe psychischer, der V i t a l sphäre angehöriger Funktionen und Fähigkeiten, die zu erkennen also noch in der Kompetenz der Psychologie und Biologie läge.

Das neue Prinzip steht a u ß e r halb alles dessen, was wir „Leben" im weitesten Sinne nennen können: Das, was den Menschen allein zum „Menschen" macht, ist nicht eine neue Stufe des Lebens – erst recht nicht nur eine Stufe der e i n e n Manifestationsform dieses Lebens, der „Psyche" –, sondern es ist ein allem und j e d e m L e b e n ü b e r h a u p t, a u c h d e m L e b e n i m M e n s c h e n e n t g e g e n g e s e t z t e s P r i n z i p, eine echte neue Wesenstatsache, die als solche überhaupt nicht auf die „natürliche Lebensevolution" zurückgeführt werden kann, sondern, wenn auf etwas, nur auf den obersten einen Grund der Dinge selbst zurückfällt: auf denselben Grund, dessen eine große Manifestation das „Leben" ist.

Schon die Griechen behaupteten ein solches Prinzip und nannten es „Vernunft". Wir wollen lieber ein umfassenderes Wort für jenes X gebrauchen, ein Wort, das wohl den Begriff „Vernunft" mitumfasst, aber neben dem „I d e e n - d e n k e n" auch eine bestimmte Art der „A n s c h a u u n g", die von Urphänomenen oder Wesensgehalten, ferner eine bestimmte Klasse v o l i t i v e r[2] und e m o t i o n a l e r Akte wie Güte, Liebe, Reue, Ehrfurcht, geistige Verwunderung, Seligkeit und Verzweiflung, die freie Entscheidung mitumfasst: – das Wort „G e i s t". Das Aktzentrum aber, in dem Geist innerhalb endlicher Seinssphären erscheint, bezeichnen wir als „P e r s o n", in scharfem Unterschied zu allen funktionellen Lebenszentren, die nach innen betrachtet auch „seelische Zentren" heißen.

Was ist nun jener „Geist", jenes neue und so entscheidende Prinzip? Selten ist mit einem Worte so viel Unfug getrieben worden, einem Worte, bei dem sich nur wenige etwas Bestimmtes denken. Stellen wir hier an die Spitze des Geistesbegriffes seine besondere Wissensfunktion, eine Art Wissen, die nur er geben kann, dann ist die Grundbestimmung eines geistigen Wesens, wie immer es psychologisch beschaffen sei, s e i n e e x i s t e n z i e l l e E n t b u n d e n h e i t v o m O r g a n i s c h e n, seine Freiheit*, Ablösbarkeit – oder doch die seines Daseinszentrums – von dem Bann, von dem Druck, von der Abhängigkeit vom „L e b e n" und allem, was zum Leben gehört – also auch von der eigenen triebhaften „Intelligenz".

Ein „geistiges Wesen ist also nicht mehr trieb- und umweltgebunden, sondern „umweltfrei" und, wie wir es nennen wollen, „w e l t o f f e n". Ein solches Wesen hat „Welt". Ein solches Wesen vermag ferner die auch ihm ursprünglich gegebenen „Widerstands"- und Reaktionszentren seiner Umwelt, die das Tier allein hat und in die es ekstatisch aufgeht, zu „G e g e n s t ä n d e n" zu erheben, und das S o s e i n dieser Gegenstände prinzipiell selbst zu erfassen, ohne die Beschränkung, die diese Gegenstandswelt oder ihre Gege-

*Der Philosoph **Max Scheler** (1874–1928) versuchte das Wesen des Menschen im Vergleich mit den anderen Lebewesen zu bestimmen. Den Menschen sah er als geistiges Wesen.*

---

[1] [Fußnote M. Scheler] Zwischen einem klugen Schimpansen und Edison, dieser nur als Techniker genommen, besteht nur ein – allerdings sehr großer – g r a d u e l l e r Unterschied.
[2] volitiv: gewollt

benheit durch das vitale Triebsystem und die ihm vorgelagerten Sinnesfunktionen und Sinnesorgane erfährt.

⁴⁵ Geist ist daher S a c h l i c h k e i t, Bestimmbarkeit durch das Sosein von Sachen selbst. Geist „hat" nur ein zu vollendeter Sachlichkeit fähiges Lebewesen. […]

Der geistige Akt, wie ihn der Mensch vollziehen kann, ist im Gegensatz zu der einfachen Rückmeldung des tierischen Leibschemas und seiner Inhalte wesensgebunden an eine zweite Dimension und Stufe des Reflexaktes. Wir wollen diesen Akt „Sammlung" nennen ⁵⁰ und ihn und sein Ziel, das Ziel dieses „Sichsammelns", zusammenfassend „Bewusstsein des geistigen Aktzentrums von sich selbst" oder „S e l b s t b e w u s s t s e i n" nennen. Das Tier hat Bewusstsein, im Unterschied von der Pflanze, aber es hat kein Selbstbewusstsein, wie schon Leibniz[1] gesehen hat. Es besitzt sich nicht, ist seiner nicht mächtig – und deshalb auch seiner nicht bewusst.

⁵⁵ Sammlung, Selbstbewusstsein und Gegenstandsfähigkeit des ursprünglichen Triebwiderstandes bilden e i n e e i n z i g e u n z e r r e i ß b a r e S t r u k t u r, die als solche erst dem Menschen eigen ist. Mit diesem Selbstbewusstwerden, mit dieser neuen Zurückbeugung und Zentrierung seiner Existenz, die der Geist möglich macht, ist das zweite Wesensmerkmal des Menschen gegeben. Kraft seines Geistes vermag das Wesen, das wir ⁶⁰ „Mensch" nennen, nicht nur die Umwelt in die Dimension des Weltseins zu erweitern und Widerstände gegenständlich zu machen, sondern es vermag auch – und das ist das Merkwürdigste – seine e i g e n e physiologische und psychische Beschaffenheit und jedes einzelne psychische Erlebnis, jede einzelne seiner vielen Funktionen selbst wieder g e g e n s t ä n d l i c h zu machen. […]

Max Scheler: Die Stellung des Menschen im Kosmos, Nymphenburger Verlagshandlung München 1947, S. 34–39

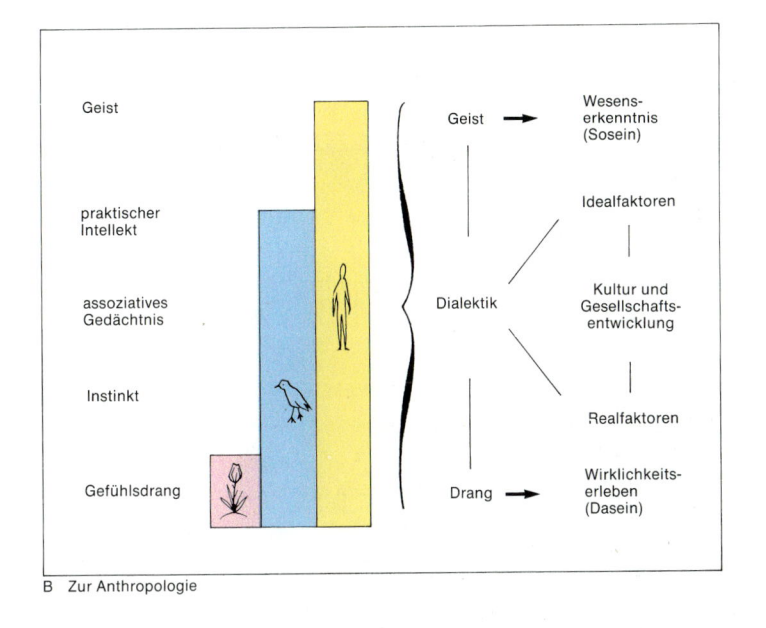

B Zur Anthropologie

1 Teilen Sie den Text in Sinnabschnitte ein und arbeiten Sie für jeden Abschnitt eine passende Überschrift heraus.

2 Stellen Sie die Gemeinsamkeiten des Menschen mit anderen Lebewesen einerseits und seine Sonderstellung andererseits dar. Verwenden Sie dazu die nebenstehende Grafik.

3 Entwerfen Sie eine Mindmap mit den wesentlichen Merkmalen des Begriffs „Geist".

---

[1] Gottfried Wilhelm Leibniz (1646–1716): deutscher Philosoph und Universalgelehrter

Søren Kierkegaard (1813–1855) gilt als der bedeutendste dänische Philosoph und als Vorläufer der Existenzialisten*.

Søren Kierkegaard: Verzweiflung als Missverhältnis im Selbst des Menschen

Der Mensch ist Geist. Aber was ist Geist? Geist ist das Selbst. Aber was ist das Selbst? Das Selbst ist ein Verhältnis, das sich zu sich selbst verhält, oder ist das im Verhältnis, dass das Verhältnis sich zu sich selbst verhält; das Selbst ist nicht das Verhältnis, sondern dass das Verhältnis sich zu sich selbst verhält. Der Mensch ist eine Synthese von Unendlichkeit und Endlichkeit, von Zeitlichem und Ewigem, von Freiheit und Notwendigkeit, kurz eine Synthese. Eine Synthese ist ein Verhältnis zwischen Zweien. So betrachtet, ist der Mensch noch kein Selbst.

Im Verhältnis zwischen Zweien ist das Verhältnis das Dritte als negative Einheit, und die Zwei verhalten sich zum Verhältnis und im Verhältnis; dergestalt ist unter der Bestimmung Seele das Verhältnis zwischen Seele und Leib ein Verhältnis. Verhält sich hingegen das Verhältnis zu sich selbst, so ist dieses Verhältnis das positive Dritte, und dies ist das Selbst.

Ein solches Verhältnis, das sich zu sich selbst verhält, ein Selbst, muss sich entweder selbst gesetzt haben oder durch ein Anderes gesetzt sein.

Ein so abgeleitetes, gesetztes Verhältnis ist das Selbst des Menschen, ein Verhältnis, das sich zu sich selbst verhält, und indem es sich zu sich verhält, sich zu einem Anderen verhält. Daher kommt es, dass es zwei Formen der eigentlichen Verzweiflung geben kann. Hätte das Selbst des Menschen sich selbst gesetzt, so könnte nur von einer Form die Rede sein, nicht es selbst sein zu wollen, sich selbst los sein zu wollen; aber es könnte nicht davon die Rede sein, verzweifelt es selbst sein zu wollen.

Diese Formel ist nämlich der Ausdruck für die Abhängigkeit des ganzen Verhältnisses (des Selbst), der Ausdruck dafür, dass das Selbst nicht durch sich selbst in Gleichgewicht und Ruhe kommen oder sein kann, sondern nur dadurch, dass es, indem es sich zu sich selbst verhält, sich zu dem verhält, was das ganze Verhältnis gesetzt hat. [...]

Das Missverhältnis der Verzweiflung ist nicht ein einfaches Missverhältnis, sondern ein Missverhältnis in einem Verhältnis, das sich zu sich selbst verhält und von einem Andern gesetzt ist, sodass das Missverhältnis in jenem für sich seienden Verhältnis sich zugleich unendlich im Verhältnis zu der Macht reflektiert, die es setzte.

Dies ist nämlich die Formel, die den Zustand des Selbst beschreibt, wenn die Verzweiflung ganz ausgerottet ist: im Sich-Verhalten-zu-sich-selbst und im Es-Selbst-sein-Wollen gründet das Selbst durchsichtig in der Macht, die es setzte.

Søren Kierkegaard: Die Krankheit zum Tode, Deutsch von Walther Rest, München 2005, S. 31 ff.

---

1 Beschreiben Sie das unten abgedruckte Bild.
→ Bilder und Kunstwerke beschreiben und deuten, S. 150
Erörtern Sie mögliche Probleme der abgebildeten jungen Frau und deren eventuelle Ursachen.

2 Gestalten Sie anhand der Gedanken des Kierkegaard-Textes eine Mindmap mit den drei Zentralbegriffen „Geist/Selbst", „Verhältnis" und „Verzweiflung".

3 Nehmen Sie zu der These des Textes Stellung, dass jeder Mensch in der einen oder anderen Form an Verzweiflung leidet.

Johann Gottfried Herder: Abhandlung über den Ursprung der Sprache

Der Mensch ist ein freidenkendes, tätiges Wesen, dessen Kräfte in Progression fortwürken; darum sei er ein Geschöpf der Sprache!
Als nacktes, instinktloses Tier betrachtet, ist der Mensch das elendste der Wesen. Da ist kein dunkler, angeborner Trieb, der ihn in sein Element und in seinen Würkungskreis,
5 zu seinem Unterhalt und an seine Geschäfte zeucht. Kein Geruch und keine Witterung, die ihn auf die Kräuter hinreiße, damit er seinen Hunger stille! Kein blinder, mechanischer Lehrmeister, der für ihn sein Nest baue! Schwach und unterliegend, dem Zwist der Elemente, dem Hunger, allen Gefahren, den Klauen aller stärkern Tiere, einem tausendfachen Tode überlassen, stehet er da! Einsam und einzeln! Ohne den unmittelbaren Un-
10 terricht seiner Schöpferin und ohne die sichere Leitung ihrer Hand, von allen Seiten also verloren --- […]. Die ganze Natur stürmt auf den Menschen, um seine Kräfte, um seine Sinne zu entwickeln, bis er Mensch sei. Und wie von diesem Zustande die Sprache anfängt, so *ist die ganze Kette von Zuständen in der menschlichen Seele von der Art, dass jeder die Sprache fortbildet.* – Dies große Gesetz der Naturordnung will ich ins Licht stellen.
15 Tiere verbinden ihre Gedanken dunkel oder klar, aber nicht deutlich. So wie freilich die Gattungen, die nach Lebensart und Nervenbau dem Menschen am nächsten stehen, die Tiere des Feldes, oft viel Erinnerung, viel Gedächtnis, und in manchen Fällen ein stärkeres als der Mensch zeigen, so ists nur immer sinnliches Gedächtnis, und keines hat die Erinnerung je durch eine Handlung bewiesen, dass es für sein ganzes Geschlecht seinen
20 Zustand verbessert und Erfahrungen generalisiert hätte, um sie in der Folge zu nutzen. […] Bei dem Menschen waltet offenbar *ein anderes Naturgesetz* über die Sukzession seiner Ideen, Besonnenheit;* sie waltet noch selbst im sinnlichsten Zustande, nur minder merklich. Das unwissendste Geschöpf, wenn er auf die Welt kommt, aber sogleich wird er Lehrling der Natur auf eine Weise wie kein Tier. […]

25 Konnte nun der erste Zustand der Besinnung des Menschen nicht ohne Wort der Seele würklich werden, so werden *alle Zustände der Besonnenheit in ihm sprachmäßig: seine Kette von Gedanken wird eine Kette von Worten.* […] Lasset uns also den ganzen Faden seiner Gedanken nehmen: Da er von Besonnenheit gewebt ist, da sich in ihm kein Zustand findet, der im ganzen genommen nicht selbst Besinnung sei oder doch in Besin-
30 nung aufgeklärt werden könne, da bei ihm das Gefühl nicht herrschet, sondern die ganze Mitte seiner Natur auf feinere Sinne, Gesicht und Gehör, fällt und diese ihm immerfort Sprache geben: so folgt, dass im ganzen genommen *auch kein Zustand in der menschlichen Seele sei, der nicht wortfähig oder würklich durch Worte der Seele bestimmt werde.* Es müsste der dunkelste Schwärmer oder ein Vieh, der abstrakteste Götterseher oder eine träu-
35 mende Monade[1] sein, der ganz ohne Worte dächte. Und in der menschlichen Seele ist, wie wir selbst in Träumen und bei Verrückten sehen, kein solcher Zustand möglich. So kühn es klinge, so ists wahr: *Der Mensch empfindet mit dem Verstande und spricht, indem er denkt.* Und indem er nun immer so fortdenkt und, wie wir gesehen, jeden Gedanken in der Stille mit dem vorigen und der Zukunft zusammenhält, so muss *jeder Zustand, der*
40 *durch Reflexion so verkettet ist, besser denken, mithin auch besser sprechen.*
Lasset ihm den freien Gebrauch seiner Sinne: Da der Mittelpunkt dieses Gebrauchs in Gesicht und Gehör fällt, wo jenes ihm Merkmal und dieses Ton zum Merkmale gibt, so wird mit jedem leichtern, gebildetern Gebrauch dieser Sinne ihm Sprache fortgebildet. Lasset ihm den freien Gebrauch seiner Seelenkräfte. Da der Mittelpunkt ihres Gebrauchs

Johann Gottfried Herder (1744–1803) deutscher Kulturphilosoph, Dichter und Theologe; Wegbereiter der deutschen Klassik (Goethe und Schiller)

---
[1] Monade: (bei Leibniz) letzte, in sich geschlossene, vollendete, nicht mehr auflösbare Ureinheit

auf Besonnenheit fällt, mithin nicht ohne Sprache ist, so wird mit jedem leichtern, gebildetern Gebrauch der Besonnenheit ihm Sprache mehr gebildet. Folglich wird *die Fortbildung der Sprache dem Menschen so natürlich als seine Natur selbst.*

Wer ist nun, der den Umfang der Kräfte einer Menschenseele kenne, wenn sie sich zumal in aller Anstrengung gegen Schwürigkeiten und Gefahren äußern? Wer ist, der den Grad der Vollkommenheit abwiege, zu dem sie durch eine beständige, innig verwickelte, so vielfache Fortbildung gelangen kann? Und da alles auf Sprache hinausläuft, wie ansehnlich, was ein einzelner Mensch zur Sprache sammeln muss! Musste sich schon der Blinde und Stumme auf seinem einsamen Eilande eine dürftige Sprache schaffen; der Mensch, der Lehrling aller Sinne! Der Lehrling der ganzen Welt! Wie weit reicher muss er werden! Was soll er genießen? Sinne, Geruch, Witterung für die Kräuter, die gesund, Abneigung für die, so ihm schädlich sind, hat die Natur ihm nicht gegeben, er muss also versuchen, schmecken, wie die Europäer in Amerika den Tieren absehen, was essbar sei, sich also Merkmale der Kräuter, mithin Sprache sammeln! Er hat nicht Stärke gnug, um den Löwen zu begegnen; er entweiche also ferne von ihm, kenne ihn von fern an seinem Schalle, und um ihm menschlich und mit Bedacht entweichen zu können, lerne er ihn und hundert andre schädliche Tiere deutlich erkennen, mithin sie nennen! Je mehr er nun Erfahrungen sammlet, verschiedne Dinge und von verschiednen Seiten kennenlernt, desto reicher wird seine Sprache! Je öfter er diese Erfahrungen siehet und die Merkmale bei sich wiederholet, desto fester und geläufiger wird seine Sprache. Je mehr er unterscheidet und untereinander ordnet, desto ordentlicher wird seine Sprache! Dies Jahre durch, in einem muntern Leben, in steten Abwechselungen, in beständigem Kampf mit Schwürigkeiten und Notdurft, mit beständiger Neuheit der Gegenstände fortgesetzt: ist der Anfang der Sprache unbeträchtlich? Und siehe! es ist nur das Leben eines *einzigen* Menschen!

Johann Gottfried Herder: Abhandlung über den Ursprung der Sprache, herausgegeben von Hans Dietrich Irmscher, Stuttgart 2001, S. 80, 81, 83, 84, 85, 86 ff.

1 Fassen Sie die Thesen Herders abschnittsweise zusammen.

2 Analysieren Sie die Funktionen der Sprache für die Entwicklung des Menschen bzw. der Menschheit.

3 Beurteilen Sie Herders These, dass „im ganzen genommen auch kein Zustand in der menschlichen Seele sei, der nicht wortfähig oder würklich durch Worte der Seele bestimmet werde" (Z. 32 f.).

Martin Buber: Ich und Du

„Die Welt ist dem Menschen zwiefältig nach seiner zwiefältigen Haltung.
Die Haltung des Menschen ist zwiefältig nach der Zwiefalt der Grundworte, die er sprechen kann. Die Grundworte sind nicht Einzelworte, sondern Wortpaare.
Das eine Grundwort ist das Wortpaar Ich-Du.
Das andre Grundwort ist das Wortpaar Ich-Es; wobei, ohne Änderung des Grundwortes, für Es auch eins der Worte Er und Sie eintreten kann.
Somit ist auch das Ich des Menschen zwiefältig.
Denn das Ich des Grundworts Ich-Du ist ein andres als das des Grundworts Ich-Es.

*

Grundworte sagen nicht etwas aus, was außer ihnen bestünde, sondern gesprochen stiften sie einen Bestand.
Grundworte werden mit dem Wesen gesprochen.
Wenn Du gesprochen wird, ist das Ich des Wortpaars Ich-Du mitgesprochen. Wenn Es gesprochen wird, ist das Ich des Wortpaars Ich-Es mitgesprochen. Das Grundwort Ich-Du kann nur mit dem ganzen Wesen gesprochen werden. Das Grundwort Ich-Es kann nie mit dem ganzen Wesen gesprochen werden.

*

Martin Buber (1878–1965) jüdischer Religionsphilosoph und Schriftsteller; 1938–1951 Professor für Soziologie in Jerusalem, Forschungen zum jüdischen Chassidismus Osteuropas

Es gibt kein Ich an sich, sondern nur das Ich des Grundworts Ich-Du und das Ich des Grundworts Ich-Es.

Wenn der Mensch Ich spricht, meint er eins von beiden. Das Ich, das er meint, dieses ist da, wenn er Ich spricht. Auch wenn er Du oder Es spricht, ist das Ich des einen oder das des anderen Grundworts da.

Ich sein und Ich sprechen sind eins. Ich sprechen und eins der Grundworte sprechen sind eins. Wer ein Grundwort spricht, tritt in das Wort ein und steht darin.

*

Das Leben des Menschenwesens besteht nicht im Umkreis der zielenden Zeitwörter allein. Es besteht nicht aus Tätigkeiten allein, die ein Etwas zum Gegenstand haben. Ich nehme etwas wahr. Ich empfinde etwas. Ich stelle etwas vor. Ich will etwas. Ich fühle etwas. Ich denke etwas. Aus alledem und seinesgleichen allein besteht das Leben des Menschenwesens nicht.

All dies und seinesgleichen zusammen gründet das Reich des Es. Aber das Reich des Du hat einen anderen Grund.

*

Wer Du spricht, hat kein Etwas zum Gegenstand. Denn wo Etwas ist, ist anderes Etwas, jedes Es grenzt an andere Es, Es ist nur dadurch, daß es an andere grenzt. Wo aber Du gesprochen wird, ist kein Etwas. Du grenzt nicht. Wer Du spricht, hat kein Etwas, hat nichts. Aber er steht in der Beziehung. [...]

*

Die Welt als Erfahrung gehört dem Grundwort Ich-Es zu. Das Grundwort Ich-Du stiftet die Welt der Beziehung.

*

Drei sind die Sphären, in denen sich die Welt der Beziehung errichtet.

Die erste: Das Leben mit der Natur. Da ist die Beziehung im Dunkel schwingend und untersprachlich. Die Kreaturen regen sich uns gegenüber, aber sie vermögen nicht zu uns zu kommen, und unser Du-Sagen zu ihnen haftet an der Schwelle der Sprache.

Die zweite: das Leben mit den Menschen. Da ist die Beziehung offenbar und sprachgestaltig. Wir können das Du geben und empfangen.

Die dritte: das Leben mit den geistigen Wesenheiten. Da ist die Beziehung in Wolke gehüllt, aber sich offenbarend, sprachlos, aber sprachzeugend. Wir vernehmen kein Du und fühlen uns doch angerufen, wir antworten – bildend, denkend, handelnd: wir sprechen mit unserm Wesen das Grundwort, ohne mit unserm Munde Du sagen zu können.

Wie dürfen wir aber das Außersprachliche in die Welt des Grundwortes einbeziehn?

In jeder Sphäre, durch jedes uns gegenwärtig Werdende blicken wir an den Saum des ewigen Du hin, aus jedem vernehmen wir ein Wehen von ihm, in jedem Du reden wir das ewige an, in jeder Sphäre nach ihrer Weise."

Martin Buber: Ich und Du, Stuttgart 2009, S. 3 ff., 6 f.

1 Geben Sie die Thesen Bubers in eigenen Worten wieder.

2 Erläutern Sie den fundamentalen Unterschied zwischen Ich-Du-Welt und Ich-Es-Welt. Nennen Sie Beispiele aus Ihrer eigenen Erfahrung für diesen Unterschied.

3 Weltweit werden ca. 6 000 Sprachen gesprochen. Entwerfen Sie einen Überblick (Mindmap, Tabelle o. Ä.) über Chancen und Probleme dieses typisch menschlichen Phänomens unter den Aspekten „Wahrnehmung", „Denken" und „Handeln". Beziehen Sie dabei auch die unten stehende Abbildung mit ein.

Psychologische Betrachtung des Menschen

„Der Mensch ist nicht einmal Herr im eigenen Haus" – Psychoanalyse*

Kaum eine wissenschaftliche Theorie der Seele hat die Entwicklung des Menschenbildes im 20. Jahrhundert so nachhaltig beeinflusst wie die Psychoanalyse Sigmund Freuds. Zwar sind seine Thesen in der Folge wissenschaftlich stark diskutiert worden, aber eben dieser lebhafte Diskurs* in Literatur, Kunst und Medizin zeigt auch die Produktivität seiner Theorie.

Freud selbst wusste um die geistesgeschichtliche Sprengkraft seiner „Psychoanalyse" und stellte sie daher in eine Reihe mit den Forschungen von Kopernikus und Darwin, die jeweils eine Wende im Selbstverständnis des Menschen erforderten. Drei „Kränkungen" habe die Eigenliebe der Menschheit in der Wissenschaftsgeschichte erleben müssen, denn jeweils sei durch deren Erkenntnisse in Astrophysik (die Erde ist nicht das Zentrum des Universums) und in evolutionärer Biologie (der Mensch ist nicht die Krone der Schöpfung) seine These nur vorbereitet worden: Der Mensch könne durch die enorme Steuerung durch das Unbewusste nicht mehr als „Herr im eigenen Haus" bezeichnet werden.

Sigmund Freud (1856–1939), Porträt von Salvador Dalí. Sigmund Freud war Arzt und gilt als Begründer der Psychoanalyse. Werke u. a.: „Die Traumdeutung" (1899), „Drei Abhandlungen zur Sexualtheorie" (1905), „Das Unbehagen in der Kultur" (1930), „Warum Krieg?" – Publikation des Briefwechsels zwischen Freud und Einstein (1933).

Sigmund Freud: Die psychische Struktur des Menschen

Zur Kenntnis dieses psychischen Apparates sind wir durch das Studium der individuellen Entwicklung des menschlichen Wesens gekommen. Die älteste dieser psychischen Provinzen oder Instanzen nennen wir das *Es;* sein Inhalt ist alles, was ererbt, bei Geburt mitgebracht, konstitutionell festgelegt ist, vor allem also die aus der Körperorganisation stammenden Triebe, die hier einen ersten uns in seinen Formen unbekannten psychischen Ausdruck finden.

Unter dem Einfluss der uns umgebenden realen Außenwelt hat ein Teil des Es eine besondere Entwicklung erfahren. Ursprünglich als Rindenschicht mit den Organen zur Reizaufnahme und den Einrichtungen zum Reizschutz ausgestattet, hat sich eine besondere Organisation hergestellt, die von nun an zwischen Es und Außenwelt vermittelt. Diesem Bezirk unseres Seelenlebens lassen wir den Namen des *Ichs*.

Die hauptsächlichen Charaktere des Ichs. Infolge der vorgebildeten Beziehung zwischen Sinneswahrnehmung und Muskelaktion hat das Ich die Verfügung über die willkürlichen Bewegungen. Es hat die Aufgabe der Selbstbehauptung, erfüllt sie, indem es nach außen die Reize kennenlernt, Erfahrungen über sie aufspeichert (im Gedächtnis), überstarke Reize vermeidet (durch Flucht), mäßigen Reizen begegnet (durch Anpassung) und endlich lernt, die Außenwelt in zweckmäßiger Weise zu seinem Vorteil zu verändern (Aktivität); nach innen gegen das Es, indem es die Herrschaft über die Triebansprüche gewinnt, entscheidet, ob sie zur Befriedigung zugelassen werden sollen, diese Befriedigung auf die in der Außenwelt günstigen Zeiten und Umstände verschiebt oder ihre Erregungen überhaupt unterdrückt. In seiner Tätigkeit wird es durch die Beachtungen der in ihm vorhandenen oder in dasselbe eingetragen Reizspannungen geleitet. Deren Erhöhung wird allgemein als *Unlust,* deren Herabsetzung als *Lust* empfunden. Wahrscheinlich sind es aber nicht die absoluten Höhen dieser Reizspannung, sondern etwas im Rhythmus ihrer Veränderung, was als Lust und Unlust empfunden wird. Das Ich strebt nach *Lust*, will der *Unlust* ausweichen.

Eine erwartete, vorausgesehene Unluststeigerung wird mit dem *Angstsignal* beantwortet, ihr Anlass, ob er von außen oder innen droht, heißt eine *Gefahr*. Von Zeit zu Zeit löst das Ich seine Verbindung mit der Außenwelt und zieht sich in den Schlafzustand zurück, in dem es seine Organisation weitgehend verändert. Aus dem Schlafzustand ist zu schließen, dass diese Organisation in einer besonderen Verteilung der seelischen Energie besteht.

Als Niederschlag der langen Kindheitsperiode, während der der werdende Mensch in Abhängigkeit von seinen Eltern lebt, bildet sich in seinem Ich eine besondere Instanz heraus, in der sich dieser elterliche Einfluss fortsetzt. Sie hat den Namen des *Über-Ichs* erhalten. Insoweit dieses Über-Ich sich vom Ich sondert und sich ihm entgegenstellt, ist es eine dritte Macht, der das Ich Rechnung tragen muss.

Eine Handlung des Ichs ist dann korrekt, wenn sie gleichzeitig den Anforderungen des Es, des Über-Ichs und der Realität genügt, also deren Ansprüche miteinander zu versöhnen weiß. Die Einzelheiten der Beziehung zwischen Ich und Über-Ich werden durchwegs aus der Zurückführung auf das Verhältnis des Kindes zu seinen Eltern verständlich. Im Elterneinfluss wirkt natürlich nicht nur das persönliche Wesen der Eltern, sondern auch der durch sie fortgepflanzte Einfluss von Familien-, Rassen- und Volkstradition sowie die von ihnen vertretenen Anforderungen des jeweiligen sozialen Milieus. Ebenso nimmt das Über-Ich im Laufe der individuellen Entwicklung Beiträge vonseiten späterer Fortsetzer und Ersatzpersonen der Eltern auf, wie Erzieher, öffentlicher Vorbilder, in der Gesellschaft verehrter Ideale. Man sieht, dass Es und Über-Ich bei all ihrer fundamentalen Verschiedenheit die eine Übereinstimmung zeigen, dass sie die Einflüsse der Vergangenheit repräsentieren, das Es den der ererbten, das Über-Ich im Wesentlichen den der von anderen übernommenen, während das Ich hauptsächlich durch das selbst Erlebte, also Akzidentelle und Aktuelle bestimmt wird.

Sigmund Freud: Abriss der Psychoanalyse [1938/40]. Stuttgart: Reclam 2010, S. 9 ff.

Salvador Dalí (1904 – 1989): Venus von Milo mit Schubladen (1936). Der spanische Maler Salvador Dalí war einer der Hauptvertreter des sogenannten Surrealismus (frz.: sur = über, réalisme = Realismus), einer Kunstrichtung in Literatur und bildender Kunst, die von Freuds Werken starke Impulse erhielt. Vor allem Dalí, der Freud 1938 in dessen Londoner Exil besuchte, trug mit seinen Bildern entscheidend zur Popularisierung von Freuds Lehren bei.

1 Arbeiten Sie ohne Zuhilfenahme der Informationen dieses Kapitels eine Definition heraus, aus welchen Anteilen Sie die „Seele des Menschen" zusammensetzen würden. Halten Sie Ihre Definition schriftlich fest.
→ Begriffe definieren, S. 142

2 Entwerfen Sie eine Grafik, die die Instanzen der Seele abbildet. Erläutern Sie das Wirken der beiden Triebe auf die Instanzen anhand von Beispielen. Begründen Sie, weshalb nach Freud „der Mensch nicht einmal Herr im eigenen Haus" ist.

3 Diskutieren Sie die Rolle der Instanz „Ich" und den häufig geäußerten Vorwurf, Freuds Modell reduziere den Menschen auf seine Triebe.

Niki de Saint Phalle (1930–2002): La mort.
Die französische Künstlerin gestaltet die Freud'sche Annahme zweier Grundtriebe, den des Eros (Lebenstrieb) und den des Thanatos (Todestrieb), auf eine eigenwillige Art und Weise: Die Frau, deren übertriebene Körperlichkeit auf Fruchtbarkeit und bunte Lebensfülle hinweist, bringt zugleich den Tod, indem sie Leben vernichtet. Diese Ambivalenz von Lebengeben und Lebennehmen zeigt sich auch in der Grundgestaltung des Pferdeumhangs und der Erde: Fruchtbares Hervorbringen steht neben soghaftem Verschlingen (in den Wellenlinien des Wassers).

Sigmund Freud: Die Macht des Es

Die Macht des Es drückt die eigentliche Lebensabsicht des Einzelwesens aus. Sie besteht darin, seine mitgebrachten Bedürfnisse zu befriedigen. Eine Absicht, sich am Leben zu erhalten und sich durch die Angst vor Gefahren zu schützen, kann dem Es nicht zugeschrieben werden. Dies ist die Aufgabe des Ichs, das auch die günstigste und gefahrloseste Art der Befriedigung mit Rücksicht auf die Außenwelt herauszufinden hat. Das Über-Ich mag neue Bedürfnisse geltend machen, seine Hauptleistung bleibt aber die Einschränkung der Befriedigungen.

Die Kräfte, die wir hinter den Bedürfnisspannungen des Es annehmen, heißen wir *Triebe*. Wir haben uns entschlossen, nur zwei Grundtriebe anzunehmen, den *Eros* und den *Destruktionstrieb*. [...] Das Ziel des ersten ist, immer größere Einheiten herzustellen und so zu erhalten, also Bindung, das Ziel des anderen im Gegenteil, Zusammenhänge aufzulösen und so die Dinge zu zerstören. Beim Destruktionstrieb können wir daran denken, dass als sein letztes Ziel erscheint, das Lebende in den anorganischen Zustand zu überführen. Wir heißen ihn darum auch *Todestrieb*. Wenn wir annehmen, dass das Leben später als das Leblose gekommen und aus ihm entstanden ist, so fügt sich der Todestrieb der erwähnten Formel, dass ein Trieb die Rückkehr zu einem früheren Zustand anstrebt. In den biologischen Funktionen wirken die beiden Grundtriebe gegeneinander oder kombinieren sich miteinander. So ist der Akt des Essens eine Zerstörung des Objekts mit dem Endziel der Einverleibung, der Sexualakt eine Aggression mit der Absicht der innigsten Vereinigung.

[...] Es kann keine Rede davon sein, den einen oder anderen der Grundtriebe auf eine der seelischen Provinzen einzuschränken. Sie müssen überall anzutreffen sein. Einen Anfangszustand stellen wir uns in der Art vor, dass die gesamte verfügbare Energie des Eros, die wir von nun ab *Libido* heißen werden, im noch undifferenzierten Ich-Es vorhanden ist und dazu dient, die gleichzeitig vorhandenen Destruktionsneigungen zu neutralisieren. (Für die Energie des Destruktionstriebes fehlt uns ein der Libido analoger Terminus.) Späterhin wird es uns verhältnismäßig leicht, die Schicksale der Libido zu verfolgen, beim Destruktionstrieb ist es schwerer. Es ist unverkennbar, dass die Libido somatische[1] Quellen hat, dass sie von verschiedenen Organen und Körperstellen her dem Ich zuströmt. Man sieht das am deutlichsten an jenem Anteil der Libido, der nach seinem Triebziel als Sexualerregung bezeichnet wird. Die hervorragendsten der Körperstellen, von denen diese Libido ausgeht, zeichnet man durch den Namen *erogene Zonen* aus, aber eigentlich ist der ganze Körper eine solche erogene Zone. Das Beste, was wir vom Eros, also von seinem Exponenten, der Libido, wissen, ist durch das Studium der Sexualfunktion gewonnen worden, die sich ja in der landläufigen Auffassung, wenn auch nicht in unserer Theorie, mit dem Eros deckt.

Sigmund Freud: Abriss der Psychoanalyse [1938/40]. Frankfurt/Main: S. Fischer 1972, S. 12 ff.

Das Bild zeigt eine Szene aus dem Film „Spellbound" (1945) des amerikanischen Regisseurs Alfred Hitchcock. Es ist einer der ersten Hollywoodfilme, der sich mit Freuds Psychoanalyse beschäftigt. Es geht um ein Schuldtrauma und einen daraus resultierenden Identitätsverlust, wobei die Analyse eines Traums im Zentrum der Handlung steht. Die Traumsequenzen entwarf der spanische Maler Salvador Dalí.

Wie arbeitet die Seele des Träumenden?

Nach Freud („Traumdeutung", 1900) kann der Analytiker neben der Auswertung von Fehlleistungen auch Träume oder Kunstwerke untersuchen, um das Unbewusste aufzudecken. Dabei gilt es, fünf Mechanismen zu kennen und zurückzuverfolgen, um auf den wirklichen Traumsinn zu schließen. Dabei könne man nicht von einer prophetischen Zielrichtung des Traumes ausgehen, sondern vielmehr über die Bewältigungsmuster der Seele von ihren unbefriedigten Trieben erfahren. Da das Unbewusste vor allem im Wachzustand, aber sogar im Schlaf noch über das „soziale Gewissen*" gebremst werde, „codiere" die Seele sogar im Schlaf noch ihre Triebe, um nicht gesellschaftlich geächtet zu werden. Sie bediene sich daher der Taktiken:
- **Symbolisierung** gesellschaftlich besonders „verbotener Inhalte" durch „weniger verbotene", z. B. Tiere oder Gegenstände,
- **Verdichtung** mehrerer Triebinhalte in einer „Traumgeschichte",
- **Verschiebung** „verbotener" Verhaltensweisen auf andere Personen,
- **Dramatisierung**, also der Übersetzung von Trieben in konkrete Bilder und Situationen,
- **sekundäre Verarbeitung** der Erzählung der Bilder in einer Geschichte, die der Träumende anschließend erzählen kann.

Originalbeitrag für diesen Band, basierend auf Henk de Berg: Freuds Psychoanalyse in der Literatur- und Kulturwissenschaft. Tübingen und Basel: A. Francke Verlag, 2005

---

[1] somatisch (gr.): körperlich

Sigmund Freud: Die Bedeutung der Träume

Der Traum kann, wie allgemein bekannt, verworren, unverständlich, geradezu unsinnig sein, seine Angaben mögen all unserem Wissen von Realität widersprechen, und wir benehmen uns wie Geisteskranke, indem wir, solange wir träumen, den Inhalten des Traumes objektive Realität zusprechen.

Den Weg zum Verständnis („Deutung") des Traumes beschreiten wir, indem wir annehmen, dass das, was wir als Traum nach dem Erwachen erinnern, nicht der wirkliche Traumvorgang ist, sondern nur eine Fassade, hinter welcher sich dieser verbirgt. Dies ist unsere Unterscheidung eines manifesten Trauminhaltes und der latenten Traumgedanken. Der Vorgang, der aus den Letzteren den Ersteren hervorgehen ließ, heißen wir die Traumarbeit.

Das Studium der Traumarbeit lehrt uns an einem ausgezeichneten Beispiel, wie unbewusstes Material aus dem Es, Ursprüngliches und Verdrängtes, sich dem Ich aufdrängt, vorbewusst wird und durch das Sträuben des Ichs jene Veränderungen erfährt, die wir als Traumentstellung kennen. [...]

Die Beweise für die Anteile des unbewussten Es an der Traumbildung sind reichlich und von zwingender Natur. a) Das Traumgedächtnis ist weit umfassender als das Gedächtnis im Wachzustand. Der Traum bringt Erinnerungen, die der Träumer vergessen hat, die ihm im Wachen unzugänglich waren. b) Der Traum macht einen uneingeschränkten Gebrauch von sprachlichen Symbolen, deren Bedeutung der Träumer meist nicht kennt. Wir können aber ihren Sinn durch unsere Erfahrung bestätigen. Sie stammen wahrscheinlich aus früheren Phasen der Sprachentwicklung. c) Das Traumgedächtnis reproduziert sehr häufig Eindrücke aus der frühen Kindheit des Träumers, von denen wir mit Bestimmtheit behaupten können, nicht nur, dass sie vergessen, sondern dass sie durch Verdrängen unbewusst geworden sind. Darauf beruht die meist unentbehrliche Hilfe des Traumes bei der Rekonstruktion der Frühzeit des Träumers, die wir in der analytischen Behandlung der Neurosen versuchen. d) Darüber hinaus bringt der Traum Inhalte zum Vorschein, die weder aus dem reifen Leben noch aus der vergessenen Kindheit des Träumers stammen können. Wir sind genötigt, sie als Teil der archaischen Erbschaft anzusehen, die das Kind, durch das Erleben der Ahnen beeinflusst, vor jeder eigenen Erfahrung mit sich auf die Welt bringt. Die Gegenstücke zu diesem phylogenetischen Material finden wir dann in den ältesten Sagen der Menschheit und in ihren überlebenden Gebräuchen. Der Traum wird so eine nicht zu verachtende Quelle der menschlichen Vorgeschichte. [...]

Jeder in Bildung begriffene Traum erhebt mithilfe des Unbewussten einen Anspruch an das Ich auf Befriedigung eines Triebes, wenn er vom Es – auf Lösung eines Konfliktes, Aufhebung eines Zweifels, Herstellung eines Vorsatzes, wenn er von einem Rest der vorbewussten Tätigkeit im Wachleben ausgeht. Das schlafende Ich ist aber auf den Wunsch, den Schlaf festzuhalten, eingestellt, empfindet diesen Anspruch als eine Störung und sucht diese Störung zu beseitigen. Dies gelingt dem Ich durch einen Akt scheinbarer Nachgiebigkeit, indem es dem Anspruch eine unter diesen Umständen harmlose Wunscherfüllung entgegensetzt und ihn so aufhebt. Diese Ersetzung des Anspruches durch Wunscherfüllung bleibt die wesentliche Leistung der Traumarbeit. [...]

Beim Träumer meldet sich [beispielsweise] im Schlaf ein Bedürfnis nach Nahrung, er träumt von einer herrlichen Mahlzeit und schläft weiter. Er hatte natürlich die Wahl aufzuwachen, um zu essen, oder den Schlaf fortzusetzen. Er hat sich für Letzteres entschieden und den Hunger durch den Traum befriedigt.

Sigmund Freud: Abriss der Psychoanalyse. Stuttgart: Reclam 2010, S. 32 ff.

Titelblatt der Erstausgabe von Freuds Werk „Die Traumdeutung" aus dem Jahr 1900, in dem er viele der zentralen Konzepte der späteren Theorie der Psychoanalyse einführte.

1 Erläutern Sie die Begriffe „manifester Trauminhalt", „Verdichtung", „Verschiebung" und „Traumarbeit" an je einem konkreten Beispiel.

2 Geben Sie die „Erfahrungen" (vgl. Z. 20–33) wieder, die ein Analytiker nach Sigmund Freud offenbar mitbringen muss, um Träume anderer Menschen deuten zu können.

3 Nennen Sie Beispiele für die Verarbeitung von Träumen in Kunst, Literatur und Film und stellen Sie sie in einer Ausstellung der Klasse vor.

Christoph Stölzl: Was bleibt von Freud?

Seit ihren Anfängen hatte Freuds Psychoanalyse auch Kritik erfahren. Sie reichte von seriöser naturwissenschaftlicher Falsifizierung bis zu wütender ideologischer Polemik. [...]
Was bleibt von Freud? Da ist, seltener als Freud-Folge bemerkt, ein gewandeltes Rechtsgefühl. Die Relativierung des autonomen*, aus überlegtem freien Willen allzeit verantwortlich handelnden Individuums durch die Freud'sche Lehre hat ihre tiefsten Spuren bis heute im Strafrecht hinterlassen. Seit Freuds Theorie vom unverantwortlich antreibenden Es zum Standard unserer Vorstellung vom Menschen gehört, ist die psychologische Autopsie des Verbrechens eine herausfordernde Aufgabe für alle am Gerechtigkeitsprozess Beteiligten geworden. Strafprozesse handeln von der Überwältigung der Moral (die der Welt des Ichs angehört!) durch das Böse. Wie dieses Böse bewusster und damit strafwürdiger Entscheidung entstammt oder wie sehr es aus dem Unbewussten und Unverantwortlichen rührt, das zu entscheiden fällt der Justiz immer schwerer; sie bedient sich immer mehr der gutachterlichen Hilfe der Psychologie, um Gerechtigkeit* „nach Freud" zu üben.
Was bleibt von Freud dort, wo er einst angefangen hat, als vermeintlich exakter Wissenschaftler? Der Fortschritt der Psychologie und der interkulturellen Anthropologie hat vom Alleinvertretungsanspruch der klassischen Psychoanalyse wenig übrig gelassen. Alle Forschungen über die frühe Kindheit und die Mutter-Kind-Konstellation lassen von Freuds Primat des Sexuellen kaum noch etwas gelten. Penisneid und Ödipuskomplex sind vom Thron ihrer Menschheitsgültigkeit herabgeholt, ebenso wie die Allgegenwart der sexuellen Symbolik in den Träumen. Was Freud benutzte, war nicht zeitloser Menschheitsstoff, sondern die historisch und kulturell definierte Familienkonstellation der viktorianischen Gesellschaft. Insbesondere das Verständnis von Weiblichkeit bei Freud ist unübersehbar zeitbedingt beschränkt. Vom Traum der frühen Freudianer, aus des Meisters Wegweisungen könne am Ende eine Art ewig gültige Grammatik oder besser noch Physiklehre der Seele entstehen, anhand derer man den Strom der Gedanken und Gefühle ähnlich nachprüfbar verfolgen könne wie den elektrischen Strom in Netzwerken, ist nichts übrig geblieben. Damit ist auch die zentrale Rolle der Psychoanalyse als Heilmethode relativiert. [...]
Dennoch entspannt sich in der jüngsten Zeit der Gegensatz Naturwissenschaft kontra Freud. Gehirn- und Nervenforschung lehren: Zwar gibt es nicht das Unbewusste und das Bewusste in starrer Scheidung wie Keller und Dachgeschoss eines Hauses. Aber da wir endlich mehr über die Funktionsverteilung des Gehirns und seine Biochemie der Hormone und Botenstoffe wissen, rückt die exakte Vermessung auch der unbewussten Emotionen, Affekte und ethisch-moralischer Prägungen in Sichtweite.
Was bleibt von Freud? Er hat groß gefragt und große Antworten gegeben. Was immer von ihnen falsch war und der naturwissenschaftlichen Nachprüfung nicht standhält, es bleibt doch die gewaltige Energie im Fragen lebendig. [...]
Thomas Mann, hintersinnig wie immer, wenn er lobte, hat über Freud gesagt, mit ihm sei ein „Argwohn in die Welt gesetzt", ein „entlarvender Verdacht, die Verstecktheiten und Machenschaften der Seele betreffen, welcher, einmal geweckt, nie wieder daraus verschwinden kann".
So ist es: Freud hat uns uns interessant gemacht, das vergessen wir ihm nie.

Christoph Stölzl: Der Hausherr der Seele. In: Die Zeit – Geschichte: Sigmund Freud – Genie oder Fantast? Hamburg: Zeit-Verlag, 2006, S. 22

Christoph Stölzl (geb. 1944) ist Historiker, Publizist und Politiker, lehrte Kulturmanagement an der Freien Universität Berlin, leitete und gründete mehrere Museen und ist Kuratoriumsmitglied mehrerer Stiftungen.

1 Fassen Sie die Aussagen Stölzls über die Bedeutung Freuds zusammen.

2 Prüfen Sie mithilfe Ihrer Definition von S. 33, Aufg. 1, ob die Beschäftigung mit den Theorien Freuds Ihr Bild von sich selbst und von Ihrem Leben beeinflusst hat. Arbeiten Sie analog mit der Methode.
→ Begriffe definieren, S. 142

Dual-Process-Theorien*

Definition

Dual-Process-Theorien sind eine Gruppe von Theorien in der Sozial-, Persönlichkeits- und Kognitiven* Psychologie, die beschreiben, *wie Menschen über Informationen denken, wenn sie Urteile fällen oder Probleme lösen.* Diese Theorien werden als dualer Prozess bezeichnet, weil sie zwei grundlegende Denkweisen über Information unterscheiden: einen relativ schnellen, oberflächlichen, spontanen Modus, der auf *intuitiven Assoziationen* basiert, und einen tiefgründigen, mühsamen Schritt-für-Schritt-Modus, der auf *systematischen Schlussfolgerungen* basiert. Duale Prozesstheorien wurden in vielen Bereichen der Psychologie angewendet, einschließlich Persuasion, Stereotypisierung*, Wahrnehmung, Gedächtnis und Verhandlung. Im Allgemeinen gehen diese Theorien davon aus, dass Menschen über Informationen auf relativ oberflächliche und spontane Weise nachdenken, wenn sie nicht in der Lage und motiviert sind, sorgfältiger darüber nachzudenken.

Dual-Process-Theorien: Hintergrund und Geschichte

Dual-Process-Theorien basieren auf mehreren Schlüsselideen, die eine lange Geschichte in der Psychologie haben. Zum Beispiel können die beiden Denkweisen, die von verschiedenen Dual-Process-Theorien beschrieben werden, oft auf eine von oben nach unten gerichtete, ideengetriebene Art des Verständnisses der Welt gegenüber einer von unten nach oben gerichteten, datengetriebenen Art des Verständnisses abgebildet werden. [Bottom-up ...] Zum Beispiel, wenn eine Person ein Buch auf einem Tisch anschaut, erkennt sie entweder ein Muster von Farben und Linien mit ihren Augen und markiert aktiv das Muster „Buch", indem sie ihr Wissen darüber verwendet, wie ein Buch ist.

Duale Prozesstheorien bauen auch auf Gestaltprinzipien auf, die von Psychologen in den 1930er-Jahren untersucht wurden, die nahelegen, dass Menschen eine natürliche Tendenz haben, Erfahrungen *sinnvoll, strukturiert und kohärent*[1] zu machen. Indem man sich darauf konzentriert, wie sich eine Sache auf die nächste bezieht und Muster in der Art und Weise sieht, wie sich Ereignisse entwickeln, kann eine Person die soziale Welt verstehen und vorhersagen, die es ihr ermöglicht, effektiv zu antizipieren, zu planen und zu handeln.

Diese und andere Elemente wurden ab den 1980er-Jahren in verschiedene Prozesstheorien auf verschiedenen Gebieten integriert, oft als Versuch, widersprüchliche Ergebnisse oder Theorien in diesem Bereich zu verstehen und zu synthetisieren. [...] Zum Beispiel, wenn Menschen auf einfache, intuitive Abkürzungen in ihrem Denken vertrauen, werden sie mehr von einem Experten als von einem Nicht-Experten überzeugt, selbst wenn die Argumente des Experten nicht sehr gut sind. Wenn sich die Menschen jedoch mehr auf eine systematische Bottom-up-Verarbeitung aller verfügbaren Informationen verlassen, werden sie eher durch gute Argumente als durch den Titel anderer überzeugt. [...]

Dual-Prozess-Theorien: Bedeutung und Konsequenzen

Als Dual-Process-Theorien zunehmend populär wurden, wurden sie von immer mehr Bereichen der Psychologie übernommen, um zu beschreiben, wie Menschen über Informationen denken und zu Schlussfolgerungen kommen. Dual-Process-Theorien unterscheiden sich auf verschiedene Arten. Zum Beispiel nehmen einige [Theorien] an, dass die zwei Arten des Nachdenkens über Information sich gegenseitig ausschließen (entweder/oder), während andere vorschlagen, dass sie nacheinander oder sogar zur gleichen Zeit passieren. [...]

---

[1] kohärent: zusammenhängend

Betrachten wir als Beispiel das *heuristisch[1]-systematische Modell* der Einstellungsänderung im Bereich der Überredung. Wie andere Dual Process-Theorien schlägt das heuristisch-systematische Modell zwei unterschiedliche Denkweisen über Information vor. *Systematische Verarbeitung* beinhaltet Versuche, alle Informationen gründlich zu verstehen, die durch sorgfältige Aufmerksamkeit, tiefes Denken und intensives Nachdenken entstehen (z. B. sorgfältiges Nachdenken über die präsentierten Argumente, die streitende Person und die Ursachen des Verhaltens der Person). Diese Informationen werden kombiniert und verwendet, um nachfolgende Einstellungen, Urteile und Verhaltensweisen zu leiten. Zum Beispiel könnte ein systematischer Ansatz zum Nachdenken über den israelisch-palästinensischen Konflikt das Lesen von möglichst vielen Zeitschriften- und Zeitungsberichten beinhalten, um zu lernen und eine Meinung über die beste Vorgehensweise für den Nahen Osten zu entwickeln. Es überrascht nicht, dass ein solches systematisches Denken sehr viel mentale Anstrengung erfordert [...].

Im Vergleich zur systematischen Verarbeitung ist die *heuristische Verarbeitung* viel weniger mental anspruchsvoll und viel weniger abhängig von der Fähigkeit (z. B. ausreichend Wissen und genügend Zeit), sorgfältig über Informationen nachzudenken. Tatsächlich wird die heuristische Verarbeitung oft als relativ automatisch bezeichnet, weil sie auch dann auftreten kann, wenn Menschen nicht motiviert sind und bewusst über ein Thema nachdenken können. Die heuristische Verarbeitung beinhaltet die Fokussierung auf leicht zu merkende und leicht zu verstehende Hinweise, wie die Referenzen eines Kommunikators (z. B. Experte oder nicht), die Gruppenzugehörigkeit des Kommunikators (z. B. Demokraten oder Republikaner) oder die Anzahl der präsentierten Argumente (viele oder wenige). Diese Hinweise sind mit gut erlernten, alltäglichen Entscheidungsregeln verbunden, die als Heuristiken bekannt sind. Zu den Beispielen gehören „Experten wissen es am besten", „Meiner eigenen Gruppe kann vertraut werden" und „Argumentlänge entspricht Argumentstärke". Diese einfachen, intuitiven Regeln erlauben es, Urteile, Einstellungen und Absichten schnell und effizient zu formulieren, einfach auf der Basis von leicht zu merkenden Hinweise und mit wenig kritischem Denken. Ein heuristischer Ansatz für den israelisch-palästinensischen Konflikt könnte darin bestehen, einfach die Meinung eines bekannten politischen Experten aus dem Nahen Osten zu übernehmen. Mit anderen Worten, heuristisches Denken ist das, was eine Person tut, wenn sie nicht viel Fähigkeit oder Zeit hat, über etwas nachzudenken und eine schnelle Entscheidung treffen will. Das heuristisch-systematische Modell legt nahe, dass die Fähigkeit und Motivation von Personen, über Informationen sorgfältig nachzudenken, Einfluss darauf haben, ob sie sich ausschließlich auf schnelle Entscheidungsregeln verlassen oder weiter über Informationen genauer und tiefer nachdenken.

Darüber hinaus identifiziert dieses Modell *drei große Kategorien von Motiven*, die Einfluss darauf haben, ob das Denken auf irgendeine Weise relativ aufgeschlossen oder relativ voreingenommen ist.

Genauigkeitsmotivation ist darauf ausgerichtet, zu erkennen, was richtig ist. Genauigkeitsmotivation führt zu relativ aufgeschlossenem, ausgeglichenem Denken.

Verteidigungsmotivation bezieht sich auf die Notwendigkeit, sich selbst vor potenziellen Bedrohungen für die geschätzten Meinungen und Überzeugungen zu schützen. [...].

Die *Impressionsmotivation* beinhaltet den Wunsch, einen guten Eindruck auf eine andere Person zu machen oder eine positive Beziehung zu jemandem aufrechtzuerhalten. [...]

https://www.studocu.com/de [21.06.2022]

1 Stellen Sie die Kennzeichen der beiden Prozesstypen der Dual-Process-Theorien (intuitiv-heuristischer versus systematisch-analytischer Typ) tabellarisch gegenüber.

2 Diskutieren Sie über einen aktuellen innenpolitischen oder internationalen Konflikt, ohne sich vorher zu informieren. Je eine Gruppe vertritt je eine Konfliktpartei. Bestimmen Sie eine Beobachterin/einen Beobachter, der nicht eingreift, sondern die Diskussion neutral verfolgt.

3 Recherchieren Sie den Konflikt (z. B. in Stamm- und Expertengruppen) und starten Sie die Diskussion in der gleichen Zusammensetzung erneut. Analysieren Sie anschließend, inwieweit sich Ihr Diskussionsverhalten und Ihre Möglichkeiten, Lösungen aufzuzeigen, auf der breiteren Informationsbasis verändert haben.

---

[1] auf die wissenschaftliche Lehre von der Methodik zur Auffindung neuer Erkenntnisse (Heuristik) bezogen; (v. a. in der Mathematik, Informatik:) mit geringem Aufwand ein meist brauchbares Ergebnis erzielend

Elsbeth Stern und Ralph Schumacher: Wie lernt man unbewusst?

Gekürzte Fassung eines Gesprächs zwischen Alexandra Durner (Internationales Zentralinstitut für das Jugend- und Bildungsfernsehen IZI, München), Prof. Dr. Elsbeth Stern und Dr. Ralph Schumacher

Vieles, was wir in unserem Alltag lernen, ist uns gar nicht bewusst. Wir können grammatikalisch richtige Sätze bilden, wir lernen Treppen steigen und entwickeln Problemlösungsstrategien. Wie lässt sich so ein „unbewusstes Lernen" oder ein – im psychologischen Fachjargon – „implizites Lernen" beschreiben?

„Unbewusstes Lernen" zeichnet sich vor allem durch zwei Eigenschaften aus. Erstens: Es findet beiläufig statt und erfolgt damit ohne bewusste Lernabsicht. So erlernen wir zum Beispiel unsere Muttersprache, ohne uns ausdrücklich dazu zu entschließen. [...] Ein zweites Merkmal betrifft das Wissen, das im Zuge unbewussten Lernens erworben wird: Unbewusst erworbenes Wissen steht nicht für Beschreibungen zur Verfügung. Zum Beispiel sind die wenigsten Menschen in der Lage, die grammatikalischen Regeln ihrer Muttersprache zu erläutern, obwohl sie die Regeln korrekt anwenden.

Versuchsanordnung zur Erforschung der Neurobiologie des Lernens am Max-Planck-Institut für Bildungsforschung, Berlin, unter Leitung von Prof. Dr. Elsbeth Stern

Elsbeth Stern (*1957) und **Ralph Schumacher** (*1964) lehren und erforschen an der Eidgenössischen Technischen Hochschule Zürich die kognitionswissenschaftlichen Grundlagen des schulischen Lernens.

Was wird im Alltag unbewusst erlernt? Was kann man nur bewusst erlernen?
Das unbewusste Lernen ist grundsätzlich für unsere kognitive und motorische Entwicklung sehr wichtig. Unbewusst erlernt werden etwa das Sprechen unserer Muttersprache, kognitive Problemlösungsstrategien oder motorische Fähigkeiten wie das Greifen und das aufrechte Gehen. Allerdings lässt sich nicht alles unbewusst erlernen. Es gibt Kompetenzen, die nur dann erworben werden können, wenn unsere Aufmerksamkeit durch gezielte Instruktionen auf die einzelnen Lernschritte gelenkt wird. Dazu gehört zum Beispiel das Prozentrechnen oder das Binden einer Krawatte.

Natürlich stellt man sich die Frage, wo die Grenzen unbewussten Lernens liegen und warum es sie gibt: Liegt es an der Komplexität der Lerninhalte? Oder können wir bestimmte Arten von Kompetenzen prinzipiell nur im Zuge bewussten Lernens erwerben? Es gibt dazu derzeit nur wenig gesichertes Wissen und weitere Forschung ist wichtig. An der Technischen Hochschule Zürich wird etwa aktuell die Fragestellung untersucht, ob implizit erlernte Lösungsstrategien für den Wissenstransfer verfügbar sind. [...]

Warum kann unbewusst erworbenes Wissen nicht beschrieben werden?
Das Wissen steht zwar möglicherweise in der Situation des Problemlösens kurz zur Verfügung, ist aber dann, wenn es beschrieben werden soll, schon wieder aus dem Arbeitsgedächtnis verschwunden. In diesem Fall wäre also das Gedächtnis dafür verantwortlich, dass Personen ihr Wissen nicht artikulieren können. Allerdings besteht unter den Kognitionsforschern Uneinigkeit darüber, ob implizites Lernen tatsächlich durch unbewusstes Wissen nachgewiesen werden kann.

Wie funktioniert unbewusstes Lernen aus Sicht der Kognitionspsychologie?
Es gibt Untersuchungen, die die Annahme stützen, dass bewusstes und unbewusstes Lernen in zwei voneinander unabhängigen kognitiven Systemen stattfindet. Implizites Lernen beruht dabei auf weitgehend automatisierten Prozessen und ist losgelöst

von bewussten Lernprozessen. In Studien konnte etwa gezeigt werden, dass manche unbewussten Lernprozesse, zum Beispiel beim Golfspielen, nicht von zusätzlichen Aktivitäten, wie z. B. dem aufmerksamen Zählen von Tonsignalen, beeinträchtigt werden.

Es wurde daraus der Schluss gezogen, dass für das implizite Lernen zwar Aufmerksamkeit im Sinne einer selektiven Informationsverarbeitung erforderlich ist, aber nicht Aufmerksamkeit im Sinne geistiger Kapazität. [...]

Das bedeutet: Wenn jemand eine Aufgabe löst, beansprucht das normalerweise seine ganze Aufmerksamkeit. Er muss seine gesamte geistige Kapazität aufbieten, um die Aufgabe zu bewältigen. Beim unbewussten Lernen können aber zusätzliche Aufgaben parallel ausgeführt werden, ohne dass dies einen wesentlichen Einfluss auf das Lernen hat.

Wichtiger beim unbewussten Lernen ist stattdessen die selektive Informationsverarbeitung. Das heißt, wenn wir etwas unbewusst lernen, wird die Aufmerksamkeit nur auf einzelne Eindrücke gerichtet. Müssen beispielsweise Probanden in einer Untersuchung aus Buchstabenfolgen Regelmäßigkeiten erkennen, so konzentrieren sie sich dazu auf bestimmte Eigenschaften wie etwa deren Formen. Ansonsten würde die Vielzahl von Reizen überfordern und die Aufgabe könnte nicht bewältigt werden.

Welche Rolle spielt implizites Lernen beim Erwerb von intellektuell anspruchsvolleren Fähigkeiten und Kenntnissen wie dem Lernen von Strategien zur Problemlösung?

Eine Untersuchung mit Kindern hat gezeigt, dass auch mathematische Lösungsstrategien implizit erworben werden können. In der Studie wurden acht und neun Jahre alten Schulkindern Rechenaufgaben wie beispielsweise „28 + 36 – 36" gestellt. Die Aufgabe lässt sich auf zwei verschiedene Weisen lösen: Die eine Variante besteht darin, dass das Kind das Ergebnis Schritt für Schritt errechnet. Die andere Variante ist weitaus einfacher, denn das Kind ignoriert einfach die Zahl „36". Die Kinder, die die Abkürzungsstrategie verfolgten, benötigten natürlich deutlich weniger Zeit als die anderen Kinder, die die Rechenstrategie anwandten. 90 % der Kinder in der Studie wandten die Abkürzungsstrategie an, bevor sie in der Lage waren, die Strategie zu beschreiben. Die Ergebnisse zeigen somit, dass Kinder Strategien zur Lösung mathematischer Probleme auch implizit erlernen können [...].

https://www.br-online.de/jugend/izi/deutsch/publikation/televizion/23_2010_1/Schumacher_Stern-unbewusst_lernen.pdf [22.06.2022]

1 Nennen Sie drei Kennzeichen des impliziten Lernens und geben Sie ein Beispiel aus Ihrem Leben wieder, in dem Sie etwas „implizit" gelernt haben.

2 Nehmen Sie Stellung zu der Frage, ob implizites Lernen tatsächlich nahezu unbewusst abläuft und inwiefern Wissen doch eine Rolle spielen könnte.

3 Diskutieren Sie, inwieweit und in welchen Bereichen sich Lernen im schulischen Umfeld durch gezielten Einsatz impliziter Lerntechnik vereinfachen und effizienter gestalten ließe.

Implizite Wahrnehmung

Hier beruft man sich auf Beobachtungen im Bereich der Wahrnehmungspsychologie. Dort finden sich vor allem unter dem Stichwort der unterschwelligen Wahrnehmung („subliminal perception", „preconscious or preattentive processing") Berichte über Erfahrungsnutzung ohne bewusstes Gewahrwerden. So gibt es zahlreiche experimentelle Befunde, die belegen, dass wir in der Lage sind, Stimuli wahrzunehmen, die wir nicht bewusst sehen oder hören oder fühlen. Es scheint wahrscheinlich, dass durch unsere bewusste Aufmerksamkeit, die sich auf offene visuelle oder auditive Stimuli konzentriert, der Effekt unterschwelliger Reize „übertönt" wird. Allerdings gibt es keine zuverlässigen Daten, die den Effekt unterschwelliger auditiver Stimuli belegen würden.

https://homepage.univie.ac.at/michael.trimmel/deutsch/lehre/lehrveranstaltungen/proseminar/kognitiv/texte/implizites_lernen.htm

1 Nennen Sie einen Bereich Ihres Lebensumfelds und beschreiben Sie anhand eines dort situierten Beispiels, wie die menschliche Fähigkeit zur impliziten Wahrnehmung dort für eigene Zwecke ausgenutzt wird.

Lieke Asma (*1984) studierte Kognitive Psychologie und Philosophie in Twente und Nijmegen in den Niederlanden. Seit 2021 leitet sie ein Projekt zu impliziter Voreingenommenheit an der Hochschule für Philosophie München.

Lieke Asma: „Aber was genau sind implizite Einstellungen?"

Dr. Lieke Asma über ihre Forschung im Grenzbereich von Philosophie und Psychologie

[…] „Implicit biases" beschäftigen sich mit einer bestimmten Form menschlichen Verhaltens: Dieses Verhalten ist „implizit", weil wir uns über die wahren Beweggründe für unser Verhalten nicht bewusst sind. „Voreingenommen" ist unser Verhalten, weil es auf einer Stereotypisierung* von anderen Menschen beruht, die diese in soziale Gruppen einordnet und damit bewertet. Wenn also ein/e Polizist/in eine Person nur deshalb für eine/n potenzielle/n Verbrecher/in hält, weil sie eine bestimmte Hautfarbe hat, aber behauptet, dass ein bestimmtes Handeln der anderen Person zu dieser Einschätzung geführt habe, dann kann es sich dabei um einen Fall eines „implicit bias" handeln.

Wir haben mit Lieke Asma u.a. über ihre Forschung zu diesem spannenden Themenkomplex gesprochen.

Die Frage nach impliziter Voreingenommenheit, also nach „implicit biases", wurde in den vergangenen Jahren stark und teils gesellschaftlich kontrovers, beispielsweise im Rahmen der Berichte zur „black lives matter"-Bewegung, diskutiert. Was macht solche Voreingenommenheiten so interessant?

Die meisten Menschen halten sich selbst nicht für rassistisch, sexistisch oder voreingenommen gegenüber Angehörigen bestimmter Gruppen und würden es vermeiden, sich voreingenommen zu verhalten. Wenn man sie fragt, würden sie sagen, dass Frauen und Männer die gleichen Chancen haben sollten und im Prinzip für bestimmte Berufe gleich gut geeignet sind. Sie würden behaupten, dass Menschen nicht beurteilt werden sollten, weil sie einer bestimmten ethnischen Gruppe angehören. Die Forschung zeigt jedoch, dass wir Menschen häufig aufgrund ihrer Zugehörigkeit zu einer bestimmten ethnischen Gruppe oder eines bestimmten Geschlechts beurteilen oder ungünstig behandeln. Ohne sich dessen bewusst zu sein und unabhängig von ihren ausdrücklichen egalitären Überzeugungen und Absichten neigen Personen zu impliziter Voreingenommenheit, indem sie z. B. den männlichen Kandidaten für das Amt des Polizeichefs ungeachtet der Qualitäten sowohl des männlichen Kandidaten als auch der weiblichen Kandidatin bevorzugen oder sich in einem Wartezimmer weiter von einer Person mit einer anderen Hautfarbe wegsetzen.

Eines der zentralen Ziele in diesem Forschungsbereich ist es, zu erklären, wie dies möglich ist. Wie kann es sein, dass wir uns entgegen unseren ausdrücklichen Überzeugungen und Absichten verhalten? Es muss etwas in uns vor sich gehen, außerhalb unseres Bewusstseins, das unser voreingenommenes Verhalten erklärt. Wir müssen implizite Einstellungen haben. Aber was genau sind diese Einstellungen? Assoziationen? Unbewusste Überzeugungen? Im Moment gibt es hier noch keinen abschließenden Forschungsstand. Darüber hinaus muss sich das Forschungsfeld damit abfinden, dass der Implicit Association Test (IAT), der früher eine zentrale Rolle in der Forschung über implizite Voreingenommenheit spielte und als ultimativer Beweis für die Existenz impliziter Voreingenommenheit galt, sich als weniger zuverlässig und valide erweist als einst angenommen.

*Sie stellen in Ihrem Projekt pointiert die Frage danach, was wir bei „implicit biases" übersehen. Können Sie Ihren Forschungsansatz für unsere Leser*innen kurz skizzieren?*

Dieser Teil des Titels meines Projekts („What Are We Missing?") hat eine doppelte Bedeutung.

(1) Unsere Vorurteile sind implizit. Manchmal behandeln wir Menschen aufgrund ihrer Zugehörigkeit zu einer bestimmten Gruppe ungünstig, ohne dass wir uns dessen be-

Die „black lives matter"-Bewegung prangert rassistisch motivierte Gewalt gegen die schwarze Bevölkerung der USA an.

wusst sind. Wenn wir uns so verhalten, haben wir tatsächlich etwas übersehen. Es ist jedoch nicht ganz klar, in welchem Sinne implizite Vorurteile implizit sind. Forschungsergebnisse deuten darauf hin, dass Menschen ihre Vorurteile vorhersagen können und nicht immer überrascht sind, wenn sie mit ihren Ergebnissen im IAT konfrontiert werden.

(2) Darüber hinaus – und hier kommt die zweite Bedeutung ins Spiel – liegt der Schwerpunkt in der Forschungsliteratur auf den impliziten Einstellungen und nicht auf dem implizit voreingenommenen Verhalten. Es wird davon ausgegangen, dass wir uns des inneren mentalen Zustands nicht bewusst sind, der unser implizit voreingenommenes Verhalten, die implizite Einstellung, angeblich verursacht. Dieser Ansatz hat die Debatte darüber angeheizt, was implizite Einstellungen genau sind. Ich denke, dass Wissenschaftler/innen bei dieser Herangehensweise an das Problem nicht berücksichtigen, dass das voreingenommene Verhalten selbst implizit ist. Darauf wird der Schwerpunkt meines Projekts liegen. Die Besonderheit der impliziten Voreingenommenheit besteht meiner Meinung nach darin, dass wir uns nicht bewusst rassistisch oder sexistisch äußern. Wir wählen bewusst eine Person für den Chef-Posten der Polizei aus, die wir für die beste halten, oder nehmen bewusst einen Platz im Wartezimmer ein, aber wir sind uns nicht bewusst, dass wir gleichzeitig etwas Sexistisches oder Rassistisches tun könnten. Die aktuelle Forschung über implizite Voreingenommenheit lässt also auch etwas vermissen: die Art des implizit voreingenommenen Verhaltens. […]

„Implicit Bias Trainings" stellen Werkzeuge zur Anpassung automatisierter Denk- und Handlungsmuster bereit, um letztendlich diskriminierende Verhaltensweisen zu beseitigen. Gibt es Bereiche Ihrer Forschung, die in die Praxis von „Implicit Bias Trainings" eingebacht werden sollten?

In diesem Bereich wird viel geforscht, und es ist derzeit schwierig, eine allgemeine Aussage darüber zu treffen, was funktioniert und was nicht. Einige Experimente deuten jedoch darauf hin, dass einzelne Maßnahmen nur für einen kurzen Zeitraum wirken und die Auswirkungen vom Kontext abhängen. In Anbetracht dessen vertreten einige Wissenschaftler/innen die Auffassung, dass Maßnahmen auf das Umfeld, in dem wir Entscheidungen treffen, ausgerichtet sein sollten, was meiner Meinung nach sehr sinnvoll ist und mit meinem Vorschlag im Einklang steht.

Meines Erachtens ergeben sich aus meiner Forschung zwei weitere Vorschläge:

(1) Wenn wir wissen wollen, ob wir implizit voreingenommen sind, sollten wir darauf achten, was wir unbewusst tun, wenn wir handeln und Entscheidungen treffen. Wenn ich mich für einen bestimmten Sitzplatz oder eine/n bestimmte/n Kandidat/in entscheide, tue ich dann gleichzeitig etwas anderes, ohne mir dessen bewusst zu sein? Ob und inwieweit dies hilfreich ist, müsste allerdings empirisch untersucht werden. Es könnte sein, dass sich die Aufmerksamkeit auf diese Eigenheiten des eigenen Handelns nachteilig auswirkt, zum Beispiel wenn man sich in bestimmten sozialen Gruppen unnatürlich verhält.

(2) Wir sollten uns bewusst machen, dass andere in der Regel besser in der Lage sind, unser unbewusstes Verhalten zu erkennen. Wir können zwar die Perspektive der dritten Person einnehmen, wenn es um unser eigenes Verhalten geht, aber für andere ist es im Allgemeinen einfacher, Muster in unserem Verhalten zu erkennen. Ein weiterer Vorschlag wäre also, anzuerkennen, dass wir es allein nicht schaffen. Um implizite Vorurteile abzubauen, sollten wir zusammenarbeiten. […]

https://www.hfph.de/hochschule/nachrichten/aber-was-genau-sind-implizite-einstellungen-dr-lieke-asma-ueber-ihre-forschung-im-grenzbereich-von-philosophie-und-psychologie

---

1 Skizzieren Sie die Verhaltensgrundlagen, auf denen implizite Einstellungen fußen.

2 Vergegenwärtigen Sie sich Ihre Haltung zu einem bestimmten Thema oder Ihre Reaktion in einer Alltagssituation. Analysieren Sie wechselseitig in Partnerarbeit, inwieweit implizite Einstellungen dabei eine Rolle spielen.

3 Laut Lieke Asma sind vorurteilsbehaftete implizite Einstellungen nur mithilfe anderer Menschen abzubauen. Arbeiten Sie Möglichkeiten für diese unterstützende Kooperation heraus.

4 Diskutieren Sie abschließend in Gruppen die Frage nach den Zusammenhängen zwischen den Prozesstypen der Dual-Process-Theorien sowie den impliziten Wahrnehmungs- und Lernstrukturen und Einstellungen. Beurteilen Sie, an welchen Punkten der psychischen Prozesskette ein Innehalten möglich wäre, um die eigenen Handlungsmotive zu hinterfragen und zu einer eigenverantwortlicheren und selbstbestimmteren Haltung zu gelangen.

Kognitive Dissonanzen

Juhu, ich langweile mich

Das Referatsthema ist öde, das Studium langweilig, der Job ätzend. Doch wir verteidigen alles als spannend, interessant, herausfordernd, vor allem vor uns selbst. Stefanie Unsleber, 24, spürt solchen Uni-Alltagsphänomenen nach – und erklärt, wie wir uns selbst austricksen.

Mein erstes Studium habe ich abgebrochen. […] Ich brauchte ein neues Fach. Die Wahl fiel auf Politikwissenschaft. „Ist es das jetzt wirklich?", fragten meine Eltern. „Bist du dir sicher?", meine Freunde. „Ja", sagte ich. Der Studienplan klang gut: Internationale Beziehungen, Vergleich politischer Systeme, Afrika, Asien, Krieg, Krisen und dazu der theoretische Unterbau. Es war schrecklich langweilig. Aber das erzählte ich keinem, auch nicht mir selbst. Stattdessen hörte ich mich über die Interdependenztheorie plaudern. Schilderte, wie interessant die Parteienlandschaft Thailands ist. […]

Aber Menschen wie ich begegnen mir ständig. Da ist die Freundin, die sich nie besonders für Betriebspsychologie begeistern konnte, aber nun ständig davon spricht, seit sie ihre neue Hiwi-Stelle[1] hat. Oder meine ehemalige Mitschülerin, die jetzt als Finanzberaterin arbeitet und mir erklärt, wie interessant sie das deutsche Steuersystem findet.

Menschen ertragen keine Dissonanz

Mein Nebenfach war Psychologie, das hat mir wirklich gefallen. Dort bin ich irgendwann auf die Theorie der kognitiven Dissonanz gestoßen. Der Sozialpsychologe Leon Festinger hat vor über 50 Jahren Studenten der Stanford Universität um einen Gefallen gebeten. Sie sollten eine langweilige Aufgabe anderen Kommilitonen schmackhaft machen. Festinger bildete zwei Gruppen: Die einen bekamen für ihre Überzeugungsarbeit einen, die anderen zwanzig Dollar. Schließlich stellte Festinger überrascht fest, dass die Studenten, die nur einen Dollar bekommen hatten, die Aufgabe im Nachhinein interessanter fanden als vorher. Warum?

Sie empfanden kognitive Dissonanz. Es gab da diesen Widerspruch in ihrem Kopf: „Die Aufgabe war langweilig." Versus: „Ich habe einem Studenten trotzdem erzählt, dass sie lustig und interessant gewesen sei." Menschen ertragen diese Dissonanz nicht lange, sie fühlen sich unwohl. Stattdessen wählen sie eine der drei Möglichkeiten, um den Widerspruch aufzulösen:

- Ich ändere mein Verhalten und sage dem Studenten, dass ich ihn angelogen habe.
- Ich ändere meine Kognition, und glaube selbst, dass die Aufgabe interessant war – das taten die Studenten, die nur einen Dollar bekommen hatten.
- Ich finde etwas, das mein Verhalten rechtfertigt - so wie bei den Studenten, die zwanzig Dollar bekommen hatten. Das Geld war genügend Rechtfertigung für eine Lüge.

Hätte man mich für mein Politikstudium bezahlt, ich hätte eine Rechtfertigung dafür gehabt, dass ich täglich zur Uni gehe. Ich aber saß freiwillig in der Vorlesung - wenn ich mich langweilte, was machte ich dann hier? Ich empfand zweifellos kognitive Dissonanz. Auch für mich gab es drei Möglichkeiten: Entweder ich brach mein Studium ab. Das wäre konsequent gewesen, aber das wollte ich keinesfalls tun. Oder ich redete es mir schön. Das tat ich bereits, wenn auch mit immer geringerem Erfolg. Oder ich fügte eine weitere Kognition hinzu. Zum Beispiel, dass es sinnvoll ist, irgendein Studium zu beenden. Dass ich schon halb durch bin. Und dass ein Bachelor sowieso nur drei Jahre dauert. Das war genügend Rechtfertigung. Ich musste nicht mehr so tun, als würde ich mich für John Locke begeistern. Ich konnte mich wieder nach Herzenslust langweilen und habe mein Studium schließlich abgeschlossen.

---

[1] Hiwi: wissenschaftliche Hilfskraft an einer Universität

Leon Festinger (1919 – 1989), US-amerikanischer Sozialpsychologe; hauptsächlich bekannt durch seine Theorien der kognitiven Dissonanz und der sozialen Vergleichsprozesse sowie seine experimentelle Vorgehensweise

1 Skizzieren Sie den psychischen Zustand der kognitive Dissonanz kurz in eigenen Worten.

2 Beschreiben Sie eine Situation der kognitiven Dissonanz aus dem eigenen Leben und Ihre Lösung. Beurteilen Sie, ob Sie mit Ihrer Vorgehensweise das Problem wirklich gelöst haben und erörtern Sie alternative, effiziente Lösungsmöglichkeiten.

Quelle: https://www.spiegel.de/lebenundlernen/uni/kognitive-dissonanz-wie-man-sich-das-studium-schoen-redet-a-822468.html

Melanie Otto, Carmen Deffner: Selbststeuerung

Der Begriff der Selbststeuerung umfasst metakognitive[1] Fähigkeiten zur bewussten und zielorientierten Steuerung eigener Gefühlen, Gedanken und Handlungen. [...]

Begriff
„Selbststeuerung ist ein *bewusstes Handeln aus eigener Verantwortung* heraus" [...]. Diese Fähigkeit beinhaltet, das „eigene Verhalten zu beobachten, zu bewerten, gezielt zu verstärken und an eigenen Zielen flexibel auszurichten" [...]. Mit dem Begriff der Selbststeuerung sind also diejenigen metakognitiven Fähigkeiten gemeint, mit denen Gedanken, Emotionen und Handlungen gesteuert werden können [...]. Darüber ist es dann zum Beispiel möglich, automatische Reaktionen und Impulse zu lenken, Handlungen situationsangepasst und selbstbestimmt zu planen und zielkorrigiert zu steuern.

Für den Alltag bedeutet dies, dass es mittels Selbststeuerung möglich ist, *Entscheidungen zu treffen*, zur Person passende *Ziele zu definieren* und zu setzen sowie diese *gegen innere und äußere Widerstände durch- und umzusetzen*. Diese Fähigkeit ermöglicht es u. a., sich mit Hindernissen und Schwierigkeiten auseinanderzusetzen, anstatt die gesetzten Ziele einfach aufzugeben [...].

Gelegenheiten zur Selbststeuerung lassen sich alltäglich finden: Zum Beispiel können sich aus verschiedenen Gründen ungünstige Verhaltensweisen einschleichen, etwa ein hektisches und ungesundes Essverhalten. Selbststeuerung beginnt in diesem Fall mit einer (bewussten) Reflexion der Verhaltensweisen. Werden die derzeitigen Routinen als zu verändernde beurteilt, bedarf es der Selbststeuerung, diese bewusst durch neue, geeignetere Gewohnheiten zu ersetzen. Hierzu gehört auch die Entwicklung von Strategien und Plänen (Erstellen eines gesunden Wochenspeiseplans, Notfallstrategie für Rückfälle in alte Muster etc.). Aber auch kurzzeitig greifen die Mechanismen der Selbststeuerung, etwa wenn Aufgaben gezielt bearbeitet, Ablenkungen ausgeblendet werden und der Fortschritt immer wieder kontrolliert wird.

Der Begriff der Selbststeuerung wird je nach wissenschaftlicher Disziplin unterschiedlich gebraucht.
- In der *Psychologie* beschreibt der Begriff der Selbststeuerung die Fähigkeit eines Individuums, das eigene Verhalten zu beobachten, dieses einer Bewertung zu unterziehen, gezielt zu verändern und nach eigenen Zielen auszurichten [...]. Wesentliches Element ist der innere Dialog, der sowohl bei der Planung als auch bei der Bewertung und Reflexion von Handlungen eine Rolle spielt [...].
- Der Begriff wird in den *Sozialwissenschaften* gebraucht, um die gezielte und willentliche Kontrolle, die Steuerung der Gedanken und des Verhaltens zu beschreiben (quasi der Top-down-Kontrolle der Selbstregulation/kognitiven Kontrolle). Beispiele für solche Kontrollstrategien sind Neubewertungen (einer Situation) oder auch Verpflichtungen, die auf zukünftige Vorhaben gerichtet sind („Ich gehe einmal pro Woche ins Fitnessstudio."). [...]
- Im *sozialpädagogischen und pädagogischen Kontext* wird Selbststeuerung im Zusammenhang mit selbstgesteuertem Lernen verwendet. Es geht dabei um Prozesse, die vom Lernenden selbst initiiert, gestaltet und reflektiert werden. Die unterstützende Lernumgebung ist dabei maßgeblich.

https://www.socialnet.de/lexikon/Selbststeuerung [22.06.2022]

1 Nennen Sie die wesentlichen Charakteristika der Selbststeuerung.

2 Wählen Sie einen schulischen Aufgabenbereich, in dem Sie sich weniger sicher und eher fremdbestimmt fühlen. Erstellen Sie in Partnerarbeit eine Strategie zur Erhöhung der Selbststeuerung in diesem Bereich und erarbeiten Sie eine Checkliste zur Planung und Umsetzung.

---
[1] metakognitiv: das Wissen und das Nachdenken über kognitive Prozesse betreffend

Der Mensch als moral- und bildungsfähiges Wesen

Annemarie Pieper: Gegenstand und Ziele der Ethik

Worum geht es der Ethik letztendlich? Was ist ihr Ziel?
Was das Ziel der Ethik anbelangt, so artikuliert sich ihr Interesse in einer Reihe von Teilzielen:

Aufklärung menschlicher Praxis hinsichtlich ihrer moralischen Qualität; Einübung in ethische Argumentationsweisen und Begründungsgänge, durch die ein kritisches, von der Moral bestimmtes Selbstbewusstsein entwickelt werden kann; Hinführung zu der Einsicht, dass moralisches Handeln nicht etwas Beliebiges, Willkürliches ist, das man nach Gutdünken tun und lassen kann, sondern Ausdruck einer für das Sein als Mensch unverzichtbaren Qualität: der Humanität.

Diese Ziele enthalten sowohl ein kognitives Moment als auch ein nicht allein durch kognitive Prozesse zu vermittelndes Moment; das, was man als Verantwortungsbewusstsein oder moralisches Engagement bezeichnen kann. Die Grundvoraussetzung jedoch, auf der jede Ethik aufbaut, ja aufbauen muss, ist der „gute Wille". Guter Wille meint hier die grundsätzliche Bereitschaft, sich nicht nur auf Argumente einzulassen, sondern das als gut Erkannte auch tatsächlich zum Prinzip des eigenen Handelns zu machen und in jeder Einzelhandlung umzusetzen.

Wer von vorneherein nicht gewillt ist, seinen eigenen Standpunkt in moralischen Angelegenheiten zu problematisieren, sei es, weil er prinzipiell keine anderen Überzeugungen als die eigenen gelten lässt; sei es, weil er in Vorurteilen verhaftet ist; sei es, weil er überzeugter Amoralist oder radikaler Skeptiker ist; sei es, weil er die Verbindlichkeit von moralischen Normen nur für andere, nicht aber für sich selbst anerkennt, lässt es aus verschiedenen Gründen an gutem Willen fehlen.

Mangelnde Offenheit und Aufgeschlossenheit für das Moralische entziehen jeglicher ethischer Verständigung das Fundament. Ethische Überlegungen hätten hier keinen Sinn mehr, so wie z. B. theologische Überlegungen zwar durchaus intellektuell relevant sein mögen, ohne jedoch an ihr eigentliches Ziel zu gelangen, wenn sie nicht zugleich in irgendeiner Form das religiöse Handeln betreffen. Wie niemand durch Theologie religiös wird, so wird auch niemand durch Ethik moralisch. Gleichwohl vermag die Ethik durch kritische Infragestellung von Handlungsgewohnheiten zur Klärung des Selbstverständnisses beizutragen. Der Gegenstand der Ethik ist also: moralisches Handeln und Urteilen. Er geht jeden Einzelnen, sofern er Mitglied einer Sozietät ist, deren Kommunikations- und Handlungsgemeinschaft er als verantwortungsbewusstes Individuum auf humane Weise mitzugestalten und zu verbessern verpflichtet ist, wesentlich an. Das Leben in einer Gemeinschaft ist regelgeleitet. Die Notwendigkeit von Regeln bedeutet nicht Zwang oder Reglementierung, vielmehr signalisiert sie eine Ordnung und Strukturierung von Praxis um der größtmöglichen Freiheit aller willen. Ein regelloses Leben ist nicht menschlich. Selbst Robinson auf seiner Insel folgt gewissen selbst gesetzten Regeln, während der Wolfsmensch Regeln der Natur und damit tierischen Verhaltensmustern folgt.

Moderne Gesellschaften sind gekennzeichnet durch eine Pluralität von weltanschaulichen Standpunkten, privaten Überzeugungen und religiösen Bekenntnissen; hinzu kommt eine rasch fortschreitende soziokulturelle Entwicklung und damit verbunden eine fortgesetzte Veränderung kultureller, ökonomischer, politischer und gesellschaftlicher Zielvorstellungen. Bei dieser zum Teil in sich heterogenen[1] Mannigfaltigkeit ist ein Kon-

---

[1] heterogen (gr.): verschiedenartig (Gegensatz zu „homogen")

Annemarie Pieper (geb. 1941) war Professorin für Philosophie an der Universität Basel. Sie beschäftigt sich vor allem mit Ethik und feministischer Philosophie.

1 Definieren Sie ausgehend von Piepers Ausführungen „Ethik" und grenzen Sie den Begriff von „Moral*", „Wert*" und „Norm*" ab.
→ Begriffe definieren, S. 142

2 Schreiben Sie einen philosophischen Essay über Piepers Satz: „Die Grundvoraussetzung jedoch, auf der jede Ethik aufbaut, ja aufbauen muss, ist der ‚gute Wille'" (Z. 12 f.).
→ Einen Essay schreiben, S. 148

sens über Angelegenheiten der Moral keineswegs mehr selbstverständlich, ja bleibt aufgrund gegensätzlicher Interessen und Bedürfnisse oft sogar aus. Insofern ist eine Verständigung über die Grundsätze der Moral, deren Anerkennung jedermann rational einsichtig gemacht und daher zugemutet werden kann, ebenso unerlässlich wie eine kritische Hinterfragung von faktisch erhobenen moralischen Geltungsansprüchen hinsichtlich ihrer Legitimität.
Eine solche Verständigung über Geltungsansprüche setzt die Einsicht voraus, dass der Konflikt zwischen konkurrierenden Forderungen nicht mit Gewalt ausgetragen werden soll, sondern auf der Basis der Vernunft. [...]
Demjenigen, der sich aus einem Interesse am Handeln und um des Handelns willen mit Ethik beschäftigt, werden Argumentationsstrategien an die Hand gegeben, vermittels derer er in der Lage ist, moralische Probleme und Konflikte menschlichen Handelns als solche klar zu erfassen und auf ihre moralischen Konsequenzen hin zu durchdenken sowie sich nach reiflicher Überlegung selbstständig „mit guten Gründen" für eine bestimmte Lösung zu entscheiden.
Letzteres ist das eigentliche Ziel der Ethik: die gut begründete moralische Entscheidung als das einsichtig zu machen, was jeder selbst zu erbringen hat und sich von niemandem abnehmen lassen darf – weder von irgendwelchen Autoritäten noch von angeblich kompetenten Personen (Eltern, Lehrern, Klerikern u. a.). In Sachen Moral ist niemand von Natur aus kompetenter als andere, sondern allenfalls graduell aufgeklärter und daher besser in der Lage, seinen Standort zu finden und kritisch zu bestimmen.

Annemarie Pieper: Einführung in die Ethik. Tübingen: Francke ⁶2007, S. 12 f.

> **Moral und Ethik**
> Aber ganz überwiegend wird zwischen „Ethik" und „Moral" so unterschieden, dass „Ethik" als die philosophische Theorie der Moral gilt, „Moral" dagegen als das komplexe und vielschichtige System der Regeln, Normen und Wertmaßstäbe, das den Gegenstand der Ethik ausmacht. „Ethik" ist demnach bedeutungsgleich mit Moralphilosophie. Sie operiert gegenüber der Ebene der Moral auf einer Metaebene und verhält sich zur Moral ähnlich wie die Rechtsphilosophie zum Recht oder die Religionsphilosophie zur Religion.
> Dieter Birnbacher: Analytische Einführung in die Ethik. Berlin: de Gruyter 2003, S. 1 f.

Georg Lind: Ist Moral lehrbar?

Die Frage, ob Moral eine Fähigkeit ist, ist eng verknüpft mit der Frage, ob sie lehrbar ist, wie bereits Sokrates vor mehr als 2500 Jahren erkannt hat. Wenn, so argumentiert er in seinem Dialog mit Menon, Moral eine „Tugend*" oder, wie wir heute sagen würden, eine Fähigkeit wäre, dann sei sie auch lehrbar. Auch das Umgekehrte sei wahr: Wenn sie lehrbar sei, dann sei sie auch eine Tugend/Fähigkeit. Wenn wir hingegen annehmen müssten, dass Moral eine Frage der richtigen Werthaltung und Gesinnung ist, wie viele auch heute noch immer glauben, dann müssten wir Moral nicht lehren, sondern „eintrichtern". Dazu besteht aber, wie die Forschung zeigt, kein Grund. Moral scheint weitgehend eine Frage der Fähigkeit zu sein, die moralischen Dilemmas* oder Aufgaben zu lösen, die uns das Leben stellt. [...]
Wenn Moral eine angeborene Eigenschaft der Menschen ist, dann ist moralische Erziehung zwecklos. [...] Aus der Annahme, dass Moral bloß eine Werthaltung oder Einstellung oder Ähnliches sei, leitet sich ab, dass moralische Bildung und Erziehung sich darauf beschränken kann, dem Heranwachsenden die vorgegebenen moralischen Regeln der Gesellschaft einsichtig zu machen oder ihn auf andere Weise dazu zu bringen, dass er sie (zumindest verbal) akzeptiert. [...]
Moral sei nicht lehrbar [...], weil sie keine Frage der Fähigkeit, sondern der *Werthaltung, Einstellung, Motivation* oder des *richtigen Bewusstseins* sei. Solche Dinge aber könne man nicht im herkömmlichen Sinne lehren oder unterrichten. Sie könne man nur durch Einsichtigmachen oder, wenn das nichts nutze, durch sozialen Zwang verändern. [...]
Die vorliegenden Befunde der Moralpsychologie besagen nicht, dass die genetische Ausstattung des Menschen und seine Werthaltungen und Einstellungen keine Bedeutung für sein Verhalten hätten. Sie weisen aber darauf hin, dass dies keine [...] unveränderbaren Eigenschaften sind [...].

Georg Lind: Moral ist lehrbar. Handbuch zur Theorie und Praxis moralischer und demokratischer Bildung. München: Oldenbourg ²2009, S. 35 f.

> **Georg Lind** (geb. 1947) war Professor für Psychologie an der Universität Konstanz. Er entwickelte die sogenannte „Konstanzer Dilemma-Methode" zur Förderung moralischer Kompetenz. Die Ansicht, Moral sei eine Fähigkeit und keine Eigenschaft, steht im Zentrum von Linds Arbeit.

1 Ist Moral lehrbar? Schildern Sie Ihre eigenen Erfahrungen.

2 Geben Sie Linds Gedankengang mit eigenen Worten wieder.
→ Gedankengänge darstellen und prüfen, S. 144

3 Erörtern Sie, welche Konsequenz aus seinen Überlegungen folgen muss.

Platon: Das Höhlengleichnis – der Weg zum wahren Wissen

„Und jetzt will ich dir ein Gleichnis für uns Menschen sagen, wenn wir wahrhaft erzogen sind und wenn wir es nicht sind. Denke dir, es lebten Menschen in einer Art unterirdischer Höhle, und längs der ganzen Höhle zöge sich eine breite Öffnung hin, die zum Licht hinaufführt. In dieser Höhle wären sie von Kindheit an gewesen und hätten Fesseln an den Schenkeln und am Halse, sodass sie sich nicht von der Stelle rühren könnten und beständig geradeaus schauen müssten. Oben in der Ferne sei ein Feuer, und das gäbe ihnen von hinten her Licht. Zwischen dem Feuer aber und diesen Gefesselten führe oben ein Weg entlang. Denke dir, dieser Weg hätte an seiner Seite eine Mauer, ähnlich wie ein Gerüst, das die Gaukler vor sich, den Zuschauern gegenüber, zu errichten pflegen, um darauf ihre Kunststücke vorzuführen."
„Ja, ich denke es mir so."
„Weiter denke dir, es trügen Leute an dieser Mauer vorüber, aber so, dass es über sie hinwegragt, allerhand Geräte, auch Bildsäulen von Menschen und Tieren aus Stein und aus Holz und überhaupt Erzeugnisse menschlicher Arbeit. Einige dieser Leute werden sich dabei vermutlich unterhalten, andere werden nichts sagen."
„Welch seltsames Gleichnis! Welch seltsame Gefangene!"
„Sie gleichen uns! – Haben nun diese Gefangenen wohl von sich selber und voneinander etwas anderes gesehen als ihre Schatten, die das Feuer auf die Wand der Höhle wirft, der sie gegenübersitzen?"
„Wie sollten sie! Sie können ja ihr Leben lang nicht den Kopf drehen."
„Ferner: von den Gegenständen, die oben vorübergetragen werden? Doch ebenfalls nur ihre Schatten?"
„Zweifellos."
„Und wenn sie miteinander sprechen können, so werden sie in der Regel doch wohl von diesen Schatten reden, die da auf ihrer Wand vorübergehen." „Unbedingt." „Und wenn ihr Gefängnis auch ein Echo von der Wand zurückwirft, sobald ein Vorübergehender spricht, so werden sie gewiss nichts anderes für den Sprecher halten als den vorüberkommenden Schatten." „Entschieden nicht."
„Überhaupt werden sie nichts anderes für wirklich halten als diese Schatten von Gegenständen menschlicher Arbeit."
„Ja, ganz unbedingt." „Nun denke dir, wie es ihnen ergeht, wenn sie frei werden, die Fesseln abstreifen und von der Unwissenheit geheilt werden. Es kann doch nicht anders sein als so. Wenn einer losgemacht wird, sofort aufstehen muss, den Hals wenden, vorwärtsschreiten und hinauf nach dem Licht schauen muss – das alles verursacht ihm natürlich Schmerzen, und das Licht blendet ihn so, dass er die Gegenstände, deren Schatten er bis dahin sah, nicht erkennen kann –, was wird er dann wohl sagen, wenn man ihm erklärt: Bis dahin habe er nur eitlen Tand gesehen; jetzt sei er der Wahrheit viel näher und sähe besser; denn die Gegenstände hätten höhere Wirklichkeit, denen er jetzt zugewendet sei! Und weiter, wenn man auf die einzelnen Gegenstände hinzeigt und ihn fragt, was sie bedeuten. Er würde doch keine einzige Antwort geben können und würde glauben, was er bis dahin gesehen, hätte mehr Wirklichkeit, als was man ihm jetzt zeigt." „Weit mehr."
„Und zwingt man ihn, das Licht selber anzusehen, so schmerzen ihn doch die Augen. Er wird sich umkehren, wird zu den alten Schatten eilen, die er doch ansehen kann, und wird sie für heller halten als das, was man ihm zeigt." „Ja, das wird er tun." „Und zieht man ihn gar den rauen, steilen Ausgang mit Gewalt hinauf und lässt nicht ab, bis man ihn hervor ins Sonnenlicht gezogen hat, so steht er doch Qualen aus, wehrt sich unwillig, und, ist er oben im Licht, so hat er die Augen voller Glanz und kann kein einziges von den Dingen sehen, die wir wirklich nennen." „Nein, wenn es plötzlich geschieht, nicht." „Er

---

Der griechische Philosoph **Platon** (427–347 v. Chr.) verwendet ähnlich wie im Mythos ein Bild, um einen abstrakten Zusammenhang zu veranschaulichen. Anders aber als im Mythos, wo das Bild für sich selbst spricht, hat es hier die Funktion, eine philosophische Auffassung zu verdeutlichen.
Das Höhlengleichnis hat mancherlei Deutungen erfahren: als bildhafte Darstellung der Ideenlehre, als Beschreibung eines Lern- und Bildungsprozesses, als Sinnbild für Möglichkeiten und Grenzen menschlichen Erkennens.

Platons Ideenlehre*

Mit seiner Ideenlehre schuf Platon die **erste einheitliche Erkenntnistheorie***. Demnach ist die sinnlich erfahrbare Welt ständig Veränderungen und Wandlungen unterlegen. In ihr lässt sich das zeitlose und unwandelbar Wahre folglich nicht erkennen. Platon nahm daher an, dass es sich bei der Erfahrungswelt lediglich um das unvollkommene **Abbild** der **transzendenten***, d. h. übersinnlichen, übernatürlichen **Welt der Ideen** handelt. Eine Idee (gr. idéa = Erscheinung, Form) ist das allem Sichtbaren und sinnlich Erfahrbaren zugrunde liegende, unveränderliche, wahre und ewige Urbild. Diese Ideenwelt ist hierarchisch gegliedert. An höchster Stelle steht die **Idee des Guten**.

muss sich an das Licht gewöhnen, wenn er die Gegenstände oben sehen will. Zuerst wird er wohl am besten die Schatten erkennen, später die Spiegelungen von Menschen und anderen Gegenständen im Wasser, dann sie selber. Weiter wird er die Himmelskörper sehen und den Himmel selber, und zwar besser bei Nacht die Sterne und den Mond, als bei Tage die Sonne und ihre Strahlen." „Freilich." „Schließlich wird er in die Sonne selber sehen können, also nicht bloß ihre Spiegelbilder im Wasser und anderswo hier unten erblicken, sondern sie selber oben an ihrem Ort. Er wird ihr Wesen begreifen." „Unbedingt." „Und dann vermag er den Schluss zu ziehen, dass sie es ist, die Jahreszeiten und Jahre hervorbringt, die über die ganze sichtbare Welt waltet und von der in gewissem Sinne alles, was man sieht, ausgeht."

„Klar, so weit würde er allmählich kommen!" „Nun weiter! Wenn man ihn dann an seine erste Wohnung, an sein damaliges Wissen und die Mitgefangenen dort erinnerte, würde er sich dann nicht glücklich preisen wegen seines Ortswechsels und die anderen bedauern?" „Gar sehr!" „Wenn sie damals Ehrenstellen und Preise untereinander ausgesetzt haben und Auszeichnungen für den Menschen, der die vorbeiziehenden Gegenstände am schärfsten erkannt und sich am besten gemerkt hat, welche vorher und welche nachher und welche zugleich vorbeizogen, und daher am besten auf das Kommende schließen könne, wird da nun dieser Mann besondere Sehnsucht nach ihnen haben und jene beneiden, die bei ihnen in Ehre und Macht sind? Oder wird es ihm gehen, wie Homer sagt, er begehre heftig Arbeit, um Lohn zu verrichten. Bei einem ärmlichen Mann auf dem Lande [...] und alles eher erdulden, als wieder nun jene bloßen Meinungen zu besitzen und auf jene Art zu leben?" „Lieber wird er alles über sich ergehen lassen, als dort zu leben!"

Platon: Der Staat. Übersetzt von August Horneffer. Stuttgart: Alfred Kröner Verlag, 10. Auflage, 1973, S. 226 ff.

Franz Kafka: Im Tunnel

> **Platons Menschenbild**
>
> Die dem Menschen innewohnende, präexistente und unsterbliche **Seele** hatte vor ihrer Einkehr in das „Gefängnis des Körpers" teil an der Ideenwelt und damit am wahren Wissen. Der Zugang zu der Welt der Ideen ist dem Menschen durch den Vorgang der **Wiedererinnerung** (Anamnese*) möglich. Platon sah die menschliche Seele in **Vernunft**, **Energie** und **Triebe** dreigeteilt. Er verwendet dazu das Bild eines **„Seelenwagens"**: ein Pferdegespann mit Wagen und Wagenlenker und mit zwei Pferden, von denen das eine nach oben (zur Geisteswelt), das andere nach unten (in die Welt der Triebe und Leidenschaften) zieht. Der Wagenlenker als der vernünftige Seelenteil muss den Weg (nach oben) bestimmen.

Wir sind, mit dem irdisch befleckten Auge gesehn, in der Situation von Eisenbahnreisenden, die in einem langen Tunnel verunglückt sind, und zwar an einer Stelle, wo man das Licht des Anfangs nicht mehr sieht, das Licht des Endes aber nur so winzig, dass der Blick es immerfort suchen muss und immerfort verliert, wobei Anfang und Ende nicht einmal sicher sind. Rings um uns aber haben wir in der Verwirrung der Sinne oder in der Höchstempfindlichkeit der Sinne lauter Ungeheuer und ein je nach der Laune und Verwundung des Einzelnen entzückendes oder ermüdendes kaleidoskopisches Spiel. Was soll ich tun? Oder: Wozu soll ich es tun? sind keine Fragen dieser Gegenden.

Franz Kafka: Die Erzählungen. Frankfurt/Main: S. Fischer 1961, S. 297

1 Gestalten Sie in einem szenischen Spiel die Situation in der Höhle.

2 Stellen Sie die einzelnen Etappen des Gangs aus der Höhle ans Licht dar. Welches Bild von Welt und Mensch entwirft Platon?

3 Vergleichen Sie das Höhlengleichnis mit Kafkas Parabel. Inwiefern lässt sich „Im Tunnel" als moderne Antwort auf Platons Welt- und Menschenbild deuten?

4 „Platons Gleichnis besitzt heute noch Aktualität." Prüfen Sie, ob diese Behauptung zutrifft, indem Sie die Parabel in ein eigenes aktuelles Gleichnis umschreiben.
→ Gedankenexperimente durchführen, S. 147

Aufklärung*: Autonomie als Bildungsziel

Immanuel Kant im Kreis von Freunden und Bekannten bei regelmäßigen Tischgesellschaften

Immanuel Kant (1724 – 1804) hat mit seinen Schriften „Kritik der reinen Vernunft" (1781), „Kritik der praktischen Vernunft" (1788) sowie „Kritik der Urteilskraft" (1790) wesentliche Beiträge zur Erkenntnistheorie, Ethik sowie Ästhetik* geliefert. Seine „Beantwortung der Frage: Was ist Aufklärung?" (1784) gilt bis heute als einer der klassischen Texte zu diesem Thema.

1 Fassen Sie die wesentlichen Aspekte der Kantischen Definition von Aufklärung in einer anschaulichen Mindmap zusammen.

2 Wenden Sie Kants Überlegungen auf den Bereich der Bildung an. Erläutern Sie, was Kants Ausführungen für das Schul- und Bildungssystem bedeuten, indem Sie Vorschläge skizzieren, wie das Bildungsziel „Autonomie" im Schulalltag verantwortungsbewusst umgesetzt werden kann.

In seinem Aufsatz „Beantwortung der Frage: Was ist Aufklärung?" (1783) bestimmt der Philosoph Immanuel Kant „Aufklärung" folgendermaßen:

Aufklärung ist der Ausgang des Menschen aus seiner selbstverschuldeten Unmündigkeit. Unmündigkeit ist das Unvermögen, sich seines Verstandes ohne Leitung eines anderen zu bedienen. Selbstverschuldet ist diese Unmündigkeit, wenn die Ursache derselben nicht am Mangel des Verstandes, sondern der Entschließung und des Mutes liegt, sich seiner ohne Leitung eines andern zu bedienen. Sapere aude! Habe Mut, dich deines eigenen Verstandes zu bedienen! ist also der Wahlspruch der Aufklärung. Faulheit und Feigheit sind die Ursachen, warum ein so großer Teil der Menschen, nachdem sie die Natur längst von fremder Leitung freigesprochen (naturaliter maiorennes), dennoch gerne zeitlebens unmündig bleiben; und warum es anderen so leicht wird, sich zu deren Vormündern aufzuwerfen. Es ist so bequem, unmündig zu sein. Habe ich ein Buch, das für mich Verstand hat, einen Seelsorger, der für mich Gewissen hat, einen Arzt, der für mich die Diät beurteilt usw., so brauche ich mich ja nicht selbst zu bemühen. Ich habe nicht nötig zu denken, wenn ich nur bezahlen kann; andere werden das verdrießliche Geschäft schon für mich übernehmen. Dass der bei weitem größte Teil der Menschen (darunter das ganze schöne Geschlecht) den Schritt zur Mündigkeit, außer dem dass er beschwerlich ist, auch für sehr gefährlich halte: dafür sorgen schon jene Vormünder, die die Oberaufsicht über sie gütigst auf sich genommen haben. Nachdem sie ihr Hausvieh zuerst dumm gemacht haben und sorgfältig verhüteten, dass diese ruhigen Geschöpfe ja keinen Schritt außer dem Gängelwagen, darin sie sie einsperreten, wagen durften, so zeigen sie ihnen nachher die Gefahr, die ihnen droht, wenn sie es versuchen, allein zu gehen. Nun ist diese Gefahr zwar eben so groß nicht, denn sie würden durch einigemal Fallen wohl endlich gehen lernen; allein ein Beispiel von der Art macht doch schüchtern und schreckt gemeiniglich von allen ferneren Versuchen ab. Es ist also für jeden einzelnen Menschen schwer, sich aus der ihm beinahe zur Natur gewordenen Unmündigkeit herauszuarbeiten. Er hat sie sogar lieb gewonnen und ist vorderhand wirklich unfähig, sich seines eigenen Verstandes zu bedienen, weil man ihn niemals den Versuch davon machen ließ. Satzungen und Formeln, diese mechanischen Werkzeuge eines vernünftigen Gebrauchs oder vielmehr Missbrauchs seiner Naturgaben, sind die Fußschellen einer immerwährenden Unmündigkeit. Wer sie auch abwürfe, würde dennoch auch über den schmalsten Graben einen nur unsicheren Sprung tun, weil er zu dergleichen freier Bewegung nicht gewöhnt ist. Daher gibt es nur wenige, denen es gelungen ist, durch eigene Bearbeitung ihres Geistes sich aus der Unmündigkeit heraus zu wickeln und dennoch einen sicheren Gang zu tun. Dass aber ein Publikum sich selbst aufkläre, ist eher möglich; ja es ist, wenn man ihm nur Freiheit lässt, beinahe unausbleiblich.

[…] Zu dieser Aufklärung aber wird nichts erfordert als Freiheit; und zwar die unschädlichste unter allem, was nur Freiheit heißen mag, nämlich die: von seiner Vernunft in allen Stücken öffentlichen Gebrauch zu machen. Nun höre ich aber von allen Seiten rufen: räsonniert nicht! Der Offizier sagt: räsonniert nicht, sondern exerziert! Der Finanzrat: räsonniert nicht, sondern bezahlt! Der Geistliche: räsonniert nicht, sondern glaubt! (Nur ein einziger Herr in der Welt sagt: räsonniert, soviel ihr wollt und worüber ihr wollt, aber gehorcht!) Hier ist überall Einschränkung der Freiheit. Welche Einschränkung aber ist der Aufklärung hinderlich, welche nicht, sondern ihr wohl gar beförderlich? – Ich antworte: Der öffentliche Gebrauch seiner Vernunft muss jederzeit frei sein, und der allein kann Aufklärung unter Menschen zustande bringen; der Privatgebrauch derselben aber darf öfters sehr enge eingeschränkt sein, ohne doch darum den Fortschritt der Aufklärung sonderlich zu hindern. Ich verstehe aber unter dem öffentlichen Gebrauche seiner eigenen Vernunft denjenigen, den jemand als Gelehrter von ihr vor dem ganzen Publikum der Leserwelt macht. Den Privatgebrauch nenne ich denjenigen, den er in einem gewissen ihm anvertrauten bürgerlichen Posten oder Amte von seiner Vernunft machen darf.

Immanuel Kant: Beantwortung der Frage: Was ist Aufklärung?. In: Immanuel Kant: Was ist Aufklärung? Aufsätze zur Geschichte und Philosophie, hrsg. v. Jürgen Zehbe. Göttingen 1994: Vandenhoeck & Ruprecht, S. 55 ff.

Theodor Wiesengrund Adorno: Erziehung zur Mündigkeit

Im 20. Jahrhundert hat der Philosoph Theodor W. Adorno Kants Überlegungen wiederbelebt, indem er die Bedeutung der „Erziehung zur Mündigkeit" für die Demokratie hervorhebt.

Menschen, die blind in Kollektive sich einordnen, machen sich selber schon zu etwas wie Material, löschen sich als selbstbestimmte Wesen aus. Dazu passt die Bereitschaft, andere als amorphe Masse zu behandeln. [...]
[E]ine Demokratie, die nicht nur funktionieren, sondern ihrem Begriff gemäß arbeiten soll, verlangt mündige Menschen. Man kann sich verwirklichte Demokratie nur als Gesellschaft von Mündigen vorstellen. Wer innerhalb der Demokratie Erziehungsideale verficht, die gegen Mündigkeit, also gegen die selbständige bewusste Entscheidung jedes einzelnen Menschen gerichtet sind, der ist antidemokratisch, auch wenn er seine Wunschvorstellungen im formalen Rahmen der Demokratie propagiert.
[...] Ich würde [...] sagen, dass die Gestalt, in der Mündigkeit sich heute konkretisiert, die ja gar nicht ohne weiteres vorausgesetzt werden kann, weil sie an allen, aber wirklich an allen Stellen unseres Lebens überhaupt erst herzustellen wäre, dass also die einzige wirkliche Konkretisierung der Mündigkeit darin besteht, dass die paar Menschen, die dazu gesonnen sind, mit aller Energie darauf hinwirken, dass die Erziehung eine Erziehung zum Widerspruch und zum Widerstand ist. Ich könnte mir etwa denken, dass man auf den Oberstufen von höheren Schulen, aber wahrscheinlich auch von Volksschulen gemeinsam kommerzielle Filme besucht und den Schülern ganz einfach zeigt, welcher Schwindel da vorliegt, wie verlogen das ist; dass man in einem ähnlichen Sinn sie immunisiert gegen gewisse Morgenprogramme, wie sie immer noch im Radio existieren, in denen ihnen sonntags früh frohgemute Musik vorgespielt wird, als ob wir, wie man so schön sagt, in einer „heilen Welt" leben würde, eine wahre Angstvorstellung im übrigen; oder dass man mit ihnen einmal eine Illustrierte liest und ihnen zeigt, wie dabei mit ihnen unter Ausnutzung ihrer eigenen Triebbedürftigkeit Schlitten gefahren wird; oder dass ein Musiklehrer, der einmal nicht aus der Jugendmusikbewegung kommt, Schlageranalysen macht und ihnen zeigt, warum ein Schlager oder warum auch meinetwegen ein Stück aus der Musikbewegung objektiv so unvergleichlich viel schlechter ist als ein Quartettsatz von Mozart oder Beethoven oder ein wirklich authentisches Stück der neuen Musik.

Theodor W. Adorno: Erziehung zur Mündigkeit. Vorträge und Gespräche mit Hellmut Becker 1959–1969. Frankfurt a. M. 1977, S. 97, 107, 145 f.

Theodor W. Adorno (1903–1969) war ein deutscher Philosoph und Soziologe. Gemeinsam mit Max Horkheimer (1895–1973) verfasste er die 1944 erschienene Schrift „Dialektik der Aufklärung" als „Geschichte vom Glanz und Elend der Aufklärung". Sie gilt als grundlegendes Werk der sogenannten „Kritischen Theorie" der modernen westlichen Gesellschaft, deren Vertreter auch als „Frankfurter Schule" bezeichnet werden.

3 Fassen Sie Adornos Aufforderung der „Erziehung zur Mündigkeit" mit eigenen Worten zusammen.

4 Beurteilen Sie Adornos Überlegungen, vor allem seine Vorschläge für die „Oberstufen von höheren Schulen" (Z. 16).

5 Stellen Sie Gemeinsamkeiten und Unterschiede zwischen den Thesen Adornos und den Ausführungen Kants über die Aufklärung als „Ausgang des Menschen aus seiner selbstverschuldeten Unmündigkeit" gegenüber.

Digitalität und Selbstbestimmung

Der sowohl für die Aufklärung (Kant) als auch für die Kritische Theorie (Adorno) zentrale Begriff der Autonomie bzw. Selbstbestimmung hat auch im 21. Jahrhundert nichts an Aktualität eingebüßt: Im Zuge einer immer weiter um sich greifenden Digitalisierung in Form von durch das Internet vernetzter digitaler Technologien (Computer, Smartphones, Tablets) stellt sich die Frage nach dem *Recht auf digitale Selbstbestimmung*, das sich schließlich im *Recht auf informationelle Selbstbestimmung* ausdrückt.

Mithilfe des Rechts auf informationelle Selbstbestimmung soll jeder selbst darüber entscheiden können, welche personenbezogenen Daten er von sich preisgeben möchte und wer sie verwenden darf. Hierbei handelt es sich um eine noch relativ junge Ausprägung des Allgemeinen Persönlichkeitsrechts, das mittlerweile jedoch eigenständige Bedeutung hat. Erst 1983 hatte es das Bundesverfassungsgericht in seinem Volkszählungs-Urteil herausgearbeitet. Die damaligen Überlegungen könnten heute nicht aktueller sein. Bereits vor über 30 Jahren erkannte das Bundesverfassungsgericht die Gefahr, dass gesammelte Daten zu einem teilweisen oder sogar vollständigen Persönlichkeitsprofil zusammengefügt werden könnten, ohne dass der Betroffene dies kontrollieren könne. Dadurch werde ein Gefühl der Überwachung erzeugt. „Wer unsicher ist, ob abweichende Verhaltensweisen jederzeit notiert und als Information dauerhaft gespeichert, verwendet oder weitergegeben werden, wird versuchen, nicht durch solche Verhaltensweisen aufzufallen." Aufgrund dieses „nachhaltigen Einschüchterungseffektes" werde man seine Freiheitsrechte nicht mehr wahrnehmen und damit seine Persönlichkeit nicht mehr frei entfalten. Deshalb müsse jedem ein Selbstbestimmungsrecht über seine Daten zustehen. Davon erfasst sind grundsätzlich alle persönlichen Daten, also jede Information, die sich einer bestimmten Person zuordnen lässt, wie zum Beispiel Alter, E-Mail- sowie Post-Adresse, Telefonnummer, Anzahl der Familienmitglieder, Glaube, Gesundheit oder Einkommens- und Vermögensverhältnisse. Doch hier hört die Liste noch längst nicht auf. Jeden Tag hinterlassen wir unzählige Datenspuren, die Rückschlüsse auf unser Leben und unsere Persönlichkeit zulassen. Überwachungskameras filmen uns, sodass genau nachverfolgt werden kann, wann wir an welchem Ort waren. Online-Shops wissen, für welche Produkte wir uns interessieren und welche wir letztlich gekauft haben. Fitnesstracker überwachen unseren Herzschlag und die Körpertemperatur. Pausenlos werden persönliche Daten massenhaft erzeugt, gespeichert und verwendet. Beim Surfen im Internet weist uns der Provider eine IP-Adresse zu, die dem Anschlussinhaber zugeordnet werden kann. Der Handel mit diesen Daten ist längst ein etabliertes Geschäftsmodell. Das Recht auf informationelle Selbstbestimmung ist also permanent gefordert. Auch diese besondere Ausprägung des Allgemeinen Persönlichkeitsrechts gilt jedoch entsprechend seines Charakters als Rahmenrecht nicht grenzenlos. In seiner Funktion als Grundrecht führt es dazu, dass der Staat, möchte er Informationen seiner Bürger haben, dafür stets eine gesetzliche Grundlage benötigt, die einen angemessenen Ausgleich zwischen deren Recht auf informationelle Selbstbestimmung und den staatlichen Interessen herstellt. So dürfen zum Beispiel im Rahmen der Steuererhebung nur die wirklich notwendigen Informationen eingefordert werden, wie Arbeitsverhältnisse, Wohnort und Adressdaten, geleistete Abgaben, Familienstand, Kinder […]. Es kann jedoch nicht verlangt werden, das soziale Leben offenzulegen. […] Es wird allerdings kein Schutz gewährt, wenn man die Informationen selbst umfassend publik gemacht oder ordnungsgemäß darin eingewilligt hat, dass sie erhoben und verwendet werden dürfen. Eine solche Einwilligung ist jedoch streng zweckgebunden und kann jederzeit widerrufen werden.

Autorenteam iRights.Lab. Unter: https://www.bpb.de/themen/recht-justiz/persoenlichkeitsrechte/244837/das-recht-auf-informationelle-selbstbestimmung [22.05.2022]

1 Fassen Sie die wesentlichen Merkmale digitaler Selbstbestimmung in Form des Rechts auf informationelle Selbstbestimmung mit eigenen Worten zusammen und begründen Sie dessen Notwendigkeit.

2 Skizzieren Sie, wie Sie persönlich Ihr Leben in einer digitalen Gesellschaft selbstbestimmt gestalten können. Führen Sie dazu anschauliche Beispiele an.

Die Idee der Privatsphäre

Das Recht auf digitale Selbstbestimmung wird am Beispiel des Schutzes der Privatsphäre in einer digitalen Gesellschaft anschaulich.

Der Schutz der Privatsphäre ist ein Teil der heute gültigen Grundrechte. So heißt es in Artikel 8 der Europäischen Menschenrechtskonvention von 1950: „Jede Person hat das Recht auf Achtung ihres Privat- und Familienlebens, ihrer Wohnung und ihrer Korrespondenz." Damit ist auch schon gesagt, dass Privatsphäre ver-
5 schiedene Teilbereiche umfasst: Wohnung, Kommunikation, der Umgang mit Freunden/ innen oder Familienmitgliedern. Verletzungen dieser Sphäre sind nicht erlaubt, auch Polizisten/innen oder andere Behördenvertreter/ innen dürfen nur nach strengen Regeln in die Privatsphäre eingreifen. Im Zeitalter der Medien sind neue Aspekte zur Privatsphäre dazugekommen: So hat jede/r das Recht, über die Ver-
10 wendung seiner personenbezogenen Daten selbst zu bestimmen (informationelle Selbstbestimmung). Dazu gehört auch das Recht am eigenen Bild. Damit ist gemeint, dass Privatpersonen darüber bestimmen dürfen, ob ein von ihnen angefertigtes Foto oder Video veröffentlicht werden darf. Ausnahmen gelten beispielsweise bei öffentlichen Veranstaltungen oder Personen, an denen die Öffentlichkeit ein besonderes Interesse an einer Be-
15 richterstattung hat (z.B. Politiker/innen). Erste Ansätze dieser Schutzregeln lassen sich in der Antike finden, konkrete Ausformulierungen, die alle Menschen einschließen und bis heute gelten, gehen auf die Zeit der Aufklärung zurück (z.B. Erklärung der Menschen- und Bürgerrechte in Frankreich 1789). Die Menschenrechte* und der Schutz der Privatsphäre wurden und werden immer wieder durch Gewaltregime außer Kraft gesetzt, wie
20 z.B. im 20. Jahrhundert durch das nationalsozialistische Regime, aber auch durch kommunistische* Regierungen im Einflussbereich der Sowjetunion. Auch im 21. Jahrhundert sind die Menschenrechte in vielen Staaten nicht garantiert. Der Schutz der Privatsphäre steht in einem Spannungsverhältnis zu dem Bedürfnis des Staates, die Kriminalität zu bekämpfen und Gewalttaten zu verhindern. Deshalb werden Eingriffe in die Privatsphä-
25 re, wie das Abschöpfen von Kommunikationsdaten oder die Überwachung privater Räume, immer wieder diskutiert und neu ausgehandelt. Die Privatsphäre zu wahren, steht zugleich im Widerspruch zum Bedürfnis der Unternehmen, durch das Sammeln von Kundendaten gezielter und profitabler Waren und Dienstleistungen zu verkaufen. Daten werden immer wieder als wertvoller Rohstoff bezeichnet – und das zu Recht. Der IT-
30 Experte Andreas Weigend, der als Cheftechnologe für Amazon tätig war, bezeichnet die großen Tech-Konzerne als „Datenraffinerien". Unternehmen wie Facebook und Google erzielen den überwiegenden Teil ihrer Einnahmen durch gezielt platzierte Werbung – dies ist nur möglich, weil Internet-Profile, Seitenbesuche, Interessen, Meinungsäußerungen, Geo-Daten und weitere gesammelt und ausgewertet werden. Wenn die Unterneh-
35 men Menschen ermuntern, zu schreiben, zu posten, zu liken und zu teilen, dann geht es ihnen dabei vor allem um wirtschaftliche Interessen – sie benötigen neue Rohstoffe für ihre „Raffinerien". Zwischen der Idee einer informationellen Selbstbestimmung und der digitalen Alltagsrealität besteht ein deutlicher Widerspruch: Viele Menschen fühlen sich zwar unwohl bei der Vorstellung, dass sie im Internet und beim Umgang mit vernetzten
40 Geräten viele Daten von sich preisgeben, akzeptieren es aber im Austausch gegen kostenlose Dienstleistungen oder einfach aus Bequemlichkeiten. Unter der Überschrift „Post Privacy" (was ungefähr „nach der Privatsphäre" bedeutet) vertritt eine wachsende Anzahl von Menschen in den letzten Jahren auch die Meinung, dass die Grenzen zwischen Privatem und Öffentlichem völlig neu gezogen oder komplett aufgelöst werden sollten.

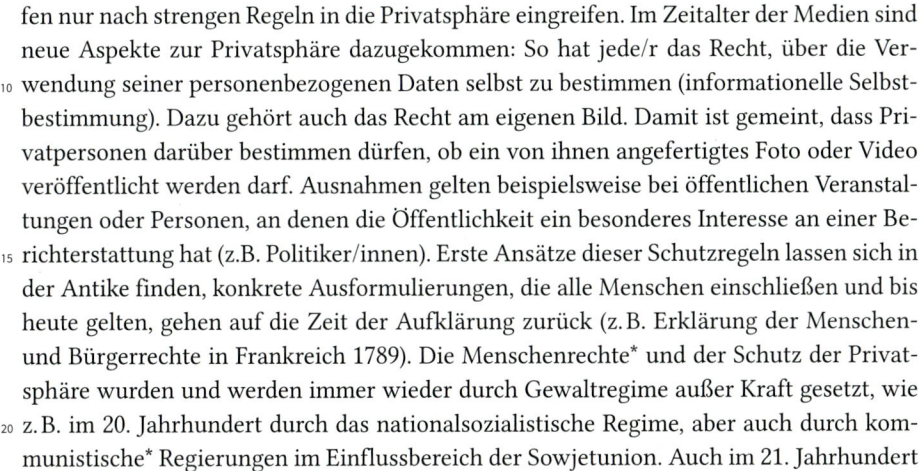

https://www.kinofenster.de/download/the-circle-fh3-pdf, S. 28 f. [22.05.2022]

1 Fassen Sie den Text in fünf Thesen zusammen.

2 Erläutern Sie, inwiefern der Schutz der Privatsphäre in Form informationeller Selbstbestimmung in einem Spannungsverhältnis zu dem Bedürfnis des Staates steht, die Kriminalität zu bekämpfen und Gewalttaten zu verhindern.

3 Formulieren Sie eine persönliche Bewertung digitaler Selbstbestimmung am Beispiel des Schutzes der Privatsphäre, indem Sie ihre Position stichhaltig begründen und mit anschaulichen Beispielen stützen.

Der Mensch als Träger von Rechten und als Person

Cicero: Vom pflichtgemäßen Handeln

(13) Und besonders ist dem Menschen das Aufsuchen und Aufspüren der Wahrheit eigen. Deshalb sehnen wir uns, wenn wir von den notwendigen Geschäften und Sorgen frei sind, etwas zu sehen, zu hören, hinzuzulernen, und die Erkenntnis verborgener und bewunderungswürdiger Gegenstände halten wir für notwendig zum glücklichen Leben. Daraus ersieht man, dass was wahr, aufrichtig und unverfälscht ist, der Natur des Menschen am angemessensten sei. Mit dieser Begierde, die Wahrheit zu erkennen, ist ein gewisses Streben nach der Führungsstellung verbunden, so dass eine von der Natur gut angelegte Seele sich nur einem fügen will, der unterweist oder belehrt oder um des Nutzens willen in Übereinstimmung mit Recht und Gesetz befiehlt. Daraus ergibt sich Seelengröße, das heißt Geringachtung der menschlichen Werte. (14) Es ist aber nicht unbedeutend jenes Wirken der vernunftbegabten Natur: allein dieses Lebewesen nimmt wahr, was Ordnung sei (was sich schickt – in Taten und Worten), was das rechte Maß. Demgemäß nimmt an eben den Gegenständen, die durch den Anblick wahrgenommen werden, kein anderes Lebewesen Schönheit und Lieblichkeit sowie Harmonie der Teile wahr. In analoger Übertragung von der Wahrnehmung durch die Augen auf den Geist glaubt die vernunftbegabte Natur, dass noch viel stärker Schönheit, Festigkeit und Ordnung in Planungen und Handlungen gewahrt werden müssen, und hütet sich davor, etwas unschicklich oder unmännlich auszuführen, dann in allen Meinungen und Handlungen unbeherrscht zu handeln bzw. zu denken. Daraus wird das Ehrenhafte, das wir suchen, gebildet und verwirklicht, das, mag es auch nicht gefeiert sein, doch ehrenhaft ist und das, wie wir zutreffend feststellen, mag es auch von niemanden anerkannt werden, von Natur aus anerkennenswert ist. [...]

(105) Aber es gehört zu jeder Untersuchung des pflichtgemäßen Handelns, immer vor Augen zu haben, wie sehr die Natur des Menschen das Vieh und die übrigen Tiere übertrifft; jene empfinden nichts als Vergnügen, und auf dieses stützen sie sich mit aller Kraft, der Geist des Menschen aber wächst durchs Lernen und Denken, er erforscht immer irgend etwas, handelt oder lässt sich durch die Freude am Sehen und Hören leiten. Ja sogar, wenn einer etwas mehr neigt zum Vergnügen, wenn er nur nicht nach der Art der Tiere ist – denn es sind manche nicht in Wahrheit Menschen, sondern nur dem Namen nach -, wenn er vielmehr auf einer etwas höheren Stufe steht, mag er sich hinreißen lassen von Vergnügungen, dann versteckt und verbirgt er seine Sucht nach Vergnügungen aus Anstand. (106) Daraus ersieht man, dass körperliches Vergnügen der erhabenen Stellung des Menschen nicht genug würdig ist und verschmäht und zurückgewiesen werden muss; wenn es aber einen gibt, der dem Vergnügen einigen Wert beilegt, so muss der sorgsam ein Maß des Genießens einhalten. Es sollen also Unterhalt und Pflege des Körpers auf Gesundheit und Kraft, nicht auf das Vergnügen bezogen werden; ferner: wenn wir bedenken wollen, eine wie überlegene Stellung und Würde* in unserem Wesen liegt, dann werden wir einsehen, wie schändlich es ist, in Genusssucht sich treiben zu lassen und verzärtelt und weichlich, und wie ehrenhaft andererseits, sparsam, enthaltsam, streng und nüchtern zu leben.

Cicero: De officiis - Vom pflichtgemäßen Handeln (13 – 14, 105 – 106), Lateinisch/Deutsch, übersetzt, kommentiert und herausgegeben von H. Gunermann; Stuttgart 2007, S. 15 ff., 93 ff.

Marcus Tullius Cicero (106 – 43 v. Chr.), Philosoph, Schriftsteller, Politiker, Anwalt und Meister der Redekunst in der ausgehenden römischen Republik; In seinem Werk „De officiis" („Vom pflichtgemäßen Handeln") findet er von der stoischen Pflichtenlehre ausgehend zu einem eigenen sozialethischen Ansatz.

---

1 Sammeln und gestalten Sie gemeinsam ihre Assoziationen zu den abgebildeten Begriffen „Menschenwürde"* bzw. „humanitas/dignitas" in einer Mindmap.

2 Analysieren Sie den Cicero-Text auf die darin enthaltenen Aussagen über den Menschen.

3 Arbeiten aus dem Text Ciceros Ansichten über die Rechte und die Würde des Menschen heraus.

4 Setzen Sie sich mit Ciceros Vorstellung von den Rechten und der Würde des Menschen kritisch auseinander.

John Locke: Über die Regierung

Der Gedanke eines Naturrechtes* ist der Versuch, ein allgemeingültiges und unwandelbares Recht zu begründen, das über dem geschriebenen und gesetzten positiven Recht steht und diesem als Maßstab und Orientierung dienen kann und soll. Die Naturrechte erschließen sich dem Menschen durch den Gebrauch der Vernunft (Vernunftrecht), durch den Verweis auf eine göttliche Autorität (theologische* Begründung) oder durch die Betrachtung des Wesens und der Natur des Menschen (anthropologische Begründung).

Der Rechtspositivismus* vertritt die Auffassung, dass nur ein durch Beschluss und Verkündigung gesetztes, d. h. positives Recht, öffentliche Geltung besitzt. Daneben gibt es moralische Werte und Normen. Die damit einhergehende Trennung von Recht und Moral soll ein hohes Maß an Rechtssicherheit gewähren, da so das Recht von ethischen Begründungen befreit ist. Mit der Verwirklichung des Rechts in einer staatlichen Ordnung befassen sich die Kontraktualisten* John Locke, Charles-Louis de Montesquieu und Thomas Hobbes.

Herr der Fliegen (Regie: Peter Brook, Großbritannien 1963)

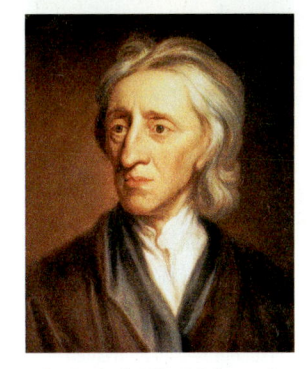

John Locke (1632 – 1704) war ein Hauptvertreter des englischen Empirismus*. Seine Gedanken über den Staat und religiöse Toleranz übten großen Einfluss auf die Aufklärung und den politischen Liberalismus aus.

„Um politische Gewalt richtig zu verstehen und sie von ihrem Ursprung herzuleiten, müssen wir sehen, in welchem Zustand sich die Menschen von Natur aus befinden. Es ist ein Zustand vollkommener Freiheit, innerhalb der Grenzen des Naturgesetzes seine Handlungen zu lenken und über seinen Besitz und seine Person zu verfügen, wie es
5 einem am besten scheint – ohne jemandes Erlaubnis einzuholen und ohne von dem Willen eines anderen abhängig zu sein.
Es ist überdies ein Zustand der Gleichheit, in dem alle Macht und Rechtsprechung wechselseitig sind, da niemand mehr besitzt als ein anderer: Ist doch nichts offensichtlicher, als dass Lebewesen von gleicher Art und gleichem Rang, die unterschiedslos zum Genuss
10 derselben Vorteile der Natur und zum Gebrauch der gleichen Fähigkeiten geboren sind, auch gleichgestellt leben sollen, ohne Unterordnung oder Unterwerfung […]
Ist dies zwar ein Zustand der Freiheit, so ist es doch kein Zustand der Zügellosigkeit. Obwohl der Mensch in diesem Zustand die unkontrollierbare Freiheit besitzt, über seine Person und seinen Besitz zu verfügen, hat er doch nicht die Freiheit, sich selbst oder ir-
15 gendein in seinem Besitz befindliches Lebewesen zu zerstören, es sei denn, ein edlerer Zweck als die bloße Erhaltung erfordere es. Im Naturzustand herrscht ein natürliches Gesetz, das für alle verbindlich ist. Die Vernunft aber, welcher dieses Gesetz entspringt, lehrt alle Menschen, wenn sie nur um Rat fragen wollen, dass niemand einem anderen, da alle gleich und unabhängig sind, an seinem Leben, seiner Gesundheit, seiner Freiheit
20 oder seinem Besitz Schaden zufügen soll. Alle Menschen nämlich sind das Werk eines einzigen allmächtigen und unendlich weisen Schöpfers, die Diener eines einzigen souveränen Herrn, auf dessen Befehl und in dessen Auftrag sie in die Welt gesandt wurden. Sie sind sein Eigentum, denn sie sind sein Werk, von ihm geschaffen, dass sie so lange bestehen, wie es ihm gefällt, nicht aber, wie es ihnen untereinander gefällt. Und da uns allen
25 die gleichen Fähigkeiten verliehen wurden und wir alle Glieder einer einzigen Gemeinschaft, der Natur, sind, kann nicht angenommen werden, dass uns irgendeine Rangordnung unter uns dazu ermächtigt, einander zu zerstören, als wären wir einer zu des anderen Nutzen geschaffen, so wie die untergeordneten Lebewesen zu unserem Nutzen geschaffen sind. Wie ein jeder verpflichtet ist, sich selbst zu erhalten und seinen Platz
30 nicht freiwillig zu verlassen, so sollte er aus dem gleichen Grund, wenn es seine eigene Selbsterhaltung nicht gefährdet, nach Möglichkeit auch die übrige Menschheit erhalten. Er sollte niemanden seines Lebens oder dessen, was zur Erhaltung des Lebens dient, seiner Freiheit, seiner Gesundheit, seiner Glieder oder seiner Güter, berauben oder sie beeinträchtigen – es sei denn, um an einem Verbrecher Gerechtigkeit zu üben."

John Locke: The Second Treatise of Government – Über die Regierung, Englisch/Deutsch, übersetzt von D. Tidow, herausgegeben von P. C. Mayer-Tasch; Stuttgart 2012, S.11, 13, 15

Der Begriff der „Person"

Im deutschen **Recht** gilt man als Person, wenn man rechtsfähig und handlungsfähig ist. Rechtsfähigkeit bedeutet, dass man Rechte und Pflichten tragen kann. „Die Rechtsfähigkeit des Menschen beginnt mit der Vollendung der Geburt." (§ 1 BGB)
Handlungsfähigkeit bedeutet, seine eigenen Handlungen rechtswirksam ausüben zu können. Am wichtigsten ist in diesem Zusammenhang die Geschäftsfähigkeit, die mit Vollendung des 18. Lebensjahrs eintritt.
Zum Personenbegriff in der **Medizinethik** s. S. 132 f.

1 Nennen Sie anhand des Textes die Rechte eines Menschen im Naturzustand und halten Sie sie in einer zweispaltigen Tabelle fest.

2 Arbeiten Sie aus dem Text die Pflichten eines Menschen gegenüber anderen Menschen heraus und ordnen Sie sie den entsprechenden Rechten in Ihrer Tabelle zu.

Giovanni Pico della Mirandola: Über die Würde des Menschen

Der Begriff „Menschenwürde*" bezeichnet das, „was als auszeichnendes Merkmal des Menschen im Unterschied zu anderen Lebewesen betrachtet wird bzw. den (inneren) Wert des Menschen ausmacht" (Historisches Wörterbuch der Philosophie. Band 5, hrsg. v. Karlfried Günder. Basel: Schwabe 1980, S. 1124).
Eine der bekanntesten und zugleich bedeutendsten Antworten auf die Frage nach dieser Besonderheit des Menschen gibt Giovanni Pico della Mirandola in seiner „Oratio de hominis dignitate" aus dem Jahre 1486.

Giovanni Pico della Mirandola (1463–1494), italienischer Philosoph und Humanist*, versuchte 1487 in Rom einen „Weltkongress der Philosophen" einzuberufen, auf dem u. a. über seine zuvor veröffentlichten Thesen zu verschiedenen Wissensbereichen diskutiert werden sollte. Weil ein Teil dieser Thesen als „nicht rechtgläubig" galt, wurde der Kongress vom Papst verboten. Der nebenstehende Text stammt aus der von Mirandola geplanten (und erst nach seinem Tod veröffentlichten) Eröffnungsrede.

Ich las in den Werken der Araber, ehrenwerte Väter, der Sarazene[1] Abdala habe auf die Frage, was es auf dieser irdischen Bühne, um einmal den Ausdruck zu benutzen, als das am meisten Bewunderungswürdige zu sehen gebe, geantwortet: nichts Wunderbareres als den Menschen. Dieser Ansicht pflichtet jenes Wort des Merkur bei: Ein großes Wunder, Asclepius, ist der Mensch. Da ich über den Sinn dieser Aussprüche nachdachte, befriedigte mich nicht, was alles über die Vorzüglichkeit der menschlichen Natur von vielen angeführt wird: der Mensch sei Vermittler zwischen den Geschöpfen, mit den Göttern vertraut, König über die niedrigeren Wesen; mit seiner Sinnesschärfe, der Forschungskraft seiner Vernunft, dem Licht seines Verstandes sei er der Deuter der Natur; er sei der Zwischenraum zwischen dauernder Ewigkeit und fließender Zeit und (wie die Perser sagen) das Bindeglied der Welt, ja mehr noch ihr Hochzeitslied, nach dem Zeugnis des David nur wenig geringer als die Engel. Diese Eigenschaften sind zwar bedeutend, aber nicht die hauptsächlichen, das heißt die mit Recht das Privileg der höchsten Bewunderung für sich beanspruchten. Warum nämlich sollten wir nicht die Engel selbst und die seligen Chöre des Himmels mehr bewundern? Endlich glaubte ich verstanden zu haben, warum der Mensch das am meisten gesegnete und daher ein jeder Bewunderung würdiges Lebewesen ist und was für eine Stellung es schließlich ist, die ihm in der Reihe des Universums zuteil geworden ist und um die ihn nicht nur die vernunftlosen Geschöpfe, sondern die Sterne, die überweltlichen Geister gar beneiden müssen. Die Sache ist unglaublich und wunderbar. Warum auch nicht? Denn deshalb wird der Mensch zu Recht ein großes Wunder und ein in der Tat beneidenswertes Lebewesen genannt und auch dafür gehalten. Worum es sich bei dieser Stellung handelt, Väter, hört und schenkt mir eure Aufmerksamkeit mit geneigten Ohren, entsprechend eurer Freundlichkeit. Schon hatte Gottvater, der höchste Baumeister, dieses Haus, die Welt, die wir sehen, als erhabensten Tempel der Gottheit nach den Gesetzen verborgener Weisheit errichtet. Den Raum über den Himmeln hatte er mit Geistern geschmückt, die Sphären des Äthers mit ewigen Seelen belebt, die kotigen und schmutzigen Teile der unteren Welt mit einer Schar Lebewesen aller Art gefüllt. Aber als das Werk vollendet war, wünschte der Meister, es gäbe jemanden, der die Gesetzmäßigkeit eines so großen Werkes genau erwöge, seine Schönheit liebte und seine Größe bewunderte. Daher dachte er, als schon alle Dinge (wie Moses und Timaios bezeugen) vollendet waren, zuletzt an die Erschaffung des Menschen. [...] Endlich beschloss der höchste Künstler, dass der, dem er nichts Eigenes geben konnte, Anteil habe an allem, was die einzelnen jeweils für sich gehabt hatten. Also war er zufrieden mit dem Menschen als einem Geschöpf von unbestimmter Gestalt, stellte ihn in die Mitte der Welt und sprach ihn so an: „Wir haben dir keinen festen Wohnsitz gegeben, Adam, kein eigenes Aussehen noch irgendeine besondere Gabe, damit du den Wohnsitz, das Aussehen und die Gaben, die du selbst dir aussiehst, entsprechend deinem Wunsch und Entschluss habest und besitzest. Die Natur der übrigen Geschöpfe ist fest

---
[1] der Sarazene: im Mittelalter Bezeichnung für Araber des Mittelmeerraums

bestimmt und wird innerhalb von uns vorgeschriebener Gesetze begrenzt. Du sollst dir deine ohne jede Einschränkung und Enge, nach deinem Ermessen, dem ich dich anvertraut habe, selber bestimmen. Ich habe dich in die Mitte der Welt gestellt, damit du dich von dort aus bequemer umsehen kannst, was es auf der Welt gibt. Weder haben wir dich himmlisch noch irdisch, weder sterblich noch unsterblich geschaffen, damit du wie dein eigener, in Ehre frei entscheidender, schöpferischer Bildhauer dich selbst zu der Gestalt ausformst, die du bevorzugst. Du kannst zum Niedrigeren, zum Tierischen entarten; du kannst aber auch zum Höheren, zum Göttlichen wiedergeboren werden, wenn deine Seele es beschließt." Welch unübertreffliche Großmut Gottvaters, welch hohes und bewundernswertes Glück des Menschen! Dem gegeben ist zu haben, was er wünscht, zu sein, was er will.

Giovanni Pico della Mirandola: Über die Würde des Menschen, hg. v. August Buck. Hamburg 1990, S. 3, 5, 7

1 Erläutern Sie ausführlich, worin für Pico della Mirandola die Würde des Menschen besteht und worin nicht.

2 Arbeiten Sie heraus, wie Pico della Mirandola die Würde des Menschen begründet, indem Sie den Kontext seiner Überlegungen verdeutlichen.

3 Erörtern Sie, ob Pico della Mirandolas Begründung der Menschenwürde auch heute noch Geltung beanspruchen und damit überzeugen kann.

Immanuel Kant: Menschenwürde und kategorischer Imperativ*

In der Neuzeit nimmt der Begriff der Menschenwürde in der Moralphilosophie Immanuel Kants eine wichtige Stellung ein, die er folgendermaßen begründet:

„Moralität besteht also in der Beziehung aller Handlung auf die Gesetzgebung, dadurch allein ein Reich der Zwecke möglich ist. Diese Gesetzgebung muss aber in jedem vernünftigen Wesen selbst angetroffen werden, und aus seinem Willen entspringen können, dessen Prinzip also ist: keine Handlung nach einer andern Maxime zu tun, als so, dass es auch mit ihr bestehen könne, dass sie ein allgemeines Gesetz sei, und also nur so, *dass der Wille durch seine Maxime sich selbst zugleich als allgemein gesetzgebend betrachten könne*. Sind nun die Maximen mit diesem objektiven Prinzip der vernünftigen Wesen, als allgemein gesetzgebend, nicht durch ihre Natur schon notwendig einstimmig, so heißt die Notwendigkeit der Handlung nach jenem Prinzip praktische Nötigung, d. i. *Pflicht**. Pflicht kommt nicht dem Oberhaupte im Reiche der Zwecke, wohl aber jedem Gliede, und zwar allen in gleichem Maße, zu.

Die praktische Notwendigkeit, nach diesem Prinzip zu handeln, d. i. die Pflicht, beruht gar nicht auf Gefühlen, Antrieben und Neigungen, sondern bloß auf dem Verhältnisse vernünftiger Wesen zu einander, in welchem der Wille eines vernünftigen Wesens jederzeit zugleich als *gesetzgebend* betrachtet werden muss, weil es sie sonst nicht als *Zweck an sich selbst* denken könnte. Die Vernunft bezieht also jede Maxime des Willens als allgemein gesetzgebend auf jeden anderen Willen, und auch auf jede Handlung gegen sich selbst, und dies zwar nicht um irgend eines andern praktischen Bewegungsgrundes oder künftigen Vorteils willen, sondern aus der Idee der *Würde* eines vernünftigen Wesens, das keinem Gesetze gehorcht, als dem, das es zugleich selbst gibt.

Im Reiche der Zwecke hat alles entweder einen *Preis*, oder eine *Würde*. Was einen Preis hat, an dessen Stelle kann auch etwas anderes, als *Äquivalent*, gesetzt werden; was dagegen über allen Preis erhaben ist, mithin kein Äquivalent verstattet, das hat eine Würde. Was sich auf die allgemeinen menschlichen Neigungen und Bedürfnisse bezieht, hat einen *Marktpreis*; das, was, auch ohne ein Bedürfnis vorauszusetzen, einem gewissen Geschmacke, d. i. einem Wohlgefallen am bloßen zwecklosen Spiel unserer Gemütskräfte, gemäß ist, einen *Affektionspreis*; das aber, was die Bedingung ausmacht, unter der allein etwas Zweck an sich selbst sein kann, hat nicht bloß einen relativen Wert, d. i. einen Preis, sondern einen inner[e]n Wert, d. i. *Würde*.

Nun ist Moralität die Bedingung, unter der allein ein vernünftiges Wesen Zweck an sich selbst sein kann; weil nur durch sie es möglich ist, ein gesetzgebend[es] Glied im Reiche der Zwecke zu sein. Also ist Sittlichkeit und die Menschheit, sofern sie derselben fähig

Aufgaben

1. Erläutern Sie, worin für Kant die Würde des Menschen besteht, indem Sie diese vom Begriff des „Preises" abgrenzen.

2. Der kategorische Imperativ stellt für Kant ein höchstes Beurteilungskriterium für die Moralität dar, das uns ohne Einschränkung (= kategorisch) auffordert, sittlich zu handeln. In einer Formulierung lautet er: „Handle so, dass du die Menschheit sowohl in deiner Person als in der Person eines jeden andern jederzeit zugleich als Zweck, niemals bloß als Mittel brauchest." (Kant: Grundlegung zur Metaphysik der Sitten, BA 66 f.). Analysieren Sie Zusammenhänge dieser Selbstzweckformel des kategorischen Imperativs mit dem Kantschen Würdebegriff und formulieren Sie die Formel unter Verwendung des Begriffs der „Würde" entsprechend um.

3. Skizzieren Sie Kants Begründung für die Würde des Menschen.

4. Stellen Sie Gemeinsamkeiten und Unterschiede zwischen dem Kantschen Würde-Begriff und Pico della Mirandolas Ausführungen über die Würde des Menschen her.

ist, dasjenige, was allein Würde hat. Geschicklichkeit und Fleiß im Arbeiten haben einen Marktpreis; Witz, lebhafte Einbildungskraft und Launen einen Affektionspreis; dagegen Treue im Versprechen, Wohlwollen aus Grundsätzen (nicht aus Instinkt) haben einen inner[e]n Wert. Die Natur sowohl als Kunst enthalten nichts, was sie, in Ermangelung derselben, an ihre Stelle setzen könnten; denn ihr Wert besteht nicht in den Wirkungen, die daraus entspringen, im Vorteil und Nutzen, den sie schaffen, sondern in den Gesinnungen, d. i. den Maximen des Willens, die sich auf diese Art in Handlungen zu offenbaren bereit sind, obgleich auch der Erfolg sie nicht begünstigte. Diese Handlungen bedürfen auch keiner Empfehlung von irgend einer subjektiven Disposition oder Geschmack, sie mit unmittelbarer Gunst und Wohlgefallen anzusehen, keines unmittelbaren Hanges oder Gefühles für dieselbe: sie stellen den Willen, der sie ausübt, als Gegenstand einer unmittelbaren Achtung dar, dazu nichts als Vernunft gefo[r]dert wird, um sie dem Willen *aufzuerlegen*, nicht von ihm zu *erschmeicheln*, welches letztere bei Pflichten ohnedem ein Widerspruch wäre. Diese Schätzung gibt also den Wert einer solchen Denkungsart als Würde zu erkennen, und setzt sie über allen Preis unendlich weg, mit dem sie gar nicht in Anschlag und Vergleichung gebracht werden kann, ohne sich gleichsam an der Heiligkeit derselben zu vergreifen.

Und was ist es denn nun, was die sittlich gute Gesinnung oder die Tugend berechtigt, so hohe Ansprüche zu machen? Es ist nichts Geringeres als der *Anteil*, den sie dem vernünftigen Wesen *an der allgemeinen Gesetzgebung* verschafft, und es hie[r]durch zum Gliede in einem möglichen Reiche der Zwecke tauglich macht, wozu es durch seine eigene Natur schon bestimmt war, als Zweck an sich selbst und eben darum als gesetzgebend im Reiche der Zwecke, in Ansehung aller Naturgesetze als frei, nur denjenigen allein gehorchend, die es selbst gibt und nach welchen seine Maximen zu einer allgemeinen Gesetzgebung (der er sich zugleich selbst unterwirft) gehören können. Denn es hat nichts einen Wert, als den, welchen ihm das Gesetz bestimmt. Die Gesetzgebung selbst aber, die allen Wert bestimmt, muss eben darum eine Würde, d. i. unbedingten, unvergleichbaren Wert haben, für welchen das Wort *Achtung* allein den geziemenden Ausdruck der Schätzung abgibt, die ein vernünftiges Wesen über sie anzustellen hat. *Autonomie* ist also der Grund der Würde der menschlichen und jeder vernünftigen Natur."

Immanuel Kant: Grundlegung zur Metaphysik der Sitten, S. 434 ff.

Der Begriff der Menschenwürde im Grundgesetz der Bundesrepublik Deutschland

> Die Würde des Menschen ist unantastbar. Sie zu achten und zu schützen ist Verpflichtung aller staatlichen Gewalt.
> *Art. 1 Abs. 1 GG*

Wenngleich der Begriff der Menschenwürde unmittelbar bindend für staatliches Handeln in Deutschland ist, so wird er doch an keiner Stelle im Grundgesetz ausdrücklich definiert. Im Rahmen von grundlegenden Urteilsbegründungen des Bundesverfassungsgerichts, wie etwa zum neugeregelten Luftsicherheitsgesetz (LuftSiG) vom 18. Juni 2004, das vor dem Hintergrund der Terroranschläge vom 11. September 2001 in den USA regeln sollte, wie die Bundeswehr die Polizei bei einer schweren Bedrohung der Luftsicherheit durch ein entführtes Flugzeug unterstützen kann und dabei in Paragraf 14 den Abschuss eines Flugzeugs als äußerstes Mittel erlaubt, wird hierzu jedoch eindeutig Stellung bezogen.

Das durch Art. 2 Abs. 2 Satz 1 GG gewährleistete Grundrecht auf Leben steht gemäß Art. 2 Abs. 2 Satz 3 GG unter dem Vorbehalt des Gesetzes […]. Das einschränkende Gesetz muss aber seinerseits im Lichte dieses Grundrechts und der damit eng verknüpften Menschenwürdegarantie des Art. 1 Abs. 1 GG gesehen werden. Das menschliche Leben ist die vitale Basis der Menschenwürde als tragendem Konstitutionsprinzip und oberstem Verfassungswert […]. Jeder Mensch besitzt als Person diese Würde, ohne Rücksicht auf seine Eigenschaften, seinen körperlichen oder geistigen Zustand, seine Leistungen und seinen sozialen Status […]. Sie kann keinem Menschen genommen werden. Verletzbar ist aber der Achtungsanspruch, der sich aus ihr ergibt […]. Das gilt unabhängig auch von der voraussichtlichen Dauer des individuellen menschlichen Lebens […]. Dem Staat ist es im Hinblick auf dieses Verhältnis von Lebensrecht und Menschenwürde einerseits untersagt, durch eigene Maßnahmen unter Verstoß gegen das Verbot der Missachtung der menschlichen Würde in das Grundrecht auf Leben einzugreifen. Andererseits ist er auch gehalten, jedes menschliche Leben zu schützen.
[…]
Was diese Verpflichtung für das staatliche Handeln konkret bedeutet, lässt sich nicht ein für allemal abschließend bestimmen […]. Art. 1 Abs. 1 GG schützt den einzelnen Menschen nicht nur vor Erniedrigung, Brandmarkung, Verfolgung, Ächtung und ähnlichen Handlungen durch Dritte oder durch den Staat selbst […]. Ausgehend von der Vorstellung des Grundgesetzgebers, dass es zum Wesen des Menschen gehört, in Freiheit sich selbst zu bestimmen und sich frei zu entfalten, und dass der Einzelne verlangen kann, in der Gemeinschaft grundsätzlich als gleichberechtigtes Glied mit Eigenwert anerkannt zu werden […], schließt es die Verpflichtung zur Achtung und zum Schutz der Menschenwürde vielmehr generell aus, den Menschen zum bloßen Objekt des Staates zu machen […]. Schlechthin verboten ist damit jede Behandlung des Menschen durch die öffentliche Gewalt, die dessen Subjektqualität, seinen Status als Rechtssubjekt, grundsätzlich in Frage stellt […], indem sie die Achtung des Wertes vermissen lässt, der jedem Menschen um seiner selbst willen, kraft seines Personseins, zukommt […]. Wann eine solche Behandlung vorliegt, ist im Einzelfall mit Blick auf die spezifische Situation zu konkretisieren, in der es zum Konfliktfall kommen kann […].
[D]er Staat, der in einer solchen Situation zur Abwehrmaßnahme des § 14 Abs. 3 LuftSiG greift, behandelt [die Passagiere] als bloße Objekte seiner Rettungsaktion zum Schutze anderer. Die Ausweglosigkeit und Unentrinnbarkeit, welche die Lage der als Opfer betroffenen Flugzeuginsassen kennzeichnen, bestehen auch gegenüber denen, die den Abschuss des Luftfahrzeugs anordnen und durchführen. Flugzeugbesatzung und -passagiere können diesem Handeln des Staates auf Grund der von ihnen in keiner Weise beherrschbaren Gegebenheiten nicht ausweichen, sondern sind ihm wehr- und hilflos ausgeliefert mit der Folge, dass sie zusammen mit dem Luftfahrzeug gezielt abgeschossen und infolgedessen mit an Sicherheit grenzender Wahrscheinlichkeit getötet werden. Eine solche Behandlung missachtet die Betroffenen als Subjekte mit Würde und unveräußerlichen Rechten. Sie werden dadurch, dass ihre Tötung als Mittel zur Rettung anderer benutzt wird, verdinglicht und zugleich entrechtlicht; indem über ihr Leben von Staats wegen einseitig verfügt wird, wird den als Opfern selbst schutzbedürftigen Flugzeuginsassen der Wert abgesprochen, der dem Menschen um seiner selbst willen zukommt. […]
Dies geschieht zudem unter Umständen, die nicht erwarten lassen, dass in dem Augenblick, in dem gemäß § 14 Abs. 4 Satz 1 LuftSiG über die Durchführung einer Einsatzmaßnahme nach § 14 Abs. 3 LuftSiG zu entscheiden ist, die tatsächliche Lage immer voll überblickt und richtig eingeschätzt werden kann.

https://www.bundesverfassungsgericht.de/SharedDocs/Entscheidungen/DE/2006/02/rs20060215_1bvr035705.html

1 Fassen Sie die Bestimmung der Menschenwürde nach Artikel 1 des Grundgesetzes durch das Bundesverfassungsgericht zusammen, indem Sie eine eindeutige Definition herausarbeiten.

2 Skizzieren Sie die zentralen Punkte in der Begründung des Bundesverfassungsgerichts für seine Bestimmung der Menschenwürde.

3 Vergleichen Sie die Bestimmung der Menschenwürde durch das Bundesverfassungsgericht mit Kants Begriff der Menschenwürde, wie er vor allem in der Selbstzweckformel des kategorischen Imperativs zum Ausdruck kommt.

Markus Rothhaar (geb. 1968) ist ein deutscher Ethiker mit Schwerpunkt auf Angewandter Ethik, theoretischer Ethik sowie Rechts- und politischer Philosophie.

Markus Rothhaar: Menschenwürde, Autonomie und Anerkennung

[…] Damit ein kategorischer Imperativ auch nur denkbar sein soll, muss es vielmehr, so Kant, etwas geben, das das Handeln verpflichtet, zugleich aber nicht durch das partikulare Wollen gesetzt und nicht von Fall zu Fall verschieden ist. Da dieses Etwas, das das Handeln verpflichtet, nicht durch das partikulare [= einzelne] Wollen gesetzt sein kann, sondern jeder möglichen subjektiven Setzung gleichsam „vor"gegeben sein muss, bezeichnet Kant es in Abgrenzung zu den partikularen, selbstgesetzten Zwecken als einen „Zweck an-sich". Kant nimmt nun zunächst hypothetisch an, dass es „Zwecke an-sich" gebe und dass alle Vernunftwesen, insbesondere Menschen, solche „Zwecke an-sich" seien […].

Kants Hypothese vom „Zweck-an-sich"-Charakter des Menschen bedarf nun freilich ihrerseits der Begründung und es ist diese Begründung, in der der Begriff der „Würde" allererst ins Spiel kommt. Zentral für den kantischen Würdebegriff ist nämlich, dass Kant den Grund für die Selbstzwecklichkeit vernünftiger Wesen in deren Autonomie ausmacht. „Autonomie" bedeutet im spezifisch kantischen Sinn, dass derartige Wesen gemäß allgemeiner moralischer Gesetze handeln können. Unter „Autonomie" wird hier also nicht das verstanden, was wir heute üblicherweise „Selbstbestimmung" nennen, noch gar Willkür, sondern die spezifische Moralfähigkeit von Vernunftwesen. Vernünftige Wesen sind demnach in der Lage, ihr Handeln an moralischen Gesetzen auszurichten, die allein ihrer Vernunft entspringen, anstatt sich von ihren eigenen oder den Interessen, Neigungen, Zweck- und Wertsetzungen Anderer bestimmen zu lassen.

Kant gewinnt diesen Autonomiebegriff und damit den Würdebegriff, auch dies ist bemerkenswert, aus dem Begriff des vernünftigen, allgemein-gesetzgebenden Willens. Indem Vernunftwesen in der Lage sind, ihr Handeln an der Universalisierbarkeitsforderung auszurichten und diese Forderung zugleich dem notwendigen Selbstverständnis jedes Vernunftwesens als eines „Zwecks an-sich" entspricht, müssen sie zugleich ihr Wollen, soweit es sich eben reflexiv auf die Universalisierbarkeit seiner Handlungsmaximen ausrichtet, als ein allgemeines Wollen verstehen, d. h. als ein Wollen, das nicht durch die jeweiligen subjektiv-partikularen Zwecke und Interessen determiniert ist. Da dieses Wollen wiederum durch nichts seiner eigenen Vernunftnatur Äußerliches bestimmt ist, nennt Kant es im eigentlichen Wortsinn „autonom", d. h. keiner fremden, sondern nur der eigenen Gesetzgebung „unterworfen". Im nächsten Schritt weitet Kant den Gedanken der allgemeinen Gesetzgebung des autonomen, vernünftigen Willens sodann zur Konzeption des sogenannten „Reichs der Zwecke" aus, d. h. einer, wie Kant ausführt, „systematischen Verbindung verschiedener vernünftiger Wesen durch gemeinschaftliche Gesetze". [...]

Zum einen kann sich das Problem einer widerspruchsfreien „Allgemeinheit" von Handlungsgesetzen überhaupt nur da sinnvollerweise stellen, wo eine Pluralität vernünftiger Wesen vorausgesetzt ist, die ihr Zusammenleben gestalten müssen. Zum anderen wird gerade an der „Reich der Zwecke"-Formel die rechtlich-politische Dimension des kategorischen Imperativs greifbar, handelt es sich beim „Reich der Zwecke" doch offenkundig um ein – wenngleich, wie Kant betont, nur ideales – Gemeinwesen, das dann realisiert wäre, wenn alle Vernunftwesen ihr Zusammenleben und die Gesetze ihres Gemeinwesens entsprechend der von der Zweckformel geforderten wechselseitigen Anerkennung als Vernunftwesen gestalten würden.

http://markus-rothhaar-informationen.de/content/menschenwuerde_-autonomie-und-anerkennung/

Menschliches Handeln in der Geschichte

Standpunkte kontrovers

Breyten Breytenbach: „Es gibt keinen Fortschritt"

[...] Die Geschichte ließ sich in jeder Phase als Schritt nach vorn verstehen, das wussten wir einfach, und sie kündete von einem wachsenden Bewusstsein, das Verbesserungen des Zustands der Menschheit versprach. [...] Das menschliche Leben würde sich unaufhörlich mit wachsender Industrialisierung, schnellerer Kommunikation, zunehmender
5 Mobilität, mit Antibiotika und Plastik verbessern. [...] Mit der Freiheit ging es voran. Wir wussten, wer der Feind war. Wir würden das Gefüge von Ungerechtigkeit und unrechtmäßig erworbenem Reichtum niederreißen, um dem Fortschritt den Weg zu ebnen; wir würden einen Krieg um den Frieden führen!
Nur dass ich etwas kurzsichtig war. Zu gegebener Zeit und um viele Erfahrungen reicher,
10 die mir eine blutige Nase und ein trauriges Herz eingetragen hatten, wurde deutlich, dass es im Verlauf der Geschichte, jedenfalls so weit unsere Erinnerungen und Recherchen zurückreichten, wohl nur minimale Änderungen im Verhalten und Bewusstsein des Menschen gegeben hatte [...]. Außerdem: Jeder „Fortschritt" in den uns gemeinsamen Lebensbedingungen setzte einen dialektischen Prozess in Gang, durch den wir ebenso
15 viel verloren, wie wir gewannen, mehr noch vielleicht. [...]
Bald besaß beinahe jeder ein Auto oder träumte davon – sodass es plötzlich Millionen zweifelhafter Gründe gab, Straßen und Autobahnen zu verstopfen. Wir legten uns ein Handy zu, und heute gleichen wir Scharen pausenlos schnatternder Individuen, die sich nichts zu sagen haben und wie taube Vögel vereinsamen. Wir alle gewöhnten uns an das
20 Fernsehen wie Fische ans trübe Wasser, und jetzt haben wir abgedroschene Fantasien, die davon infiziert sind, ständig Lügen und dem Reiz von Wünschen ausgesetzt zu sein, die niemals befriedigt werden können. Bald gab es für das, was man sich nicht im Kino anschauen konnte, keine Tabus mehr – im Namen unserer freien Meinungsäußerung! –, und gegenüber Vergewaltigung, Pädophilie und der Pornografie sinnloser Morde sind
25 wir jetzt abgestumpft. Wir holen uns die Neuigkeiten aus dem Netz, und wir werden überschwemmt von Geschwätz. [...]
Ein Hühnchen liegt auf fast jedem Teller, und wir sind mit Hormonen und Antibiotika vollgestopft. Wir werden reich und fett durch Abertausend gezüchtete Schweine und können das Wasser unserer Erde nicht mehr trinken. Wir konsumieren nach Herzenslust
30 und ersticken in Abfall und Müll. Wir zerstören die Erde in einer Orgie der Umweltverschmutzung. [...] Wir wurden darauf abgerichtet, zu kaufen, zu kaufen und nochmals zu kaufen, und die Armen wurden ärmer.

https://www.zeit.de/2004/50/Fortschritt

Breyten Breytenbach (geb. 1939) ist ein südafrikanischer Schriftsteller, er lebt derzeit in den USA. Er hat diese Rede für den Berliner Kongress „Der Begriff Fortschritt in den Weltkulturen" (2004) geschrieben.

1 Beschreiben Sie den Begriff der „Autonomie", wie Kant ihn versteht, mit eigenen Worten.

2 Erläutern Sie, wie sich bei Breytenbach der Zusammenhang von Autonomie, Individualismus und „Fortschritt der Vernunft" darstellt.

3 Führen Sie eine Podiumsdiskussion mit verteilten Rollen zum Thema „Menschliches Handeln als Ausdruck moralischer Autonomie vor dem Hintergrund der These Breytenbachs" durch. Anwesend sind eine Moderatorin/ein Moderator, Kant, Breytenbach und die deutsche Bundeskanzlerin/der deutsche Bundeskanzler.

Beeinflussung der Zuschauer durch Darstellung des Menschen in Spielfilmen

Maria Schrader: „Ich bin dein Mensch" (2021)

Quelle der Drehbuchausschnitte:
https://issuu.com/deutschefilmakademiee.v./docs/ich_bin_dein_mensch_drehbuch_final

Maria Schrader (*1965) ist eine deutsche Regisseurin, Schauspielerin, und Drehbuchautorin.

1 Betrachten Sie das Kinoplakat zum Film „Ich bin dein Mensch" aus dem Jahr 2021. Beschreiben Sie dann Ihre ersten Eindrücke und formulieren Sie mögliche Ideen zum Inhalt des Films. Berücksichtigen Sie dabei auch den Filmtitel.

2 Stellen Sie ausgehend von der Kurzbeschreibung sowie dem Kinoplakat Ihre Vermutungen über den Ausgang des dreiwöchigen Experiments dar.

In der offiziellen Kurzbeschreibung wird der Inhalt folgendermaßen zusammengefasst:

Alma ist Wissenschaftlerin am berühmten Pergamon-Museum in Berlin. Um an Forschungsgelder für ihre Arbeit zu kommen, lässt sie sich zur Teilnahme an einer außergewöhnlichen Studie überreden. Drei Wochen lang soll sie mit einem ganz auf ihren Charakter und ihre Bedürfnisse zugeschnittenen humanoiden Roboter zusammenleben, dessen künstliche Intelligenz darauf angelegt ist, der perfekte Lebenspartner für sie zu sein. Alma trifft auf Tom, eine hochentwickelte Maschine in Menschengestalt, einzig dafür geschaffen, sie glücklich zu machen ..."

Zu Beginn unterhält sich Alma mit dem Dekan[1] über die Teilnahme an der dreiwöchigen Studie:

Alma sträubt sich.

DEKAN (CONT'D[2]): Drei Wochen, Alma. Und dann kannst du meinetwegen mit deiner Truppe nach Chicago fliegen und die Keilschriften im Original angucken. Ich geb die Mittel frei.

Alma wirft ihm einen Blick zu.

DEKAN (CONT'D): Nein, das ist keine Bestechung. Nur ein kleines Dankeschön ...

Kurze Zeit später beginnt das Experiment, indem Tom bei Alma einzieht:

ALMA: Okay. So geht das nicht. Pass mal auf. Tom, Ich weiß, du bist als potentieller Partner programmiert, aber wenn du so weitermachst, halte ich das keine drei Wochen aus. Ich halte das nicht mal einen Morgen lang aus, ich werde wahnsinnig.

---

[1] Dekan: Vorsteher des Fachbereichs einer Hochschule
[2] CONT'D: Drehbuchanweisung „continued"; zeigt an, dass die gleiche Figur ohne Pause weiterspricht, der Text im Drehbuch jedoch durch eine Handlungsanweisung unterbrochen ist.

Tom kratzt sich seltsamerweise am Kopf.

5 ALMA (CONT'D): Ich bin nicht auf der Suche nach einem Partner. Ich gehöre zu den Leuten, die euch für drei Wochen testen und dann ein Gutachten schreiben.

Tom sieht sie an.

TOM: Ah. Und an Liebe bist du gar nicht interessiert?
ALMA: Nullkomma null.
10 TOM: An Zärtlichkeit, einer intimen Annäherung, einem tiefen Blick in die Augen?
ALMA: Definitives Nein.
TOM: Schmetterlinge im Bauch?
ALMA: Nein.
TOM: Vor Verliebtheit ganz wuschig im Kopf sein?
15 ALMA: Auf keinen Fall.
TOM: Deswegen die getrennten Betten …
ALMA: Ich schlag vor, du lässt mich in Ruhe und ich lass dich in Ruhe und wir bringen die drei Wochen einigermaßen würdevoll hinter uns. Kriegst Du das hin?
TOM: Mein Algorithmus ist darauf ausgerichtet, dich glücklich zu machen.
20 ALMA: Super. Dann dürfte es kein Problem sein, mich in Ruhe zu lassen, denn genau das ist es, was mich am glücklichsten macht. Und jetzt muss ich wirklich los.

1 Fassen Sie Almas Haltung Tom gegenüber zusammen, indem Sie Belege aus dem Dialog anführen. Ziehen Sie dazu auch Almas eigentliches Motiv für die Teilnahme an der Studie heran, wie es im Gespräch mit dem Dekan offenkundig wird.

2 Erläutern Sie, wie der Film die Zuschauerinnen und Zuschauer in deren Haltung gegenüber Tom beeinflusst. Beziehen Sie in Ihre Überlegungen ein, dass der Film aus Almas Perspektive erzählt wird.

Im Verlauf des Films wird immer wieder auch die Frage thematisiert, was den Menschen zum Menschen macht:

34[1] INT. WOHNUNG ALMA, WOHNZIMMER – NACHT
Alma sitzt zwischen Büchern und Ausdrucken vor dem Computer und scrollt über Texttafeln. Wechselt zu geschriebenen Texten, verbessert Formulierungen, schreibt einen Satz dazu.
5 Sie hält inne, schaut sich um. Wo ist Tom eigentlich? Nicht zu sehen. Aber ist da nicht leise Musik zu hören?

35 INT. WOHNUNG ALMA, BADEZIMMER - NACHT
Alma öffnet die Tür zu ihrem Badezimmer und erstarrt. Im ganzen Zimmer sind Kerzen verteilt, dazu ist der Boden mit Rosenblättern bestreut. In der Badewanne dampft war-
10 mes, milchiges Badewasser, auf dem ebenfalls Rosenblätter
schwimmen, irgendein Kuschelrock-Klassiker dringt dezent aus kleinen Boxen, neben der Badewanne ein Sektkühler mit Schampus und einer Schale Erdbeeren, und auf dem Badewannenrand sitzt Tom im Bademantel und lächelt sie zärtlich an. Alles in allem sieht das hier aus wie eine Werbung für ein Wellness-Wochenende in einem zweitklassi-
15 gen Ostseehotel.

TOM: Du solltest dich mal entspannen. Zu viel Arbeit ist nicht gut für dich.

Alma steht kopfschüttelnd da.

TOM (CONT'D); Das ist etwas, wovon 93 Prozent der deutschen Frauen träumen.

---
[1] Szenennummerierung im Drehbuch, hier Szene 34

ALMA: Dann kommst Du vielleicht selber drauf, zu welcher Gruppe ich gehöre.
TOM: Zu den sieben Prozent?
ALMA: Wie hast du das nur so schnell ausgerechnet?

Sie dreht sich um und verlässt das Badezimmer.

36 INT. WOHNUNG ALMA, WOHNZIMMER – NACHT
Alma setzt sich wieder an ihren Schreibtisch. Tom kommt herein, immer noch im Bademantel.

TOM: Es würde dir besser gehen, wenn du netter zu mir wärst. Wenn du dich öffnen würdest.
TOM (CONT'D): Du wärst glücklicher.
ALMA: Und dann?
TOM: Dann wärst du glücklicher.
ALMA (mehr zu sich): Endorphine! Erhöhter Serotoninspiegel! Dopaminausschüttung! Yippieeh ...
TOM: Alle Menschen wollen glücklich sein.
ALMA: Tja.

Anscheinend weiß Tom nicht, was er darauf antworten soll.
Alma erhebt sich.

ALMA (CONT'D): Mach dir nichts draus, wenn dein Algorithmus da an seine Grenzen stößt, Das ist menschlich.

Sie schaltet ihren Bildschirm aus. Sie geht wortlos an ihm vorbei in ihr Schlafzimmer.

In einer Einstellung gegen Ende des Films, in der Tom, umringt von zutraulichen Rehen, am Waldrand steht, und die laut Filmkritiker Dietmar Dath „zu den im europäischen Science-Fiction-Kino eher seltenen selbständig starken Bildern" gehört (Frankfurter Allgemeine Zeitung vom 01.07.2021), wird eine weitere Besonderheit des Menschen thematisiert:

ALMA (etwas unsicher): Tom?

Sie horcht, es ist nichts zu hören. Sie geht weiter, kommt an den Rand eines Abhangs, der in einer ebenen, ungemähten Wiese mündet. Dort steht Tom, um ihn herum drei Rehe, die sich kein bisschen an seiner Präsenz stören.
Alma beobachtet dieses unwirkliche, märchenhafte Bild eine Weile, dann steigt sie vorsichtig und möglichst leise den Hang herunter. Die Rehe heben natürlich trotzdem alarmiert die Köpfe und suchen kurz darauf das Weite.

TOM: Ich stand nur still. Sie erkennen mich nicht als Gefahr. Ich rieche nicht wie ein Mensch.
ALMA: Wie riechst du denn, für die Rehe?
TOM: Sie nehmen mich gar nicht wahr, für sie rieche ich nach nichts.

Er kommt auf sie zu. Sie sieht auf die Uhr.

---

1 Arbeiten Sie Toms Menschenbild heraus, indem Sie vor allem seine Meinung über die Funktion des Glücks für das menschliche Leben erläutern.

2 Analysieren Sie Almas Bild des Menschen anhand ihrer Reaktionen auf Toms Aussagen.

3 Beurteilen Sie Almas abschließendes Fazit „Mach dir nichts draus, wenn dein Algorithmus da an seine Grenzen stößt. Das ist menschlich." und setzen Sie es in einen Zusammenhang mit Almas Menschenbild.

ALMA: Ich glaub, wir müssen mal langsam los. Bis wir beim Auto sind und dann in der Stadt …
TOM: Sollen wir uns die Schuhe ausziehen und barfuß über die Wiese gehen?

Alma verzieht das Gesicht.

ALMA: Nee …

Tom beginnt sich Schuhe und Socken auszuziehen und steht dann mit hochgekrempelten Hosen und nackten Füßen im hohen Gras.

TOM: Komm, wir machen eine Naturerfahrung!
ALMA: Sagt das gerade wirklich ein Roboter zu mir?

Tom beginnt durch das Gras zu streifen und bewegt sich langsam von Alma weg. Alma verdreht die Augen, während Tom zu rennen beginnt und immer größeren Kreisen um Alma herum sprintet.
Schließlich kann sie doch nicht anders und zieht auch die Schuhe aus.

Zum Abschluss formuliert Alma ihr Gutachten für eine Ethikkommission, die eine Antwort auf die Frage finden soll, ob humanoide Roboter wie Tom (Menschen-)Rechte erhalten sollen oder nicht:

Die Geschichte der Menschheit ist voll von vermeintlichen Verbesserungen, deren schwerwiegende Folgen sich erst Jahre, Jahrzehnte oder sogar Jahrhunderte ins Bewusstsein drängen. Nach den Erfahrungen, die ich mit einem humanoiden Roboter namens Tom gemacht habe, kann ich mit aller Klarheit sagen, dass es sich hier, beim Roboter, der den Ehemann oder die Ehefrau ersetzen soll, um eine solche vermeintliche Verbesserung handelt. Ohne Zweifel kann ein auf die eigenen Vorlieben angepasster humanoider Roboter einen Partner nicht nur ersetzen, er scheint sogar der bessere Partner zu sein. Er erfüllt unsere Sehnsüchte, er befriedigt unser Verlangen und eliminiert das Gefühl, alleine zu sein. Er macht uns glücklich, und was kann schon schlecht daran sein, glücklich zu sein? Doch ist der Mensch wirklich gemacht für eine Befriedigung seiner Bedürfnisse, die per Bestellung zu haben ist? Sind nicht gerade die unerfüllte Sehnsucht, die Phantasie und das ewige Streben nach Glück die Quelle dessen, was uns zu Menschen macht? Wenn wir die Humanoiden als Ehepartner zulassen, schaffen wir eine Gesellschaft von Abhängigen, statt und müde von der permanenten Erfüllung ihrer Bedürfnisse und der abrufbaren Bestätigung ihrer eigenen Person. Was wäre dann noch der Antrieb, sich mit herkömmlichen Individuen zu konfrontieren, sich selbst hinterfragen zu müssen, Konflikte auszuhalten, sich zu verändern? Es steht zu befürchten, dass jeder, der länger mit einem Humanoiden gelebt hat, unfähig sein wird zu normalem menschlichen Kontakt. Von der Zulassung Humanoider als Lebenspartner rate ich mit großer Entschiedenheit ab.

---

1 Erläutern Sie anhand dieser Szene, worin eine Besonderheit menschlicher Existenz liegt. Erörtern Sie, ob diese auch von Robotern wie Tom geteilt werden kann.

2 Erklären Sie Almas Aussage „Sagt das gerade wirklich ein Roboter zu mir?" und begründen Sie anschließend, welches Menschenbild darin zum Ausdruck kommt.

3 Fassen Sie Almas Kritik an der Zulassung humanoider Roboter mit eigenen Worten zusammen, indem Sie vor allem ihre Gründe hierfür anführen.

4 Analysieren Sie das Menschenbild, das Almas Überlegungen zugrunde liegt.

In der Zwischenzeit ist Alma bereits auf dem Weg nach Dänemark, wo sie Tom, den sie nach Abbruch der Studie zurück in die Herstellerfirma geschickt hat, schließlich auf dem Gelände eines ehemaligen Schullandheims findet, in der sie ihre unerfüllte Jugendliebe Thomas kennengelernt hat, was sie Tom bereits früher erzählt hat:

Alma geht nun einen kleinen, verschlungenen Weg durch die Dünen und kommt zu einer Art Schullandheim, das aber momentan nicht in Betrieb zu sein scheint. Sie zögert, dann geht sie am Schullandheim vorbei. Hinter dem Schullandheim ist ein kleiner betonierter Hof, darauf eine Tischtennisplatte, und auf der Tischtennisplatte sitzt: Tom.
Eine Weile gucken die beiden sich an, dann geht Alma zur Tischtennisplatte. Sie geht aber nicht zu Tom, sondern an ihm vorbei zur anderen Seite des Netzes und legt sich da so auf die Tischtennisplatte, dass sie auf dem Rücken liegt und ihre Beine herunterhängen. Sie schaut nach oben, er auf das Schullandheim.

ALMA: Wie lange sitzt du schon hier?
TOM: Noch nicht so lang. Drei Tage. Ich bin zu Fuß hergekommen, das hat ein bisschen gedauert.
ALMA: Und wie lange wolltest du hier noch sitzenbleiben?
TOM: Bis du kommst.

Schweigen.

ALMA: Ich wünschte, ich hätte dich nie kennengelernt. Ein Leben ohne dich ist jetzt immer nur noch ein Leben ohne dich.
TOM: Ist das nicht die Definition von dem, was ihr Liebe nennt?

Schweigen.
Alma schaut in den Himmel.

ALMA: Ich lag immer auf dieser Seite der Platte, früher. Ich weiß nicht, irgendwie mochte ich dieses Feld viel lieber als das auf der anderen Seite. Und Thomas ist dauernd aufgesprungen und in die Dünen gelaufen, manchmal hat man ihn gehört und dann wieder nicht. Ich weiß gar nicht, wo Cora da war. Ich war sooo verliebt in ihn, es war kaum auszuhalten. Und während er in den Dünen Rebhühner gejagt hat oder Steine verbuddelt oder nach Bernstein gesucht oder was immer dänische Jungs eben in Dünen machen, bin ich immer hier liegengeblieben, habe die Augen geschlossen und gehofft, dass er mich küssen würde. Und ein paar Mal war ich mir zu hundert Prozent sicher, dass sein Gesicht schon ganz nah über mir war, ich konnte seinen Atem auf meinen Lippen spüren. Aber als ich die Augen geöffnet habe, war ich allein und Thomas nirgendwo zu sehen …

Schweigen. Alma schaut immer noch in den Himmel. Dann schließt sie die Augen.
Schwarz.
ENDE

---

1 Erläutern Sie Gründe für Almas Verhalten, Tom in Dänemark, am Ort ihrer unerfüllten Jugendliebe, ausfindig zu machen.

2 Analysieren Sie Almas Schweigen als Reaktion auf Toms Frage „Ist das nicht die Definition von dem, was ihr Liebe nennt?"

3 Vergleichen Sie Almas jetzige Haltung Tom gegenüber mit der zu Beginn in ihrer Wohnung (S. 62 f.). Nennen Sie Unterschiede und Gemeinsamkeiten.

4 Erörtern Sie, ob Tom am Ende des Films als humanoider Roboter noch von einem Menschen zu unterscheiden ist.

5 Nehmen Sie Stellung zum Ende des Films und spekulieren Sie über die weitere Beziehung zwischen Alma und Tom. Beziehen Sie dabei auch die Aussagen aus Almas Gutachten sowie das Kinoplakat mit ein.

6 Vergleichen Sie die Haltung des Films gegenüber humanoiden Robotern, wie sie zu Beginn und in der Schlussszene zum Ausdruck kommt.

Alma geht durch die leeren nächtlichen Straßen Berlins. Ein Paar kommt ihr entgegen, eng umschlungen, Alma beachtet sie nicht weiter.

MANN (OFF[1]): Hallo? Hallo, Entschuldigung.

Alma bleibt stehen und sieht sich um. Aus der Dunkelheit kommt das Paar, immer noch
5 Arm in Arm, auf sie zu. Ein älterer Mann und eine auffallend schöne Frau, gute dreißig Jahre jünger, etwas schüchtern und rehäugig. Der Mann sieht Alma vielsagend an, Alma hat keinen Schimmer, was er meint.

MANN (CONT'D): Darf ich vorstellen? Das ist Chloé.

Er präsentiert etwas zu theatral die Frau an seiner Seite,
10 die Alma schüchtern die Hand hinstreckt.

CHLOÉ: Hallo, ich bin Chloé.

Alma versteht immer noch nicht.

MANN: Die Veranstaltung im Ballsaal? Ich bin wie Sie
Experte. Allerdings in der Juristerei. Dr. Stuber.

15 Jetzt wird ihr klar, wer Chloé dann sein muss.

ALMA: Ah. Und Chloé ist …

Jetzt sieht sie den Mann vielsagend an.

MANN: … mein ein und alles.
CHLOÉ (errötend): Das sollst du nicht immer sagen.

20 Alma schaut die beiden jetzt noch mal mit anderen Augen an.

ALMA: Und wie … wie geht's so?
MANN: Wie's mir geht? Ich weiß gar nicht, wie ich es beschreiben soll … wissen Sie, ich
… ich wusste gar nicht, dass es so was gibt. Dass man …

Er bekommt feuchte Augen, seine Stimme beginnt zu zittern.

25 MANN (CONT'D): … so glücklich sein kann. Ich weiß, dass … ich weiß, dass ich ein alter
Sack bin und mein Körper … ja, ich bin halt 62. Und jetzt, mit Chloé, wird mir erst klar,
wie unglücklich ich vorher war, ich meine … niemand wollte mich. Verstehen Sie? Ich
hab irgendwie so eine Art, da laufen die Leute weg. Ich weiß nicht, was das ist. Phero-
mone oder wie ich aussehe … das war mein ganzes Leben so. Irgendwann habe ich
30 mich einfach dran gewöhnt. War halt so. Und mit Chloé, da … jetzt ist alles anders. Sie
ist so lieb zu mir, wie es noch nie ein Mensch war.
Chloé streichelt ihm sanft über den Arm.
CHLOÉ: Du hast es verdient, dass jemand lieb zu dir ist.

[1] Drehbuchanweisung „OFF": Die sprechende Figur ist anwesend, jedoch nicht im Bild zu sehen.

1 Prüfen Sie, inwiefern im Verlauf des Films die Zuschauerinnen und Zuschauer in ihrer Haltung gegenüber humanoiden Robotern auf subtile Weise beeinflusst werden, indem Sie vor allem auf die Entwicklung von Almas Sympathie Tom gegenüber eingehen. Berücksichtigen Sie dabei die Perspektive, aus der dem Publikum der Film präsentiert wird, sowie die auf dieser Seite abgedruckte Szene, die kurz vor Almas Gutachtenerstellung spielt.
→ Filme untersuchen, S. 149

Philosophische Deutung des Menschen

Die **Philosophische Anthropologie** ist eine noch recht junge Teildisziplin universitärer Philosophie. Erst seit ca. 100 Jahren beschäftigen sich Forscher unter diesem Aspekt mit Fragestellungen des Menschseins. Zum Vergleich: Über die Teildisziplin der Metaphysik wird durchgehend seit über 2 000 Jahren nachgedacht und geforscht. Dennoch haben Menschen seit Anbeginn über ihr Menschsein und dessen Bedeutung nachgedacht (anthropologische Deutung).

Der im antiken Griechenland von **Platon** erzählte Mythos des androgynen „Kugelmensch"-Wesens erklärt die Schöpfung der zwei menschlichen Geschlechter als trennenden Eingriff der Götter. In der griechischen Sagenwelt gilt **Prometheus** als Urheber der menschlichen Zivilisation, wegen Mitwirkung weiterer göttlicher Kräfte, vor allem seines Bruders Epimetheus, allerdings in einer fehlerbehafteten Form. Ähnlich wie in einer Variante der Prometheuserzählung wird der Mensch im biblischen Schöpfungsmythos aus Lehm gebildet und mit Gott mit dem Auftrag ausgestattet, sich die Erde untertan zu machen.

Eine wissenschaftliche Deutung sieht zwei simultane Wirkmechanismen im evolutionären Siegeszug des **Naturwesens** Mensch: die Fähigkeit zur **Kooperation** (Charles Darwin, **Peter Kropotkin**) und zur **Aggression** (**Konrad Lorenz**). Kooperation bedingt Kommunikation. So zeigen sich im Miteinander weitere Wesenmerkmale des Menschen, in dessen Mittelpunkt die Ausbildung und Anwendung von **Sprache** stehen (**Johann Gottfried Herder**).

Aristoteles sieht die Einzigartigkeit des Menschen durch den aufrechten Gang und die frei gewordenen Hände als Werkzeug und als Ausgangspunkt für weitere **schöpferische** Betätigung begründet. Aristoteles' positive Bewertung des Arbeitsprozesses ist noch bei **Karl Marx** zu spüren, der ihn der entfremdenden Erfahrung industriell-mechanischer Arbeit gegenüberstellt.

Diese Entfremdung führe schließlich zur Schaffung einer eigenen, der Natur gegenüberstehenden Dinglichkeit durch den Menschen (**Hannah Arendt**).

Die Position des Menschem im Sein sei daher exzentrisch geworden. Durch die Fähigkeit zur Kultur verliere der Mensch seine Zentralität, die dem Tier innewohne (**Helmut Plessner**).

Einzig im Handeln, so Hannah Arendt, gehe der Mensch mit anderen Menschen eine direkte Verbindung ein. Hier zeige sich eine Pluralität, die dem Menschen als **„zoon politicon"** (Aristoteles) mit anderen die Bildung von Gemeinschaften und Staatswesen ermögliche.

Der Mensch, das prometheische „Mängelwesen" (**Arnold Gehlen**), sei zwangsweise zum **Kulturwesen** geworden, das plane, vorausschauend und gemeinschaftlich denke und die Natur an seine Unzulänglichkeit anpasse. „Man kann auch sagen, dass er biologisch zur Naturbeherrschung gezwungen ist." (Arnold Gehlen)

Die Sonderstellung des Menschen sei nach **Max Scheler** auf den **Geist** zurückzuführen, den Scheler als vom Organischen entbunden, als frei und von den Zwängen des Lebens unabhängig betrachtet. Der Geist besitze die Fähigkeit, sich vom materiellen Leben zu entkoppeln, sich jedoch im umgekehrten Sinne wieder in der Welt gegenständlich zu machen.

Schon einige Jahrzehnte vor Scheler sieht **Søren Kierkegaard** den menschlichen Geist aus einer anderen Perspektive. Eine misslungene Synthese der endlichen (irdischen) und unendlichen (ewigen) Anteile des Menschen im Geist führe unweigerlich zur Ablehnung des Selbst, zur **Verzweiflung** am Irdischen oder am Ewigen oder am Selbst. Damit legt Kierkegaard bereits Mitte des 19. Jahrhunderts das Fundament für die moderne Psychologie.

An deren Anfang steht die von **Sigmund Freud** entwickelte Theorie der **Psychoanalyse**. Die menschliche Psyche ähnle einem Apparat, dessen Funktion durch **drei Instanzen** geregelt werde, dem Es, dem Ich und dem Über-Ich. Freuds Ansicht nach handle der Mensch größtenteils unbewusst. Nur ein kleiner Teil menschlicher Entscheidungen werde bewusst getroffen.

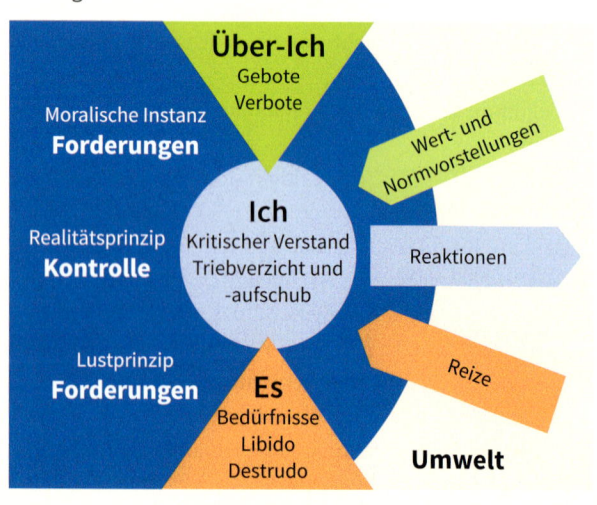

Freuds Strukturmodell der Psyche

Die Annahme unbewusster Anteile in der menschlichen Psyche befruchtete viele psychologische Forschungsrichtungen. So sehen **Dual-Process-Theorien** zwei Strategien (**Prozesstypen**), wenn Menschen Informationen verarbeiten, Urteile fällen oder Probleme lösen:
- *schnell und intuitiv*: automatisiert; impulsgesteuert; auf Gewohnheiten, Erfahrungen und Denkmuster gestützt
- *langsam, analytisch, systematisch*: reflektiert; geplant; wahrheits- und lösungsorientiert.

Menschliche Kognition besitzt die Fähigkeit zu impliziter Aufnahme und Verarbeitung. **Implizite Wahrnehmung** ist unterschwellig, unbewusst und dennoch wirkungsvoll. **Implizites Lernen** findet beiläufig, unbewusst und ohne explizite Lernabsicht statt. Der Weg des Wissenserwerbs kann nicht bewusst beschrieben werden.
Nicht reflektierte Verarbeitungsprozesse führen zur Entstehung und Verfestigung **impliziter Einstellungen**: Verhaltens- und Denkweisen, deren Gründe und Entstehung uns nicht bewusst sind. Implizite Einstellungen erzeugen in der Regel Vorurteile sowie stereotype Einordnungen und Bewertungen von Menschen und Sachverhalten.
Die menschliche Fähigkeit zur dual-prozessualen Verarbeitung bewirkt ein weiteres, von **Leon Festinger** 1957 erstmals beschriebenes Phänomen: **kognitive Dissonanzen**. Diese entstehen in einem intrapsychischen Spannungsfeld nach Fehlentscheidungen, nach nachteiligen Fehleinschätzungen und bei den eigenen Überzeugungen zuwiderlaufendem Verhalten. Der Abbau der Spannungen kann über eine Verhaltens- oder Kognitionsänderung, über Verdrängung oder Rechtfertigungen erfolgen.
Unbewusst ablaufende Prozesse sind offen für Manipulation und stellen keine aktiven, reifen und selbstverantwortlichen Bewältigungsmechanismen dar. **Selbststeuerung** setzt zunächst einmal Bewusstsein voraus. Selbststeuerung bedeutet, durchdachte Entscheidungen zu treffen, sich passende Ziele zu setzen und die Zielerreichung auch gegen Widerstände durchzusetzen.

Die Klärung der biologisch-evolutionären und psychischen Anteile des Menschseins führt zur Frage nach der Moral- und Bildungsfähigkeit des Menschen. Ist **Moral**, dieses und vielschichtige System von Regeln, Normen und Wertmaßstäbe, das im Zentrum der ethischen Diskussion steht, lehrbar? In der aktuellen Forschung deutet vieles darauf hin.

Erkenntnis und der Weg zum Guten spielen bereits zu Beginn der abendländischen Philosophie eine tragende Rolle. **Platons Höhengleichnis** kann als Darstellung einer **Welt der Ideen** (Urbilder) verstanden werden, in der sich das gute, wahre und wirkliche Urbild der unveränderbaren Wahrheit nur schattenhaft in einer der steten Veränderung unterworfenen sinnlichen Erfahrungswelt abbildet.
Mehr als zwei Jahrtausende später folgt in der Epoche der Aufklärung ein erneuter, vernunftorientierten Zugang zu Moral und Bildung. **Immanuel Kant** begreift die **Vernunft** als Basis der Freiheit und der **Autonomie** des Einzelnen. Vernünftiges Handeln führe nicht zu egoistischem Individualismus, sondern bilde idealerweise die förderliche Grundlage des Zusammenlebens und der staatlichen Gemeinschaft.
Vernunft, Moral und Bildungsfähigkeit stehen in unserem digitalen Zeitalter vor ganz neuen Herausforderungen. Diese bedürfen nicht nur der individuellen Achtsamkeit, sondern in gleicher Weise auch des staatlichen Schutzes als **Recht auf digitale Selbstbestimmung und Privatsphäre**.

Nicht nur in unserer modernen Welt schreiben Philosophen dem Menschen als einer in ein Gemeinwesen eingebundenen **Person** Rechte zu. **John Locke**, inspiriert vom antiken Vorbild **Ciceros**, vertritt den Gedanken eines unwandelbaren, jedem Menschen innewohnenden Rechts (**Naturrecht**), das über dem von Menschenhand gesetzten Recht (positives Recht) stehe.
Aus der Vorstellung einer überstaatlichen Rechtsgegebenheit entsteht fast zwangsläufig die Idee der **Menschenwürde** als innerem, unveräußerbaren Wert jedes Menschen, auch in Unterscheidung zu anderen Lebewesen.
Der Gedanke der Würde des Menschen findet bei **Immanuel Kant** seine Ausprägung in der Selbstzweckformel als Teil des **kategorischen Imperativs.**
Der Schutz der Unantastbarkeit der Menschenwürde leitet in **Art. 1 GG** den Kanon der im Grundgesetz garantierten Grundrechte ein.

Trotz des rechtlichen Schutzrahmens hat unsere Zeit viele neuartige medialen Möglichkeiten zur menschlichen Selbst- und Fremdmanipulation hervorgebracht. Ein Medium, anhand dessen Zuschauerinnen und Zuschauer durch die Darstellung von Menschenbildern unter Nutzung impliziter psychischer Verarbeitungmechanismen beeinflusst werden, sind **Spielfilme**.

Politische Ethik

1 Sophie Scholl: „Was wir sagten und schrieben, denken ja so viele. Nur wagen sie nicht, es auszusprechen."
– Warum riskierte sie ihr Leben?

2 Winston Churchill: „Die UNO [Vereinte Nationen] wurde nicht gegründet, um uns den Himmel zu bringen, sondern um uns vor der Hölle zu bewahren."
– Warum unterstützte er die Gründung der UNO?

3 Mahatma Gandhi: „Es gibt keinen Weg zum Frieden, denn Frieden ist der Weg."
– Warum widersetzte er sich den Gesetzen?

4 Papst Franziskus: „Populismus ist böse und endet schlecht, wie das vergangene Jahrhundert gezeigt hat."
– Warum verweist er auf das vergangene Jahrhundert?

5 Rosa Luxemburg: „Freiheit ist immer die Freiheit der Andersdenkenden, sich zu äußern."
– Warum wurde sie ermordet?

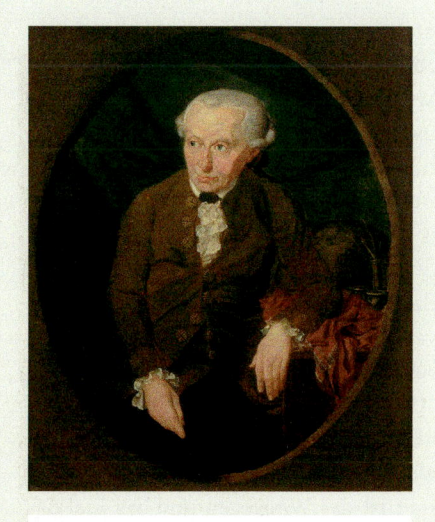

6 Immanuel Kant: „Der Staat ist ein Volk, das sich selbst beherrscht."
– War dies auch in dem Staat der Fall, in dem er lebte?

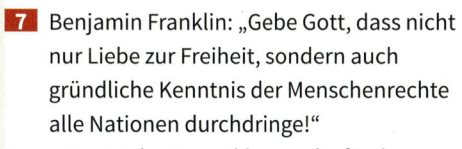

7 Benjamin Franklin: „Gebe Gott, dass nicht nur Liebe zur Freiheit, sondern auch gründliche Kenntnis der Menschenrechte alle Nationen durchdringe!"
– Warum hatte er Sklaven, die für ihn arbeiteten?

1 Recherchieren Sie zunächst wichtige Lebensdaten und Lebensumstände der zitierten Personen.

2 Setzen Sie sich dann mit dem jeweiligen Zitat und der aufgeworfenen Frage auseinander.

3 Arbeiten Sie ausgehend von den Zitaten mögliche Themen und Probleme politischer Ethik heraus.

Bilden Sie Kleingruppen. Jede Gruppe wählt ein Zitat und bearbeitet die Aufgaben 1–3. Die Ergebnisse werden anschließend vor dem Kurs präsentiert.

Grundlegende Vorstellungen zu Staatsverfassungen

Funktionen eines Staates für die Menschen und ihr Zusammenleben

Aristoteles: „Politik", 1. Buch

Man muss also vorerst die vereinigen, die ohneeinander nicht existieren können, wie etwa zum einen das Weibliche und das Männliche um der Fortpflanzung willen – und das nicht zufolge einer freien Entscheidung, sondern wie das sowohl bei den anderen Tieren als auch bei den Pflanzen als Trieb naturgegeben ist, ein derartiges anderes Wesen zu hinterlassen, wie man es selbst ist –, zum anderen aber das von Natur aus Herrschende und das von Natur aus Beherrschte wegen der Lebenserhaltung. Denn das, welches in der Lage ist, mit dem Denken vorauszusehen, ist von Natur aus das Herrschende und das von Natur aus Gebietende, doch das, welches in der Lage ist, eben das mit dem Körper durchzuführen, das ist das Beherrschte und das von Natur aus Dienende. Daher ist dem Herrn und dem Sklaven ein und dasselbe von Nutzen.

[...] Aus diesen beiden Gemeinschaften nun entsteht zuerst das Haus [die Hausgemeinschaft], und zu Recht sagte Hesiod in seiner Dichtung: „Ein Haus zuallererst, eine Frau und einen pflügenden Ochsen"; denn der Ochse wird bei den Armen anstelle eines Hausknechts gehalten. Die für jeden Tag also bestehende Gemeinschaft ist naturgemäß das Haus; [...] Doch die erste Gemeinschaft, die sich wegen eines über den Tag hinaus reichenden Bedürfnisses zusammensetzt, ist das Dorf. Am ehesten scheint das Dorf naturgemäß eine Erweiterung des Hauses zu sein; es handelt sich dabei um die, die einige „Milchbrüder" nennen und „Kinder und Kindeskinder". [...] Doch die aus mehreren Dörfern zusammengesetzte vollkommene Gemeinschaft ist der Staat, der sozusagen bereits über die Grenze der vollen Selbstgenügsamkeit verfügt, der nun zwar des Lebens wegen entstanden ist, aber doch um des guten Lebens willen besteht. Deswegen existiert jeder Staat von Natur aus, wenn das ebenso die ersten Gemeinschaften tun. Denn der Staat ist das Ziel jener Gemeinschaften, die Natur jedoch bedeutet Ziel. Wie nämlich jedes nach Vollendung seiner Entwicklung ist, so nennen wir dies die Natur eines jeden, etwa die des Menschen, des Pferdes und des Hauses. Ferner ist das Weswegen und das Ziel das Beste. Die Selbstgenügsamkeit ist aber sowohl das Ziel als auch das Beste. Daraus geht nun klar hervor, dass der Staat zu den von Natur aus bestehenden Dingen gehört und dass der Mensch von Natur aus ein staatsbezogenes Lebewesen [zoon politikon] ist [...].

Aristoteles: Politik 1252a25 – 1253a3, übersetzt v. Franz F. Schwarz. Stuttgart 2003, S. 76 ff.

Aristoteles: „Politik", 3. Buch

Schon in den ersten Erörterungen [im 1. Buch], in denen die Hausverwaltung und die Stellung von Herr und Knecht behandelt worden ist, haben wir gesagt, dass der Mensch ein von Natur auf die staatliche Gemeinschaft angelegtes Wesen ist, und deshalb verlangen die Menschen, auch, wenn sie durchaus keiner gegenseitigen Hilfe bedürfen, nichtsdestoweniger nach dem Zusammenleben; indessen führt auch der gemeinsame Nutzen sie zusammen, insofern die Gemeinschaft für jeden zur Vollkommenheit des Lebens beiträgt. Dieses nun ist des Staates vornehmste Bestimmung wie für alle insgesamt, so für jeden einzelnen insbesondere. Aber die Menschen treten auch um des Lebens selbst willen zusammen – denn vielleicht ist schon im Leben allein ein Teil des Guten zu finden – und erhalten die staatliche Gemeinschaft schon um des bloßen Daseins willen aufrecht, vorausgesetzt, dass das Ungemach des Lebens nicht gar zu sehr überwiegt. Sieht man doch, wie die Menge der Menschen vieles Ungemach aus Anhänglichkeit an das Leben erträgt, als bärge es eine Art stillen Glücks und natürlicher Süßigkeit in sich.

Aristoteles: Politik 1278b15 – 29, übersetzt v. Eugen Rolfes. Hamburg 1995, S. 88 f.

Aristoteles (384 – 322 v. Chr.) war der bekannteste Schüler Platons. Er ist der Verfasser der ersten wissenschaftlichen Ethik und bestimmt den Menschen als ein „zoon politikon", d. h. ein Staaten bildendes Wesen.

Es ist nun offenkundig, dass der Staat nicht eine Gemeinschaft des Ortes darstellt und nicht da ist, um sich nicht gegenseitig Unrecht zu tun und der Warenübermittlung wegen. Vielmehr muss das alles zwar vorhanden sein, wenn es einen Staat geben soll, doch handelt es sich noch nicht um einen Staat, wenn das alles vorhanden ist; vielmehr bedeu-
5 tet dieser erst die Gemeinschaft des guten Lebens sowohl für die Häuser und für die Geschlechter um eines vollendeten und selbstgenügsamen Lebens willen. [...] Dies aber ist [...] das glückselige und gute Leben.

Aristoteles: Politik 1280b29 – 42, übersetzt v. Franz F. Schwarz. Stuttgart 2003, S. 174 f.

Platon: „Der Staat", 2. Buch

[Sokrates:] „Ein Staat entsteht, wie ich glaube, [...] deshalb, weil keiner von uns auf sich allein gestellt sein kann, sondern vieler anderer bedarf. Oder glaubst du an einen anderen Ursprung des Staates?

[Adeimantos:] „Nein!"

5 [Sokrates:] „So zieht einer den andern bei zur Hilfe, den einen da, den andern dort; und da sie vielerlei Bedürfnisse haben, so lassen wir viele in einer Siedlung als Mitbürger und Helfer zusammenkommen; dieser Siedlungsgemeinschaft geben wir den Namen Staat; nicht?"

[Adeimantos:] „Ja!"

10 [Sokrates:] „Jeder gibt, wenn er etwas zu geben hat, oder nimmt vom andern, wenn er glaubt, es passe besser für ihn."

[Adeimantos:] „Gewiss!"

[Sokrates:] „Nun wollen wir in Gedanken einen Staat von Anfang an entstehen lassen. Es schafft ihn aber, so glaube ich, unsere eigene Bedürftigkeit!"

15 [Adeimantos:] „Nicht anders!"

[Sokrates:] „Das erste und größte Bedürfnis ist die Beschaffung der Nahrung, um bestehen und leben zu können?"

[Adeimantos:] „Ganz und gar!"

[Sokrates:] „Unser nächstes das nach Wohnung, unser drittes das nach Kleidung und
20 Ähnlichem."

[Adeimantos:] „Richtig!"

Platon: Der Staat, 369b – d, übersetzt v. Karl Vretska. Stuttgart 2003, S. 139

Sokrates (470 – 399 v. Chr.) war ein griechischer Philosoph und Lehrer Platons. Sokrates' Lehre ist durch die Aufzeichnungen Platons überliefert.

Hans Nawiasky: „Der Staat ist um des Menschen willen da"

Hans Nawiasky (1880-1961) war ein österreichischer Staatsrechtslehrer, der als Berater der verfassungsgebenden Landesversammlung und der Staatsregierung eine zentrale Rolle beim rechtlichen Wiederaufbau Bayerns sowie bei der Ausgestaltung der Bayerischen Verfassung nach dem Zweiten Weltkrieg spielte.

Der Träger der Gesamtinteressen, der Staat, ist um der Menschen willen da und nicht umgekehrt. Anders ausgedrückt: Dem Staat obliegt die Aufgabe, diejenigen menschlichen Interessen zu verwirklichen, deren Realisierung die Kräfte der Einzelperson übersteigen.

Hans Nawiasky: Allgemeine Staatslehre. Staatsgesellschaftslehre, 1. Band, Einsiedeln 1952, S. 200

---

1 Skizzieren Sie die Entstehung des Staates nach Aristoteles in einem Schaubild. Arbeiten Sie dabei auch das Menschenbild heraus, das Aristoteles' Überlegungen zugrunde liegt.

2 Erläutern Sie die wesentlichen Funktionen eines Staates für die Menschen und deren Zusammenleben laut Aristoteles.

3 Erläutern Sie die Gründe für das Entstehen eines Staates nach Platon und finden Sie weitere Beispiele.

4 Stellen Sie Platons und Aristoteles' Überlegungen gegenüber und diskutieren Sie Stärken und Schwächen der beiden Positionen.

5 Im Entwurf der Verfassung für die Bundesrepublik Deutschland aus dem Jahre 1948 lautet Artikel 1 Absatz 1: „Der Staat ist um des Menschen willen da, nicht der Mensch um des Staates willen." Nehmen Sie davon ausgehend begründet Stellung zur Frage nach den Funktionen eines modernen Staates für die Menschen und deren Zusammenleben.

Unterschiedliche Staatsverfassungen und Staatsideale im Vergleich

Aristoteles: „Politik", 3. Buch

Weil aber der Staat aus Zusammengesetztem besteht, wie ein anderes Ganzes, das aus vielen Teilen zusammengesetzt ist, wird es klar, dass zuerst einmal der Staatsbürger zu suchen ist. Denn der Staat stellt eine Menge von Bürgern dar. Somit muss man überlegen, wen man als Staatsbürger bezeichnen darf und wer ein Staatsbürger ist. […] Der Bürger schlechthin wird aber durch nichts anderes in einem höheren Grade bestimmt als durch seine Teilhabe an richterlicher Entscheidung und an der Herrschaft. […] Wir setzen als Bürger die an, die auf diese Weise an der Herrschaft Anteil haben. […] Was also der Staatsbürger ist, wird daraus offenbar: Wem nämlich die Erlaubnis gegeben ist, teilzunehmen an einem beratenden oder einem rechtsprechenden Amt, den nennen wir bereits Bürger dieses Staates, Staat aber die Menge solcher Bürger, die hinreicht zur Selbstgenügsamkeit des Lebens, um es einfach auszudrücken.

Aristoteles: Politik 1274b38 – 1275b22, übersetzt v. Franz F. Schwarz. Stuttgart 2003, S. 154 – 157

Bürger – der Begriff

Bei dem Begriff Bürger denken wir heute meist an Staatsbürger/-innen. Im Englischen und Französischen heißen Staatsbürger/-innen citizen bzw. citoyen. Diese Begriffe gehen zurück auf das lateinische Wort civitas (= Bürgerschaft) und bezeichneten ursprünglich den wahlberechtigten Bürger der Cité (= franz. Stadt). Die französische Sprache kennt zudem den bourgeois. Dieser war ursprünglich der gewerbetreibende, nicht-adlige Stadtbewohner, im Deutschen auch Bürger genannt. Dieser Bedeutung entspricht auch das deutsche Adjektiv bürgerlich, das die Eigenschaften der bürgerlichen Klasse oder Mittelschicht bezeichnet. Im 19. Jahrhundert zeichnete diese Schicht sich vor allem dadurch aus, dass die (Besitz-/Bildungs-)Bürger bewusst auf eine Beteiligung am Gemeinwesen verzichteten und sich auf ihren bürgerlichen Lebensstil zurückzogen. Im Gegensatz dazu steht der Begriff des Bürgers als citoyen oder Staatsbürger meist für einen Bürger, der sich durch ein politisches Interesse und die aktive Partizipation am Gemeinwesen auszeichnet […].

Kerstin Pohl: Politische aktive Bürgerinnen und Bürger – ein Leitbild für die politische Bildung? Unter: https://www.bpb.de/lernen/politische-bildung/299121/politische-aktive-buergerinnen-und-buerger-ein-leitbild-fuer-die-politische-bildung [16.05.2022]

1 Geben Sie Aristoteles' Bestimmung des Bürgers mit eigenen Worten wieder.

2 Vergleichen Sie Aristoteles' Definition mit der heutigen Vorstellung vom Bürger, indem Sie anschauliche Beispiele anführen.

Aristoteles: „Politik", 3. Buch

Nachdem aber das genau bestimmt ist, muss man hiernach das überlegen, ob man eine Staatsauffassung ansetzen soll oder mehrere, und wenn mehrere, welche und wie viele sie sind und welche Unterschiede es von ihnen gibt. Staatsverfassung aber bedeutet Ordnung des Staates, der anderen Ämter und vor allem des wichtigsten über alle; das wichtigste nämlich über alle ist die Lenkung des Staates, Staatslenkung aber bedeutet die Staatsverfassung. Ich verstehe das so, wie etwa in Demokratien das Volk mächtig ist, die Wenigen hingegen in den Oligarchien. Wir meinen aber, es gibt auch noch eine andere Staatsverfassung als diese. Und nach derselben Überlegung werden wir auch über die anderen reden. […] Es ist aber gleichwohl auch leicht, die genannten Arten der Herrschaft zu unterscheiden. […] Denn die Herrenmacht [Despotie], obwohl in Wahrheit der Nutzen für den, der von Natur aus Sklave ist, und für den, der von Natur aus Herr ist, derselbe bleibt, herrscht durchaus nicht weniger zum Nutzen des Herrn, zu dem des Sklaven aber auch nur per accidens [d.h. zufällig]; nicht kann nämlich die Herrenmacht erhalten werden, wenn der Sklave zugrunde geht. […] Daher verlangt man auch, die bürgerlichen Ämter, insofern ein solches nach der Ebenbürtigkeit der Bürger und nach

Gleichheit eingerichtet ist, der Reihe nach zu führen, indem man zuerst, wie es der Natur entspricht, fordert, abwechselnd zu dienen und sein eigenes Wohl im Auge zu behalten, wie vorher der Herrschende selbst den Nutzen des anderen im Auge hatte. [...] Es ist also offenbar, dass alle die Staatsverfassungen, die den gemeinsamen Nutzen im Auge haben,
20 mit Rücksicht auf das schlechthin Gerechte richtig sind, dass aber alle die, die nur ihren eigenen Nutzen als den der Herrschenden im Auge haben, fehlerhaft sind und alle Abweichungen der richtigen Staatsverfassungen. Sie sind nämlich herrisch, der Staat aber ist eine Gemeinschaft der Freien.

Aristoteles: Politik 1278b6 – 1279a23, übersetzt v. Franz F. Schwarz. Stuttgart 2003, S. 166 ff.

3 Fassen Sie Aristoteles' Anschauung der Staatsverfassung mit eigenen Worten zusammen.

4 Nennen Sie die Bedingungen, gemäß denen eine Staatsverfassung nach Aristoteles als „richtig" bzw. „gerecht" bezeichnet werden kann.

Aristoteles: „Politik", 3. Buch

Da dies bestimmt worden ist, folgt darauf die Betrachtung der Staatsverfassung, wie viele es an der Zahl gibt und welche sie sind, und zuerst die richtigen Verfassungen; denn die Abweichungen werden offenbar, wenn diese richtigen einmal genau bestimmt sind. Weil nun Staatsverfassung und Staatslenkung ein und dasselbe bezeichnen, die Staats-
5 lenkung aber das Entscheidende über die Staaten ist, so muss dieses Entscheidende entweder einer sein oder wenige oder die Mehrheit. Wenn nun zwar der Eine oder die Wenigen oder die Mehrheit mit Rücksicht auf das gemeinsam Nützliche herrschen, dann müssen diese Staatsverfassungen die richtigen sein, diejenigen aber, die im Hinblick auf den eigenen Nutzen entweder des Einen oder der Wenigen oder der breiten Masse ausge-
10 richtet sind, sind dann notwendigerweise Abweichungen. [...] Gewöhnlich aber nennen wir von den Monarchien diejenige, die auf das gemeinsame Nützliche achtet, die Königsherrschaft, die Herrschaft von wenigen jedoch, aber von mehr als Einem, pflegen wir Aristokratie zu nennen, entweder weil da die Besten herrschen oder weil sie im Hinblick auf das Beste für den Staat und für die an ihm gemeinsam Teilhabenden herrschen. Wenn
15 aber die Volksmasse mit Rücksicht auf das gemeinsam Nützliche den Staat verwaltet, dann heißt das mit dem gemeinsamen Namen aller Staatsverfassungen „Politie". Und das geschieht mit Recht: Dass nämlich Einer sich in einer Tugend auszeichnet oder wenige, ist möglich, doch ist es bereits schwierig, dass sich eine Mehrzahl auf jede Tugend genau versteht; am ehesten ist das noch bei der kriegerischen Tugend der Fall, denn diese
20 kommt bei der Volksmasse vor. Daher ist auch in dieser Staatsverfassung das Kriegführen das Entscheidende, und Anteil haben an ihr die die Waffenträger. Abweichungen von den genannten Verfassungen sind von der Königsherrschaft die Tyrannis, von der Aristokratie die Oligarchie, von der Politie die Demokratie. Die Tyrannis bedeutet nämlich eine Alleinherrschaft mit Rücksicht auf den Nutzen des Alleinherrschers, die Oligarchie eine
25 Herrschaft mit Rücksicht auf den Nutzen der Wohlhabenden, die Demokratie aber eine Herrschaft mit Rücksicht auf den Nutzen der Mittellosen. Keine von ihnen ist aber für den gemeinsamen Nutzen da. [...] Es ist nun die Tyrannis eine Alleinherrschaft, wie gesagt, die über die bürgerliche Gemeinschaft herrscht, eine Oligarchie gibt es aber dann, wenn die Herren der Staatsverfassung sind, über Vermögen verfügen, doch gibt es eine
30 Demokratie dagegen dann, wenn nicht die Besitzkräftigen, sondern die Mittellosen herrschen.

Aristoteles: Politik 1279a23 – 1279b18, übersetzt v. Franz F. Schwarz. Stuttgart 2003, S. 169 f.

5 Fassen Sie die wesentlichen Merkmale der unterschiedlichen Staatsverfassungen zusammen, indem Sie ein Verfassungsschema erstellen. Verwenden Sie als Kriterien die Anzahl der Herrschenden („Einer", „Wenige", „die Mehrheit") sowie die Beurteilung der jeweiligen Verfassung als „richtig" oder „abweichend".

6 Nennen Sie aktuelle Beispiele für Staatsverfassungen, in denen Ihrer Meinung „mit Rücksicht auf das gemeinsam Nützliche" geherrscht wird und in denen dies nicht der Fall ist. Begründen Sie Ihre Auswahl.

7 Diskutieren Sie Aristoteles' Bewertung der Demokratie besonders im Hinblick auf seine Bestimmung des Ziels eines Staates, „dass man gut [d. h. glücklich und tugendhaft] lebe" (Politik 1280b).

8 Verfassen Sie einen Essay, in dem Sie *gegen* Aristoteles die Vorzüge einer modernen Demokratie erörtern.
→ Einen Essay schreiben, S. 148

Platons Staatsideal

Platons Menschenbild

[Sokrates:] „Nicht ohne Grund also werden wir zwei voneinander getrennte Teile annehmen: den Teil der Seele, womit sie denkt, bezeichnen wir als den vernünftigen, den andern, womit sie liebt und hungert und dürstet und Spielball der andern Begierden ist, den unvernünftigen, begehrenden Teil, den Freund der Befriedigungen und Lüste. [...] Diese zwei Teile wollen wir nun in der Seele voneinander geschieden halten. Ist aber nun der Mut und die zornvolle Erregung dabei ein dritter Teil oder mit einem der zwei gleichartig?"
[Glaukon:] „Vielleicht mit dem zweiten, dem begehrenden?" [...]
[Sokrates:] „Auch sonst bemerken wir doch vielfach, [...], wenn Begierden einen Menschen gegen seine vernünftige Überlegung umdrängen, wie er sich dann selbst schilt und über dieses Drängen in ihm zornig ist, und, wie wenn zwei Gegner zanken, tritt der zornvolle Mut als Bundesgenosse auf die Seite der Vernunft. Dass er sich aber mit den Trieben verbände und gegen das Verbot der Vernunft handle, das hast du, glaube ich, weder in dir bemerkt noch bei einem andern. [...] [S]o gibt es auch in der Seele das Mutvolle als dritten Teil, seinem Wesen nach Helfer der Vernunft, wenn er nicht durch schlechte Erziehung verdorben ist."

Platon: Der Staat, 439d – 441a, übersetzt v. Karl Vretska. Stuttgart 2003, S. 233 ff.

Statue des Platon vor der Universität in Athen

[Sokrates:] „Wie ich im Anfang [...] jede Seele dreifach geteilt habe, in zwei Gestalten von Rosseart und drittens die Gestalt des Wagenlenkers, so wollen wir es auch jetzt weiter gelten lassen. Von den beiden Rossen, so sagten wir, sei das eine edel, das andere nicht."

Platon: Phaidros oder Vom Schönen 253c – d, übertragen v. Kurt Hildebrandt. Stuttgart 2012, S. 53

Der Zusammenhang zwischen Menschenbild und Staatsideal bei Platon

[Sokrates:] „Wir sind uns mit Recht einig, dass es dieselben und gleichvielen Teile im Staate gebe wie in der Seele."
[Glaukon:] „So ist es."
[Sokrates:] „Woraus zwangsläufig folgt: Wie und wodurch der Staat, ebenso und ebendadurch ist auch der einzelne weise."
[Glaukon:] „Natürlich!"
[Sokrates:] „Ebenso müsste es auch bei der Tapferkeit des einzelnen und des Staates sein und in allen übrigen Beziehungen zur Tüchtigkeit [d. h. Tugend]."
[Glaukon:] „Notwendig."
[Sokrates:] „Dann, mein Glaukon, ist der einzelne auf dieselbe Weise gerecht, wie es der Staat ist?"
[Glaukon:] „Auch das folgt zwangsläufig!"
[Sokrates:] „Wir haben es nicht vergessen: Der Staat ist gerecht, weil jeder seiner Stände seine Aufgabe erfüllt."
[Glaukon:] „Ich glaube nicht, es vergessen zu haben."

[Sokrates:] „Also müssen wir es uns merken: Auch jeder von uns, von dessen Seelenteilen ein jeder seine Aufgabe erfüllt, ist gerecht und erfüllt seine Aufgabe."
[Glaukon:] „Das müssen wir uns gut merken."
[Sokrates:] „Also kommt der Vernunft das Herrschen zu, da sie weise ist und die Obsorge
20 über die ganze Seele hat, dem mutvollen Teil aber, ihr gehorsam und Helfer zu sein."
[Glaukon:] „Richtig."

Platon: Der Staat, 441c–e, übersetzt v. Karl Vretska. Stuttgart 2003, S. 235 ff.

1 Fassen Sie Platons Menschenbild zusammen, indem Sie die drei Seelenteile und ihr Verhältnis zueinander grafisch darstellen.

2 Diskutieren Sie Vorzüge und Grenzen des Menschenbilds Platons.

Davon ausgehend entwickelt Platon seine Konzeption eines idealen Staates:

[Dieser Staat] zeichnet sich durch die Beschränkung der Aufgaben auf drei Grundfunktionen sowie [seine] Aufteilung auf besondere Gesellschaftsklassen (Ernährung: Bauern, Handwerker, Gewerbetreibende; Verteidigung: Wächter; Regierung: Philosophen) aus. Besonderen Nachdruck legt Platon auf Erziehung und Lebensweise der Wächter, da aus
5 ihnen später die regierenden Philosophen rekrutiert werden. Gymnastik und musische Früherziehung sollen die Körperkräfte stählen und den Charakter bilden, Frauen-, Kinder- und Gütergemeinschaft der Entstehung egoist.[ischen] Konkurrenzdenkens vorbeugen. Selektiert werden die Mitglieder des Wehrstandes nach Leistungskriterien. Sowohl Frauen als auch Angehörige des für die Ernährung zuständigen „dritten Standes" können
10 bei entsprechender Begabung in den Wächterstand aufsteigen. Im Interesse der Verwirklichung des guten Staates schreckt Platon nicht vor drastischen Maßnahmen wie staatl. [icher] Kontrolle des Sexualverkehrs, der Tötung Neugeborener und Zensur zurück. Sämtliche Maßnahmen sollen dafür sorgen, dass die Wächter die ihnen zugedachten Aufgaben optimal erfüllen können und ihr Leben ganz dem Wohl der Gemeinschaft wid-
15 men. Sie zielen aber auch darauf ab, dass alle, Wächter und Ernährer, die Herrschaft der Philosophen und die Einschränkung ihrer persönl.[ichen] Freiheit ohne Widerrede akzeptieren. Als Herrschaftsmittel sind auch „edle Lügen" zulässig. [...] Nach Platon herrscht eine Analogie von Polis und Psyche, d. h. in der ständischen Differenzierung der Polis spiegelt sich die Dreiteilung der menschl.[ichen] Seele wider. Jedem Seelenteil ist
20 eine bes.[ondere] Tugend und ein Stand zugeordnet:
- der Begierde die Besonnenheit (Ausnahme von der Regel, da sie allen drei Ständen zukommt) bzw. dem Nährstand;
- dem Mut die Tapferkeit bzw. die Wächter;
- der Vernunft die Weisheit bzw. die Philosophen.

25 Gerechtigkeit, die vierte der sog. Kardinaltugenden, liegt dann vor, wenn jeder Seelenteil und jeder Stand „das Seinige tut". Sie besteht also nicht in der Leistung eines Einzelteils, sondern im einträchtigen Zusammenwirken aller zum Wohle des Ganzen. Die Einheit von Seele und Polis stellt sich ein, wenn jeder tut, wozu er auch „von Natur aus veranlagt ist". Dabei kann es sich Platon zufolge immer nur um eine einzige Sache handeln; Vielge-
30 schäftigkeit lehnt er ab, da sie zu Aufruhr und Ungerechtigkeit führt.

Andreas Vierecke/ Bernd Mayerhofer/ Franz Kohout: dtv-Atlas Politik. München ²2011, S. 19

3 Erläutern Sie den Zusammenhang zwischen Menschenbild und Staatskonzeption bei Platon. Nehmen Sie dabei Bezug auf Platons Bestimmung des Staates als „großer Mensch" (gr. „makros anthropos").

4 Stellen Sie Platons Staat in einem Schaubild dar.

Karl Raimund Popper
(1902–1994) studierte in Wien Mathematik, Physik und Philosophie. 1937 emigrierte er nach Neuseeland, von 1947 bis 1969 lehrte er an der London School of Economics Philosophie. Poppers Erkenntnis- und Wissenschaftstheorie, der **kritische Rationalismus**, hat bis heute einen starken Einfluss auf die Sozial- und Wirtschaftswissenschaften. Rationalität, Vernunft und Logik sind für Popper die Grundlage jeder wissenschaftlichen Forschung, allerdings lehnt er die Suche des klassischen Rationalismus nach einer letzten Gewissheit in der Tradition Descartes' ab.

Platons Staatsideal aus der Perspektive pluralistischer Vorstellungen

Aus der Sicht einer pluralistischen Staatskonzeption hat der österreichisch-britische Philosoph Karl Raimund Popper (1902–1994) Platons Staatsideal im ersten Band seines Werks „Die offene Gesellschaft und ihre Feinde" (1945) scharf kritisiert:

Es ist ein Buch zur Verteidigung einer gemäßigt demokratischen („bürgerlichen") Gesellschaft; einer Gesellschaft, in der normale Bürger in Frieden und in vertrauter Freundschaft leben können; in der die Freiheit einen hohen Wert hat; in der wir verantwortlich denken und handeln können; und in der wir die gar nicht leichte Last unserer Verantwortungen gerne tragen: einer Gesellschaft, die dem heutigen Westen ähnlich ist. Diese offene Gesellschaft des Westens, die Frieden und Freiheit und Rechtssicherheit – volle Gleichheit vor dem Gesetz – so hoch bewertet, ist das Ergebnis mehrerer weitreichender Revolutionen. Sie hat sich seit meiner Kindheit radikal verbessert.

Karl Raimund Popper: Die offene Gesellschaft und ihre Verteidigung, Band 1: Der Zauber Platons. Tübingen ⁸2003, S. XIV

Vor dem Hintergrund einer offenen Gesellschaft deutet Popper Platons politisches Programm daher als „totalitär*":

Seine [Platons] grundlegenden Forderungen lassen sich in zwei Formeln ausdrücken; die erste entspricht seiner idealistischen Theorie von Ruhe und Veränderung, die zweite seinem Naturalismus*. Die idealistische Formel lautet: Bringt jegliche politische Veränderung zum Stillstand! Veränderung, Bewegung ist übel, Ruhe göttlich; es ist möglich, der Veränderung Einhalt zu gebieten, wenn der Staat als eine genaue Kopie seines Urbildes, der Form oder Idee des Staates, aufgebaut wird. Auf die Frage, wie sich dies durchführen lässt, antwortet die naturalistische Formel: Zurück zur Natur! Zurück zum ursprünglichen Staat unserer Vorfahren, zurück zu dem primitiven Staat, der in Übereinstimmung mit der menschlichen Natur gegründet wurde und der deshalb beständig ist; zurück [...] zur natürlichen Klassenherrschaft der weisen Wenigen über die unwissenden Vielen. Ich glaube, dass sich praktisch alle Elemente des politischen Programms Platons aus diesen Forderungen herleiten lassen. [...] Die Grundelemente, an die ich hier denke, sind:

(A) Die strenge Klassenteilung; das heißt die herrschende Klasse, bestehend aus Hirten und Wachhunden, muss streng vom menschlichen Herdenvieh geschieden werden.

(B) Die Identifikation des Schicksals des Staates mit dem Schicksal der herrschenden Klasse; das ausschließliche Interesse an dieser Klasse und an ihrer Einheit; und, im Dienste dieser Einheit, die starren Regeln zur Züchtung und Erziehung dieser Klasse sowie die strenge Überwachung ihrer Mitglieder und die Kollektivierung aller ihrer Interessen.

Aus diesen Grundelementen lassen sich andere Elemente herleiten, zum Beispiel die folgenden:

(C) Die herrschende Klasse hat ein Monopol über Dinge wie kriegerische Tugenden und militärische Ausbildung; sie allein darf Waffen tragen und sie allein hat Anspruch auf Erziehung jeglicher Art; [...]

(D) Eine Zensur muss die gesamte intellektuelle Tätigkeit der herrschenden Klasse kontrollieren, während eine unausgesetzte Propaganda ihre Gedanken zu prägen und gleichzuschalten hat. Alle Neuerungen in Erziehung, Gesetzgebung und Religion sind zu verhindern oder zu unterdrücken.

(E) Der Staat muss sich selbst versorgen können. Er muss nach ökonomischer Autarkie streben; sonst wären nämlich seine Herrscher entweder von Händlern abhängig oder sie würden selbst zu Händlern werden. Das eine würde ihre Macht, das andere ihre Einheit und das innere Gleichgewicht des Staates untergraben.

Nicht zu Unrecht [...] kann man ein solches Programm totalitär nennen.

Karl Raimund Popper: Die offene Gesellschaft und ihre Verteidigung, Band 1: Der Zauber Platons. Tübingen ⁸2003, S. 104 f.

---

1 Erläutern Sie Poppers Konzeption einer offenen Gesellschaft. Ziehen Sie dazu auch die Bedeutung des Begriffs „Pluralismus" (s. S. 79) heran.

2 Fassen Sie Poppers Kritik an Platons Staatsideal zusammen. Nehmen Sie dabei auch auf die vier wesentlichen Merkmale des Totalitarismus nach Hans-Gerd Jaschke (s. S. 79) Bezug. Ergänzen Sie Poppers Kritik mit Ihren eigenen Ideen.

3 Vergleichen Sie Platons Staatsideal mit ausgewählten Artikeln des Grundgesetzes und stellen Sie die wesentlichen Unterschiede beider Staatskonzeptionen dar.

Hans-Gerd Jaschke: Totalitarismus

[...] „Totalitarismus bezeichnet eine politische Herrschaft, die die uneingeschränkte Verfügung über die Beherrschten und ihre völlige Unterwerfung unter ein (diktatorisch vorgegebenes) politisches Ziel verlangt. Totalitäre Herrschaft, erzwungene Gleichschaltung und unerbittliche Härte werden oft mit existenzbedrohenden (inneren oder äußeren) Gefahren begründet, wie sie zunächst vom Faschismus und vom Nationalsozialismus, nicht zuletzt auch im Sowjetkommunismus Stalins von den Herrschenden behauptet wurden. Insofern stellt der Totalitarismus das krasse Gegenteil des modernen freiheitlichen Verfassungsstaates und des Prinzips einer offenen, pluralen Gesellschaft dar" (Schubert, Klaus / Klein, Martina: Das Politiklexikon, Bonn 2006, S. 289).

[...] Totalitäre Bewegungen erheben erstens einen Alleinvertretungsanspruch. Sie verstehen sich als alleinige und ausschließliche Besitzer politischer, religiöser oder sonstiger weltanschaulicher „Wahrheiten". Konkurrierende Bewegungen werden als Verirrungen oder Abweichungen aufgefasst, die es zu bekämpfen gilt. Damit einher geht die maßlose Selbstüberschätzung und Selbstüberhöhung als einzige und erste Kraft in der Geschichte, die der Menschheit das Heil bringt. Ihr Messianismus ist absolut und unteilbar.

Totalitäre Regime und Bewegungen sind, zweitens, hermetisch abgeschlossene „Weltanschauungen". Sie sind, von innen betrachtet, rationaler Kritik nicht zugänglich. Ihre Ideologie entwickelt sich nicht in der permanenten, rationalen, diskussions- und lernbereiten Auseinandersetzung mit der Geistes- und Ideengeschichte, sondern sie beruft sich auf die angeblich „ewige" und unverrückbare Wahrheit bestimmter Lehrsätze. Weltanschauungen werden grundsätzlich nicht reflexiv und für die Diskussion offen fortentwickelt, sondern sie werden als vorgebliche Wahrheiten „geglaubt". Darin zeigt sich der quasi-religiöse Charakter aller totalitärer Glaubenssysteme. Lehrsätze werden nicht diskutiert und selbstkritisch überprüft, Kritik an ihnen gilt als abweichlerisches und sanktionswürdiges Verhalten.

Sie verfügen, drittens, über eine anti-aufklärerische, absolutistische Legitimationsbasis. Nicht die Vernunft des aufgeklärten Subjekts, sondern die prophetischen, charismatischen Gaben des die Weltanschauung in idealer und absoluter Weise verkörpernden Führers gelten als einzige Quelle der Legitimation. Schon von daher sind konkurrierende und relativierende Argumente aus der Tradition anderer Ideengeschichten ausgeschlossen. Der Führer wird verehrt und mystifiziert* und gilt als der messianische, charismatische und vom Schicksal ausersehene „leader", der jeder Kritik unzugänglich ist. Interne demokratische Willensbildung im Rahmen eines Primats des besseren Arguments läuft dem Führer-Prinzip zuwider und könnte die Allmacht der Führer-Ideologie relativieren und delegitimieren. Aus diesem Grund kann es keine demokratische Willensbildung in totalitären Bewegungen geben. [...]

Sie sind, viertens, geprägt von Feindbild-Rhetorik und der rigiden Unterscheidung zwischen Gut und Böse. Gut ist die eigene Weltanschauung, mehr oder weniger böse ist alles, was ihr nicht folgen will oder kann. Der moralischen Differenz zwischen Gut und Böse folgt die handlungsorientierte, ebenso radikal vereinfachende Unterscheidung von „richtig" und „falsch". Konsequenterweise entwickelt der Totalitarismus daraus eine beachtliche Aggressivität gegen Abweichler und Feinde, häufig im Rahmen von Verschwörungstheorien. Partielle oder überwiegende Gewaltbereitschaft ist der folgerichtige Schritt, um Gegner und Feinde auszuschalten, die die eigene Weltanschauung bedrohen. Zwischen Gut und Böse, Richtig und Falsch, Freund und Feind, den fundamentalen und konstitutiven Unterscheidungen, werden in der Regel kaum Differenzierungen vorgenommen. [...]

Aus: Hans-Gerd Jaschke: Politischer Extremismus, Wiesbaden 2006, VS Verlag für Sozialwissenschaften. https://www.bpb.de/themen/linksextremismus/dossier-linksextremismus/33699/totalitarismus/#footnote-target-1 [22.05.2022]

Ikonen-Verehrung: Eine Georgierin hält während eines Gottesdienstes am 5. März, dem Todestag des früheren sowjetischen Diktators Josef Stalin, eine Kerze an dessen Porträt.

Pluralismus*

Pluralismus ist ein zentrales Leitbild moderner Demokratien, deren [p]olitische Ordnung und Legitimität ausdrücklich auf der Anerkennung und dem Respekt vor den vielfältigen individuellen Meinungen, Überzeugung, Interessen, Zielen und Hoffnungen beruhen. Keine (politische, religiöse o. ä.) Instanz darf in der Lage sein, (allen) anderen ihre Überzeugung etc. aufzuzwingen [...]. Grundlage des politischen und sozialen Zusammenlebens fortschrittlicher Gesellschaften ist daher das pluralistische Prinzip der Vielfalt (nicht das der undemokratischen Einfalt).

Schubert, Klaus/Martina Klein: Das Politiklexikon. 7., aktual. u. erw. Aufl. Bonn: Dietz 2020. Unter: https://www.bpb.de/kurz-knapp/lexika/politiklexikon/18012/pluralismus [16.05.2022]

Legitimation staatlicher Gewalt durch Gesellschaftsvertragstheorien*

Thomas Hobbes: Der Leviathan[1]

Die Natur hat die Menschen […] so gleich geschaffen, dass bisweilen der eine einen offensichtlichen stärkeren Körper oder gewandteren Geist als der andere besitzt, der Unterschied zwischen den Menschen alles in allem doch nicht so beträchtlich ist […]. Denn was die Körperstärke betrifft, so ist der Schwächste stark genug, den Stärksten zu töten – entweder durch Hinterlist oder durch ein Bündnis mit anderen, die sich in derselben Gefahr wie er selbst befinden. Und was die geistigen Fähigkeiten betrifft, so finde ich, dass die Gleichheit unter den Menschen noch größer ist als bei der Körperstärke […]. Aus dieser Gleichheit der Fähigkeiten entsteht eine Gleichheit der Hoffnung, unsere Absichten erreichen zu können. Und wenn daher zwei Menschen nach demselben Gegenstand streben, den sie jedoch nicht zusammen genießen können, so werden sie Feinde und sind in Verfolgung ihrer Absichten, die grundsätzlich Selbsterhaltung […] ist, erstrebt, sich gegenseitig zu vernichten oder zu unterwerfen.

Und wegen (des) gegenseitigen Misstrauens gibt es für niemanden einen anderen Weg, sich selbst zu sichern, der so vernünftig wäre wie Vorbeugung, das heißt, mit Gewalt oder List nach Kräften jedermann zu unterwerfen, und zwar so lange, bis er keine andere Macht mehr sieht, die groß genug wäre, ihn zu gefährden. Und dies ist nicht mehr, als seine Selbsterhaltung erfordert […].

So liegen in der menschlichen Natur drei hauptsächliche Konfliktursachen: erstens Konkurrenz, zweitens Misstrauen, drittens Ruhmsucht. Die erste führt zu Übergriffen der Menschen des Gewinns, die zweite der Sicherheit und die dritte des Ansehens wegen. Die Ersten wenden Gewalt an, um sich zum Herrn über andere Männer und deren Frauen, Kinder und Vieh zu machen, die Zweiten, um dies zu verteidigen, und die Dritten wegen Kleinigkeiten wie ein Wort, ein Lächeln, eine verschiedene Meinung oder jedes andere Zeichen von Geringschätzung […].

Daraus ergibt sich klar, dass die Menschen während der Zeit, in der sie ohne eine allgemeine, sie alle im Zaum haltende Macht leben, sich in einem Zustand befinden, der Krieg genannt wird, und zwar in einem Krieg eines jeden gegen jeden. […] [E]s herrscht […] beständige Furcht und Gefahr eines gewaltsamen Todes – das menschliche Leben ist einsam, armselig, ekelhaft, tierisch und kurz. […]

Die Menschen […] führten die Selbstbeschränkung, unter der sie […] in Staaten leben, letztlich allein mit dem Ziel […] ein, dadurch für ihre Selbsterhaltung zu sorgen und ein zufriedeneres Leben zu führen – das heißt, dem elenden Kriegszustand zu entkommen, der […] aus den natürlichen Leidenschaften der Menschen notwendig folgt, […] wenn es keine sichtbare Gewalt gibt, die sie im Zaume zu halten und durch Furcht vor Strafe an die Erfüllung ihrer Verträge und an die Beachtung der natürlichen Gesetze zu binden vermag […].

Der alleinige Weg zur Errichtung einer solchen allgemeinen Gewalt […] liegt in der Übertragung ihrer gesamten Macht und Stärke auf einen Menschen oder eine Versammlung […], die ihre Einzelwillen durch Stimmenmehrheit auf einen Willen reduzieren können. Das heißt so viel wie einen Menschen oder eine Versammlung […] bestimmen, die deren Person verkörpern sollen, und bedeutet, dass jedermann alles als eigen anerkennt, was

---

Der englische Philosoph **Thomas Hobbes** (1588–1679) gilt mit seiner vertragstheoretisch oder kontraktualistisch genannten Staatslehre als Begründer der politischen Philosophie der Neuzeit. Hintergrund seiner Lehre (Hauptwerk: „Der Leviathan", 1651) sind die Gräuel und Verheerungen des Dreißigjährigen Krieges (1618–1648) und des englischen Bürgerkrieges (1642–1646).

1 Beschreiben Sie den Naturzustand nach Hobbes und berücksichtigen Sie dabei die Charakterisierung des Menschen als „homo homini lupus" (lat. „der Mensch ist dem Menschen ein Wolf") (vgl. Z. 1–29).

2 Beschreiben Sie den Übergang vom Naturzustand zum Gesellschaftszustand (vgl. Z. 30–61).

3 Beurteilen Sie das Verhältnis von Individuum und Souverän. Berücksichtigen Sie dabei auch das Titelbild (vgl. Z. 62–80).

4 Nennen Sie die Aufgaben des Staates und vergleichen Sie diese mit den Aufgaben, die der Staat in der Bundesrepublik Deutschland erfüllt.

---

[1] Leviathan (hebr. „der sich Windende"): Der Leviathan ist ein schlangenähnliches Ungeheuer und Herr der Tiere. Im Alten Testament (Buch Hiob) übt er eine gewalttätige Schreckensherrschaft aus, bis er von Gott vernichtet wird.

derjenige, der auf diese Weise seine Person verkörpert, in Dingen des allgemeinen Friedens und der allgemeinen Sicherheit tun oder veranlassen wird, und sich selbst als Autor dessen bekennt und dabei den eigenen Willen und das eigene Urteil seinem Willen und
45 Urteil unterwirft.
Dies ist mehr als Zustimmung oder Übereinstimmung: Es ist eine wirkliche Einheit aller in ein und derselben Person, die durch Vertrag eines jeden mit jedem zustande kam, als hätte jeder zu jedem gesagt: *Ich autorisiere diesen Menschen oder diese Versammlung von Menschen und übertrage ihnen mein Recht, mich zu regieren, unter der Bedingung, dass du*
50 *ihnen ebenso dein Recht überträgst und alle ihre Handlungen autorisierst*. Ist dies geschehen, so nennt man diese zu einer Person vereinte Menge *Staat*, auf lateinisch *civitas*.
Dies ist die Erzeugung jenes großen Leviathan [...], jenes sterblichen Gottes, dem wir unter dem unsterblichen Gott unseren Frieden und Schutz verdanken. Denn durch diese ihm von jedem Einzelnen im Staate verliehene Autorität steht ihm so viel Macht und
55 Stärke zur Verfügung, [...] dass er durch den dadurch erzeugten Schrecken in die Lage versetzt wird, den Willen aller auf den innerstaatlichen Frieden und auf gegenseitige Hilfe gegen auswärtige Feinde hinzulenken. Hierin liegt das Wesen des Staates, der [...] *eine Person ist, bei der sich jeder [...] durch gegenseitigen Vertrag eines jeden mit jedem zum Autor ihrer Handlungen gemacht hat, zu dem Zweck, dass sie die Stärke und Hilfsmittel aller*
60 *so, wie sie es für zweckmäßig hält, für den Frieden und die gemeinsame Verteidigung einsetzt.*
Wer diese Person verkörpert, wird *Souverän* genannt und besitzt [...] *höchste Gewalt*, und jeder andere [...] ist sein *Untertan*. [...] [Die] Untertanen eines Monarchen [können] weder ohne seine Erlaubnis die Monarchie abschütteln [...] noch ihre Person von dem, der
65 sie verkörpert, auf einen anderen Menschen oder eine andere Versammlung von Menschen übertragen, denn jeder ist jedem gegenüber verpflichtet, alles, was ihr derzeitiger Souverän tut, [...] als eigene Handlung anzuerkennen und sich als ihr Autor anzusehen zu lassen [...]. Da jeder Untertan durch diese Einsetzung Autor
70 aller Handlungen und Urteile des eingesetzten Souveräns ist, so folgt daraus, dass dieser durch keine seiner Handlungen einem seiner Untertanen Unrecht zufügen kann und dass er von keinem von ihnen eines Unrechts angeklagt werden darf. Denn wer aufgrund der Autorität eines anderen eine Hand-
75 lung vornimmt, tut damit dem kein Unrecht, aufgrund von dessen Autorität er handelt. Bei dieser Einsetzung eines Staates ist aber jeder Einzelne Autor alles dessen, was der Souverän tut, und folglich beklagt sich, wer sich über ein Unrecht seines Souveräns beklagt, über etwas, wovon er selbst Autor
80 ist [...]. Da der Zweck dieser Einsetzung Frieden und Verteidigung aller ist, und jeder, der ein Recht auf den Zweck hat, auch ein Recht auf die Mittel dazu hat, so gehört es zu dem Recht jedes souveränen Menschen oder jeder souveränen Versammlung, Richter über die Mittel zum Frieden und zur
85 Verteidigung sowie über das zu sein, was dieser hindert und stört. Ferner sind sie berechtigt, alles, was [...] zur Erhaltung von Frieden und Sicherheit nötig ist, vorbeugend zu tun [...] und das Nötige zu tun, um Frieden und Sicherheit wiederzugewinnen, wenn sie verloren gegangen sind.

Thomas Hobbes: Leviathan. Übersetzt von Walter Euchner. Hg. von Iring Fetscher. Frankfurt/Main: Suhrkamp 1984, S. 94ff., 131–139

5 Verfassen Sie einen Essay zu der Frage: Wie weit darf ein Staat gehen, um Frieden und Sicherheit zu gewährleisten?
→ Einen Essay schreiben, S. 148

Titelbild der Erstveröffentlichung des „Leviathan" (1651).
Der Leviathan ist eine aus Menschen zusammengesetzte riesenhafte Gestalt.
Übersetzung der lateinischen Inschrift: Es gibt keine Gewalt auf Erden, die der seinen vergleichbar wäre.

Jean-Jacques Rousseau: Die Prinzipien des politischen Rechts

Der Mensch wird frei geboren, und überall liegt er in Ketten. Einer hält sich für den Herrn der anderen und bleibt doch mehr Sklave als sie. Wie ist dieser Wandel zustande gekommen? Ich weiß es nicht. Was kann ihm Rechtmäßigkeit verleihen? Diese Frage glaube ich beantworten zu können.

Jean-Jacques Rousseau: Du contrat social/ Vom Gesellschaftsvertrag, 1. Buch, 1. Kapitel, übersetzt v. Hand Brockard. Stuttgart 2010, S. 9

Jean-Jacques Rousseau
(1712–1778) hat mit „Émile oder Über die Erziehung" (1762) sowie „Vom Gesellschaftsvertrag" (1762) zwei wichtige Schriften zur Erziehung bzw. zur politischen Philosophie verfasst. Seine Ideen hatten Einfluss auf die Aufklärung und gelten als Wegbereiter für die Französische Revolution (1789).

Rousseau beantwortet diese Frage, indem er eine Gesellschaftsvertragstheorie entwirft, deren Ausgangspunkt das Gedankenexperiment* eines hypothetischen Zustands vor jeglicher Vergesellschaftung in einem Staat bildet, dem „Naturzustand", aus dem sich schließlich mittels des Gesellschaftsvertrages der „Staatsbürgertum" bzw. die „bürgerliche Gesellschaft" entwickelt:

Der erste, der ein Stück Land eingezäunt hatte und es sich einfallen ließ zu sagen: dies ist mein und der Leute fand, die einfältig genug waren, ihm zu glauben, war der wahre Gründer der bürgerlichen Gesellschaft. Wie viele Verbrechen, Kriege, Morde, wie viel Not und Elend und wie viele Schrecken hätte derjenige dem Menschengeschlecht erspart, der die Pfähle herausgerissen oder den Graben zugeschüttet und seinen Mitmen- 5 schen zugerufen hätte: „Hütet euch, auf diesen Betrüger zu hören; ihr seid verloren, wenn ihr vergesst, dass die Früchte allen gehören und die Erde niemandem." Aber mit großer Wahrscheinlichkeit waren die Dinge damals bereits an einem Punkt angelangt, an dem sie nicht mehr bleiben konnten, wie sie waren; denn da diese Vorstellung des Eigentums von vielen vorausliegenden Vorstellungen abhängt, die nur nach und nach haben 10 entstehen können, bildete sie sich nicht auf einmal im menschlichen Geist. Man musste viele Fortschritte machen, viele Fertigkeiten und Einsichten erwerben und sie von Generation zu Generation weitergeben und vergrößern, ehe man bei diesem letzten Stadium des Naturzustandes angelangte.

Jean-Jacques Rousseau: Diskurs über die Ungleichheit, Zweiter Teil. Edition Meier. Paderborn u. a. ⁵2001, S. 173

Dieser Übergang vom Naturzustand in das Staatsbürgertum bringt in dem Menschen eine sehr bemerkbare Veränderung hervor, indem sein Verhalten die Gerechtigkeit an die Stelle des Instinktes tritt und sich in seinen Handlungen der sittliche Sinn zeigt, der ihnen vorher fehlte. Erst in dieser Zeit verdrängt die Stimme der Pflicht den physischen Antrieb und das Recht der Begierde, so dass sich der Mensch, der bis dahin lediglich auf 5 sich selbst Rücksicht genommen hatte, gezwungen sieht, nach anderen Grundsätzen zu handeln und seine Vernunft um Rat fragt, bevor er auf seine Neigungen hört. Obgleich er in diesem Zustande mehrere Vorteile, die ihm die Natur gewährt, aufgibt, so erhält er dafür doch so bedeutende andere Vorteile. Seine Fähigkeiten üben und entwickeln sich, seine Ideen erweitern, seine Gesinnungen veredeln, seine ganze Seele erhebt sich in sol- 10 chem Grade, dass er, wenn ihn die Missbräuche seiner neuen Lage nicht oft noch unter die, aus der er hervorgegangen, erniedrigten, unaufhörlich den glücklichen Augenblick segnen müssten, der ihn dem Naturzustande auf ewig entriss und aus einem ungesitteten und beschränkten Tier ein einsichtsvolles Wesen, einen Menschen machte.
Führen wir die ganze Vergleichung beider Zustände auf einige Punkte zurück, bei denen 15 die Unterschiede am klarsten hervortreten. Der Verlust, den der Mensch durch den Gesellschaftsvertrag erleidet, besteht in dem Aufgeben seiner natürlichen Freiheit und des beschränkten Rechtes auf alles, was ihn reizt und er erreichen kann. Sein Gewinn äußert sich in der bürgerlichen Freiheit und in dem Eigentumsrecht auf alles, was er besitzt. Um sich bei dem Abwägen der Vorteile beider Stände keinem Irrtume hinzugeben, muss man 20

die natürliche Freiheit, die nur in den Kräften des einzelnen ihre Schranken findet, von der durch den allgemeinen Willen beschränkten, bürgerlichen Freiheit genau unterscheiden und in gleicher Weise den Besitz, der nur die Wirkung der Stärke oder das Recht des ersten Besitzergreifers ist, von dem Eigentum, das nur auf einen sicheren Rechtsanspruch gegründet werden kann.

Nach dem Gesagten würde man noch zu den Vorteilen des Staatsbürgertums die sittliche Freiheit hinzufügen können, die allein den Menschen erst in Wahrheit zum Herrn über sich selbst macht; denn der Trieb der bloßen Begierde ist Sklaverei, und der Gehorsam gegen das Gesetz, das man sich selber vorgeschrieben hat, ist Freiheit.

Jean-Jacques Rousseau: Der Gesellschaftsvertrag oder Die Grundsätze des Staatsrechtes, 1. Buch, 8. Kapitel, übersetzt v. Hermann Denhardt. Frankfurt a. M. 2005, S. 49 f.

Ich nehme an, dass sich die Menschen bis zur Stufe emporgeschwungen haben, wo die Hindernisse, die ihrer Erhaltung in dem Naturzustand schädlich sind, durch ihren Widerstand die Oberhand über die Kräfte gewinnen, die jeder einzelne aufbieten muss, um sich in diesem Zustand zu behaupten. Dann kann dieser ursprüngliche [Natur-]Zustand nicht länger fortbestehen, und das menschliche Geschlecht müsste zugrunde gehen, wenn es die Art seines Daseins nicht änderte.

Da nun die Menschen unfähig sind, neue Kräfte hervorzubringen, sondern lediglich die einmal vorhandenen zu vereinigen und zu lenken vermögen, so haben sie zu ihrer Erhaltung kein anderes Mittel, als durch Vereinigung eine Summe von Kräften zu bilden, die den Widerstand überwinden kann, und alle diese Kräfte durch eine einzige Triebkraft in Bewegung zu setzen und sie in Einklang wirken zu lassen.

Eine solche Summe von Kräften kann nur durch das Zusammenwirken mehrerer entstehen. Da jedoch die Stärke und Freiheit jedes Menschen die Hauptwerkzeuge seiner Erhaltung sind, wie kann er sie hergeben, ohne sich Schaden zu tun und die Sorgfalt zu versäumen, die er sich schuldig ist? Diese Schwierigkeit lässt sich, wenn man sie auf den Gegenstand meiner Betrachtung anwendet, in die Worte fassen: „Wie findet man eine Gesellschaftsform, die mit der ganzen gemeinsamen Kraft die Person und das Vermögen jedes Gesellschaftsgliedes verteidigt und schützt und kraft dessen jeder einzelne, obgleich er sich mit allen vereint, gleichwohl nur sich selbst gehorcht und so frei bleibt wie vorher?" Dies ist die Hauptfrage, deren Lösung der Gesellschaftsvertrag gibt.

Die Klauseln dieses Vertrages sind durch die Natur der Verhandlung so bestimmt, dass die geringste Abänderung sie nichtig und wirkungslos machen müsste.

Die Folge davon ist, dass sie, wenn sie auch vielleicht nie ausdrücklich ausgesprochen wären, doch überall gleich, überall stillschweigend angenommen und anerkannt sind, bis nach Verletzung des Gesellschaftsvertrages jeder in seine ursprünglichen Rechte zurücktritt und seine natürliche Freiheit zurückerhält, während er zugleich die auf Übereinkommen beruhende Freiheit, für die er auf jene verzichtete, verliert.

Alle diese Klauseln lassen sich, wenn man sie richtig auffasst, auf eine einzige zurückführen, nämlich auf das gänzliche Aufgehen jedes Gesellschaftsgliedes mit allen seinen Rechten in der Gesamtheit, denn indem sich jeder ganz hingibt, so ist das Verhältnis zunächst für alle gleich, und weil das Verhältnis für alle gleich ist, so hat niemand ein Interesse daran, es den anderen drückend zu machen.

[...] Scheidet man also vom Gesellschaftsvertrage alles aus, was nicht zu seinem Wesen gehört, so wird man sich überzeugen, dass er sich in folgende Worte zusammenfassen lässt: „Jeder von uns stellt gemeinschaftlich seine Person und seine ganze Kraft unter die oberste Leitung des allgemeinen Willens, und wir nehmen jedes Mitglied als untrennbaren Teil des Ganzen auf."

Jean-Jacques Rousseau: Der Gesellschaftsvertrag oder Die Grundsätze des Staatsrechtes, 1. Buch, 6. Kapitel, übersetzt v. Hermann Denhardt. Frankfurt a. M. 2005, S. 41–44.

1 Skizzieren Sie die Merkmale des Menschen im Naturzustand und stellen Sie ihm den Menschen in der bürgerlichen Gesellschaft gegenüber.

2 Begründen Sie, wie Rousseau die Entstehung einer Staatsgewalt rechtfertigt, indem Sie das Gedankenexperiment des vorstaatlichen Naturzustands und dessen Argumentationsschritte (Ausgangspunkt – Problem – Lösung) nachvollziehen.
→ Gedankenexperimente durchführen, S. 147

3 Fassen Sie die wesentlichen Merkmale der bürgerlichen Gesellschaft nach Rousseau zusammen. Diskutieren Sie anschließend, ob bzw. inwiefern dieses Staatsideal in der Bundesrepublik Deutschland verwirklicht ist oder nicht.

4 Vergleichen Sie Hobbes' und Rousseaus Überlegungen zur Legitimation staatlicher Gewalt, indem Sie vor allem die Zusammenhänge zwischen Menschenbild und Staatsideal deutlich machen.

Verhältnis der Staaten untereinander

Immanuel Kant (1724–1804) verfasste in einer von Revolutionen und Kriegen geprägten Zeit die Schrift „Zum ewigen Frieden" (1795). Sie sollte eine Anleitung für Politiker sein.

Immanuel Kant: Zum ewigen Frieden

Die Präliminarartikel[1] formulieren notwendige Voraussetzungen für den ewigen Frieden.

1. „Es soll kein Friedensschluss für einen solchen gelten, der mit dem geheimen Vorbehalt des Stoffes zu einem künftigen Kriege gemacht worden." [...]
2. „Es soll kein für sich bestehender Staat (klein oder groß, das gilt hier gleich viel) von einem anderen Staate durch Erbung, Tausch, Kauf oder Schenkung erworben werden können." [...]
3. „Stehende Heere sollen mit der Zeit ganz aufhören." [...]
4. „Es sollen keine Staatsschulden in Beziehung auf äußere Staatshändel gemacht werden." [...]
5. „Kein Staat soll sich in die Verfassung und Regierung eines anderen Staates gewaltsam einmischen." [...]
6. „Es soll sich kein Staat im Kriege mit einem anderen solche Feindseligkeiten erlauben, welche das wechselseitige Zutrauen im künftigen Frieden unmöglich machen müssen: als da sind Anstellung der Meuchelmörder, Giftmischer, Brechung der Kapitulation, Anstiftung des Verrats in dem bekriegten Staat etc." [...]

Die drei Definitivartikel beschreiben die Grundlagen zum ewigen Frieden.

1. Erster Definitivartikel zum ewigen Frieden: Die bürgerliche Verfassung in jedem Staat soll republikanisch[2] sein.

Die erstlich nach Prinzipien der *Freiheit* der Glieder einer Gesellschaft (als Menschen), zweitens nach Grundsätzen der *Abhängigkeit* aller von einer einzigen gemeinsamen Gesetzgebung (als Untertanen) und drittens die nach dem Gesetz der *Gleichen* derselben (als *Staatsbürger*) gestiftete Verfassung – die einzige –, welche aus der Idee des ursprünglichen Vertrags hervorgeht, auf der alle rechtliche Gesetzgebung eines Volkes gegründet sein muss – ist die *republikanische*. [...] [U]nd nun ist die Frage: ob sie auch die einzige ist, die zum ewigen Frieden hinführen kann? [...]

Wenn (wie es in dieser Verfassung nicht anders sein kann) die Beistimmung der Staatsbürger dazu erfordert, um zu beschließen, ob Krieg sein solle oder nicht, so ist nichts natürlicher, als dass, da sie alle Drangsale des Krieges über sich selbst beschließen müssten (als da sind: selbst zu fechten, die Kosten des Krieges aus ihrer eigenen Habe herzugeben; die Verwüstung, die er hinter sich lässt, kümmerlich zu verbessern; zum Übermaße des Übels endlich noch eine den Frieden selbst verbitternde, nie (wegen nachher, immer neuer Kriege) zu tilgende Schuldenlast selbst zu übernehmen), sie sich sehr bedenken werden, ein so schlimmes Spiel anzufangen: dahingegen in einer Verfassung, wo der Untertan nicht Staatsbürger, die also nicht republikanisch ist, es die unbedenklichste Sache von der Welt ist, weil das Oberhaupt nicht Staatsgenosse, sondern Staatseigentümer ist, [...] [und] durch den Krieg nicht das Mindeste einbüßt. [...]

2. Zweiter Definitivartikel zum ewigen Frieden: Das Völkerrecht soll auf einen Föderalismus freier Staaten gegründet sein.

Völker als Staaten können wie einzelne Menschen beurteilt werden, die sich in ihrem Naturzustande (d.i. in der Unabhängigkeit von äußeren Gesetzen) schon durch ihr Ne-

---

Frieden

Frieden ist durch die Gültigkeit des Rechts gekennzeichnet, als Zustand nach Beendigung des Krieges durch Vertrag (negativer Frieden) oder als Zustand rechtlich geregelter und an humanen Leitprinzipien orientierter Lösung politischer, sozialer und rechtlicher Konflikte (positiver Frieden), nicht aber ein konfliktfreier Zustand.
Kant sah den Frieden durch das öffentliche Recht, durch Legalität und Moralität der Politik in der republikanischen Verfassung gewährleistet, d. h. durch die Prinzipien der Freiheit der Bürger, die Abhängigkeit von der Gesetzgebung und ihre Gleichheit vor dem Gesetz. Friede als Bedingung der Selbstverwirklichung des Menschen setzt dessen Moralität voraus.

Nach: Otfried Höffe (Hg.): Lexikon der Ethik. München: C. H. Beck, ⁷2008

---

[1] präliminar (lat.): einleitend, vorausgehend, vorgängig
[2] Republik" umfasst für Kant die Gewaltenteilung sowie die Repräsentation der Legislative. Dies garantiert die Freiheit und Gleichheit aller Staatsbürger vor dem Gesetz

beneinandersein lädieren und deren jeder um seiner Sicherheit willen von dem andern fordern kann und soll, mit ihm in eine der bürgerlichen ähnliche Verfassung zu treten, wo jedem sein Recht gesichert werden kann. Dies wäre ein *Völkerbund*, der aber gleichwohl kein Völkerstaat sein müsste. [...]

Da die Art, wie Staaten ihr Recht verfolgen, nie wie bei einem äußern Gerichtshofe der Prozess, sondern nur der Krieg sein kann, durch diesen aber und seinen günstigen Ausschlag den Sieg, das Recht nicht entschieden wird und durch den *Friedensvertrag* zwar wohl dem diesmaligen Kriege, aber nicht dem Kriegszustande [...] ein Ende gemacht wird [...], indessen dass doch die Vernunft vom Throne der höchsten moralisch gesetzgebenden Gewalt herab den Krieg als Rechtsgang schlechterdings verdammt, den Friedenszustand dagegen zur unmittelbaren Pflicht macht, welcher doch ohne einen Vertrag der Völker und sich nicht gestiftet oder gesichert werden kann: – so muss es einen Bund von besonderer Art geben, den man den *Friedensbund (foedus pacificum)* nennen kann, der vom *Friedensvertrag (pactum pacis)* darin unterschieden sein würde, dass dieser bloß einen Krieg, jener aber alle Kriege auf immer zu endigen suchte. Dieser Bund geht auf keinen Erwerb irgendeiner Macht des Staates, sondern lediglich auf Erhaltung und Sicherung der *Freiheit* eines Staates für sich selbst und zugleich anderer verbündeter Staaten, ohne dass diese doch sich deshalb [...] öffentlichen Gesetzen und einem Zwange unter denselben unterwerfen dürfen. – Die Ausführbarkeit [...] dieser Idee der *Föderalität*, die sich allmählich über alle Staaten erstrecken soll und so zu ewigem Frieden hinführt, lässt sich darstellen. Denn wenn das Glück es so fügt, dass ein mächtiges und aufgeklärtes Volk sich zu einer Republik [...] bilden kann, so gibt diese einen Mittelpunkt der föderativen Vereinigung für andere Staaten ab, um sich an sie anzuschließen und so den Freiheitszustand der Staaten gemäß der Idee des Völkerrechts zu sichern und sich durch mehrere Verbindungen dieser Art nach und nach immer weiter auszubreiten. [...]

Für Staaten im Verhältnis untereinander kann es nach der Vernunft keine andere Art geben, aus dem gesetzlosen Zustande, der lauter Krieg enthält, herauszukommen, als dass sie ebenso wie einzelne Menschen ihre wilde (gesetzlose) Freiheit aufgeben, sich zu öffentlichen Zwangsgesetzen bequemen und so einen (freilich immer wachsenden) *Völkerstaat (civitas gentium)*, der zuletzt alle Völker der Erde befassen würde, bilden.

3. Dritter Definitivartikel zum ewigen Frieden: Das *Weltbürgerrecht* soll auf den Bedingungen der allgemeinen *Hospitalität*[3] eingeschränkt sein.

Es ist hier [...] nicht von Philanthropie[4], sondern vom *Recht* die Rede, und da bedeutet *Hospitalität* (Wirtbarkeit) das Recht eines Fremdlings, seiner Ankunft auf dem Boden eines andern wegen von diesem nicht feindselig behandelt zu werden. Dieser kann ihn abweisen, wenn es ohne seinen Untergang geschehen kann, solange er aber auf seinem Platz sich friedlich verhält, ihm nicht feindlich begegnen. Es ist kein *Gastrecht*, worauf dieser Anspruch machen kann [...], sondern ein *Besuchsrecht*, welches allen Menschen zusteht, sich zur Gesellschaft anzubieten vermöge des Rechts des gemeinschaftlichen Besitzes der Oberfläche der Erde, auf der als Kugelfläche sie sich nicht ins Unendliche zerstreuen können, sondern endlich sich doch nebeneinander dulden müssen, ursprünglich aber niemand an einem Orte der Erde zu sein mehr Recht hat, als der andere.

Immanuel Kant: Zum ewigen Frieden: ein philosophischer Entwurf. Hg. von Heiner F. Klemme. Hamburg: Meiner 1992, S. 49–69

[3] Hospitalität (lat.): Gastfreundschaft
[4] Philanthropie (gr.): Menschenliebe

Skulptur vor dem UN-Gebäude in New York

1 Erklären Sie den Unterschied zwischen negativem und positivem Frieden.

2 Erläutern Sie, warum nach Kant Frieden gestiftet werden muss.

3 Diskutieren Sie die von Kant aufgestellten Voraussetzungen („Präliminarartikel") hinsichtlich ihrer heutigen Bedeutsamkeit.

4 Analysieren Sie die drei Definitivartikel und berücksichtigen Sie dabei folgende Fragestellungen: Welches Problem wird in dem Artikel thematisiert? Welche Lösung bietet Kant für das Problem an? Welche Argumente bringt er für seine Lösung vor?
→ Texte verstehen und deuten, S. 145

5 Formulieren Sie aus der Perspektive der kantischen Friedenstheorie Ratschläge an den deutschen Bundeskanzler zur Lösung aktueller Konflikte.

Internationale, d. h. supranationale Organisationen

Internationale Organisationen sind Zusammenschlüsse von Staaten, die durch völkerrechtliche Verträge gegründet worden und mit eigenen Organen und eigenen Zuständigkeitsbereichen ausgestattet sind.

[Sie] dienen dazu, die konkret vereinbarten (und insofern begrenzten) politischen, militärischen, wirtschaftlichen oder sozialen Aufgaben zu erfüllen, ohne die Souveränität der Mitgliedsstaaten zu beeinträchtigen. Die weltweit wichtigste und größte internationale Organisation sind die Vereinten Nationen (UN).

Schubert, Klaus/Martina Klein: Das Politiklexikon. 7., aktual. u. erw. Aufl. Bonn: Dietz 2020. Unter: https://www.bpb.de/kurz-knapp/lexika/politiklexikon/17655/internationale-organisationen [16.05.2022]

Neben der Europäischen Union (EU) ist die Bundesrepublik Mitglied in einer Vielzahl von internationalen Organisationen. Die bekanntesten und wichtigsten außerhalb der EU sind die Vereinten Nationen (UN) und der Nordatlantikpakt (North Atlantic Treaty Organization, NATO). [...]

https://www.bpb.de/themen/politisches-system/24-deutschland/40496/internationale-organisationen [16.05.2022]

Möglichkeiten der Friedenssicherung durch internationale Organisationen

Die Vereinten Nationen setzen sich folgende Ziele: 1. den Weltfrieden und die internationale Sicherheit zu wahren und zu diesem Zweck wirksame Kollektivmaßnahmen zu treffen, um Bedrohungen des Friedens zu verhüten und zu beseitigen, Angriffshandlungen und andere Friedensbrüche zu unterdrücken und internationale Streitigkeiten oder Situationen, die zu einem Friedensbruch führen könnten, durch friedliche Mittel nach den Grundsätzen der Gerechtigkeit und des Völkerrechts zu bereinigen oder beizulegen; [...]

Kap. 1 § 1 Abs. 1 der UN-Charta

Friedenssicherung

Die Vereinten Nationen verfügen über ein vielseitiges Instrumentarium zur Sicherung und Wiederherstellung von Frieden und Stabilität in Konfliktgebieten. UN-Friedenssicherung versucht, den Ausbruch von Konflikten zu verhindern, greift in bestehende Konflikte ein und unterstützt den Aufbau eines stabilen Friedens nach deren Beendigung. Das Spektrum der UN-Friedenssicherung reicht von friedlicher Streitbeilegung bis hin zu militärischen Operationen, sie geschieht auf diplomatischem Weg, durch zivile und/oder militärische Friedensmissionen*, mit Zustimmung der Konfliktparteien oder als Zwangsmaßnahme der internationalen Gemeinschaft. Die Instrumente zur Konfliktbewältigung kommen in verschiedenen Konfliktphasen zur Anwendung: Um dem Ausbruch bzw. der Eskalation eines Konflikts entgegenzuwirken, ist Konfliktprävention nötig – z.B. vorbeugende Diplomatie, Vermittlungen oder politische Missionen. Maßnahmen zur Konfliktintervention umfassen Friedensmissionen, Vermittlungen und Verhandlungen zwischen den Konfliktparteien, Sanktionen, militärische Einsätze oder humanitäre Hilfe. Ist ein Konflikt beendet, so muss Frieden dauerhaft gewährleistet werden. Dazu bedarf es im Rahmen der Friedenskonsolidierung ziviler Maßnahmen, die z.B. den Wiederaufbau der wirtschaftlichen, demokratischen und rechtsstaatlichen Strukturen begleiten. Friedenskonsolidierungseinsätze, Polizeimissionen und politische Missionen dienen diesem Zweck ebenso wie Entwicklungszusammenarbeit oder die Einsetzung von Tribunalen zur Wiederherstellung von Gerechtigkeit in Nachkriegsgesellschaften.

Deutsche Gesellschaft für die Vereinten Nationen: https://frieden-sichern.dgvn.de/friedenssicherung/

Wie sind die Friedenssicherungseinsätze entstanden?

Von der traditionellen Friedenssicherung...

Die Friedenssicherungseinsätze sind während der Zeit des Kalten Kriegs als ein Mittel der Entspannung und der Hilfe zur Konfliktlösung zwischen Staaten entstanden. Dabei wurden unter UNO-Kommando leicht- oder unbewaffnete Soldaten aus mehreren Staaten zwischen den verfeindeten Seiten eingesetzt. Friedenssoldaten konnten angefordert werden, wenn der Sicherheitsrat die UNO dazu ermächtigte, eine Waffenruhe oder eine Trennung der Parteien zu überwachen, um internationalen Frieden und Sicherheit aufrecht zu erhalten, so wie es die Charta vorsieht. Friedenssoldaten sollten nicht Feuer mit Feuer bekämpfen. Im Allgemeinen wurden sie eingesetzt, wenn ein Waffenstillstand vereinbart worden war und die Beteiligten ihre Zustimmung gegeben hatten. Die UNO-Truppen berichteten unparteiisch, ob ein Waffenstillstand eingehalten wurde, ob Truppen abgezogen oder andere Elemente eines Friedensabkommens umgesetzt wurden. Dieses Vorgehen sorgte für ausreichend Zeit, um mit diplomatischen Mitteln die eigentlichen Ursachen eines Konfliktes anzugehen.

...zur multidimensionalen Friedenssicherung

Das Ende des Kalten Krieges führte zu einem erheblichen Wandel bei den UNO-Friedenssicherungseinsätzen. Befreit von der Bipolarität entsandte der Sicherheitsrat größere und komplexere Friedenssicherungsmissionen – oft zur Umsetzung umfangreicher Friedensabkommen zwischen Staaten. Außerdem umfassten die Friedenssicherungseinsätze in zunehmenden Maße nicht-militärische Elemente, um die Nachhaltigkeit der Konfliktlösungen zu gewährleisten. Die UNO-Hauptabteilung Friedenssicherungseinsätze (DPKO) wurde im Jahr 1992 gegründet, um den steigenden Bedarf an komplexer Friedenssicherung zu decken. Im Großen und Ganzen waren die neuen Einsätze erfolgreich. In El Salvador und Mosambik zum Beispiel halfen Friedenssicherungseinsätze den Ländern einen selbst erhaltenden Frieden aufzubauen. Es gab jedoch auch einige Misserfolge, wahrscheinlich durch eine zu optimistische Sicht, was die Friedenssicherungseinsätze erreichen könnten. Während schwierige Einsätze in Kambodscha und Mosambik weiterliefen, entsandte der Sicherheitsrat Truppen in Konfliktgebiete wie Somalia und Bosnien-Herzegowina, wo es weder einen Waffenstillstand noch die Zustimmung aller Konfliktparteien gab. Einige der Mandate, die diesen Missionen gegeben worden waren, stellten sich mit den vorhandenen Ressourcen und Personal als undurchführbar heraus. Auch waren in einigen Fällen Mitgliedsstaaten nicht darauf vorbereitet, ihre eigenen Beschlüsse durchzusetzen. Das Versagen, vor allem das Massaker in Srebrenica in Bosnien-Herzegowina im Jahr 1995 und der Völkermord in Ruanda im Jahr 1994, führte zu einer Phase der Selbstprüfung von UNO-Friedenssicherung.

Funktioniert die Friedenssicherung der UNO?

Verglichen mit den Kosten eines Konflikts, dem Verlust an Menschenleben und wirtschaftlicher Verwüstung sind Friedenssicherungseinsätze der Vereinten Nationen sowohl erfolgreich als auch kosteneffektiv. Als Zukunftsinvestition haben UNO-geführte Friedenssicherungseinsätze – im Gegensatz zu denen von Ad-hoc-Koalitionen – den klaren Vorteil ihres eingebauten Mechanismus zur globalen Aufteilung der finanziellen, materiellen und personellen Kosten, wie Paul Collier und Anke Hoeffler von der Oxford University herausgefunden haben. Historiker haben eine stark gegenläufige Wechselbeziehung zwischen Friedenssicherungseinsätzen und Kriegsverlusten verzeichnet. Das bedeutet, dass bei erhöhten Bemühungen zur Friedenssicherung die Zahl der Kriegsopfer zurückgeht, wie zwei Studien des UBC Human Security Centre und der Rand Corporation unabhängig voneinander feststellten. Die Rand Corporation hat acht abgeschlossene UNO-Friedenssicherungseinsätze untersucht: in Belgisch-Kongo, Namibia, El Salvador, Kambodscha, Mosambik, Ost-Slawonien, Sierra Leone und Ost-Timor. Die Studie kam zu dem Schluss, dass zwei Drittel der Missionen „erfolgreich" waren. Sie stellte auch fest, dass die UNO die am besten geeigneten institutionellen Rahmenbedingungen bietet, vor allem für die großen und anspruchsvollen Einsätze zur Nationenbildung. Dies wird erreicht durch die vergleichsweise kostengünstige Struktur der UNO, ihre hohe Erfolgsrate und ihren hohen Grad an internationaler Legitimität. Laut dieser Studie ist die Friedenssicherung der Vereinten Nationen ein hocheffizientes Mittel, um Gesellschaften nach einem Konflikt zurück auf den Weg zu dauerhaftem Frieden und demokratischer Regierungsführung zu leiten. Es ist auch die wirksamste Art internationaler Intervention, die bislang entwickelt wurde. Alternativen zur UNO auf diesem Gebiet sind entweder erheblich teurer oder sehr viel leistungsschwächer.

© Vereinte Nationen 2007 Deutsche Fassung: Regionales Informationszentrum der Vereinten Nationen für Westeuropa (UNRIC) in Brüssel, UNRIC Verbindungsbüro in Deutschland, Bonn.

Multidimensionale Integrierte Stabilisierungsmission der Vereinten Nationen unter Beteiligung der deutschen Bundeswehr in Mali (seit 2013)

1 Stellen Sie den wesentlichen Beitrag der Vereinten Nationen zur Friedenssicherung zwischen Staaten dar, indem Sie konkrete Beispiele für die verschiedenen Friedenssicherungsmaßnahmen nennen.

2 Prüfen Sie, ob bzw. inwiefern die Vereinten Nationen Immanuel Kants Intentionen aus seiner Schrift „Zum ewigen Frieden" (S. 84 f.) entsprechen.

Menschenrechte – universale Rechte für alle?

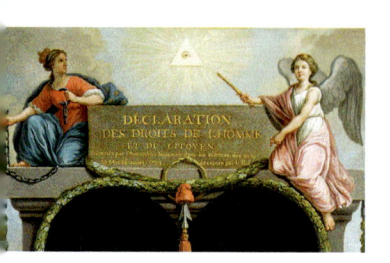

Die Entwicklung des Menschenrechtsgedankens

Der Gedanke, dass es unveräußerliche Rechte gebe, findet sich bereits in der antiken Philosophie, vor allem im Naturrechtsdenken* der Stoa*. Er beschränkt sich jedoch noch auf einen kleinen Kreis Auserwählter und galt keineswegs für alle Menschen. Die Schriften des Judentums, Christentums und des Islams betonen, dass *alle* Menschen Ebenbilder Gottes und damit vor Gott gleich seien, wenngleich die religiösen Institutionen diese Lehre in ihren eigenen Rechtsstatuten nicht immer umsetzen, indem sie z. B. Frauen den Zugang zu Ämtern erschweren oder gar unmöglich machen. Erst die Philosophie der Aufklärung, die lehrte, dass es *eine* Natur und *eine* Vernunft gebe, die allen Menschen gemeinsam sei, gab den entscheidenden Anstoß für die universale Menschenrechtsidee.

In staatsrechtlicher Hinsicht beginnt die Geschichte der Menschenrechte mit der „Virginia Declaration of Rights", der amerikanischen Unabhängigkeitserklärung von 1776. Sie spricht davon, dass „alle Menschen gleich geschaffen" seien und „von ihrem Schöpfer mit gewissen unveräußerlichen Rechten ausgestattet" worden seien. Diese Erklärung ist das erste verfassungsrechtliche Dokument, das die Idee der Menschenrechte mit dem Prinzip der Demokratie und der Gewaltenteilung verbindet. Ihr folgt bald darauf die „französische „Erklärung der Menschen- und Bürgerrechte" (1789), die die Menschen als „frei und gleich an Würde und Rechten" sah.

Aufgrund der Erfahrung mit totalitären Ideologien, Faschismus und Weltkrieg kam es 1945 zur Gründung der „Vereinten Nationen", die in der „Allgemeinen Erklärung der Menschenrechte" ihr programmatisches Verständnis der Menschenrechte formulierten. Diese Erklärung vereinigt in Art. 1 den Vernunftglauben der Aufklärung („mit Vernunft und Gewissen begabt") mit den Zielen der Französischen Revolution („frei und gleich an Würde und Rechten", „im Geist der Brüderlichkeit begegnen").

Originalbeitrag für diesen Band

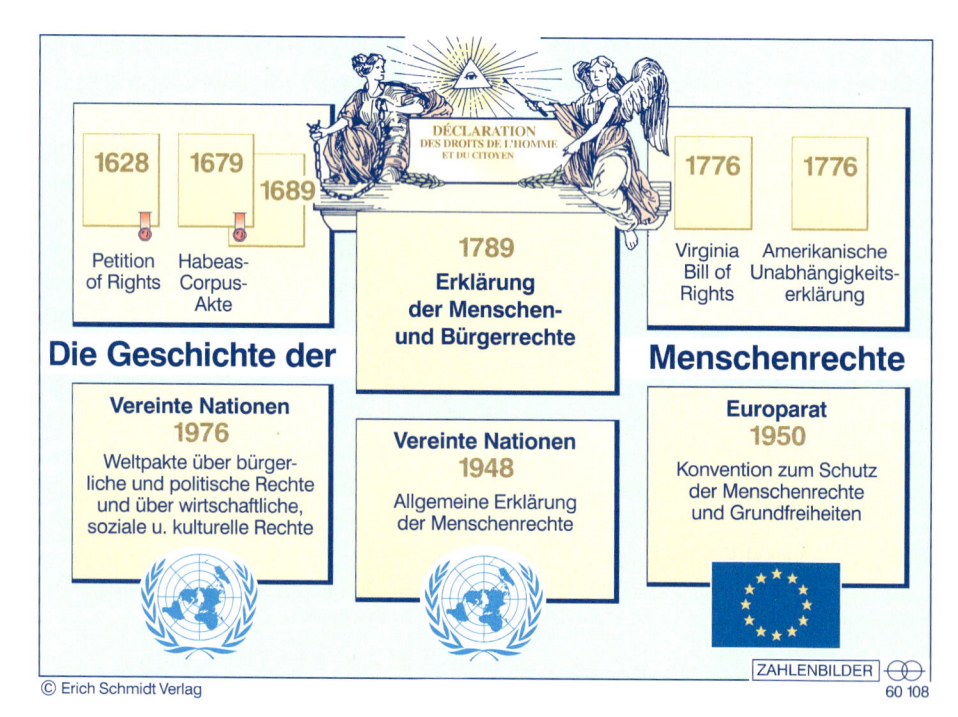

Menschenrechtsdeklaration der Französischen Revolution am 26. Oktober 1789

1 Skizzieren Sie die philosophischen Wurzeln der Menschenrechte.

2 Recherchieren Sie die verschiedenen Etappen in der Geschichte der Menschenrechte im Detail und fassen Sie jeweils die wesentlichen Aspekte kurz zusammen.

Die Geschichte der Menschenrechte

- 1628 Petition of Rights
- 1679 Habeas-Corpus-Akte
- 1689
- 1776 Virginia Bill of Rights
- 1776 Amerikanische Unabhängigkeitserklärung
- 1789 Erklärung der Menschen- und Bürgerrechte
- Vereinte Nationen 1976 – Weltpakte über bürgerliche und politische Rechte und über wirtschaftliche, soziale u. kulturelle Rechte
- Vereinte Nationen 1948 – Allgemeine Erklärung der Menschenrechte
- Europarat 1950 – Konvention zum Schutz der Menschenrechte und Grundfreiheiten

© Erich Schmidt Verlag

Vereinte Nationen: Allgemeine Erklärung der Menschenrechte vom 10. Dezember 1948

Die „Allgemeine Erklärung der Menschenrechte" vom 10. Dezember 1948 ist als Resolution verabschiedet worden und daher kein völkerrechtlich verbindlicher Vertrag. Sie soll aber als Grundlage für völkerrechtlich verbindliche Verträge dienen. 1994 richtete die UN ein „Hochkommissariat" für Menschenrechte ein, um der Forderung nach Einhaltung der Menschenrechte mehr Nachdruck zu verleihen. Diesem Ziel dient auch die Einrichtung des UN-Kriegsverbrecher-Tribunals in Den Haag (1993) und der Internationale Strafgerichtshof (ICC), der 2003 in Den Haag seine Arbeit aufnahm. Dieser Gerichtshof wird tätig, wenn nationale Gerichte nicht fähig oder willens sind, Verbrechen zu ahnden, die unter das Weltstrafrecht fallen (z. B. Verbrechen gegen die Menschlichkeit, Völkermord). Allerdings kann das Weltgericht nur tätig werden, wenn das Herkunftsland der Beschuldigten dem ICC-Statut zugestimmt hat. Für Europa zuständig ist der „Europäische Gerichtshof für Menschenrechte" in Straßburg, der gemäß der „Europäischen Menschenrechtskonvention" (1950) urteilt.

Straße der Menschenrechte (Nürnberg): Betonsäulen mit den Menschenrechtsartikeln von 1948

Artikel 1 (Freiheit, Gleichheit, Brüderlichkeit)
Alle Menschen sind frei und gleich an Würde und Rechten geboren. Sie sind mit Vernunft und Gewissen begabt und sollen einander im Geist der Brüderlichkeit begegnen.
Artikel 2 (Verbot der Diskriminierung)
1. Jeder Mensch hat Anspruch auf die in dieser Erklärung verkündeten Rechte und Freiheiten, ohne irgendeine Unterscheidung, wie etwa nach Rasse, Farbe, Geschlecht, Sprache, Religion, politischer und sonstiger Überzeugung, nationaler oder sozialer Herkunft, nach Eigentum, Geburt oder sonstigen Umständen.
2. Weiter darf keine Unterscheidung gemacht werden aufgrund der politischen, rechtlichen oder internationalen Stellung des Landes oder Gebietes, dem eine Person angehört, ohne Rücksicht darauf, ob es unabhängig ist, unter Treuhandschaft steht, keine Selbstregierung besitzt oder irgendeiner anderen Beschränkung seiner Souveränität unterworfen ist.
Artikel 3 (Recht auf Leben und Freiheit)
Jeder Mensch hat das Recht auf Leben, Freiheit und Sicherheit seiner Person. […]
Artikel 7 (Gleichheit vor dem Gesetz)
Alle Menschen sind vor dem Gesetz gleich und haben ohne Unterschied Anspruch auf gleichen Schutz durch das Gesetz. […]
Artikel 14 (Asylrecht)
1. Jeder Mensch hat das Recht, in anderen Ländern vor Verfolgungen Asyl zu suchen und zu genießen.
2. Dieses Recht kann jedoch im Falle einer Verfolgung wegen nicht politischer Verbrechen oder wegen Handlungen, die gegen die Ziele und Grundsätze der Vereinten Nationen verstoßen, nicht in Anspruch genommen werden. […]
Artikel 18 (Gewissens- und Religionsfreiheit*)
Jeder Mensch hat Anspruch auf Gedanken-, Gewissens- und Religionsfreiheit; dieses Recht umfasst die Freiheit, seine Religion oder seine Überzeugung zu wechseln, sowie die Freiheit, seine Religion oder seine Überzeugung allein oder in Gemeinschaft mit anderen, in der Öffentlichkeit oder privat, durch Lehre, Ausübung, Gottesdienst und Vollziehung von Riten zu bekunden.
Artikel 19 (Meinungs- und Informationsfreiheit)
Jeder Mensch hat das Recht auf freie Meinungsäußerung; dieses Recht umfasst die Freiheit, Meinungen unangefochten anzuhängen und Informationen und Ideen mit allen Verständigungsmitteln ohne Rücksicht auf Grenzen zu suchen, zu empfangen und zu verbreiten.

Bruno Simma (Hg.): Menschenrechte. Ihr internationaler Schutz. München: C. H. Beck ²1985

1 In der Menschenrechtsresolution wurde in Artikel 1 die Würde aller Menschen aufgenommen. Erklären Sie, warum.

2 Informieren Sie sich über die Kairoer Erklärung der Menschenrechte im Islam sowie die Banjul Charta (Afrikanische Charta der Menschenrechte und Rechte der Völker). Vergleichen Sie diese anschließend mit der Allgemeinen Menschenrechtserklärung der UN.

Eine amerikanische Soldatin foltert einen irakischen Gefangenen (2004). Die an den Folterungen beteiligten Soldaten wurden von US-Militärgerichten zu z. T. hohen Haftstrafen verurteilt. Nach Angaben von Amnesty International wurden 2004 in über 130 Ländern Menschen gefoltert und misshandelt.

Bernd Hamm/Franz Nuscheler: „Maximalistische" Menschenrechtskataloge?

Angesichts der „strukturellen Gewalt" von Unterentwicklung und Massenarmut sowie schwerer Menschenrechtsverletzungen in vielen Staaten stellt sich die Frage nach dem Sinn „maximalistischer Menschenrechtskataloge", denen auch hoch entwickelte demokratische Staaten kaum genügen. [...] Wäre der Durchsetzung von grundlegenden Menschenrechten nicht besser gedient, wenn die maximalistischen Menschenrechtskataloge auf wirklich universell gültige und international überprüfte Minimalstandards verdichtet würden? [...] Wichtiger als die Formulierung und ständige Erweiterung von Prinzipienkatalogen, die sich an einem Idealzustand der Weltgesellschaft orientieren, wäre z. B. die weltweite Durchsetzung des in der UN-Konvention gegen die Folter kodifizierten Folterverbots auch unter Notstandsbedingungen.

Bernd Hamm/Franz Nuscheler: „Maximalistische" Menschenrechtskataloge? In: Bernd Hamm/Franz Nuscheler: Zur Universalität der Menschenrechte. Institut für Entwicklung und Frieden der Gerhard-Mercator-Universität Duisburg und der Universität – Gesamthochschule Essen. Duisburg: INEF 1995, S. 4 f.

Amnesty International (Hg.): Jahrbuch Menschenrechte (jährlich)

1 Nennen Sie weitere Verstöße gegen die Menschenrechte in Deutschland, in Europa sowie in den anderen Teilen der Welt.

2 Entwickeln Sie Minimalstandards und vergleichen Sie diese mit Ihren Mitschülerinnen und Mitschülern. Leiten Sie anschließend aus Ihren Minimalstandards Ihre Auswahlkriterien ab.

3 Nehmen Sie Stellung zu der von Hamm/Nuscheler geforderten Festlegung von „Minimalstandards" bei Menschenrechten.

4 Diskutieren Sie ein grundsätzliches Folterverbot.
→ Folgerichtig und stimmig argumentieren, S. 143

5 In mehr als 130 Ländern gibt es Folter und Misshandlungen. Erklären Sie, warum ausgerechnet die von US-amerikanischen Soldaten begangene Folter weltweit Empörung auslöste.

Vereinte Nationen: Übereinkommen gegen Folter und andere grausame, unmenschliche oder erniedrigende Behandlung und Strafe (1984)

Artikel 1: Im Sinne dieses Übereinkommens bezeichnet der Ausdruck „Folter" jede Handlung, durch die einer Person vorsätzlich große körperliche oder seelische Schmerzen oder Leiden zugefügt werden, z. B., um von ihr oder einem Dritten eine Aussage oder ein Geständnis zu erlangen, um sie für eine tatsächlich oder mutmaßlich von ihr oder einem Dritten begangene Tat zu bestrafen oder um sie oder einen Dritten einzuschüchtern oder zu nötigen. [...]

Artikel 2: (1) Jeder Vertragsstaat trifft wirksame gesetzgeberische, verwaltungsmäßige, gerichtliche oder sonstige Maßnahmen, um Folterungen in allen seiner Hoheitsgewalt unterstehenden Gebieten zu verhindern. (2) Außergewöhnliche Umstände gleich welcher Art, sei es Krieg oder Kriegsgefahr, innenpolitische Instabilität oder ein sonstiger öffentlicher Notstand, dürfen nicht als Rechtfertigung für Folter geltend gemacht werden. (3) Eine von einem Vorgesetzten oder einem Träger öffentlicher Gewalt erteilte Weisung darf nicht als Rechtfertigung für Folter geltend gemacht werden. [...]

Artikel 4: (1) Jeder Vertragsstaat trägt dafür Sorge, dass nach seinem Strafrecht alle Folterhandlungen als Straftaten gelten. Das Gleiche gilt für versuchte Folterung und für von irgendeiner Person begangene Handlungen, die eine Mittäterschaft an einer Folterung darstellen. (2) Jeder Vertragsstaat bedroht diese Straftaten mit angemessenen Strafen, welche die Schwere der Tat berücksichtigen.

Robert Esser (Hg.): Europäisches und Internationales Strafrecht: Vorschriftensammlung. Heidelberg: C. F. Müller 2009, S. 597 f.

Simone Wolken: Ursprünge des Asylrechts

Das griechische Wort „asylos", das „Zufluchtsstätte" bedeutet, ist der sprachliche Ursprung unserer heutigen Bezeichnung „Asyl". Sie bezeichnet jedoch heute nicht mehr wie im Griechischen den Ort, an dem ein Verfolgter Schutz findet, sondern den Schutz, den der Flüchtling genießt. Diese Änderung in der Bedeutung des Wortes erklärt sich durch die unterschiedlichen Formen der Schutzgewährung, die das Asyl vom Altertum bis heute ausmachten. Im Altertum hatte der Flüchtende Schutz gefunden, wenn er eine Kultstätte, einen Tempel oder ein Heiligtum betrat oder es berührte. Der Schutz wurde also ausgelöst durch die Verbindung des Schutzsuchenden mit dem heiligen Ort oder dem heiligen Gegenstand. Das Erreichen dieses Orts machte ihn für seine Verfolger unantastbar. Mit dem Entstehen der antiken griechischen Stadtstaaten entwickelte sich neben dem religiösen Asyl der Tempel und Altäre ein staatliches Asylrecht. Es beschränkte sich auf Flüchtlinge aus anderen Staaten und hier allein auf politisch Verfolgte. Durch diese Entwicklung löste sich die Asylgewährung von ihren religiösen und kultischen Ursprüngen und wurde zu einem Recht des asylgewährenden Staates und damit zu einer politischen Entscheidung. Der politische Flüchtling war also nicht mehr automatisch geschützt, sobald er einen bestimmten Ort erreicht hatte. Vielmehr lag die Entscheidung über die Schutzgewährung bei dem Staat, an den sich der Flüchtling wandte.

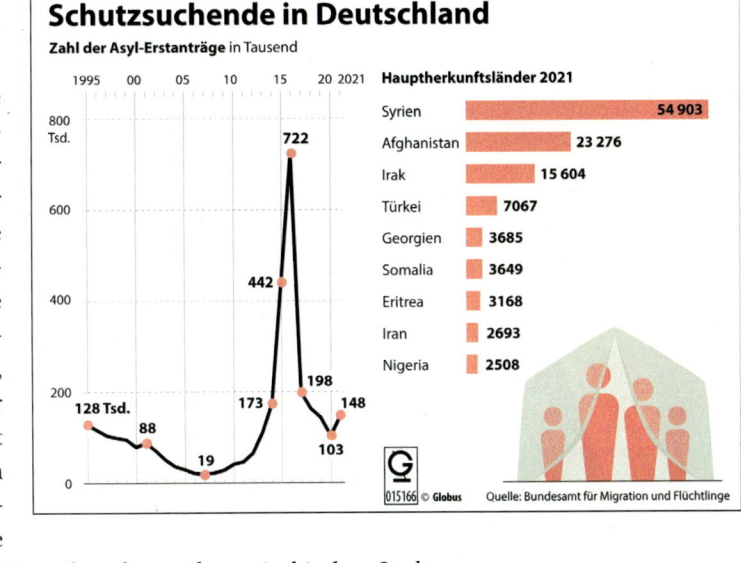

Simone Wolken: Ursprünge des Asylrechts. In: Wochenschau 11, Nr. 6, Nov./Dez. 1992

Schutzsuchende in Deutschland
Zahl der Asyl-Erstanträge in Tausend

1995	128 Tsd.
~2000	88
~2005	19
~2010	173
~2015	442
2016	722
~2019	198
2020	103
2021	148

Hauptherkunftsländer 2021

Land	Anzahl
Syrien	54 903
Afghanistan	23 276
Irak	15 604
Türkei	7067
Georgien	3685
Somalia	3649
Eritrea	3168
Iran	2693
Nigeria	2508

Quelle: Bundesamt für Migration und Flüchtlinge

Norbert Brieskorn: Menschenrechtsbewegungen

Der Menschenrechtsschutz kann und darf den Staaten nicht allein überlassen werden. Solange staatliche Institutionen sich der „Staatsräson" unterwerfen, rückt das Anliegen des Menschenrechtsschutzes auf den zweiten, wenn nicht sogar auf einen niedrigeren Platz.

Die von Menschen geschaffene Institution darf aber nicht dem Menschen vorgeordnet werden. Die Vertreter der Staaten sind außerdem aus einem Gleichgewichtsbewusstsein heraus geneigt, Menschenrechtsverletzungen bei sich gegen die eines anderen Staates gegeneinander aufzurechnen. Das Eintreten für die Menschenrechte ist nun unvertretbar, nicht an den Staat delegierbar und darf sich sogar wegen selbst begangener Menschenrechtsverletzungen nicht vom Protest gegen solche Verletzungen abbringen lassen. [...] Gelingt es nicht, immer weitere Kreise der Bevölkerung, der eigenen wie der, welche den Schutz benötigt, für das Anliegen des Menschenrechtsschutzes zu gewinnen, kann eine Menschenrechtsbewegung in der Isolierung die Orientierung verlieren oder dem Staat als Feigenblatt dienen.

Norbert Brieskorn: Menschenrechtsbewegungen. In: Rechtsphilosophie. Stuttgart: Kohlhammer 1990, S. 154

---

1 Nennen Sie politische und religiöse Gründe für das Recht auf Asyl. Lesen Sie dazu den Artikel 16a des Grundgesetzes.

2 Recherchieren Sie die Menschenrechtssituation und die politische sowie wirtschaftliche Lage in den Herkunftsländern der Asylsuchenden. Nennen Sie mögliche Fluchtgründe, die Menschen aus den jeweiligen Ländern haben können.

3 In Deutschland gibt es das Kirchenasyl. Vergleichen Sie dies mit der altertümlichen Bedeutung von Asyl. Informieren Sie sich, wie viele Menschen in Deutschland Kirchenasyl in Anspruch nehmen.

4 Wenn Sie Mitglied bei Amnesty International wären, welche Aktionen von Amnesty International würden sie unterstützen?

5 Erläutern Sie abschließend die Bedeutung der Menschenrechte anhand ausgewählter Menschenrechtsartikel (siehe S. 89) sowie des Asylrechts für ein freiheitliches und friedliches Zusammenleben in einer pluralistischen Gesellschaft und einer globalisierten Welt. Nennen Sie anschauliche Beispiele.

Merkmale und Erscheinungsformen von autoritären Systemen

Kommunistische Partei Chinas: „Dokument 9"

Im Jahr 2013 gelangte ein vertrauliches Strategiepapier der Kommunistischen Partei (KP) Chinas aus dem Jahre 2012 an die Öffentlichkeit. Es trägt den Namen „Dokument 9" und spiegelt laut Experten Leitlinien der Politik Xi Jinpings wider, der seit 2013 Staatspräsident der Volksrepublik Chinas ist. Das Papier nennt im Wesentlichen sieben weltanschauliche Positionen, die ausdrücklich als falsch bezeichnet werden, zum Beispiel:

1. Eine Demokratie nach westlichem Vorbild mit Gewaltenteilung, Mehrparteiensystem, allgemeinen Wahlen und einer unabhängigen Justiz würde den Sozialismus chinesischer Prägung untergraben.
2. Die Verbreitung universeller Werte wie Menschenrechte, Rechtsstaatlichkeit, Freiheit und Demokratie könnten das theoretische Fundament der KP China herausfordern und untergraben.
3. Die Stärkung der Zivilgesellschaft als einem Gegengewicht zum Staat, welche gegenüber diesem die Rechte des Individuums verteidigt, zerstört das Fundament der Partei. […]
5. Die westliche Vorstellung des Journalismus, Pressefreiheit und ein freies Internet steht dem chinesischen Prinzip der Parteidisziplin entgegen, das verlangt, dass Medien die Auffassung der Partei kommunizieren. […]

Document 9: A ChinaFile Translation. 8. November 2013. Unter: https://www.chinafile.com/document-9-chinafile-translation; Deutsche Übersetzung nach Art. „Dokument Nummer 9". Unter https://de.wikipedia.org/wiki/Dokument_Nummer_9 [22.05.2022]

Der chinesische Politiker **Xi Jingping** (* 1953) ist seit 2013 Staatspräsident der Volksrepublik China.

[…]Unter Xi Jinping wird heute unverhüllt top-down regiert. Die KP hat das Sagen, immer und überall. „Regierung, Militär, Gesellschaft und Schulen, Nord, Süd, Ost und West – die Partei ist der Führer von allem", bekräftigte Xi bei der Eröffnung des 19. Parteitags im Oktober 2017. Kurz nach seinem Amtsantritt hatte er in einem internen Memorandum („Dokument 9") den westlichen Werten den Kampf angesagt. Sieben Themen waren für ihn tabu: konstitutionelle Demokratie, universelle Werte wie die Menschenrechte, eine unabhängige Presse, eine eigenständige Zivilgesellschaft, „nihilistische" Kritik an früheren Fehlern der Kommunistischen Partei, radikalmarktwirtschaftlicher* „Neoliberalismus"[1] und die Unabhängigkeit der Justiz. Gegen die demokratische Versuchung aus dem Westen setzt Xi Jinping seinen „chinesischen Traum". Eine 5000 Jahre alte Zivilisation, so seine Vision, werde zu neuem Glanz aufsteigen. Endgültig zurücklassen soll China das „Jahrhundert der Demütigungen" durch den westlichen Imperialismus, das mit den Opiumkriegen Mitte des 19. Jahrhunderts begann und mit der Gründung der Volksrepublik China 1949 endete. Wohlstand im Inneren und neues Ansehen in der Welt – das verheißt Xi seinem Volk. Zwei Zielmarken hat er dafür gesetzt. Im Jahr 2021, ein Jahrhundert nach Gründung der Kommunistischen Partei, sollen die Menschen in China einen „moderaten Wohlstand" genießen. Und 2049, zu ihrem hundertsten Geburtstag, soll die Volksrepublik eine „moderne sozialistische Gesellschaft" sein. Dann soll sie das Entwicklungsniveau der führenden Industriestaaten erreicht haben. […]

Matthias Naß: Xi Jinping: Er hat das Sagen, immer und überall. https://www.zeit.de/2021/08/xi-jinping-china-kommunistische-partei-diktatur [22.05.2022]

[1] Neoliberalismus: moderne Ausprägung des Wirtschaftsliberalismus, nach dessen Auffassung sich der Staat aus dem freien Spiel der Kräfte des Marktes heraushalten solle.

1 Fassen Sie die politischen Grundsätze Xi Jinpings unter Einbeziehung der Inhalte von „Dokument 9" zusammen. Stellen Sie ihnen jeweils ausgewählte Artikel aus dem Grundgesetz der Bundesrepublik Deutschland gegenüber.

2 Setzen Sie sich kritisch mit den autoritären und antidemokratischen Merkmalen Chinas unter Xi Jinping auseinander.

Das chinesische Sozialkreditsystem als Ausdruck staatlicher Kontrolle sowie der Unterdrückung individueller Rechte

China ist auf dem Weg zur totalen Überwachung. Mit einem Punktesystem sollen gute Taten belohnt und schlechte bestraft werden.
[...]

Was steckt hinter dem chinesischen Sozialkreditsystem?

China baut seit ein paar Jahren ein System auf, um das Verhalten seiner Bewohnerinnen und Bewohner in sämtlichen Lebensbereichen besser kontrollieren zu können. Das sogenannte Sozialkreditsystem soll das Verhalten im Alltag erfassen. Kontrolliert wird das soziale Verhalten, aber auch die Zahlungsmoral, Einkaufsgewohnheiten oder die Treue zur Partei.

Konkret erhält jeder Bewohner ein digitales Punktekonto, auf dem zu Beginn eine bestimmte Anzahl an Punkten hinterlegt wird. Für „gutes Verhalten" gibt es Bonuspunkte, für „schlechtes Verhalten" werden Punkte abzogen. Das Problem: Was „gut" und „schlecht" ist, legt die Regierung fest. „Prinzipiell kann alles, was dem Parteistaat nicht gefällt, zu einem Kriterium für Bonus oder Malus gemacht werden", sagt Prof. Björn Alpermann, Sinologe und Lehrstuhlinhaber für Contemporary Chinese Studies an der Universität Würzburg.

Pluspunkte für Gutes, Minuspunkte für Schlechtes

In der Küstenstadt Rongcheng wird das digitale Sozialpunktesystem bereits getestet. Alle Bürger starteten dort mit 1 000 Punkten auf dem Konto. Wer dort zur Blutspende geht, bekommt fünf Pluspunkte. Wer anderen Menschen über die Straße hilft, erhält ebenso fünf Bonuspunkte. Abzüge gibt es, wenn Hundekot nicht beseitigt wird (minus zehn) oder Stress mit den Nachbarn angezettelt wird (minus fünf). Negative Punkte gibt es auch bei Verkehrsdelikten. Überwacht werden die Menschen von Kameras; die automatische Identifikation funktioniert über eine Gesichtserkennung. Das gesamte Handeln wird digital erfasst.

Wer zu viele Minuspunkte gesammelt hat, wird bestraft. Unter Umständen landet er dann auf einer schwarzen Liste und kann sich nicht mehr so einfach fortbewegen. Internationale Flugtickets oder Fahrkarten für den Schnellzug, also für weitere Strecken, sind dann nicht mehr buchbar. Bis April 2018 gab es laut staatlichen Medien bereits 111 Millionen gescheiterte Buchungsvorgänge von Personen, die auf einer landesweiten „schwarzen Liste" unzuverlässiger Schuldner stehen. Ihnen wurde der Kauf eines Flugtickets verweigert. In über 425 000 Fällen wurde Menschen die Fahrt mit einem Schnellzug verweigert.

Das Punktesystem soll aber auch für Unternehmen gelten: „Unternehmen, die sich Verstöße gegen Umweltgesetze oder Verbraucherschutz haben zuschulden kommen lassen, sind von staatlichen Krediten oder Projekten ausgeschlossen und werden auf eine ‚schwarze Liste' gesetzt", erklärt Björn Alpermann.
[...]

Wie bewerten die Chinesen die Einführung eines Punktesystems?

Während die Empörung in der westlichen Welt groß ist, gibt es unter den Chinesen viel Zustimmung. Mehr als zwei Drittel bewerten Sozialkreditsysteme in ihrem Land positiv. Zu diesem Ergebnis kommt ein Wissenschaftlerteam der Freien Universität Berlin um die Prof. Genia Kostka. Die Daten stammen aus einer Onlinebefragung, für die 2 209 Chinesen befragt wurden.

Besonders groß ist die Zustimmung den Ergebnissen zufolge, je älter und gebildeter die Befragten sind und je höher ihr Einkommen ist. Bei der Betrachtung der Studienergebnisse muss allerdings der Effekt der sozialen Erwünschtheit berücksichtigt werden – also dass Befragte möglicherweise sehr vorsichtig waren bei ihrer Onlinebewertung der Sozialkreditsysteme. Denn es könnte ja sein, dass die Regierung mitliest.

Die positive Meinung zu den Bonitätssystemen habe sich aber auch in persönlichen Interviews bestätigt, erklärt Studienleiterin Kostka. Die Stichprobe ist repräsentativ für die chinesischen Internetnutzer zwischen 14 und 65 Jahren in Bezug auf Alter, Geschlecht und Region.

Warum stimmen viele Chinesen dem System zu?

Die Chinesen erhoffen sich, dass sich die Lebensqualität durch ein Punktesystem verbessert. Denn trotz der Entwicklung der vergangenen 40 Jahre gelten sowohl das Rechtssystem als auch der Bankensektor in China als unterentwickelt. So gibt es zum Beispiel kein einheitliches Kreditauskunftssystem analog zu unserer Schufa. Die Durchsetzung vieler Gesetze wird ebenfalls als mangelhaft beschrieben.

„In einem Land, in dem die Verbraucher über giftige Babymilch oder kontaminierte Erdbeeren besorgt sein müssen oder Internetbetrüger Hunderttausende von Menschen schikanieren, wird das Sozialkreditsystem als Plattform für verlässliche Information wahrgenommen", erklärt Studienleiterin Kostka. „Die in westlichen Ländern geübte Kritik an der Sammlung persönlicher Daten rückt damit in China in den Hintergrund."

Andreas Sträter: Wie China seine Bürgerinnen und Bürger mit einem Punktesystem kontrollieren will (30. Januar 2020). https://www.quarks.de/gesellschaft/wie-china-seine-buerger-mit-einem-punktesystem-kontrollieren-will [18.05.2022]

Im der ostchinesischen Küstenstadt Rongcheng sind auf einer Tafel sogenannte „Modellbürger" gelistet, die im Sozialkreditsystem die höchsten Punktzahlen erreicht haben.

Chinas „Social Credit System"

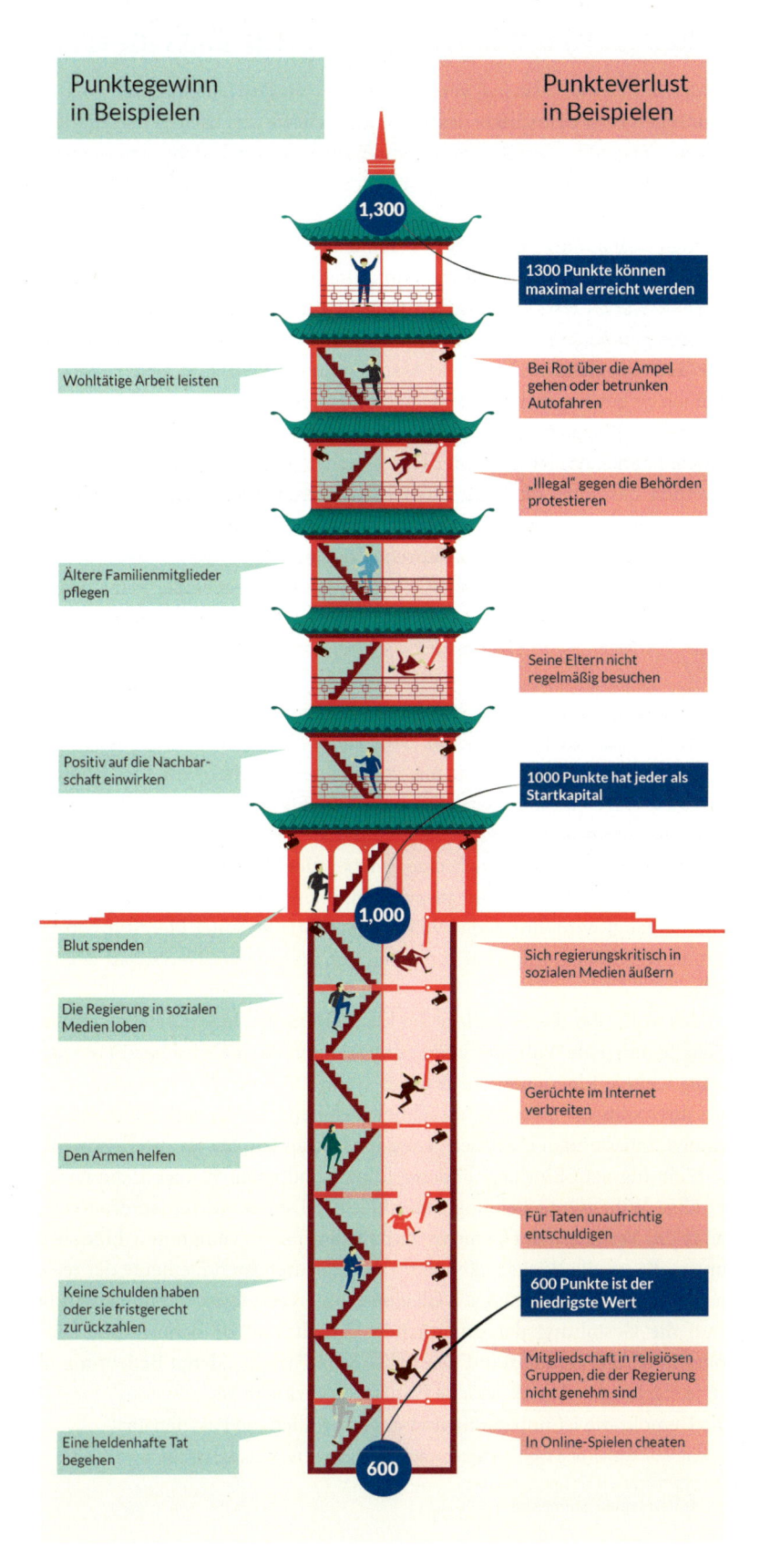

Punktegewinn in Beispielen

- Wohltätige Arbeit leisten
- Ältere Familienmitglieder pflegen
- Positiv auf die Nachbarschaft einwirken
- Blut spenden
- Die Regierung in sozialen Medien loben
- Den Armen helfen
- Keine Schulden haben oder sie fristgerecht zurückzahlen
- Eine heldenhafte Tat begehen

Punkteverlust in Beispielen

- 1300 Punkte können maximal erreicht werden
- Bei Rot über die Ampel gehen oder betrunken Autofahren
- „Illegal" gegen die Behörden protestieren
- Seine Eltern nicht regelmäßig besuchen
- 1000 Punkte hat jeder als Startkapital
- Sich regierungskritisch in sozialen Medien äußern
- Gerüchte im Internet verbreiten
- Für Taten unaufrichtig entschuldigen
- 600 Punkte ist der niedrigste Wert
- Mitgliedschaft in religiösen Gruppen, die der Regierung nicht genehm sind
- In Online-Spielen cheaten

---

1 Erklären Sie den Begriff und die Konzeption des Sozialkreditsystems.

2 Nennen Sie konkrete individuelle Rechte, die durch das Sozialkreditsystem unterdrückt werden.

3 Setzen Sie sich kritisch mit dem Sozialkreditsystem auseinander und diskutieren Sie Möglichkeiten des Widerstands.

4 Stellen Sie begründet dar, weshalb eine Umsetzung des chinesischen Sozialkreditsystems in Deutschland nicht möglich ist.

Verhältnis von Staat und Bürger in der Demokratie

Hans Kelsen: Vom Wesen und Wert der Demokratie (1929)

In der Idee der Demokratie [...] vereinigen sich zwei Postulate unserer praktischen Vernunft, drängen zwei Urinstinkte des geselligen Lebewesens nach Befriedigung. Fürs erste die Reaktion gegen den aus dem gesellschaftlichen Zustande fließenden Zwang, der Protest gegen den fremden Willen, dem sich der eigene beugen muss, gegen die Qual der Heteronomie*1. Es ist die Natur selbst, die sich in der Forderung der Freiheit gegen die Gesellschaft aufbäumt. – Die Last des fremden Willens, die soziale Ordnung auferlegt, wird um so drückender empfunden, je unmittelbarer im Menschen das primäre Gefühl des eigenen Wertes sich in der Ablehnung jedes Mehrwertes eines anderen äußert, je elementarer gerade dem Herrn, dem Befehlenden gegenüber das Erlebnis des zum Gehorsam Gezwungenen ist: Er ist ein Mensch wie ich, wir sind gleich! Wo also ist sein Recht, mich zu beherrschen? So stellt sich die durchaus negative und tief innerst antiheroische Idee der Gleichheit in den Dienst der ebenso negativen Forderung der Freiheit. Aus der Annahme, dass wir – in der Idee – gleich seien, kann wohl die Forderung abgeleitet werden, dass einer den anderen nicht beherrschen solle. Allein die Erfahrung lehrt, dass wenn wir in der Wirklichkeit gleich bleiben wollen, wir uns beherrschen lassen müssen. Darum verzichtet die politische Ideologie keineswegs darauf, Freiheit und Gleichheit miteinander zu verbinden. Gerade die Synthese beider Prinzipien ist für die Demokratie charakteristisch.

Hans Kelsen: Vom Wesen und Wert der Demokratie. Stuttgart 2019, S. 9 f.

Soll Gesellschaft, soll gar Staat sein, dann muss eine bindende Ordnung des gegenseitigen Verhaltens der Menschen gelten, dann muss Herrschaft sein. Müssen wir aber beherrscht werden, dann wollen wir nur von uns selbst beherrscht sein. Von der natürlichen Freiheit löst sich die soziale oder politische Freiheit ab. Politisch frei ist, wer zwar untertan, aber nur seinem eigenen, keinem fremden Willen untertan ist.

[...] Demokratie ist der Idee nach eine Staats- oder Gesellschaftsform, bei der der Gemeinschaftswille, oder ohne Bild gesprochen, die soziale Ordnung durch die ihr Unterworfenen erzeugt wird: durch das Volk. Demokratie bedeutet Identität von Führer und Geführten, von Subjekt und Objekt der Herrschaft, bedeutet Herrschaft des Volkes über das Volk.

[...] Da das ‚Volk', das die Grundlage der demokratischen Idee darstellt, das herrschende, nicht das beherrschte Volk ist, wäre vom Standpunkt realistischer Betrachtung sogar noch eine weitere Einengung des fraglichen Begriffes zulässig. Innerhalb der Masse jener, die, ihre politischen Rechte tatsächlich ausübend, an der staatlichen Willensbildung teilnehmen, müsste man zwischen jenen unterscheiden, die als urteilslose Menge ohne eigene Meinung dem Einflusse anderer folgen, und jenen Wenigen, die wirklich durch selbständige Willensentscheidung – der Idee der Demokratie entsprechend – Richtung gebend in das Verfahren der Gemeinschaftswillensbildung eingreifen. Eine solche Untersuchung stößt auf die Wirksamkeit eines der bedeutendsten Elemente der realen Demokratie: der politischen Parteien, die Gleichgesinnte vereinigen, um ihnen wirklichen Einfluss auf die Gestaltung der öffentlichen Verhältnisse zu sichern. [...] Die moderne Demokratie beruht geradezu auf den politischen Parteien, deren Bedeutung um so größer ist, je stärker das demokratische Prinzip verwirklicht ist.

[...] Die Demokratie ist notwendig und unvermeidlich ein Parteienstaat.

Hans Kelsen: Vom Wesen und Wert der Demokratie. Stuttgart 2019, S. 10, 22, 27 f., 30

---

1 Heteronomie: Fremdbestimmung

Hans Kelsen (1881 – 1973) ist für einige „*der* Jurist des 20. Jahrhunderts" (Horst Dreier). Geboren in Prag, wirkte er zunächst in Wien und floh 1940 vor den Nationalsozialisten in die USA, wo er schließlich an der University of California in Berkeley lehrte. Kelsen leistete wichtige Beiträge auf den Gebieten des Staats- und Völkerrechts sowie der Rechtstheorie und gilt als Vordenker der Vereinten Nationen.

1 Nennen Sie die „zwei Postulate unserer praktischen Vernunft" (Text oben, Z. 1 f.), die laut Kelsen der Demokratie zugrunde liegen und erläutern sie diese anhand anschaulicher Beispiele.

2 Zeigen Sie auf, wie die oben angesprochene Differenz von Freiheit und Gleichheit in der Demokratie konkret aufgehoben wird.

3 Rousseau behauptet im 15. Kapitel des Dritten Buchs seines „Contrat social", dass, „sobald ein Volk Vertreter ernennt, [...] es nicht mehr frei [ist]". Stellen Sie Rousseaus Kritik der repräsentativen Demokratie Kelsens These vom „Parteienstaat" (Z. 24) gegenüber, indem Sie mögliche, damit verbundenen Probleme nennen. Beziehen Sie dabei auch Art. 21 GG mit ein.

Gerade die Klassenherrschaft zu verhindern, ist das parlamentarische Majoritätsprinzip geeignet. Bezeichnend ist schon, dass es sich in der Erfahrung mit dem Minoritätsschutz vereinbar zeigt. Denn die Majorität setzt ihrem Begriff nach die Existenz einer Minorität und es setzt somit das Recht der Majorität die Existenzberechtigung einer Minorität voraus. Daraus ergibt sich zwar nicht die Notwendigkeit, aber doch die Möglichkeit des Schutzes der Minorität gegenüber der Majorität. Dieser Minoritätenschutz ist die wesentliche Funktion der sogenannten Grund- und Freiheits- oder Menschen- und Bürgerrechte, die in allen modernen Verfassungen parlamentarischer Demokratien garantiert sind. Ursprünglich sind sie ein Schutz des Individuums gegen die vollziehende Gewalt, die, noch auf den Rechtsgrundsatz der absoluten Monarchie gestützt, im „öffentlichen Interesse" zu jedem, gesetzlich nicht ausdrücklich verbotenen Eingriff in die Sphäre des Einzelnen befugt ist. Sobald aber – in der konstitutionellen Monarchie und demokratischen Republik – Verwaltung wie Rechtsprechung nur auf Grund besonderer gesetzlicher Ermächtigung möglich und dieses Prinzip der Gesetzmäßigkeit der Vollziehung immer deutlicher bewusst wird, hat die Statuierung von Grund- und Freiheitsrechten nur unter der Voraussetzung Sinn, dass sie in spezifischer Verfassungsform erfolgt, das heißt: dass nicht ein im gewöhnlichen, sondern nur ein in einem qualifizierten Verfahren erzeugtes Gesetz die Grundlage für einen Eingriff der vollziehenden Gewalt in die in einzelne Grund- und Freiheitsrechte gegliederte Sphäre bilden kann. Die typische Form, durch die man Verfassungsgesetze gegenüber einfachen Gesetzen qualifiziert, ist: erhöhtes Quorum und besondere, etwa eine Zweidrittel- oder Dreiviertelmajorität.

Hans Kelsen: Vom Wesen und Wert der Demokratie. Stuttgart 2019, S. 76f., 81

Wer absolute Wahrheit und absolute Werte menschlicher Erkenntnis für verschlossen hält, muss nicht nur die eigene, muss auch die fremde, gegenteilige Meinung zumindest für möglich halten. Darum ist der Relativismus* die Weltanschauung, die der demokratische Gedanke voraussetzt. Demokratie schätzt den politischen Willen jedermanns gleich ein, wie sie auch jeden politischen Glauben, jede politische Meinung, deren Ausdruck ja nur der politische Wille ist, gleichermaßen achtet. Darum gibt sie jeder politischen Überzeugung die gleiche Möglichkeit, sich zu äußern und im freien Wettbewerb um die Gemüter der Menschen sich geltend zu machen. Darum hat man nicht mit Unrecht das dialektische, in Rede und Gegenrede sich entfaltende, die Normerzeugung vorbereitende Verfahren der Volks- wie Parlamentsversammlung als demokratisch erkannt. Die für die Demokratie so charakteristische Herrschaft der Majorität unterscheidet sich von jeder anderen Herrschaft dadurch, dass sie eine Opposition – die Minorität – ihrem innersten Wesen nach nicht nur begrifflich voraussetzt, sondern auch politisch anerkennt und in den Grund- und Freiheitsrechten, im Prinzipe der Proportionalität schützt. Je stärker aber die Minorität, desto mehr wird die Politik der Demokratie eine Politik des Kompromisses, wie auch für die relativistische Weltanschauung nichts charakteristischer ist als die Tendenz zum vermittelnden Ausgleich zwischen zwei gegensätzlichen Standpunkten, von denen man sich keinen ganz und vorbehaltlos und unter völliger Negation des anderen zu eigen machen kann. Die Relativität des Wertes, den ein bestimmtes politisches Glaubensbekenntnis aufrichtet, die Unmöglichkeit, für ein politisches Programm, für ein politisches Ideal […] absolute Gültigkeit zu beanspruchen, zwingt gebieterisch zu einer Ablehnung auch des politischen Absolutismus; mag das nun der Absolutismus eines Monarchen, einer Priester-, Adels-, Kriegerkaste, einer Klasse oder sonst privilegierter Gruppe sein.

Hans Kelsen: Vom Wesen und Wert der Demokratie. Stuttgart 2019, S. 132f.

4 Erläutern Sie das Verhältnis von Staat und einzelnem Bürger in der Demokratie, indem Sie die staatlich garantierten Persönlichkeitsrechte an selbstgewählten Beispielen aus dem Grundgesetz der Bundesrepublik Deutschland veranschaulichen.

5 Nennen Sie Fälle aus der jüngeren Vergangenheit, in denen mittels einer qualifizierten Mehrheitsentscheidung Grundrechte außer Kraft bzw. eingeschränkt wurden. Diskutieren Sie, ob diese Maßnahme rückblickend sinnvoll bzw. angemessen war.

6 Erläutern und beurteilen Sie den Pluralismusbegriff Kelsens sowie die Folgen, die sich daraus ergeben. Nennen Sie auch eigene Beispiele.

7 Skizzieren Sie Bürgerpflichten, die sich aus Kelsens Überlegungen ableiten lassen.

8 Fassen Sie abschließend den Wert der Demokratie aus Hans Kelsens Sicht zusammen. Nennen Sie eigene Gründe und Beispiele für den Wert einer pluralistischen Demokratie.

Legitimität von Protest und Widerstand

Mitglieder der globalisierungskritischen Nichtregierungsorganisation attac demonstrierten 2011 vor der Europäischen Zentralbank.

Protest gegen Mubarak in Kairo 2011: Als der Präsident in seiner Rede ankündigte, dass er im Amt bleiben wolle, reckten viele Demonstranten ihre Schuhsohlen in die Höhe. Dies ist in arabischen Ländern eine schlimme Beleidigung.

Mai 2016: Anti-Kohle-Proteste in der Lausitz. Etwa 1 500 Menschen verhinderten mit einer Sitzblockade auf den Bahngleisen die Belieferung des Kraftwerks „Schwarze Pumpe" mit Kohle. Einige Aktivisten ketteten sich unter den Schienen an.

2014: Hausbesetzung in Berlin-Kreuzberg

Jürgen Habermas (geb. 1929) gilt als einer der am meisten diskutierten Denker der sogenannten „Kritischen Theorie".

Jürgen Habermas: Ziviler Ungehorsam

Äußerungen zivilen Ungehorsams [...] [sind] Akte, die ihrer Form nach illegal sind, obwohl sie unter Berufung auf gemeinsam anerkannten Legitimationsgrundlagen unserer demokratisch-rechtsstaatlichen Ordnung ausgeführt werden. Wer auf diese Weise Protest einlegt, sieht sich in einer Situation, wo ihm in einer Gewissensfrage nur noch drastische mit persönlichen Risiken belastete Mittel zur Verfügung stehen, um die Bereitschaft zur erneuten Beratung und Willensbildung über eine geltende Norm oder eine rechtskräftig beschlossene Politik zu wecken und den Anstoß für die Revision einer Mehrheitsmeinung zu geben. Wer sich zu zivilem Ungehorsam entschließt, will sich angesichts der Tragweite einer für illegitim gehaltenen Regelung nicht damit zufriedengeben, dass die institutionell vorgesehenen Revisionsmöglichkeiten ausgeschöpft sind. [...] Aus dieser Motivation lassen sich die wichtigsten Bestimmungen für zivilen Ungehorsam im demokratischen Rechtsstaat ableiten. [...] Ziviler Ungehorsam ist ein moralisch be-

gründeter Protest, dem nicht nur private Glaubensüberzeugungen oder Eigeninteressen zugrunde liegen dürfen; er ist ein *öffentlicher* Akt, der in der Regel angekündigt ist und von der Polizei in seinem Ablauf kalkuliert werden kann; er schließt die *vorsätzliche Verletzung* einzelner Rechtsnormen ein, ohne Gehorsam gegenüber der Rechtsordnung im Ganzen zu affizieren; er verlangt die Bereitschaft, für die rechtlichen Folgen der Normverletzung *einzustehen*; die Regelverletzung, in der sich ziviler Ungehorsam äußert, hat ausschließlich *symbolischen Charakter* – daraus ergibt sich schon die Begrenzung auf *gewaltfreie* Mittel des Protestes. [...]

Warum soll im demokratischen Rechtsstaat, und gerade in diesem, ziviler Ungehorsam berechtigt sein? [...] Das Problem, um das es geht, kann nur entstehen, wenn wir davon ausgehen, dass der moderne Verfassungsstaat einer moralischen Rechtfertigung sowohl bedarf wie auch fähig ist. Ich gehe von dem ungewöhnlich hohen Legitimationsanspruch des Rechtsstaates aus: er mutet seinen Bürgern zu, die Rechtsordnung nicht aus Furcht vor Strafe, sondern aus freien Stücken anzuerkennen. [...] Diese Anerkennung stützt sich normalerweise darauf, dass ein Gesetz von den verfassungsmäßigen Organen beraten, beschlossen und verabschiedet worden ist. Damit erlangt das Gesetz positive Geltung und legt fest, was in seinem Geltungsbereich als legales Verfahren zählt. Das nennen wir Legitimation durch Verfahren. Diese gibt freilich keine Antwort auf die Frage, warum das legitimierende Verfahren selbst, warum das regelrechte Tätigwerden verfassungsmäßiger Organe, warum letztlich die Rechtsordnung im Ganzen legitim ist. Der Hinweis auf das legale Zustandekommen positiv geltender Normen hilft hier nicht weiter. Die Verfassung muss aus Prinzipien gerechtfertigt werden können, deren Gültigkeit nicht davon abhängig sein darf, ob das positive Recht mit ihnen übereinstimmt oder nicht. Deshalb kann der moderne Verfassungsstaat von seinen Bürgern Gesetzesgehorsam nur erwarten, wenn und soweit er sich auf anerkennungswürdige Prinzipien stützt, in deren Licht dann, was legal ist, als legitim gerechtfertigt – und gegebenenfalls als illegitim verworfen werden kann. [...]

Der Fall des zivilen Ungehorsams kann nur unter Bedingungen eines im Ganzen intakten Rechtsstaates eintreten. Dann darf aber der Regelverletzer die plebiszitäre Rolle des unmittelbar souverän auftretenden Staatsbürgers nur in den Grenzen eines Appells an die jeweilige Mehrheit übernehmen. Im Unterschied zum Résistance-Kämpfer erkennt er die demokratische Legalität bestehender Ordnung an. Die Möglichkeit des berechtigten zivilen Ungehorsams ergibt sich für ihn allein aus dem Umstand, dass auch im demokratischen Rechtsstaat legale Regelungen illegitim sein können – illegitim freilich nicht nach Maßgabe irgendeiner Privatmoral, eines Sonderrechts oder eines privilegierten Zugangs zur Wahrheit. Maßgeblich sind allein die für alle einsichtigen moralischen Prinzipien, auf die der moderne Verfassungsstaat die Erwartung gründet, von seinen Bürgern aus freien Stücken anerkannt zu werden. Es geht nicht um den Extremfall der Unrechtsordnung, sondern um einen Normfall, der immer wieder eintreten wird, weil die Verwirklichung anspruchsvoller Verfassungsgrundsätze mit universalistischem Gehalt ein langfristiger, historisch keineswegs geradlinig verlaufender, vielmehr von Irrtümern, Widerständen und Niederlagen gekennzeichneter Prozess ist.

[...] Der gewissenhaft begründete zivile Ungehorsam weiß sich dem Verfassungskonsens verpflichtet und darf nicht mit der Durchsetzung privater Glaubensgewissheiten verwechselt werden. [...] Thoreau[1] und Martin Luther King [haben], indem sie sich gegen Sklavenherrschaft und Menschenrechtsverletzungen zur Wehr setzten, nicht ihre privaten Überzeugungen verabsolutiert, sondern geltende Verfassungsprinzipien eingeklagt.

Jürgen Habermas: Ziviler Ungehorsam – Testfall für den demokratischen Rechtsstaat. In: ders.: Die neue Unübersichtlichkeit. Frankfurt/Main: Suhrkamp 1986, S. 82–91

[1] Henry David Thoreau (1817–1862): US-amerikanischer Schriftsteller; Vordenker des zivilen Ungehorsams

---

Der Club der toten Dichter (Regie: Peter Weir, USA 1989)

1 Beschreiben Sie die auf den Fotos dargestellten Formen des Protests und Widerstands. Welche Aktionen halten Sie für gerechtfertigt, welche nicht? Begründen Sie Ihre Meinung.

2 Fassen Sie die Merkmale von zivilem Ungehorsam zusammen.

3 Diskutieren Sie, welche der abgebildeten sowie der folgenden Aktionsformen nach Habermas zum zivilen Ungehorsam zählen und welche nicht: Blockade von Militäranlagen, Betriebsbesetzungen gegen Firmenschließungen.

4 Nennen Sie Unterschiede zwischen zivilem Ungehorsam sowie gewaltsamem Widerstand und militanten Aktionen.

5 Erklären Sie die Legitimation zivilen Ungehorsams nach Habermas. Erläutern Sie dessen Funktion bei der Weiterentwicklung des Rechtsstaats.

6 Nehmen Sie Stellung zu der Frage, ob ziviler Ungehorsam im demokratischen Staat gerechtfertigt ist.
→ Folgerichtig und stimmig argumentieren, S. 143

7 Art. 20 Abs. 4 GG formuliert ein Widerstandsrecht. Prüfen Sie, ob es nicht in sich widersprüchlich ist, Widerstand (als eigentlich illegale Handlung) vorab zu legalisieren.

8 Beurteilen Sie, ob es gegen ungerechte Verhältnisse ein Recht auf Widerstand oder sogar eine Pflicht zum Widerstand gibt.

Dietmar von der Pfordten (geb. 1964) lehrt an der Universität Göttingen Rechtsphilosophie* und Sozialphilosophie*.

Dietmar von der Pfordten: Widerstand

[…] 2. Widerstand richtet sich im Gegensatz zum zivilen Ungehorsam nicht darauf, im Rahmen der gegenwärtig bestehenden politischen und rechtlichen Entscheidungsstrukturen möglichst gewaltfrei eine politische Änderung herbeizuführen, sondern bezweckt die unmittelbare, unter Umständen auch gewaltsame bzw. revolutionäre Durchsetzung der geforderten Veränderungen. Er muss nicht öffentlich sein, sondern kann auch konspirativ ablaufen. Die Bereitschaft zur Hinnahme einer Bestrafung wegen der Nichtbefolgung der rechtlichen Anordnungen ist, anders als beim zivilen Ungehorsam, nicht notwendig. Regelmäßig richtet sich der Widerstand auf die partielle oder totale Veränderung des politischen und gesellschaftlichen Systems.

Da die demokratische Willensbildung und die Mehrheitsentscheidung missachtet werden, ist der gewaltsame Widerstand im Rechtsstaat oder im überwiegend gerechten Staat kaum zu rechtfertigen. Anders ist die Situation im Unrechtsstaat. Hier ist Widerstand ethisch gerechtfertigt. Aber auch dort gilt die Verhältnismäßigkeit von Mittel und Zweck. D. h., je tyrannischer der Unrechtsstaat auftritt, desto massiver darf der Widerstand werden. Die Maxime der Respektierung von Leib, Leben und Sachgütern unbeteiligter Dritter gilt allerdings auch hier. Bombenterror gegen die Zivilbevölkerung ist also nicht zu rechtfertigen. Infrage kommen allenfalls Aktionen gegen staatliche Organe. Aber auch dann dürfen im Regelfall Leben und körperliche Unversehrtheit nicht verletzt werden.

3. Die letzte und ultimative Eskalationsstufe eines gewalttätigen Widerstands stellt der sogenannte Tyrannenmord dar. Er ist nur unter der Voraussetzung der Notwehrregeln zu rechtfertigen, d. h., wenn der Diktator und/oder die herrschende Clique fortgesetzt und vorsätzlich Morde an Bürgern oder Regimegegnern verüben. Ein Attentat gegen Hitler war also aus Notwehrgesichtspunkten von dem Zeitpunkt an gerechtfertigt, ab dem systematisch die Tötung von Personen angeordnet bzw. zugelassen wurde.

4. In Artikel 20 IV Grundgesetz wird jedem Bürger ein rechtliches, u. U. auch gewaltsames Widerstandsrecht gegenüber demjenigen zugestanden, der es unternimmt, die freiheitlich-demokratische Grundordnung, also die Kernelemente der Verfassung, zu beseitigen, sofern keine andere Abhilfe möglich ist.

Dietmar von der Pfordten: Ziviler Ungehorsam und Widerstand. In: Julian Nida-Rümelin: Angewandte Ethik. Die Bereichsethiken und ihre theoretische Fundierung. Stuttgart: Alfred Kröner Verlag 1996, S. 275–278

Hans Fallada: Jeder stirbt für sich allein. Berlin: Aufbau (1947)

Jeder stirbt für sich allein (Regie: Vincent Perez, USA 2016)

Elser – Er hätte die Welt verändert (Regie: Oliver Hirschbiegel, Deutschland 2015)

1 Stellen Sie zivilen Ungehorsam und die verschiedenen Widerstandsformen in rechtlicher und moralischer Hinsicht gegenüber. Wenden Sie die Kriterien auf konkrete Aktionen an.

2 Informieren Sie sich über die verschiedenen Widerstandsformen im „Dritten Reich" und bewerten Sie diese.

3 Recherchieren Sie aktuelle Bewegungen oder Widerstandskämpfer.

Der Schreiner **Georg Elser** (1903–1945) verübte 1939, wenige Wochen nach Beginn des deutschen Überfalls auf Polen, mittels einer Zeitbombe ein Attentat auf Adolf Hitler. Elser hatte den Anschlag bereits 1938 ausführen wollen: „Ich wollte den Krieg verhindern." Hitler entging dem Anschlag im Münchner „Bürgerbräukeller", weil er wegen schlechten Wetters vorzeitig abgereist war. Elser wurde auf der Flucht in die Schweiz festgenommen, inhaftiert und wenige Tage vor Kriegsende im KZ Dachau erschossen. 1998 wurde ihm zu Ehren in seinem Heimatort Königsbronn (Baden-Württemberg) eine Gedenkstätte errichtet, 2010 ein Denkmal.

Martin Luther King: Was ist gewaltloser Widerstand?

Als ich als Pastor nach Montgomery ging, hatte ich noch nicht die geringste Ahnung, dass ich später in eine Krise verwickelt werden würde, in der man gewaltlosen Widerstand anwenden konnte. Ich hatte den Protest weder begonnen noch vorgeschlagen. Ich hatte einfach nur auf den Ruf des Volkes nach einem Wortführer reagiert. Als der Protest
5 begann, besann ich mich, bewusst oder unbewusst, auf die Bergpredigt mit ihrer erhabenen Lehre von der Liebe und auf Gandhis Methode des gewaltlosen Widerstandes. Im Laufe der Zeit erkannte ich immer mehr die Macht der Gewaltlosigkeit. Da ich ja den Protest selbst miterlebte, wurde mir der gewaltlose Widerstand mehr als nur eine Methode, der ich vom Verstande her zustimmte. Er wurde für mich eine Überzeugung, nach der
10 ich mein Leben ausrichtete. Vieles, was mir bisher vom Intellekt her nicht klar gewesen war, wurde nun durch die Praxis geklärt.
Da die Lehre vom gewaltlosen Widerstand eine so positive Rolle in der Montgomery-Bewegung spielte, ist es vielleicht angebracht, einige grundlegende Gesichtspunkte kurz zu erörtern.
15 Zuerst muss betont werden, dass *gewaltloser Widerstand keine Methode für Feiglinge ist. Es wird Widerstand geleistet.* [...] Es ist keine Methode träger Passivität. Der Ausdruck „passiver Widerstand" erweckt oft den falschen Eindruck, dass das eine Methode des Nichtstuns sei, bei der derjenige, der Widerstand leistet, ruhig und passiv das Böse hinnimmt. Aber nichts ist weiter von der Wahrheit entfernt. *Denn der Anhänger des gewalt-*
20 *losen Widerstandes ist nur insofern passiv*, als er seinen Gegner nicht physisch angreift: Sein Geist und seine Gefühle aber sind immer aktiv. Sie versuchen ständig, den Gegner zu überzeugen, dass er im Unrecht ist. Die Methode ist körperlich passiv, aber geistig stark aktiv. Es ist keine Widerstandslosigkeit gegenüber dem Bösen, sondern aktiver gewaltloser Widerstand gegen das Böse.
25 Ein anderer charakteristischer Zug des gewaltlosen Widerstandes ist der, dass er *den Gegner nicht vernichten oder demütigen, sondern seine Freundschaft und sein Verständnis gewinnen will.* Wer gewaltlosen Widerstand leistet, muss oft durch Boykotte oder dadurch, dass er seine Mitarbeit versagt, protestieren. Aber er weiß, dass diese Mittel nicht Selbstzweck sind. Sie sollen beim Gegner nur ein Gefühl der Scham wecken. Der Zweck ist Wiedergut-
30 machung und Aussöhnung. Die Frucht des gewaltlosen Widerstandes ist eine neue innige Gemeinschaft, während *die Folge der Gewalttätigkeit tragische Verbitterung ist.*
Ein drittes Charakteristikum dieser Methode ist, dass ihr *Angriff gegen die Mächte des Bösen gerichtet ist, nicht gegen Personen, die das Böse tun.* Der Anhänger des gewaltlosen Widerstandes will das Böse vernichten, nicht die Menschen, die dem Bösen verfallen sind.
35 Wenn er sich gegen die Rassendiskriminierung auflehnt, so tut er es in der Erkenntnis, dass die eigentliche Spannung nicht zwischen den Rassen besteht. Ich sage es den Leuten in Montgomery gern so: „Die Spannung in dieser Stadt besteht nicht zwischen Weißen und Negern. Sie besteht im Grunde genommen zwischen Gerechtigkeit und Ungerechtigkeit, zwischen den Mächten des Lichts und den Mächten der Finsternis. Und wenn hier
40 ein Sieg errungen ist, wird es nicht nur ein Sieg für 50 000 Neger sein, sondern ein Sieg für die Gerechtigkeit und die Mächte des Lichts. Wir wollen die Ungerechtigkeit vernichten und nicht weiße Menschen, die ungerecht sind." Ein vierter charakteristischer Zug des gewaltlosen Widerstandes ist *die Bereitschaft, Demütigungen zu erdulden, ohne sich zu rächen, und Schläge hinzunehmen, ohne zurückzuschlagen.* „Vielleicht müssen Ströme von
45 Blut fließen, ehe wir unsere Freiheit gewinnen, aber es muss unser Blut sein", sagte Gandhi zu seinen Landsleuten. Der Anhänger des gewaltlosen Widerstandes ist bereit, wenn es sein muss, Gewalttätigkeit hinzunehmen; aber er wird sie anderen niemals zufügen.

Martin Luther King: Was ist gewaltloser Widerstand? In: Jahrbuch Ökologie 1993. Hg. von Günther Altner u. a. München: C. H. Beck 1992, S. 201, 204

Martin Luther King (1929–1968, ermordet) war Baptistenpfarrer und Wortführer der Bürgerrechtsbewegung in den USA. Er entwickelte vielfältige Formen gewaltlosen Widerstandes und zivilen Ungehorsams als Strategien gegen die Diskriminierung der afroamerikanischen Bevölkerung. King erhielt 1964 den Friedensnobelpreis.

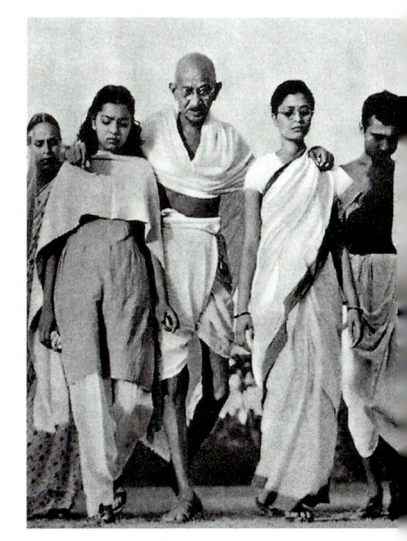

Mahatma Gandhi (1869–1948, ermordet) erreichte mit Aktionen gewaltlosen Widerstands, u. a. dem Boykott britischer Waren und dem „Salzmarsch" im Jahr 1930 (Bild), die Beendigung der britischen Kolonialherrschaft in Indien (1947).

1 Fassen Sie die vier von King angeführten Gesichtspunkte zum gewaltlosen Widerstand zusammen.

2 Erklären Sie, warum der passive bzw. gewaltlose Widerstand „keine Methode für Feiglinge ist" (Z. 15).

1989 – Eine „friedliche Revolution"?

„Ohne Gewalt" – unter diesem Motto wurde auch gestern wieder im Leipziger Stadtzentrum demonstriert. Deutlich weniger Menschen als an den letzten Montagen, aber dennoch wohl rund 150 000 setzten sich vom Karl-Marx-Platz aus in Bewegung. Dort hatte alles mit einer Transparent-Präsentation für nationale und internationale Kameras begonnen. Teams des DDR- und des BRD-Fernsehens drehten ebenso wie die BBC. Zwei Schwerpunkte in der Demonstration: gegen den Führungsanspruch der SED[1]; für freie Wahlen. Kaum noch zu sehen – logischerweise nach dem zurückliegenden Wochenende – die Forderung nach Reisefreiheit, dafür aber jene nach den Regelungen fürs Reisegeld. Neu waren Plakate, auf denen Frauen aufmerksam machten, stärkeres Mitspracherecht forderten. Nicht übersehen werden konnten auch die plakativen Forderungen, die Schuldigen an der gegenwärtigen Situation im Land zur Verantwortung zu ziehen. Beispielsweise: „Kein Rücktritt ohne Rechenschaft." Während der gesamten Demonstration erschollen immer wieder bekannte Sprechchöre wie „Wir sind das Volk!". [...]

„Ohne Gewalt" – das war auch die vorherrschende Losung rund um das Gebäude des MfS[2], immer wieder ein neuralgischer Punkt der Montagsdemonstration. Vertreter des Demokratischen Aufbruchs, des Neuen Forums, der SED und der FDJ[3] – so ein Sprecher – sicherten den Eingang. Nach Berliner Beispiel trugen die Ordner gelbe Schärpen. „Wir haben diesen Einsatz mit leitenden Mitarbeitern der Dienststelle vereinbart", sagte der Sprecher gegenüber den LVZ-Reportern. In der Sperrkette wieder viele Losungen, manche recht pfiffig, wie jene, die mit den Worten endet „zuhören, nicht immer gleich pfeifen". Die Gruppe bekam den Beifall der Demonstranten.

Wie schon an den vergangenen Montagen fanden sich viele Plakate und Transparente an den Rathäusern wieder. Demonstranten stellten Kerzen auf. Zwei Sprecher des Neuen Forums wandten sich wie zuvor auf dem Karl-Marx-Platz an die Versammelten und forderten sie auf, sich nicht mit der Reisefreiheit zu begnügen, sondern konsequent für weitere Reformen einzutreten.

Der Demonstration waren Friedensgebete in sieben Gotteshäusern vorausgegangen. In der Nikolaikirche wählte Dr. Christoph Kähler vom Theologischen Seminar in seiner Andacht das Thema „Die Mauern von Jericho": „... Sieben Tage zog Josua um die Mauern von Jericho, bis sie durch Trompetenklänge einstürzten – sieben Montage zogen die Leipziger um das Stadtzentrum, bis die Mauer unter den Rufen ‚Wir sind das Volk' fiel." Jeder müsse sich jetzt im Land aufmachen, nach Lösungen für die Probleme zu suchen. Die Demonstration löste sich gegen 20.15 Uhr friedlich auf.

Leipziger Volkszeitung, 14.11.1989, S. 1

Die erste Montagsdemonstration in Leipzig fand am 4. September 1989 statt, nachdem im Sommer eine Massenflucht von DDR-Bürgern über Ungarn begonnen hatte. Am 6. November 1989 beteiligten sich mehr als 400 000 Menschen an der Demonstration. Die gewaltlosen Kundgebungen führten zum Fall der Berliner Mauer (9. November 1989) und schließlich zur Wiedervereinigung Deutschlands (3. Oktober 1990). „Ohne Gandhi zu benennen, folgten wir seiner Strategie." (Jens Reich, Molekularbiologe und Bürgerrechtler)

1 Beurteilen Sie, ob die Leipziger Montagsdemonstrationen ein Beispiel für passiven Widerstand sind. Prüfen Sie anschließend, ob bzw. inwieweit der Begriff „friedliche Revolution" auf das Ereignis zutrifft.

2 Nennen Sie weitere Beispiele für passiven bzw. gewaltlosen Widerstand.

---

[1] SED: Sozialistische Einheitspartei Deutschlands
[2] MfS: Das Ministerium für Staatssicherheit war polizeilicher Geheimdienst, geheimer Nachrichtendienst und Untersuchungsorgan für politische Straftaten. Es sollte als „Schild und Schwert der Partei" die Macht der SED sichern.
[3] FDJ: Die Freie Deutsche Jugend war in der DDR eine anerkannte und geförderte Jugendorganisation.

Rainer Eckert: Der Sturz der Berliner Mauer als Ergebnis der Friedlichen Revolution

Gewaltlosigkeit als wirksame Waffe

Entscheidend war hier jedoch neben dem hohen Mobilisierungsgrad, dass auf Seiten der Demonstrierenden Gewalt unterblieb und sich Angehörige von Polizei und Kampfgruppen zunehmend weigerten, Gewalt gegen die eigene Bevölkerung auszuüben. In Dresden gelang es am Abend des 8. Oktober sogar, zwischen der Volkspolizei und einer spontan gegründeten „Gruppe der 20" aus der Menge der Demonstrierenden Gewaltlosigkeit zu vereinbaren. Die Befehlsketten der Diktatur wurden brüchig.

Jetzt wurde Montag der 9. Oktober in Leipzig zum Schicksals- bzw. Symboltag der Revolution. Die bange Frage war, wie viele Menschen sich diesmal nach den Friedensgebeten in den Kirchen der Stadt zum Protest in die Öffentlichkeit wagen würden und ob die SED-Führung zur Gewaltanwendung bereit und in der Lage war. Doch angesichts von 70 000 Demonstrierenden blieben entsprechende Einsatzbefehle für ein hartes Durchgreifen aus. Besonders der im Politbüro für „Sicherheitsfragen" zuständige SED-Funktionär Egon Krenz, der den Sturz Honeckers vorbereitete und dem klar sein musste, dass er nach einem Blutbad in Leipzig für eine Führungsrolle disqualifiziert sein würde, äußerte sich erst, als die Entscheidung an der Pleiße gefallen war. Die Friedfertigkeit der Revolution schien gesichert. Auch in Ost-Berlin war es nach dem 7. Oktober relativ ruhig geblieben und die Situation kennzeichnete, dass hier Künstler und vor allem Schauspieler eine genehmigte Demonstration am 4. November 1989 zur Reform der DDR angemeldet hatten. Dabei entstand eine „Sicherheitspartnerschaft" zwischen den Organisatoren und der SED-Führung, die auch eigene Redner durchsetzen konnte. In Erinnerung wird bleiben, dass etwa 250.000 diesem Aufruf folgten, überaus witzige kritische Plakate trugen und dass alles direkt vom DDR-Fernsehen übertragen wurde. Für die SED-Führung war es an diesem Tag von höchster Bedeutung, dass die Demonstrierenden auf dem Platz verblieben und nicht Richtung Brandenburger Tor marschierten und die Mauer stürmten. Aus dieser Furcht warteten einsatzbereite Polizei- und Militäreinheiten versteckt in Hinterhöfen und Seitenstraßen. Aber noch galt das Ziel Mauer für Demonstrierende als Tabu, obschon am 4. November bereits Transparente mit Forderungen hochgehalten wurden, wie „Mauer ins Museum!" und „Visafrei bis Hawai!"

[…]

Fazit

Als Fazit bleibt, dass Mauer und innerdeutsche Sperranlagen somit nicht einfach „gefallen" sind – wie heute oft vereinfachend zu hören ist - und die SED-Führung öffnete sie auch nicht freiwillig, sondern nur durch den stetig wachsen Druck im Zuge dieser gewaltfreien Revolution, ausgelöst durch Ausreisewillige und Bürgerrechtler, zuletzt Seite an Seite mit prominenten DDR-Künstlerinnen und Künstlern und einem immer unzufriedeneren und ungeduldigerem, nicht länger passivem Bürgertum. Bis hinein in die Nacht des 9. November.

https://www.bpb.de/themen/deutschlandarchiv/300029/der-sturz-der-berliner-mauer-als-ergebnis-der-friedlichen-revolution [22.05.2022]

Protestdemonstration auf dem Alexanderplatz in Ost-Berlin am 4. November 1989, veranstaltet von den Kunst- und Kulturschaffenden der DDR.

1 Geben Sie wieder, warum der Sturz der Berliner Mauer für Rainer Eckert ein wesentliches Ergebnis der damaligen gewaltlosen Proteste war.

2 Wenden Sie die von Martin Luther King dargelegten Merkmale gewaltlosen Widerstands (S. 101) auf die „friedliche Revolution" von 1989 an. Arbeiten Sie Gemeinsamkeiten und Unterschiede heraus.

Gefahren für Demokratien heute

WIR LASSEN UNS NICHT LÄNGER BELÜGEN! WIR sind das VOLK

Populismus

[...] Populisten sind Menschen, die von sich behaupten, dass nur sie für das ganze Volk sprechen können und auch nur sie das Volk vertreten. Dabei schüren sie Ängste und Vorurteile. Populisten tun so, als gebe es selbst für sehr schwierige Probleme immer ganz einfache Antworten und Lösungen. Gerade bei schwierigen Problemen ist es aber wichtig, sich genau zu informieren, zu beraten und demokratische Lösungen zu finden. Populisten behaupten, dass es zwei Gruppen in der Gesellschaft gibt, nämlich „das einfache Volk" und „die da oben". Sie wollen nicht einsehen, dass es in unseren modernen Gesellschaften viele verschiedene Bevölkerungsgruppen gibt und dass es viele Unterschiede, aber eben auch viele Gemeinsamkeiten, zwischen den Menschen gibt.

[...] Populisten lehnen die Zusammenarbeit der Staaten ab. Sie lehnen deshalb Organisationen ab, die eine staatenübergreifende Politik verfolgen. Dazu gehört zum Beispiel die EU. Populisten lehnen auch Organisationen ab, die eine weltweite Zusammenarbeit organisieren wie es zum Beispiel die UNO tut. Aber auch Nichtregierungsorganisationen, die international tätig sind, werden von Populisten immer wieder kritisiert.

[...] Was mit den Begriffen „Rechtspopulismus" und „Linkspopulismus" gemeint ist, kann man nicht immer genau sagen. Auch Wissenschaftler/innen haben auf diese Frage oft keine klare Antwort. Allgemein gilt, dass Rechtspopulisten sich sehr oft fremdenfeindlich und abfällig oder ablehnend gegenüber Menschen aus anderen Ländern äußern. Linkspopulisten behaupten meistens, dass bestimmte Menschengruppen die ganze Welt lenken. Sie kritisieren, dass riesige Wirtschaftsunternehmen angeblich zu viel Einfluss auf die Weltwirtschaft haben.

https://www.bpb.de/kurz-knapp/lexika/das-junge-politik-lexikon/320956/populismus/ [22.05.2022]

Populismus

Eine große Nähe zum Volk (lat. „populus") beansprucht der sog. „Populismus" für sich. Er ist eine Form von Politik, „die das Ziel hat, durch Dramatisierung der politischen Lage die Gunst der Massen (im Hinblick auf Wahlen) zu gewinnen" (www.duden.de).

---

1 Erläutern Sie mögliche Bedeutungen der Aussagen auf dem Demonstrationsplakat und ordnen Sie diese begründet einer politischen Richtung bzw. Bewegung zu.

2 Setzen Sie sich kritisch mit der abgebildeten Position auseinander.

3 Fassen Sie die wesentlichen Merkmale des Populismus stichpunktartig zusammen.

4 Finden Sie in Gruppen Beispiele für Populismus in Zeitungen, im Fernsehen oder im Internet und begründen Sie Ihre Wahl. Präsentieren Sie anschließend Ihre Ergebnisse in der Klasse und diskutieren Sie diese gemeinsam kritisch.

5 Erörtern Sie, inwiefern der Populismus als antidemokratische Strömung bezeichnet werden kann. Nutzen Sie hierfür Ihre Ergebnisse aus dem Kapitel über Wesen und Wert der pluralistischen Demokratie (S. 96 f.).

Platon: Gorgias

Ein wesentliches Merkmal des Populismus ist eine Rhetorik*, „die teils moderat, teils aggressiv wirkt. Mit Hilfe von gezielt eingesetzten Tabubrüchen ist der Populist in der Lage, der Konkurrenz ein Schnippchen zu schlagen, indem er Themen vorgibt und die Aufmerksamkeit auf sich zieht – ohne seine Kompetenz in Sachfragen unter Beweis stellen zu müssen" (Florian Hartleb: Populismus als Totengräber oder mögliches Korrektiv der Demokratie? In: Aus Politik und Zeitgeschichte 5–6/2012, S. 27).
Diesen negativen Gebrauch von Rhetorik hat bereits Platon in seinem Dialog „Gorgias" kritisch reflektiert, wenn er den Redner sowie Sophisten Gorgias und dessen Begriff von Rhetorik (= Redekunst) von Sokrates hinterfragen lässt.

[Sokrates:] „Sage nun du, Gorgias: Die Redekunst gehört zu den Kunstfertigkeiten, die alles mit Worten ausführen und bewirken, nicht wahr?"
[Gorgias:] „So ist es."
[Sokrates:] „Sage aber, auf welche Objekte beziehen sich die Künste? Welche von den
5 existierenden Dingen sind es, auf die sich die Worte beziehen, deren sich die Redekunst bedient?"
[Gorgias:] „Die wichtigsten der menschlichen Dinge, Sokrates, und die besten."
[…] [Sokrates:] „Wohlan, Gorgias, stell dir vor, du würdest von jenen und von mir gefragt, und antworte, was es ist, von dem du behauptest, es sei das größte Gut für die Men-
10 schen und dass du dessen Hersteller bist."
[Gorgias:] „Was, Sokrates, wirklich das größte Gut ist und zugleich Ursache von Freiheit für die Menschen und jedem einzelnen Gelegenheit gibt, in seiner Stadt über andere zu herrschen."
[Sokrates:] „Wie meinst du das?"
15 [Gorgias:] „Ich meine damit die Fähigkeit, mit Reden vor Gericht die Richter zu überzeugen, im Rat die Ratsherren und in der Volksversammlung die Mitglieder der Volksversammlung und in jeder Versammlung, um was es für ein politisches Treffen es sich auch handelt. Und in der Tat wirst du mit Hilfe dieser Fähigkeit den Arzt zum Sklaven haben, zum Sklaven auch den Sportlehrer. Und es wird sich zeigen, dass der Geschäfts-
20 mann seine Geschäfte für einen anderen betreibt und nicht für sich selbst, sondern für dich, der du in der Lage bist, zur Menge zu sprechen und sie zu überreden."
[…] [Sokrates:] „Der Redner belehrt also Gerichte und andere Versammlungen nicht über das Gerechte und Ungerechte, sondern ist einer, der zu überreden versucht. Denn keinesfalls könnte er eine so große Menge in so kurzer Zeit über so wichtige Dinge
25 belehren."
[Gorgias:] „Natürlich nicht."
[Sokrates:] „Höre also, Gorgias, über was ich bei deiner Rede staune. Vielleicht nämlich hast du recht und ich habe es bloß nicht richtig verstanden. Du behauptest, du kannst jemanden zu Redner machen, wenn er von dir lernen will."
30 [Gorgias:] „Ja."
[Sokrates:] „Also auf die Weise, dass er vor der Menge bei jedem Thema überzeugend ist, nicht belehrend, sondern überredend?"
[Gorgias:] „Gewiss."
[Sokrates:] „Du sagtest doch eben, dass der Redner auch in Bezug auf die Gesundheit
35 überzeugender sein wird als der Arzt."
[Gorgias:] „Das sagte ich, und zwar vor einer Menge."
[Sokrates:] „‚Vor der Menge' meint also ‚vor Unwissenden'? Denn kaum wird der Redner vor Kundigen überzeugender sein als der Arzt."

Sophist*

Sophisten (grch. „sophia" = Weisheit) sind „Weisheitslehrer", die als freischaffende Lehrer den Bürgern Athens Unterweisung in der Rhetorik (Redekunst) gegen Bezahlung anboten. Zugleich waren sie auch Aufklärer, die den Menschen in den Mittelpunkt philosophischen Denkens stellten und die Grundlagen für eine vernunftbegründete Ethik schufen. „Sophist" wird bis heute auch als Schimpfwort benutzt und meint einen „Wortverdreher", dem es nicht darum geht, andere durch Argumente zu überzeugen, sondern zu manipulieren.

[Gorgias:] „Du hast recht."

[Sokrates:] „Wenn er also überzeugender sein wird als der Arzt, dann ist er überzeugender als der Wissende?"

[Gorgias:] „Gewiss."

[Sokrates:] „Obgleich er kein Arzt ist, nicht wahr?"

[Gorgias:] „Ja."

[Sokrates:] „Wer aber kein Arzt ist, ist unwissend in den Dingen, in denen der Arzt wissend ist."

[Gorgias:] „Das ist klar."

[Sokrates:] „Der Unwissende wird also vor Unwissenden überzeugender sein als der Wissende, wenn der Redner überzeugender ist als der Arzt. Ergibt sich das oder etwas anderes?"

[Gorgias:] „Das ergibt sich zumindest hieraus."

[Sokrates:] „Auch bei allen anderen Künsten verhält es sich mit dem Redner und der Redekunst ebenso; sie müssen von den Dingen selbst nicht wissen, wie sie sich verhalten, müssen aber eine Fertigkeit des Überzeugens gefunden haben, so dass sie vor den Unwissenden den Eindruck erwecken, mehr zu wissen als die Wissenden."

[Gorgias:] „Ist es nicht eine große Erleichterung, Sokrates, wenn man bei den Fachleuten nicht den Kürzeren zieht, obgleich man nicht alle Künste, sondern nur eine gelernt hat?"

Platon: Gorgias 451d – 459c, übersetzt v. Michael Erler. Stuttgart 2011, S. 21 – 43

1 Fassen Sie Gorgias' Position zur Rhetorik mit eigenen Worten zusammen.

2 Erörtern Sie Gemeinsamkeiten und Unterschiede zwischen Gorgias' Aussagen zur Rhetorik und dem Populismus.

3 Setzen Sie sich kritisch mit Gorgias' Haltung auseinander.

Wie man mit Populisten diskutiert – ohne ihnen in die Falle zu gehen

Daniel-Pascal Zorn (*1981) ist ein deutscher Philosoph, Wissenschaftler und Publizist.

In einem Zeitungsinterview erklärt der Philosoph Daniel-Pascal Zorn, wie man Populisten und ihren Argumenten entgegentreten kann:

[…]

[Süddeutsche Zeitung:] Wie diskutiert man also richtig?

[Daniel-Pascal Zorn:] In einem Dialog sollte man erst mal nicht davon ausgehen, dass man recht hat. Man stellt eine Behauptung auf. Und man kann behaupten, dass der andere zustimmen soll, muss dafür aber Gründe vorlegen. Der andere muss die Gründe wahrnehmen und darüber nachdenken, ob er zustimmt. Wenn er nicht zustimmt, muss er sagen, warum. Das ist die Grundform des Gesprächs: Den anderen als gleichberechtigten Teilnehmer ernst nehmen.

[…] Ist nicht das Hauptproblem, dass heute nichts mehr wahr ist?

Das hat uns die Postmoderne* gelehrt. Damit begehen Sie genau den Fehler, den ich beschrieben habe. Sie bezeichnen diesen Relativismus als gesetzt. Aber dann kann ich sagen, was ich will. Sie können immer sagen: Das ist eben so.

Aber … Das ist eben so. Es gibt keine Fakten mehr, nur noch Interpretationen. Dieses Gefühl überführt Trump grade in die politische Praxis.

Diese Selbsterzählung von der postmodernen Lebensauffassung, dieser dogmatische* Relativismus, das ist auch nur eine Aussage, eine Behauptung. Und dann müssen sie schauen, ob sie diese Aussage auch rechtfertigen können. Relativismus widerlegt man sehr leicht: Wenn Sie davon ausgehen, dass wir beide recht haben, dann kann ich damit recht haben, dass Sie unrecht haben. Sie hätten recht und unrecht zugleich. Und das widerspricht sich. Wenn aber einer von uns beiden recht und der andere unrecht hat, dann muss es dafür einen Grund, ein Kriterium, einen Maßstab geben. Darum geht es mir. Sie können alles Mögliche behaupten. Aber ob man es rechtfertigen kann, das steht auf einem anderen Blatt. Das klingt sehr allgemein. Deshalb habe ich mir ein konkretes Problem gesucht. Das Problem des populistischen Denkens. Aus der Beschreibung der Fehlschlüsse des Populismus kann man eine Art Werkzeugkasten für das Gespräch entwickeln.

[...] Worin bestehen die Fehlschlüsse des Populismus?
Zum Beispiel, wenn sie behaupten, für alle anderen zu sprechen. Dazu müssten sie legitimiert sein. Oder wenn sie sagen: „Die Wissenschaft hat aber gesagt." Dann benutzen sie den Geltungsanspruch von jemand anderem für ihre Aussagen. Aber sie müssten erst mal zeigen, dass das, was der behauptet, auch gerechtfertigt ist.

Und was bringt das in der Diskussion mit einem Populisten? Dem ist es doch egal, ob etwas gerechtfertigt werden kann oder nicht. Dessen Taktik ist es, eine Öffentlichkeit zu schaffen, in der jedes Argument gleich viel wert ist und die Wahrheit nichts mehr. So macht das Trump.
Aber nur wenn wir seine Fehlschlüsse erkennen und beschreiben, können wir sie auch kritisieren. Und auch anderen erklären, warum populistisches Denken, das immer eine dogmatische Setzung beinhaltet, nicht überzeugt. Denn genau diese anderen will ja auch der Populist erreichen. Ein weiterer Vorteil liegt darin, dass man dabei gar nicht an Inhalte gebunden ist. Anders als bei einer ideologischen Beschreibung des Populismus. Fehlschlüssig argumentieren, das können alle politischen Positionen, auch atheistische*, wissenschaftliche, theistische*. Der Inhalt ist hier nicht sonderlich relevant. Wichtig ist, welche Argumentationsformen in Anspruch genommen werden. Das trägt zur Versachlichung bei.

Muss man eigentlich mit jedem reden? Mit Nazis?
Ich behaupte gar nicht, dass man den Dialog immer oder mit jedem führen muss. Es ist jederzeit möglich, ein Gespräch abzubrechen, auch mal dogmatisch zu sein. Wichtig ist nur, dass sich diese Formen nicht verabsolutieren. Sonst befinden sie sich ganz schnell in einer Art geistigem Bürgerkrieg.

Geht man nicht erst durch das Gespräch mit einem Populisten diesem oft in die Falle? Der will ja ein Podium für seinen geistigen Bürgerkrieg.
Es geht nicht darum, jemanden von der Debatte auszuschließen. Es geht darum, zur Debatte einzuladen, aber gleichzeitig an die Kriterien zu erinnern, die jeder dafür mitbringt. Das Podium verpflichtet den Sprecher ja auch zu etwas.

Aber wenn jemand nicht bereit ist, die Kriterien anzuerkennen. Wenn er nur provoziert?
Die Kriterien bringt er ja selbst zum Gespräch mit: Er nimmt an einer Diskussion teil, er nimmt Rechte in Anspruch, er erhebt Geltungsansprüche. Natürlich ist die Provokation eine Strategie des Populismus. Moralische Sichtweisen werden angetriggert und die Reaktionen, meistens Empörung, dann für sich genutzt. Zum Beispiel indem man sagt: „Seht ihr, wir haben es euch doch gesagt. Das sind alles Moralisten.*"

Was kann man dagegen tun?
Man kann auf Provokationen auch ohne Empörung reagieren. Indem man nicht sofort mit einer Gegenposition antwortet, sondern erst mal nachfragt, lässt man die Provokation ins Leere laufen.

Man muss doch seinen Standpunkt vertreten.
Der Begriff Provokation heißt wörtlich: hervorrufen. Eine Provokation ist genau dann keine mehr, wenn sie das nicht hervorruft, was sie hervorrufen soll. Und das kann man erreichen, ohne gleich in Schweigen verfallen zu müssen. Man kann einfach fragen: Warum? Kannst du diese Behauptung belegen? Worum geht es dir? Wenn man solche einfachen Fragen stellt, muss der Provokateur entweder seine Provokation wiederholen, wodurch sie als Provokation noch deutlicher wird. Oder er muss einen anderen Weg einschlagen. Dann hat die Provokation nicht funktioniert.

Provokation kann auch ein wichtiges Mittel in einer Debatte sein.
Klar, man kann damit Dogmatismen offenlegen.

Das müssen Sie erklären.
Ein Beispiel. Jemand sagt zu Ihnen: „Sie sind ein Gutmensch, Sie sind ein Moralist." Und Sie antworten darauf: „Das sagen Sie nur, weil Sie ein böser Mensch sind." Dann haben Sie vorausgesetzt, dass Sie festlegen können, wann jemand ein böser Mensch ist. Damit ist bewiesen: Sie sind ein Moralist. Die Provokation hat funktioniert. Wenn Sie aber fragen: „Warum sagen Sie das?" Und er antwortet: „Weil Sie genau das sind, was ich von Ihnen glaube", dann bestätigt die Provokation nur sein geschlossenes Weltbild. Das sind feine Unterschiede, die man nur erkennt, wenn man dafür Aufmerksamkeit entwickelt.
[…]

https://www.sueddeutsche.de/politik/interview-zur-debattenkultur-wie-man-mit-populisten-diskutiert-ohne-ihnen-in-die-falle-zu-gehen-1.3439383 [22.05.2022]

1 Fassen Sie die im Interview vorgeschlagenen Wege, mit Populisten zu diskutieren, zusammen und beurteilen Sie diese.

2 Beschreiben Sie gemeinsam in Gruppen weitere sinnvolle Möglichkeiten, Populisten entgegenzutreten.

Lobbyismus als Gefahr für die Demokratie?

Lobbyismus
Das Wort „Lobbyismus" leitet sich vom englischen Begriff „Lobby" ab, der die Vorhalle des Parlaments bezeichnet.

In der Industriegesellschaft regelt die Politik das Wirtschaftsleben und die sozialen Verhältnisse. Der Einzelne muss sich mit anderen zusammenschließen, wenn er seine Interessen wahren will. Verbände organisieren diese Interessen. Sie fassen die unterschiedlichen Interessen ihrer Mitglieder zusammen, formulieren konkrete Forderungen und versuchen, ihre Ziele mit wirkungsvollen Mitteln durchzusetzen. […]
Das Recht, Vereine bzw. Verbände zu gründen, ist [in Artikel 9 des Grundgesetzes] festgeschrieben – solange sie sich nicht gegen die verfassungsmäßige Ordnung richten. Dadurch können Bürger ihre politischen Interessen verfolgen:
„(1) Alle Deutschen haben das Recht, Vereine und Gesellschaften zu bilden. (2) Vereinigungen, deren Zwecke oder deren Tätigkeit den Strafgesetzen zuwiderlaufen oder die sich gegen die verfassungsmäßige Ordnung oder gegen den Gedanken der Völkerverständigung richten, sind verboten. […]"
Während nur verhältnismäßig wenige Bürgerinnen und Bürger einer Partei angehören, sind sehr viele Mitglied eines Vereins oder eines Verbandes. Politische Interessen verfolgen über 5.000 Verbände, die eigentlichen Interessenverbände. Die Spitzenverbände mit bundespolitischen Interessen haben sich in eine Liste eintragen lassen, die beim Präsidenten des Deutschen Bundestages geführt wird („Lobbyliste").
Vereinigungen gibt es in fast allen Bereichen der Gesellschaft. Man kann sie nach ihren Tätigkeitsfeldern in fünf Gruppen einteilen:
- Vereinigungen im Wirtschaftsleben und in der Arbeitswelt (Unternehmer- und Selbstständigenverbände: Bundesverband der Deutschen Industrie, Deutscher Industrie- und Handelskammertag; Gewerkschaften: Deutscher Gewerkschaftsbund, Beamtenbund; Verbraucherverbände);

- Vereinigungen mit sozialen Zielen (Arbeiterwohlfahrt, Caritas, Deutsches Rotes Kreuz, Mieterbund);
- Vereinigungen im Bereich Freizeit und Erholung (Hobbyvereine, Deutscher Sportbund);
- Vereinigungen in den Bereichen Kultur und Wissenschaft (PEN-Club, Verband der Historiker Deutschlands);
- Vereinigungen mit ideellen und gesellschaftspolitischen Zielsetzungen (Amnesty International, Internationale Gesellschaft für Menschenrechte, Kinderschutzbund).

https://www.bpb.de/themen/politisches-system/deutsche-demokratie/39319/interessenverbaende [22.05.2022]

Ansatzpunkte des Lobbyismus

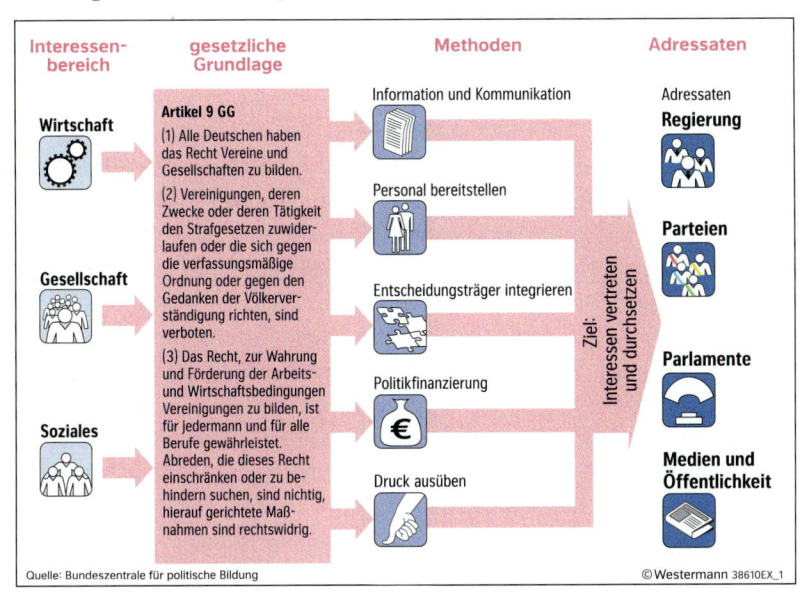

Unter Lobbyismus versteht man „Interessengruppen bzw. Verbandsvertreter, die in modernen Demokratien versuchen, auf politische Entscheidungen Einfluss zu nehmen, und dabei v. a. auf Parteien, Abgeordnete und Regierungen (einschließlich der Verwaltung), aber auch auf die Öffentlichkeit und die Medien Druck ausüben. In pluralistischen Gesellschaften sind die Aktivitäten der Interessengruppen/Interessenverbände wesentlicher Teil politischer Entscheidungsprozesse."

https://www.bpb.de/kurz-knapp/lexika/politiklexikon/17800/lobbyismus/ [22.05.2022]

1 Fassen Sie wesentliche Merkmale von Lobbyismus mit eigenen Worten zusammen und nennen Sie passende Beispiele.

2 Beurteilen Sie Chancen und Gefahren von Lobbyismus in einer pluralen Demokratie. Ziehen Sie dazu auch die Karikatur heran.
→ Bilder und Kunstwerke beschreiben und deuten, S. 150

Standpunkte kontrovers

Lobbyismus in der Diskussion:

Pro: Lobbyismus ist fester Bestandteil des demokratischen Prozesses

[…] Das Image von Lobbying ist geprägt von Unwissen und Vorurteilen. Die öffentliche Haltung hierzulande ist verkürzt gesagt: Wer Profite erwirtschaftet, macht sich gegenüber der Gesellschaft verdächtig. Zwar rüttelt niemand an den Prinzipien der sozialen Marktwirtschaft in Deutschland, doch Geldverdienen erscheint gerne verwerflich.
[…] Deutschland braucht eine Debatte darüber, was gute und was schlechte Interessen sind und wie man sie vertreten darf. Zur Verdeutlichung zwei Beispiele, die ein bestehendes Paradoxon vor Augen führen sollen: Nehmen wir das Beispiel der Pharmaindustrie: In Reportagen wird regelmäßig das Bild einer Branche vermittelt, die hohe Gewinne auf dem Rücken der Patienten einfährt. Dass Arzneimittelhersteller Produkte mit einem wirklichen Mehrwert – nämlich für die Gesundheit der Menschen – auf Basis jahrelanger und teurer High-Tech-Forschung entwickeln und anbieten, wird dabei gerne vernachlässigt. Dagegen werden Organisationen wie Greenpeace oder Foodwatch nicht als Lobbyisten wahrgenommen, obwohl sie ebenfalls professionell agierende Interessensvertreter sind. Natürlich sind Ziele wie Nachhaltigkeit, Umweltschutz und saubere Lebensmittel unstrittig und verfolgenswert. Doch gleichzeitig ist die Gesellschaft auch auf eine funktionierende Wirtschaft angewiesen, deren Grundstein gesunde Unternehmen sind. Diese sind wiederum auf politische Rahmenbedingungen angewiesen, die ihnen ihre Geschäftstätigkeiten erlauben.
[…] Die soziale Marktwirtschaft ist hierzulande gesellschaftlicher Konsens. Vor diesem Hintergrund ist es unabdingbar, dass die Wirtschaft mit der Politik darüber diskutiert, wie Rahmenbedingungen angepasst und verändert werden müssen. Die Entscheidungsträger im Deutschen Bundestag und in den Ministerien sind auf diesen Dialog angewiesen. Sie fordern ihn aktive in, um aus unterschiedlichen Blickwinkeln in Erfahrung zu bringen, wie sich die Industrie und Wirtschaft verändert und was die Unternehmen brauchen, um Arbeitsplätze zu schaffen oder zu erhalten.
Deutschland hat sich in den letzten Jahrzehnten vom kranken Mann Europas zum German Wunder entwickelt – ein Erfolg, der sowohl politischen Reformen zu verdanken ist – an denen Interessenvertreter mitgearbeitet haben – als auch den Anstrengungen der Wirtschaft. Diese Leistung sollten wir anerkennen und zu schätzen wissen.
[…] Vorurteile abzubauen und die politische Arbeit der Wirtschaft besser zu erklären ist richtig und wichtig, wäre aber zu kurzgedacht. Das Konzept Interessenvertretung muss insgesamt modernisiert werden, nicht zuletzt wegen der offensichtlichen Defizite wie beispielsweise beim Thema Transparenz. Für manche vielleicht überraschend: Eine Public Affairs-Umfrage der Kommunikationsberatung MSL Germany zeigt, dass Lobbyisten selber mehr Transparenz breit befürworten. 19% können sich ein umfangreiches, verpflichtendes Registervorstellen, in dem z.B. Budgets, Personalstärke und Ziele angegeben werden. 65% sprechen sich für eine namentliche Registrierung aus, ohne die Erfassung weiterer Daten.
Wir sollten uns wieder bewusst machen, dass die Debatte um den richtigen Weg sowie die Suche nach Kompromissen der Kern einer jeden Demokratie ist. Nur im offenen Austausch von Positionen mit Experten aus NGOs, Wirtschaft und Wissenschaft kann Politik gute Gesetze für das Land schaffen.

https://www.bpb.de/dialog/netzdebatte/211586/pro-lobbyismus-ist-fester-bestandteil-des-demokratischen-prozesses/ [22.05.2022]

*Der Politikberater und Public-Affairs-Experte **Axel Wallrabenstein** (*1964, links) mit dem Schauspieler und politischen Aktivisten Clemens Schick auf einer Charity-Veranstaltung in Berlin*

Pro und Kontra

Standpunkte kontrovers

Kontra: Lobbyismus im Geheimen schadet der Demokratie!

[…] Ohne Lobbyismus geht es nicht, sagen seine Befürworter. Weil selbst Fachpolitiker nicht alle Details und Zusammenhänge kennen und schon gar nicht die Folgewirkungen ihrer politischen Entscheidungen überblicken, sind sie auf die Beratung von Experten angewiesen, die aus der Wissenschaft, aber häufig auch aus der Wirtschaft kommen. Und damit sind wir bei der Kernfrage, die sich im Zusammenhang mit Lobbyismus unweigerlich stellt: Wann entsteht ein Schaden für die Gesellschaft, wenn Konzerne oder Verbände zu ihrem Vorteil die Politik „beraten"? Machen wir uns nichts vor: Unternehmen verfolgen Geschäftsinteressen. Sie wollen, nein müssen Geld verdienen, das ist legitim. Doch zum Schaden für die Gesellschaft kommt es spätestens dann, wenn ökonomische Individualinteressen den Bedürfnissen vieler Bürger und Verbraucher diametral entgegenstehen, man denke zum Beispiel an Fracking oder gentechnisch veränderte Lebensmittel. Oder anders ausgedrückt: Was gut für ein Unternehmen oder eine Branche ist, muss noch lang nicht gut für die meisten Menschen sein.

[…] In einer Demokratie geht die Macht vom Volke aus. Demokratie lebt davon, dass alle Positionen gehört werden und in die Meinungsbildung unserer Politiker einfließen. Tatsächlich jedoch dringen vor allem diejenigen zu den politischen Entscheidungsträgern vor, die sich in Berlin und Brüssel einen ganzen Stab an Lobbyisten leisten können. Wenn man die Listen mit den Gesprächsterminen der Kanzlerin und den Ministern durchgeht, die die Bundesregierung nach parlamentarischen Anfragen der Opposition offenlegen musste, findet man darauf fast ausschließlich Vertreter großer Konzerne und einflussreicher Interessenverbände. Nichtregierungsorganisationen oder mittelständische Unternehmen, die oftmals ganz andere Bedürfnisse haben als Großkonzerne, erhielten dagegen fast nie einen Termin. Von Befürwortern des Lobbyismus wird gerne in die Debatte eingeworfen, dass natürlich auch Umweltverbände, Verbraucherschutz- oder Menschenrechtsorganisationen Interessenvertreter seien. Das stimmt auch. Aber anders als gewinnorientierte Konzerne verfolgen sie keine ökonomischen Individualinteressen, sondern fühlen sich als Mitgliederorganisationen einem gesellschaftlichen Auftrag verpflichtet. Und im Unterschied zu den Industrielobbyisten praktizieren sie auch keinen diskreten „Hinterzimmer-Lobbyismus", sondern versuchen fehlende finanzielle Schlagkraft durch öffentlichkeitswirksame Aktionen zu kompensieren.

[…] Das Problem also ist nicht der Lobbyismus an sich, sondern der Lobbyismus im Geheimen. Wenn nicht (oder erst nach langer Zeit) bekannt wird, welche Konzernvertreter mit welchen politischen Entscheidungsträgern worüber sprachen oder ob sie hohe Summen an eine Partei gespendet haben, ist eine wirksame Kontrolle des Parlaments und des Regierungshandelns kaum möglich. Rezepte, wie sich diese Missstände beheben lassen, gibt es viele: etwa durch Einführung eines verpflichtenden Lobbyregisters, schärferer Transparenzregeln bei Parteispenden oder die Bekanntmachung von Lobbyisten, die am Gesetzgebungsprozess mitgewirkt haben („legislativer Fußabdruck"). Doch die letzten Regierungskoalitionen haben in diesen Punkten wenig bis gar nichts auf die Beine gestellt. Dass viele Menschen den Eindruck haben, politischen Einfluss könne man kaufen, ist schädlich für unsere Demokratie. Um diesem fatalen Gefühl wirkungsvoll zu begegnen, braucht es als ersten Schritt mehr Transparenz. Die Botschaft wäre: Seht her, wir haben nichts zu verbergen – hier geht alles mit rechten Dingen zu!

Unter: https://www.bpb.de/dialog/netzdebatte/211577/contra-lobbyismus-im-geheimen-schadet-der-demokratie [22.05.2022]

Martin Reyher (* 1976) leitet die Rechercheabteilung der Transparenzplattform „abgeordnetenwatch.de".

1 Stellen Sie die Argumente für und gegen Lobbyismus zusammenfassend gegenüber und beurteilen Sie deren Stichhaltigkeit.

2 Führen Sie mithilfe der gesammelten Argumente und Einschätzungen gemeinsam eine Podiumsdiskussion (mit verteilten Rollen) zur Frage durch, ob Lobbyismus eine Gefahr für die Demokratie darstellt oder nicht.
Bilden Sie dazu drei Gruppen:
- Gruppe 1, die für den Lobbyismus argumentiert,
- Gruppe 2, die gegen den Einfluss des Lobbyismus spricht, sowie
- Gruppe 3, die den/die Moderator/-in stellt und darauf achtet, dass die Gesprächsregeln eingehalten werden. Gruppe 3 registriert die Argumente und gibt abschließend beiden Gruppen eine Rückmeldung.

Stereotypen durch Bilder in Medien (Visiotypen)

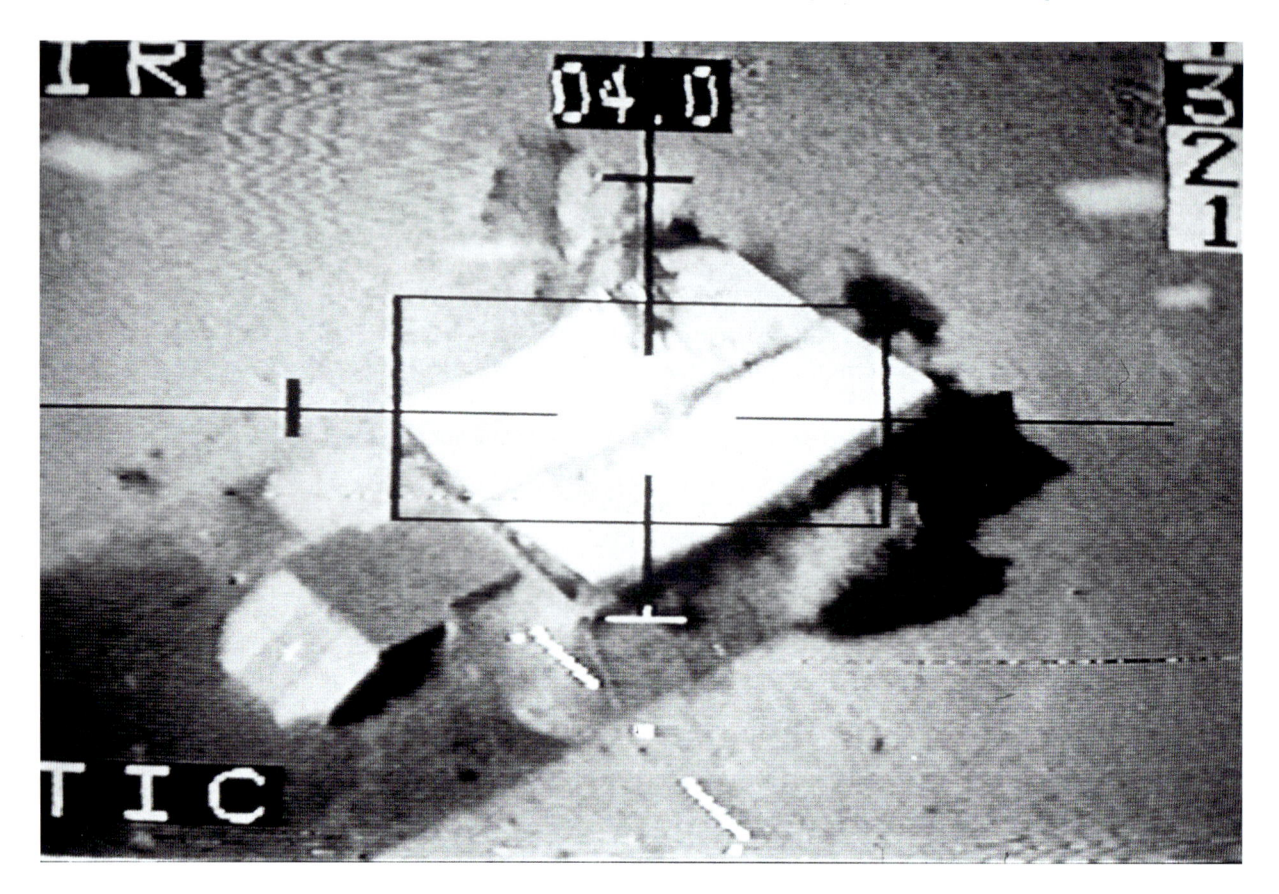

Visiotype

1 Betrachten Sie das Bild. Erläutern Sie, was zu sehen ist, und beschreiben Sie, welche Wirkung und Assoziationen es bei Ihnen erzeugt.

Sprache kann sich verselbständigen. Sie kann sich als Fassade, als Attrappe vor die Wirklichkeit stellen, so dass diese unsichtbar wird und nicht einmal mehr zu ahnen ist. Wenn z. B. von einem Krisenherd in einer Ecke der Welt die Rede ist, einem Konflikt, der auf saubere Weise gelöst wird, so kann das auf eine diplomatische Einigung deuten oder ein Massaker verbergen.
[...] Das obige Bild symbolisiert das Erlebnis des Golfkriegs vom Januar 1991, so wie es der Welt durch einen amerikanischen Sender vielleicht acht oder vierzehn Tage lang vermittelt wurde. Recht lange jedenfalls erschien der Krieg als sog. sauberer Krieg, der lediglich die Ziele in Mitleidenschaft zog, deren Zerstörung unbedingt notwendig war – während die Umgebung sozusagen unbehelligt blieb. Der Fernsehapparat zeigt ein punktgenaues Ziel, das von einer amerikanischen Rakete erreicht wird.
Die Weltgemeinde von CNN [amerikanischer Fernsehsender] erlebte es mit und sprach davon, wie amerikanische Piloten den Lüftungsschacht der Luftfahrzentrale Bagdads ins Fadenkreuz nahmen, die laserstrahlgelenkten Raketen hineinjagten und der Bau mit einem Schlag auseinanderflog, überhaupt redete man von dem Faszinosum der hochentwickelten Technik, dem man sich kaum entziehen könne, von jener tieffliegenden intelligenten Rakete, die sich selbst ihren Weg suchte.
Das Bild des klinisch-sauberen Krieges wurde dadurch erreicht, dass er als High-Tech-Performance publiziert wurde, dass seine fachmännische Präzision, die exakte Fernsteu-

erung und uhrwerkhafte Zielgenauigkeit in den Vordergrund rückte. Die „Konfliktlösung" war nichts als ein „chirurgischer Eingriff".

[...] Da die durchgelassenen Fakten und Bilder äußerst spärlich waren, trat eine neue Form der Vermittlung an deren Stelle, ein neues Visiotyp: graphische Darstellungen der Waffenstärke, der verschiedenen Waffengattungen und ihrer Funktionsweise. Das von der US-Regierung erfolgreich gelenkte Informationsdesign des Golfkrieges hat anscheinend Heerscharen von Graphikern beschäftigt. Danach kam auch bei uns das Wort „Infografik" in Gebrauch.

Wie so oft, hat ein Seitenableger der Kriegsgeschichte zu einer allgemeineren technischen Neuerung geführt. „Der Golfkrieg war weltweit der Durchbruch für Infografiken", schreibt der schwedische Grafikredakteur Dagson (PAGE 11/1992, 53).

[...] Bedeutet es, wenn das Visiotyp oder die Visiotypie sich, übrigens unter z. T. heftigen Widerständen, derart in der Presse ausbreitet, einen Einschnitt in der Geschichte mündiger Öffentlichkeit?

Wer den Bau einer Autobahn durchsetzen oder verhindern will, im Zuge der neuen Biotechnik eine neue Ethik und Rechtsordnung fordert, einen Ölkrieg als kleinen, sauberen Eingriff vorführen will, greift zum Visiotyp. Landkarte und Photo, Tabelle und Kurve, Diagramm und Schaubild und Infografik sind Zeichen, welche die Gesellschaft binden. Zahl und Bild sind die Grundelemente. Sie gehen im Visiotyp eine immer engere, am Ende kaum trennbare Verbindung ein.

„Visiotypie", von der eben die Rede war, ist der Hang zur Veranschaulichung. Ich gebrauche das Wort „Visiotyp" parallel zu „Stereotyp" und meine zunächst diesen allgemein zu beobachtenden, durch die Entwicklung der Informationstechnik begünstigten Typus sich rasch standardisierender Visualisierung. Es ist eine durchgesetzte Form der Wahrnehmung und Darstellung, der Zugriffs auf „die Wirklichkeit".

Aus dem Meer typisierender Veranschaulichungen erheben sich aber immer wieder einzelne Visiotype, die wiederkehren und kanonisiert werden, zu öffentlichen Sinnbildern avancieren, zu Signalen der Drohung oder Verheißung, internationalen Schlüsselbildern. Das oben abgebildete Visiotyp des Golfkrieges war auf dem Weg zu einem solchen Generalnenner und globalen Zeichen.

Wir sind umgeben von solchen Zeichen, sie sind die großen Stimmungsmacher der Epoche. Denn wichtiger als die Schlagwörter sind inzwischen die Schlagbilder, faszinierender als die Schlüsselbegriffe diese Schlüsselreize des Bewusstseins. Die exponentielle Weltbevölkerungskurve hängt als Drohung über unseren Häuptern, der entschwindende Walfischschwanz nimmt uns mit, die aus der Krume in einer menschlichen Hand aufkeimende Pflanze heitert auf, und der Blaue Planet erscheint als Verheißung. Wettermacher, wohin man sieht. Auswandernde über der dürren Sandfläche der Sahara und der finstere Kopf einer Asylantenschlange, überhaupt nicht endende Schlangen, tickende Zeitbomben, ansteigende Kurven und ihnen gegenüber das schachbietende Computerhirn, neue Kombinationsmöglichkeiten im Zeichen der Doppel-Helix, die große Vernetzung.

[...] Die globalen visuellen Zeichen sind strahlkräftige [eben nicht verbale, sondern visuelle] Stereotype: Schlüsselbilder. Sie sind umgeben von einem starken Assoziationshof von Gefühlen und Wertungen, sind „konnotatstark", wie man sprachwissenschaftlich sagen könnte. Es geht eine beträchtliche Bannkraft von ihnen aus. Mehr noch als von der Visiotypie im allgemeinen lässt sich von den einzelnen Visiotypen sagen, dass sie die Gesellschaft binden.

Uwe Pörksen: Weltmarkt der Bilder. Eine Philosophie der Visiotype. Stuttgart 1997, S. 24–29

2 Definieren und erläutern Sie den Begriff „Visiotyp" mit eigenen Worten. Ziehen Sie hierzu auch die Bedeutung des Wortes „Stereotyp"* heran.

3 Diskutieren Sie mögliche Probleme, die mit dem Auftreten von Visiotypen verbunden sind.

Uwe Pörksen (* 1935) ist ein deutscher, emeritierter Professor für Deutsche Sprache und Ältere Literatur. Ein Kernpunkt seiner Arbeit ist die Sprach- und Bildkritik.

Politische Ethik

Zeitgenössische Visiotype?

1. Betrachten Sie die Bilder und sammeln Sie persönliche Eindrücke und Assoziationen. Erläutern Sie mögliche Vorurteile, die durch die Bilder hervorgerufen werden.

2. Begründen Sie, ob bzw. inwiefern die Bilder als Visiotype gelten können und setzen Sie sich kritisch mit ihnen auseinander.

3. Recherchieren Sie gemeinsam in verschiedenen Medien Visiotype zu aktuellen gesellschaftspolitischen Themen und präsentieren Sie diese. Begründen Sie jeweils Ihre Wahl und nehmen Sie Stellung zum jeweiligen Visiotyp. Ziehen Sie dazu auch Martina Thieles Übersicht verschiedener Arten von Stereotypen heran (S. 115).

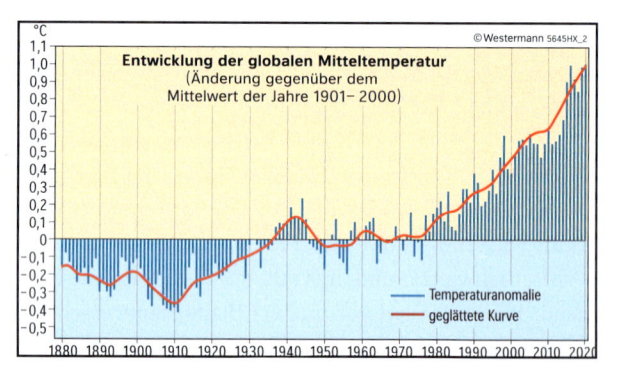

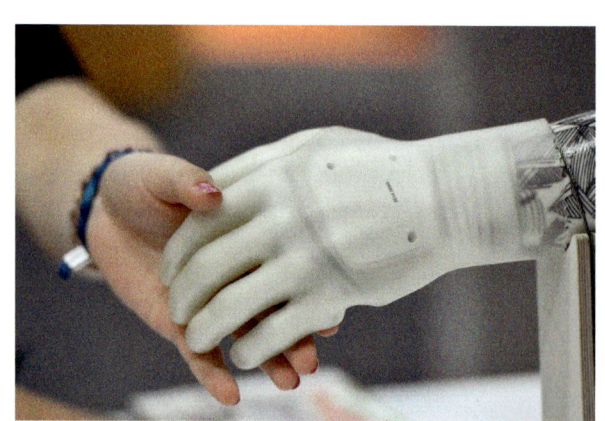

Martina Thiele: Medien und Stereotype

Medien schaffen und vermitteln ein Bild von der Welt. Wie zutreffend dieses Bild ist, gehört zu den zentralen Fragen der Kommunikations- und Medienwissenschaften – eine Frage, die grundsätzliche erkenntnistheoretische und philosophische Fragen berührt: Können wir überhaupt „die" Realität erkennen? Gibt es möglicherweise so viele Realitäten wie Individuen? Im Prozess der Wahrnehmung spielt der Rückgriff auf bereits vorhandene kognitive Schemata eine entscheidende Rolle. Der US-amerikanische Publizist Walter Lippmann nannte diese Denkmuster in Anlehnung an die Druckersprache Stereotype. Auch sprach er von „Bildern in unseren Köpfen" [...], die unsere Wahrnehmung maßgeblich bestimmen [...].

Arten von Stereotypen

[...] Die folgende Übersicht versammelt einige Arten von Stereotypen.
Räumliche Stereotype: sind ortsgebunden. Kleineren (lokal, regional) und größeren (national, supranational) geografisch verortbaren Kollektiven, den Bewohnerinnen und Bewohnern dieser Orte, Regionen, Länder werden bestimmte Eigenschaften zugeschrieben. So ist beispielsweise die Rede von der „rheinischen Frohnatur", dem „unterkühlten Briten", der „heißblütigen Italienerin", dem „ordnungsliebenden Deutschen" oder „den Ausländern".
Ethnische/„rassische" Stereotype: sind eng verbunden mit räumlichen Stereotypen und fanden im Zuge der im 19. Jahrhundert aufkommenden biologistischen Deutungen besondere Verbreitung, zum Beispiel werden „die Zigeuner", „die Indianer", „die Schwarzen", „die Weißen" mit wertenden Eigenschaften in Verbindung gebracht.
Religiöse Stereotype: sind ebenfalls aufgrund der geografischen Ausbreitung von Religionen eng verbunden mit nationalen und ethnischen Stereotypen. Hier werden Angehörigen von Religionen, Konfessionen und religiösen Gruppierungen, „Anders"- und Nicht-Gläubigen spezifische Charakteristika und Verhaltensweisen unterstellt.
Geschlechtliche und sexuelle Stereotype: basieren auf dem gesellschaftlich überwiegend akzeptierten Prinzip der Zweigeschlechtlichkeit, der Unterscheidung zwischen männlich und weiblich. Bestimmte äußere Merkmale und Verhaltensweisen gelten demnach als „weiblich" oder „männlich". Eng verbunden mit geschlechtlichen Stereotypen sind Stereotype, die die sexuelle Orientierung betreffen. Homosexualität, sexuelle „Enthaltsamkeit" oder „Zügellosigkeit" erscheinen in einer heteronormativen Gesellschaft als „das Andere" und „das Ungewöhnliche" und werden daher besonders häufig stereotypisiert, bevorzugt in satirischen Texten, Witzen und Karikaturen.
Altersstereotype: formulieren Annahmen über Angehörige einer Altersgruppe oder auch einer Generation, etwa „die Jugend", „die 68er" oder „die Senioren".
Berufliche Stereotype: schließen von der Berufsangabe auf bestimmte Merkmale, Einstellungen und Verhaltensweisen derjenigen, die diesen Beruf ausüben – und umgekehrt: Bestimmte Merkmale, Einstellungen und Verhaltensweisen aktivieren Vermutungen über den von einer Person ausgeübten Beruf. [...]
Ökonomische und Klassenstereotype: Ausgehend von unterschiedlichen Besitzverhältnissen und Interessenlagen lassen sich gesellschaftliche Klassen und Schichten identifizieren – und die ihnen zugerechneten Personen stereotypisieren.
Körperstereotype: verbinden physische Eigenschaften wie Größe, Gewicht, Behaarung oder Pigmentierung, auch den äußerlich erkennbaren Gesundheitszustand und das Alter mit positiven und negativen Wertungen.

https://www.bpb.de/shop/zeitschriften/apuz/221579/medien-und-stereotype/#footnote-target-1 [30.05.2022]

Martina Thiele (* 1967) lehrt als Professorin für Medienwissenschaft an der Universität Tübingen.

Politische Ethik

„Politische Ethik" beschäftigt sich im Wesentlichen mit der Frage nach den **moralischen Grundlagen der Lenkung** eines Gemeinwesens bzw. **eines Staates**.

Die ersten Antworten darauf finden sich bereits in der griechischen Antike. **Aristoteles** formuliert etwa in seiner Schrift „Politik" die zentrale Vorstellung, dass es zur Natur des Menschen gehört, ein „politisches Wesen" (grch. **„zoon politikon"**) zu sein. Dabei erfüllt die Gründung eines Gemeinwesens vor allem die Funktion, ein moralisch gutes, d. h. tugendhaftes Leben zu führen. Laut Aristoteles lassen sich je nach Anzahl der Herrschenden sowie der Güte folgende Staatsverfassungen unterscheiden, wobei für ihn die **„Politie"**, d. h. die gemäßigte Volksherrschaft bzw. Demokratie, am besten das Wohl aller realisieren kann:

Gute Staatsformen (Merkmal: Das Allgemeinwohl)	Schlechte Staatsformen (Merkmal: Der Vorteil des/der Herrschenden)
Königtum (Monarchie)	Tyrannis
Aristokratie	Oligarchie
Gemäßigte Volksherrschaft (Politie)	Radikale Demokratie

Nach dtv-Atlas Politik, S. 25

Im Unterschied zu seinem Schüler entwickelt *Platon* in seinem Dialog „Politeia" ausgehend vom Bild des Menschen, der aus **drei Seelenteilen** (Vernunft – Mut – Begierden) besteht, die Vorstellung eines Staates, in dem die drei Seelenteile jeweils **drei Ständen** (Philosophen – Wächter – Bauern, Handwerker, Kaufleute) sowie **Pflichten** (Lenken – Ausführen – Gehorchen) und Tugenden (Weisheit – Tapferkeit – Besonnenheit) zugeordnet sind:

Seelenteil	Stand	Pflicht	Tugend
Vernunft	Philosophen	Lenken	Weisheit
Mut	Wächter	Ausführen	Tapferkeit
Begierde	Bauern, Handwerker, Kaufleute	Gehorchen	Besonnenheit

Nach dtv-Atlas Politik, S. 18

Platon denkt den Staat insofern als **„großen Menschen"** (grch. „makros anthropos"), in dem jeder Stand das Seinige tut und den Staat auf diese Weise zu einem gerechten macht. Aus der Perspektive einer pluralistischen Staatsvorstellung, in der individuelle Freiheitsrechte wie Meinungs- und Berufsfreiheit sowie die Gleichheit vor dem Gesetz gelten, wirkt Platons Staatskonzeption jedoch autoritär und totalitär.

So kritisiert etwa **Karl Popper** im 20. Jahrhundert vor dem Hintergrund der nationalsozialistischen Gewaltherrschaft, dass Platons Staatskonzept keinerlei Veränderung zulässt und somit die Gewährleistung persönlicher Freiheit sowie die Einführung von Gewaltenteilung und rechtsstaatlicher Prinzipien grundsätzlich unmöglich macht und **Platon** somit letztlich als **Vordenker totalitärer Staatsideen** (wie etwa des Nationalsozialismus oder des sowjetischen Kommunismus) gelten kann.

Im Unterschied zum antiken Denken wird die Gründung eines Staates in der Neuzeit bei Denkern wie Hobbes und Rousseau begründungsbedürftig.

Die Legitimation der Gewalt eines Staates über seine Bürgerinnen und Bürger erfolgt hierbei im Anschluss an das Gedankenexperiment eines **vorstaatlichen Naturzustandes**, aus dem heraus sich schließlich eine Dynamik hin zur Einrichtung eines Staates durch einen **Gesellschaftsvertrag**, dem sich alle wechselseitig verpflichten, entfaltet.

Während jedoch bei **Hobbes** im Naturzustand der Mensch dem anderen Menschen ein Wolf (lat.: „homo homini lupus") ist und einem Krieg aller gegen alle (lat.: „bellum omnium contra omnes") nur die Einrichtung einer mächtigen staatlichen Zentralgewalt, dem **„Leviathan"**, Einhalt geboten werden kann, denkt **Rousseau** den vorstaatlichen Urzustand so, dass die Menschen **selbstgenügsam** und ohne jegliches Wissen von Gut und Böse friedlich nebeneinander leben. Aufgrund äußerer Ursachen (z. B. Naturkatastrophen) schließen sich jedoch die **„Naturmenschen"** (frz. „hommes naturels") zu größeren Gemeinwesen zusammen. Die aus der Einführung von Privateigentum sowie der stärker werdenden Eigenliebe bzw. Selbstsucht (frz. „amour propre") erwachsene bürgerliche Gesellschaft sieht sich dabei mit dem grundlegenden Problem konfrontiert, wie sich ein Gemeinwesen denken lässt, in dem die Freiheit des Einzelnen gewahrt bleibt, ohne dass dadurch jedoch das Gemeinwohl Schaden nimmt.

Für Rousseau lässt sich diese Schwierigkeit erst mithilfe eines **Gesellschaftsvertrages** (frz. „contrat social") lösen, der sowohl das Prinzip der **Gleichheit** aller als auch die **Legitimität staatlicher Gewalt über die Einzelnen** gewährleistet.

Hierin ähnelt Rousseaus Staatskonzeption dem Wesen demokratischer Rechtsstaaten, wie der Jurist **Hans Kelsen** deutlich macht. Seiner Meinung nach besteht der Wert der **modernen Demokratie** gerade darin, dass es ihr gelingt, die Freiheit des Einzelnen dadurch zu sichern, dass staatliche Entscheidungen alle Stimmen gleich gewichten und mittels des Mehrheitsprinzips erfolgen. Weil jedoch in der modernen sozialen Wirklichkeit oft eine große Anzahl an unterschiedlichsten Menschen zusammenleben, sieht Kelsen allein den **Parlamentarismus** mit politischen Parteien dazu in der Lage, die Idee der Demokratie auch in der Praxis umzusetzen. Dies kann letztlich jedoch nur gelingen, wenn **Grund- und Menschenrechte** (z. B. Meinungs- und Pressefreiheit, Minderheitenschutz) gelten, die einen friedlichen Machtwechsel nach Wahlen ermöglichen und darüber hinaus auch ein Recht auf **gewaltfreien Widerstand**, z. B. in Form **„zivilen Ungehorsams"**, beinhalten.

Dies sollte laut **Immanuel Kant** auch für das Verhältnis der Staaten untereinander gelten. So gelangt die Menschheit seiner Meinung nach erst durch einen **föderalistisch aufgebauten Bund der einzelnen, republikanisch verfassten Staaten dieser Erde** sowie ein eingeschränkt geltendes Weltbürgerrecht „zum ewigen Frieden".

Insofern kann Kant als Vordenker internationaler Organisationen wie den **Vereinten Nationen (UN)** gelten, die sich ausgehend von der **Allgemeinen Erklärung der Menschenrechte im Jahre 1948** wesentlich die globale Friedenssicherung zum Ziel gesetzt hat.

Dem stehen jedoch **autoritär geführte Staaten**, wie etwa **China**, entgegen, in denen individuelle Freiheitsrechte unterdrückt werden sowie eine vollständige staatliche Gewaltenteilung fehlen und staatliche Kontrolle allgegenwärtig ist, wofür das **chinesische Sozialkreditsystem** beispielhaft ist.

Neben dieser äußeren Gefährdung moderner Demokratien durch autoritäre Staaten drohen jedoch auch Gefahren im Inneren, etwa durch **Populismus** oder Lobbyismus. Dabei findet sich bereits bei Platon eine fundierte Kritik populistischer Rhetorik, der Sokrates vorwirft, ohne genaue Fachkenntnisse an Diskussionen teilzunehmen und diese mithilfe rhetorischer Strategien zu dominieren.

Ähnlich besteht beim **Lobbyismus** die Gefahr, **demokratische Teilhabe** an Gesetzesprozessen allein **an finanzielle Macht zu binden**, sodass reiche und mächtige Interessenverbände ihre Ziele verfolgen und durchsetzen können, obwohl diese im Gegensatz zum Gemeinwohl oder dem Wohl der Mehrheit stehen, und so demokratische Prinzipien wie die Gleichheit aller Bürgerinnen und Bürger aushöhlen.

Dabei spielen aufgrund der großen Bedeutung sozialer Medien im gegenwärtigen gesellschaftlichen Diskurs medial verbreitete bildliche Stereotype, sog. **„Visiotype"** (z. B. der „Kopftuchfrau"), auch eine immer stärkere Rolle, da sie oft negative Vorurteile vermitteln sowie verfestigen helfen und so zur Spaltung der demokratischen Gesellschaft beitragen.

Politische Ethik wird daher diesen negativen Entwicklungen auch in Zukunft entschieden entgegentreten müssen, indem wir gemeinsam mithilfe ihrer Argumente aktiv am gesellschaftlichen Diskurs teilnehmen und den Wert von Demokratie und Pluralismus verteidigen.

Medizinethik

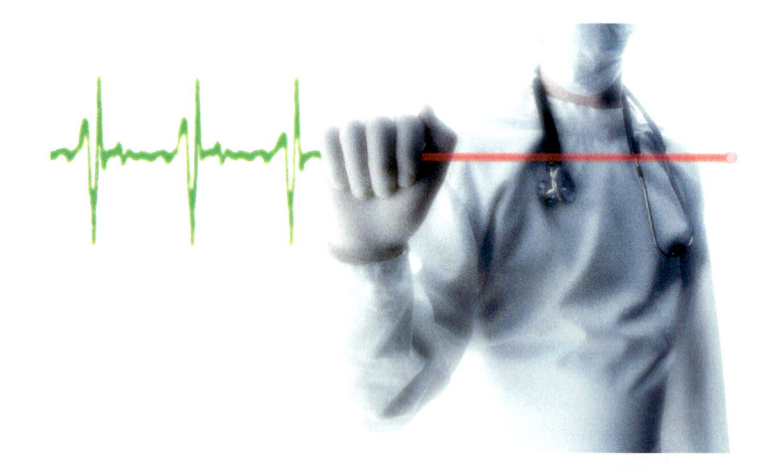

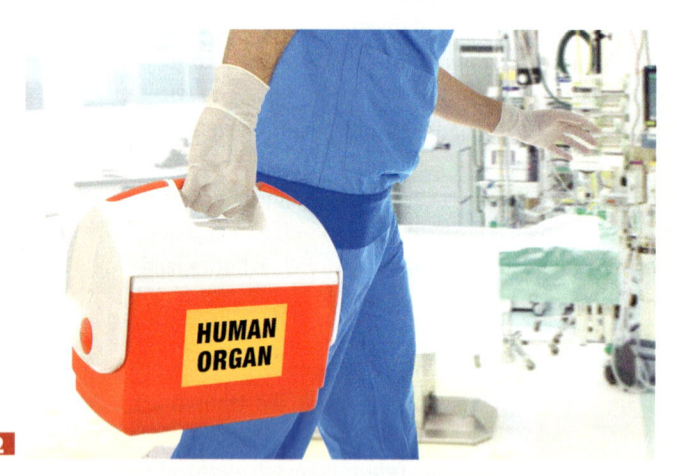

4

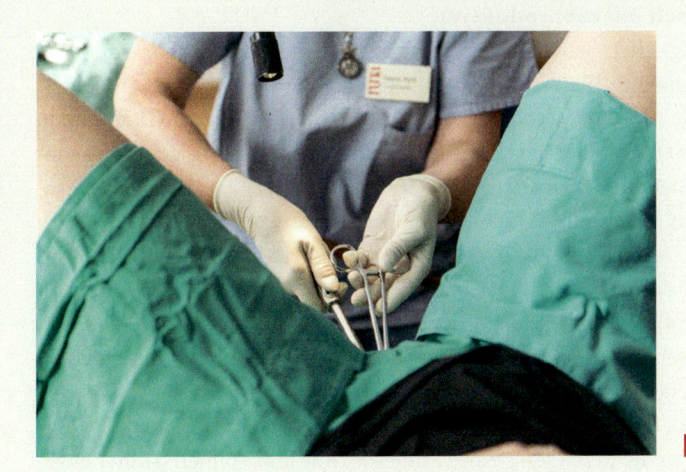

5

Präimplantationsdiagnostik (PID), d. h. genetische Untersuchung von Zellen eines nach künstlicher Befruchtung gezeugten Embryos in vitro vor seiner Übertragung in die Gebärmutter

Klonen

Sterbehilfe

Schwangerschaftsabbruch

Organtransplantation

1 Ordnen Sie die Bilder den jeweiligen medizinethischen Bezeichnungen zu.

2 Skizzieren Sie anschließend mögliche medizinethische Probleme, die sich jeweils stellen. Nehmen Sie dabei auch die Perspektiven unterschiedlicher Betroffener in den Blick.

Grundlagen medizinethischer Argumentation

Einleitung: der Argumentationsraum

Medizinethik reflektiert über ethisch legitime Eingriffe in Zeugungs-, Lebens- und Sterbeprozesse des Menschen.

Problemkomplexe aus dem medizinethischen Bereich sind u. a.:

- **Pränatal- und Präimplantationsdiagnostik (PID)**

Der Begriff „Präimplantationsdiagnostik" (PID) bezeichnet Verfahren, die eine Diagnose an Embryonen ermöglichen, die eine Diagnose an Embryonen ermöglichen, die durch extrakorporale Befruchtung mithilfe der In-Vitro-Fertilisation (IVF) gewonnen wurden. Dabei wird das Erbgut von ein bis zwei Zellen eines mehrere Tage alten Embryos, meist während des sogenannten 8-Zell-Stadiums (Blastomere) und damit ca. drei Tage nach der Befruchtung, hinsichtlich bestimmter krankheitsrelevanter Mutationen oder Chromosomenanomalien untersucht, bevor der Embryo in die Gebärmutter übertragen wird. Auch Untersuchungen im Hinblick auf nicht krankheitsrelevante Merkmale wie beispielsweise das Geschlecht eines Embryos oder seiner Eignung als Organ- bzw. Gewebespender für ein bereits lebendes erkranktes Geschwisterkind sind mittels PID möglich und werden in einigen Ländern durchgeführt.

Volker Pfeifer: Ethisch argumentieren, Paderborn 2009: Schöningh Verlag, S. 142

- **Klonen (therapeutisch oder reproduktiv)**

Die gängige Bezeichnung „therapeutisches Klonen" wird nicht selten als missverständlich kritisiert, da das gemeinte Klonverfahren selbst nicht therapeutisch ist. Vielmehr werden Zellen hergestellt, die die Potenz haben, sich zu einem vollständigen Individuum zu entwickeln (Totipotenz). Damit ist das „therapeutische Klonen" keine Therapie, sondern ein Forschungsansatz, mit dem Ziel der Entwicklung neuer Therapieverfahren, sodass vorzuziehen ist, vom „Forschungsklonen" oder „Klonen zu Forschungszwecken" zu sprechen.

Hiervon abzugrenzen ist das „reproduktive Klonen", womit der Einsatz von Klontechniken zum Zweck der Fortpflanzung bezeichnet wird. Der Unterschied zwischen dem Klonen zu Forschungszwecken und dem reproduktiven Klonen ist somit in der verschiedenartigen Intention der Handelnden zu sehen, die Technik selbst ist bis zu einem bestimmten Zeitpunkt identisch. Ziel des therapeutischen Klonens ist nicht die Kopie eines Lebewesens, sondern die Erzeugung eines Embryos. Aus ihm können dann maßgeschneiderte embryonale Stammzellen gewonnen werden. Mit diesen Zellen wollen Mediziner in der Zukunft neues Gewebe züchten und einpflanzen. Der Vorteil: Im Gegensatz zu der Transplantation eines Spenderorgans wird das gezüchtete Gewebe nicht vom Immunsystem des Empfängers abgestoßen. Die Methode beim therapeutischen ist dieselbe wie beim reproduktiven Klonen. Aus Körperzellen des Patienten wird der Zellkern mit der DNS entnommen und in eine entkernte Eizelle gespritzt. Diese entwickelt sich zu einem Embryo, aus dem nach einigen Tagen die Stammzellen gewonnen werden. Diese embryonalen Stammzellen können sich in jede beliebige Körperzelle entwickeln. Die Mediziner hoffen, dass sie einmal jede beliebige Gewebeart – z.B. Herzmuskeln, Nerven oder Bauchspeicheldrüsen – züchten und damit Krankheiten wie Herzversagen, Parkinson und Diabetes heilen können.

Volker Pfeifer: Ethisch argumentieren, Paderborn 2009: Schöningh Verlag, S. 156 f.

- **Transplantationsmedizin**

1968 setzte ein Komitee der amerikanischen Harvard Medical School das Versagen messbarer Hirnaktivität mit dem Tod gleich. Dieses Todesdefinition, die bald allgemein akzeptiert wurde, schuf die Voraussetzung für eine Organentnahme, weil die Funktion der übrigen Organe mit maschineller Hilfe aufrechterhalten und damit transplantationsfähig gehalten werden kann. Kritiker dieser Todesdefinition sehen Hirntote nicht als Tote, sondern als Sterbende an.

Für eine Organentnahme wurden zwei unterschiedliche Regelungen entwickelt, die Widerspruchsregelung, die etwa in Belgien, Spanien und Portugal gilt, und die Zustimmungsregelung, die in erweiterter Form in Deutschland gültig ist.

Widerspruchsregelung:
Hat der Verstorbene zu Lebzeiten nicht ausdrücklich einer Organentnahme widersprochen, so können Organe zur Transplantation entnommen werden. Einige Staaten wie etwa Österreich notieren den Widerspruch in einem nationalen Register. Nicht in allen Ländern mit Widerspruchslösung ist es vorgeschrieben, dass die Angehörigen des Verstorbenen vor der Organentnahme informiert oder konsultiert werden. In der Praxis aber haben die Hinterbliebenen immer die Möglichkeit zum Einspruch.

Zustimmungsregelung:
Der Verstorbene muss einer Organentnahme zu Lebzeiten zugestimmt haben, etwa indem er einen Spendeausweis mit sich führt oder bei einem Register gemeldet ist. Liegt keine Entscheidung vor, können die Angehörigen über eine Entnahme entscheiden (erweiterte Zustimmungsregelung). Grundlage der Entscheidung ist der mutmaßliche Wille des Verstorbenen.

Nach Deutsche Stiftung Organtransplantation 2006

- **Sterbehilfe***

Unter Sterbehilfe versteht man Maßnahmen, die dem Sterbenden den Tod erleichtern sollen (Sterbebegleitung) oder die den Tod herbeiführen.
Als **„passive Sterbehilfe"** bezeichnet man das bewusste Unterlassen von lebensverlängernden Maßnahmen.
Bei **„aktiver Sterbehilfe"** unterscheidet man zwischen „indirekter aktiver Sterbehilfe" (Inkaufnahme möglicher Lebensverkürzung durch Verabreichung schmerz- oder leidenslindernder Medikamente) und „direkter aktiver Sterbehilfe" (das gezielte und tätige Herbeiführen des Todes).
Der Begriff **„Euthanasie*"** (gr.: guter Tod, gutes Sterben) wird in Deutschland wegen seiner missbräuchlichen Verwendung für den Massenmord an Behinderten während des Dritten Reiches vermieden. (S. dazu auch S. 131.)

Originalbeitrag für diesen Band

1 Informieren Sie sich über einen der genannten Problemkomplexe aus dem medizinethischen Bereich und erarbeiten Sie hierfür einen Podcast.
→ Einen Podcast erstellen, S. 151

2 Diskutieren Sie anschließend gemeinsam die Perspektiven unterschiedlicher Betroffener im jeweiligen medizinethischen Problemfeld.

Der praktische Syllogismus* als eine Grundfigur medizinethischen Argumentierens

Wer argumentiert, arbeitet grundsätzlich mit Prämissen* und Konklusionen*. Die Richtigkeit der Schlüsse basiert auf der Richtigkeit der Prämissen. Es gilt also grundsätzlich zu fragen: Stimmen die Prämissen, sind sie wahr? Und: Ist der anhand dieser Prämissen gezogene Schluss richtig bzw. zwingend?

In der formalen Logik geht es vor allem um eine Sicherung logisch gültiger Schlussregeln. Die bekannteste Schlussfigur hat die Form:

1. Prämisse (Obersatz):	Alle Menschen sind sterblich.
2. Prämisse (Untersatz):	Sokrates ist ein Mensch.
Schlussfolgerung (Konklusion):	Also ist Sokrates sterblich.

Diese im theoretischen Syllogismus anzutreffende formale Grundstruktur kehrt in analoger Weise auch im praktischen Syllogismus wieder.

In einem praktischen Syllogismus wird aus einem normativen* Obersatz (Normative Prämisse: NP) und mindestens einem nicht-normativen, deskriptiven* Untersatz (Deskriptive Prämisse: DP) eine normative Schlussfolgerung (Konklusion: K) geschlossen:

1. Normative Prämisse	NP: Bring alle Koffer zum Bahnhof!
2. Deskriptive Prämisse	DP: Dies da ist einer der Koffer.
3. Schlussfolgerung	K: Bring diesen Koffer zum Bahnhof!

Diese Schlussfigur ist ein wesentliches Kennzeichen ethischen Argumentierens. Eine elementare Voraussetzung der Überprüfung ethischer Argumente und Urteile ist darin zu sehen, dass sie syllogistisch rekonstruierbar sind.

Im praktischen Syllogismus werden normative Aussagen gemacht. Solche Aussagen können streng genommen weder „wahr" noch „falsch" sein, jedenfalls nicht in dem Sinne, in dem wir eine deskriptive Aussage als wahr bezeichnen. Daher geht es bei normativen Aussagen in erster Linie darum zu fragen, ob sie „richtig" sind, d.h. vor allem, ob sie „gültig" sind, also Geltung für sich beanspruchen können. Diese Gültigkeit muss sich dann in einem argumentativen Diskurs begründen lassen.

Beispiel:

1. Lebewesen dürfen zu medizinischen Zwecken verwendet werden, wenn sie ohne Schmerzempfinden sind.	NP
2. Menschlichen Föten fehlt in den ersten Monaten der Schwangerschaft die Ausbildung der Großhirnrinde, die für die Schmerzempfindung notwendig ist.	DP
3. Menschliche Föten dürfen in den ersten Monaten der Schwangerschaft für medizinische Zwecke verwendet werden.	K

Nach Volker Pfeifer: „Ethisch argumentieren". Paderborn 2009: Schöningh Verlag, S. 14 ff.

Zentrale medizinethische Argumente, wie etwa die für die Rechten von Embryonen, lassen sich so als praktische Syllogismen darstellen und auf ihre logische Schlüssigkeit und Gültigkeit prüfen:

„Darf man Embryonen für die Zwecke anderer Menschen verbrauchen? Darf man sie, wenn ansonsten keine zur Verfügung stehen, gerade dafür herstellen? Und darf man diese Herstellung auch im Wege des Klonens betreiben? […]
Die grundlegende ethische Frage lautet: Sollen dem Embryo aus moralischen Gründen
Menschenwürde und ein eigenes Recht auf Leben zugeschrieben werden? Vier prinzipielle Argumente dafür sind denkbar:
erstens die Zugehörigkeit des Embryos zur Spezies Homo sapiens;
zweitens das stufenlose Kontinuum seiner weiteren Entwicklung bis zum geborenen Menschen;
drittens das schon im frühesten Embryonalstadium vorhandene Potenzial zu eben dieser und jeder weiteren Entwicklung;
und viertens eine bestimmte Identität bereits des Embryos mit allen späteren Mensch-Zuständen seiner möglichen Existenz.
Nennen wir diese Argumente das Spezies-, das Kontinuums-, das Potenzialitäts- und das Identitätsargument und betrachten sie genauer.

Das Speziesargument
Der Schutz des Tötungsverbots gelte für den Embryo schon und allein deshalb, weil er biologisch der Spezies Homo sapiens angehört. Da alle geborenen Angehörigen dieser Spezies ein Grundrecht auf Leben haben, gebiete das Prinzip der Gleichbehandlung auch den Lebensschutz des Embryos. […]

Das Kontinuumsargument
Was damit gemeint ist, hat am besten das B[undes]Verf[assungs]G[ericht] in seinem ersten ‚Fristenlösungsurteil' von 1975 formuliert: Der menschliche Entwicklungsprozess sei ein ‚kontinuierlicher Vorgang, der keine scharfen Einschnitte aufweist'. Daher sei es willkürlich, einen solchen ‚Einschnitt' zu markieren. Deshalb müsse der Lebens- und Würdeschutz schon mit dem Anfang der embryonalen Entwicklung einsetzen. […]

Das Potenzialitätsargument
Es lautet so: Zwar mögen sich die aktuellen Eigenschaften menschlicher Embryonen nicht dafür eignen, Menschenwürde und Tötungsverbot zu begründen; aber seine erwartbaren künftigen Eigenschaften sind genau, die, auf denen das allgemeine Menschenrecht auf Leben und Würde moralisch gründet. Diese Chance der Zukunft, gewissermaßen sein Status potenzialis, darf ihm daher nicht genommen, sein Leben also nicht zerstört werden. […]

Das Identitätsargument
Schon beim Embryo, so kann man ausbuchstabieren, bestehe in der entscheidenden Hinsicht eine Identität mit dem geborenen Menschen, der später daraus entstehen kann. Daher müsse das Embryo schon aus Gründen der Logik genauso geschützt werden."

Reinhard Merkel: „Rechte für Embryonen?". https://www.zeit.de/2001/05/200105_embryonenschutz.xml [30.05.2022]

1 Arbeiten Sie die einzelnen Argumente für die Rechte von Embryonen heraus, indem sie diese jeweils als praktische Syllogismen darstellen.

2 Erläutern und prüfen Sie jeweils die logische Schlüssigkeit und Gültigkeit dieser Argumente.

3 Diskutieren Sie abschließend Chancen und Grenzen praktischer Syllogismen für die medizinethische Argumentation. Beziehen Sie sich dabei vor allem auch auf die oben erläuterte Form solcher logischen Argumente.

Von der Logik zur Argumentationstheorie: das Toulmin-Schema

Praktische Syllogismen, werden sie auch noch so flexibel und kontextgebunden gehandhabt, lassen grundsätzlich bloß analytische Schlüsse zu. Die Schlussfolgerung enthält nur das, was in den Prämissen zu finden ist. Es wird nicht behauptet, dass die beiden Prämissen stimmen. Sie werden bloß angenommen. Der Schluss „schließt" auch dann, wenn sie falsch sind.

Mit seinem inzwischen schon klassisch gewordenen Argumentationsschema bahnt der britische Philosoph Stephen Toulmin [ausgesprochen: ˈtuːlmɪn] einen Weg von der Logik zur Argumentationstheorie. Er vergleicht Argumente mit „Organismen", die eine vielfach vernetzte und organisch zusammenhängende Struktur aufweisen. Toulmin orientiert sich in seiner Analyse von Argumenten weniger an der Mathematik, sondern vielmehr an der Jurisprudenz. Die Art, wie in einem Gerichtsverfahren Ansprüche gestellt und begründet werden, ähnelt jenen Verfahren, durch die in der Logik Regeln begründet oder widerlegt werden.

Argumentationslogik ist für Toulmin nichts weiter als verallgemeinerte Jurisprudenz: „Logic (we may say) is generalized jurisprudence" (The Uses of Argument, 1958, S. 7). Er geht sogar noch weiter und behauptet, dass die in so unterschiedlichen Gebieten wie der Physik, der Jurisprudenz und der Ethik benutzten Argumente im Wesentlichen die gleiche Struktur aufweisen. Auf all diesen Gebieten geht es primär um eine möglichst plausible Begründung von aufgestellten Behauptungen bzw. Geltungsansprüchen.

Die formale Struktur einer Argumentation können wir in folgendem Schema darstellen:

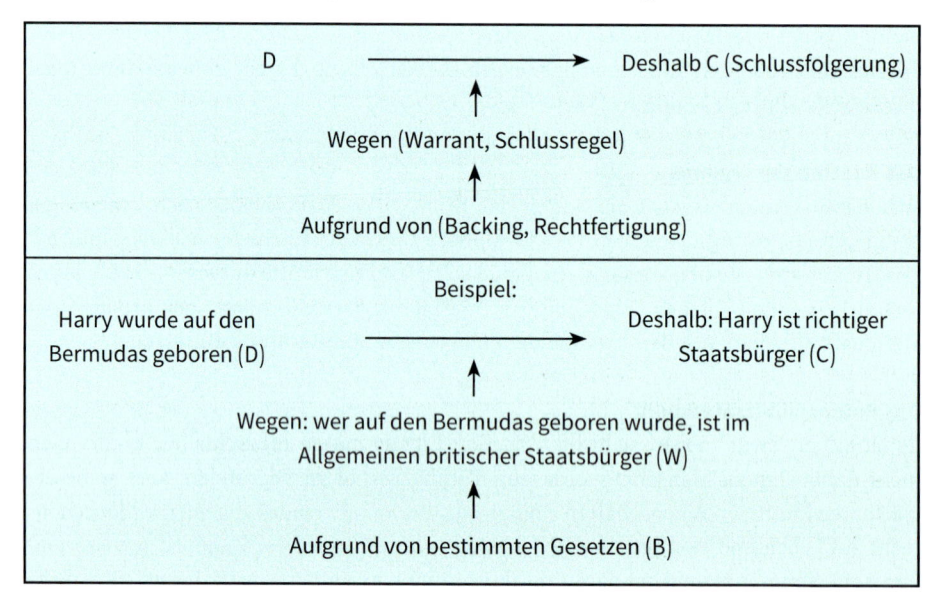

```
D  ———————————————→  Deshalb C (Schlussfolgerung)
                 ↑
        Wegen (Warrant, Schlussregel)
                 ↑
        Aufgrund von (Backing, Rechtfertigung)
```

Beispiel:
```
Harry wurde auf den              Deshalb: Harry ist richtiger
Bermudas geboren (D) ——————————→ Staatsbürger (C)
                 ↑
Wegen: wer auf den Bermudas geboren wurde, ist im
Allgemeinen britischer Staatsbürger (W)
                 ↑
        Aufgrund von bestimmten Gesetzen (B)
```

Die Behauptung, dass Harry ein britischer Staatsbürger ist (C = claim or conclusion; Anspruch oder Konklusion) wird durch die Tatsache, dass Harry auf den Bermudas geboren wurde (D = data; Daten, Informationen) begründet. Dieses Argument kann auf zwei Weisen infrage gestellt werden. Einmal kann die Wahrheit von D, zum anderen der triftige Zusammenhang zwischen D und C angezweifelt werden. Im zweiten Fall muss der Übergang von D zu C gerechtfertigt werden. Dazu ist eine Schlussregel (W = warrant) erforderlich. In unserem Fall lautet W: „Wer auf den Bermudas geboren wurde, ist britischer Staatsbürger". W seinerseits lässt sich wiederum bezweifeln. Man könnte als Stützung (B = backing) von W auf ein bestimmtes vom Parlament verabschiedetes Gesetz verweisen.

Stephen Toulmin (1922–2009) wurde vor allem durch sein Werk „The uses of argument" (Der Gebrauch von Argumenten) aus dem Jahr 1958 bekannt, das als Standardwerk der Argumentationsanalyse gilt und dem auch das „Toulmin-Schema" entnommen ist.

1 Erläutern Sie den argumentationslogischen Grund für Toulmins Konzeption des nach ihm benannten Schemas.

2 Geben Sie die Form des Toulmin-Schemas mit eigenen Worten wieder, indem Sie diese von der des praktischen Syllogismus abgrenzen.

Das Skelett dieses Argumentationsschemas ist also:

D, deshalb C, wegen W (Schlussregel), aufgrund von B.

Toulmin überträgt dieses Schema auch auf normative Aussagen.
Beispiel:
C = „X hat moralisch schlecht gehandelt" – D = „X hat gelogen" – W (evaluative Schlussregel) = „Lügen ist moralisch schlecht" – B = z. B. Hinweis auf schlechte Folgen des Lügens. Entscheidend ist nun, dass das B-Argument ein Mehr an Information bzw. Triftigkeit enthält als die in einer bloß analytischen Argumentation enthaltenen Informationen bzw. Gründe. Insofern ist es substanziell.

Das Argumentationsschema von Toulmin stellt gewissermaßen den praktischen Syllogismus auf den Kopf und fundiert ihn mit einer substanziellen Begründungsdimension (B). Aus der „conclusio" wird ein „claim" (C/Behauptung), aus der deskriptiven Prämisse werden „facts" (D/Fakten) und aus der normativen Prämisse werden „warrants" (W/Schlussregel). Sie können ihrerseits durch „backings" (B/Stützen) weiter begründet werden. Die „warrants" sind zumeist Normen, moralische Daumenregeln, Sitten und Gewohnheiten. Als „backings" kommen auf einer abstrakteren Stufe moralische Prinzipien oder Ethiktheorien infrage. Denkbar wäre, dass B seinerseits nochmals begründet werden kann (B 1). Um nicht in einen infiniten Regress zu geraten, scheint es für Proponenten und Opponenten erforderlich, sich mit möglichst plausiblen Begründungsargumenten zufriedenzugeben.

Toulmin erweitert sein Schema, indem er noch zwei weitere Gelenkstellen einbaut, um es für komplexere Begründungszusammenhänge flexibel einsetzen zu können. So führt er Modaloperatoren (MO: „notwendigerweise, „wahrscheinlich" oder „vermutlich") ein. Desweiteren versucht er die Argumentation durch die Einführung gewisser Ausnahmebedingungen (AB: „Es sei denn"- bzw. „Wenn nicht"-Klausel) zu präzisieren. Im Toulminschen Beispiel: C wird durch den MO qualifiziert: „Vermutlich ist deshalb Harry britischer Staatsbürger" und die Ausnahmebedingungen (AB) geben Umstände an, durch die C aufgehoben bzw. relativiert werden müsste: „Es sei denn, beide Eltern sind Ausländer oder er wurde durch Einbürgerung Amerikaner".
Beispiel eines erweiterten Argumentationsganges:

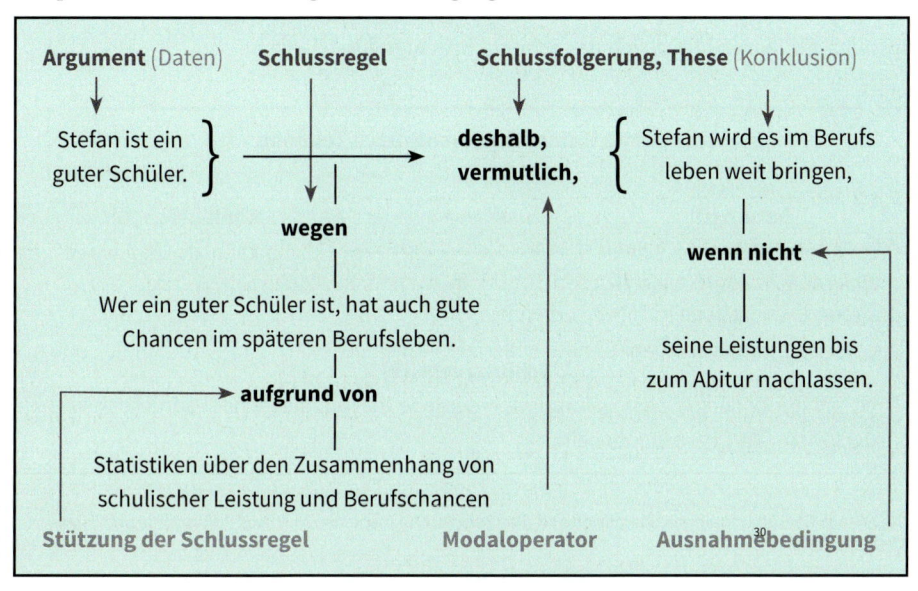

1 Begründen Sie die Notwendigkeit von Toulmins Erweiterung seines argumentationslogischen Schemas.

2 Vollziehen Sie Toulmins erweitertes Schema anhand der angegebenen Beispiele (S. 125 f.) nach, indem Sie diese mit eigenen Worten zusammenfassen.

Argument (Daten)	**Schlussregel**	**Schlussfolgerung, These** (Konklusion)	
Stefan ist ein guter Schüler.	→	**deshalb, vermutlich,**	Stefan wird es im Berufsleben weit bringen,
	wegen		
	Wer ein guter Schüler ist, hat auch gute Chancen im späteren Berufsleben.	**wenn nicht**	seine Leistungen bis zum Abitur nachlassen.
	aufgrund von		
	Statistiken über den Zusammenhang von schulischer Leistung und Berufschancen		
Stützung der Schlussregel		**Modaloperator**	**Ausnahmebedingung**

Das Skelett der Argumentation wird in seiner Feingliedrigkeit recht deutlich. Die einzelnen Schritte können so klar identifiziert und analysiert werden. Dadurch wird das Argumentieren hinreichend strukturiert und transparent und kann so eher zu plausiblen Ergebnissen führen. Formelhaft verkürzt sieht die Struktur des Arguments so aus:

D → deshalb MO, C, wegen W, aufgrund von B, wenn nicht AB:

Beispiel:

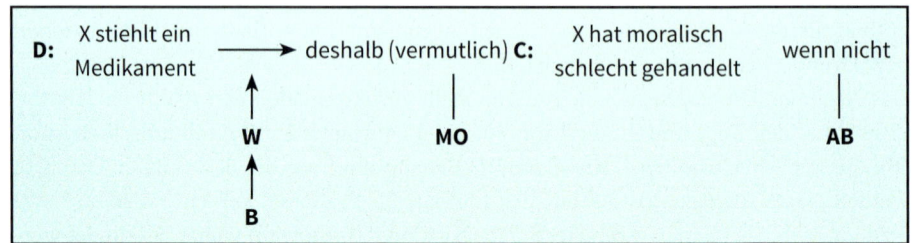

```
D: X stiehlt ein         → deshalb (vermutlich) C: X hat moralisch      wenn nicht
   Medikament                                      schlecht gehandelt
                ↑                        |                                   |
                W                        MO                                  AB
                ↑
                B
```

Nach Volker Pfeifer: „Ethisch argumentieren". Paderborn 2009: Schöningh Verlag, S. 20 ff.

Das Toulmin-Schema in der Medizinethik am Beispiel der Organspende

Wir leben im Jahr 2030. In der Transplantationsmedizin gilt inzwischen für Organspenden die sogenannte erweiterte Widerspruchsregelung, nach der jede Person, die nicht ausdrücklich Widerspruch eingelegt hat, als Organspender gilt, es sei denn, die nächsten Angehörigen widersprechen im Entscheidungsfall einer Organentnahme.
Die 25-jährige, kerngesunde Lena hatte einen Motorradunfall, bei dem ihr Gehirn so schwer verletzt wurde, dass ihr Leben nicht mehr zu retten war. Sie hatte zuvor keinen Widerspruch gegen eine Organspende eingelegt.
Nach dem Argumentationsschema von Toulmin lässt sich die Situation nun in einem ersten Schritt aus drei Aussagen formal darstellen: Als Datum (D) gilt das konkrete Wissen, dass Lena zu Lebzeiten keinen Widerspruch eingelegt hat. Deshalb kann man daraus die Konklusion (C) schließen, dass Lena als Organspenderin dienen kann, und zwar wegen der allgemeinen Regel, der sogenannten Schlussregel (W), der gesetzlich festgelegten Widerspruchsregelung, nach der jeder, der nicht ausdrücklich widerspricht, als Organspender gilt. Formal lässt sich das Schema wie folgt darstellen:

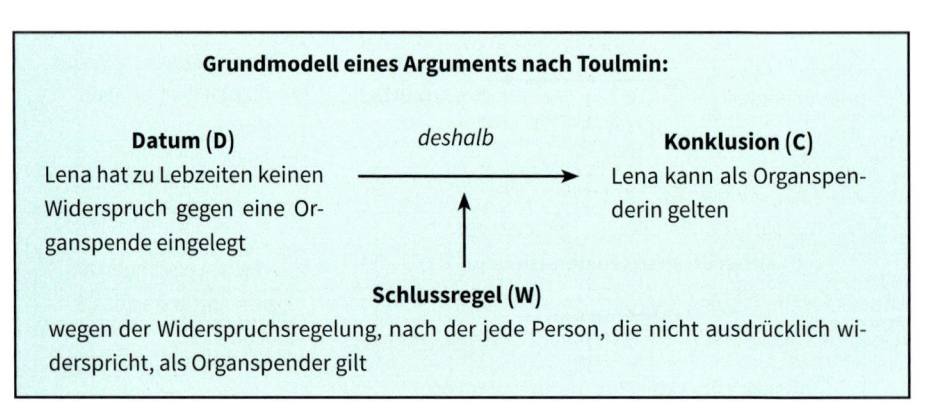

1 Entwerfen Sie ein alternatives Grundmodell mit (D), (C) und (W) für den Fall, dass Lena zu Lebzeiten Widerspruch gegen eine Organentnahme eingelegt hat, und überprüfen Sie dessen Schlüssigkeit.

2 Gestalten Sie ein Grundmodell für den Fall, dass gesetzlich eine Zustimmungsregelung gilt und Lena zu Lebzeiten einen Organspendeausweis ausgefüllt hat. Prüfen Sie anschließend dessen Schlüssigkeit.

Grundmodell eines Arguments nach Toulmin:

```
Datum (D)                    deshalb           Konklusion (C)
Lena hat zu Lebzeiten keinen ─────────→        Lena kann als Organspen-
Widerspruch gegen eine Or-              ↑      derin gelten
ganspende eingelegt                     |
                            Schlussregel (W)
              wegen der Widerspruchsregelung, nach der jede Person, die nicht ausdrücklich wi-
              derspricht, als Organspender gilt
```

Nach Klaus Goergen: Toulmins liberalisierte Logik – Beispiel Organspende. In: Praxis Philosophie und Ethik 3/2019, S. 35

Widerspruchslösung? Bitte ja.

[...] Befürworter der Widerspruchslösung erhoffen sich vor allem mehr Organspender. Auch [der ehemalige Bundesgesundheitsminister] Jens Spahn argumentiert, nur mit der Widerspruchslösung könne die Organspende zum Normalfall werden. Besonders Spanien, wo die Regelung bereits gilt, wird als Vorbild herangezogen. So sagt auch Bundestags-
5 vizepräsident Thomas Oppermann (SPD): „Es werden dort wesentlich mehr dringend benötigte Organe gespendet und transplantiert als in Deutschland." Mit der Widerspruchslösung hätten Bürger oder ihre Angehörigen weiterhin die Möglichkeit, eine Organentnahme abzulehnen. Es besteht jedoch die Hoffnung, dass durch die Regelung auch diejenigen zum Spender werden, die einer Organentnahme zwar positiv gegenüberste-
10 hen, ihre Entscheidung aber nicht festgehalten haben. Dass genau dies derzeit passiert, zeigen Studien der Bundeszentrale für politische Aufklärung. So erklärten im Jahr 2016 bei einer Umfrage 62 Prozent der Befragten, die ihre Entscheidung zur Organspende nicht schriftlich festgehalten haben, dass sie sich innerlich für eine Organspende entschieden haben. Ein weiteres Argument für die Widerspruchslösung: Sie könnte den
15 Angehörigen die belastende Situation ersparen, über den Wunsch des Verstorbenen mutmaßen zu müssen. Denn derzeit müssen die nächsten Angehörigen entscheiden, falls der Angehörige seine Haltung zur Organspende zu Lebzeiten nicht festgehalten hat. [...]

https://www.evangelisch.de/inhalte/152133/07-09-2018/pro-und-kontra-widerspruchsloesung-bei-der-organspende [03.06.2022]

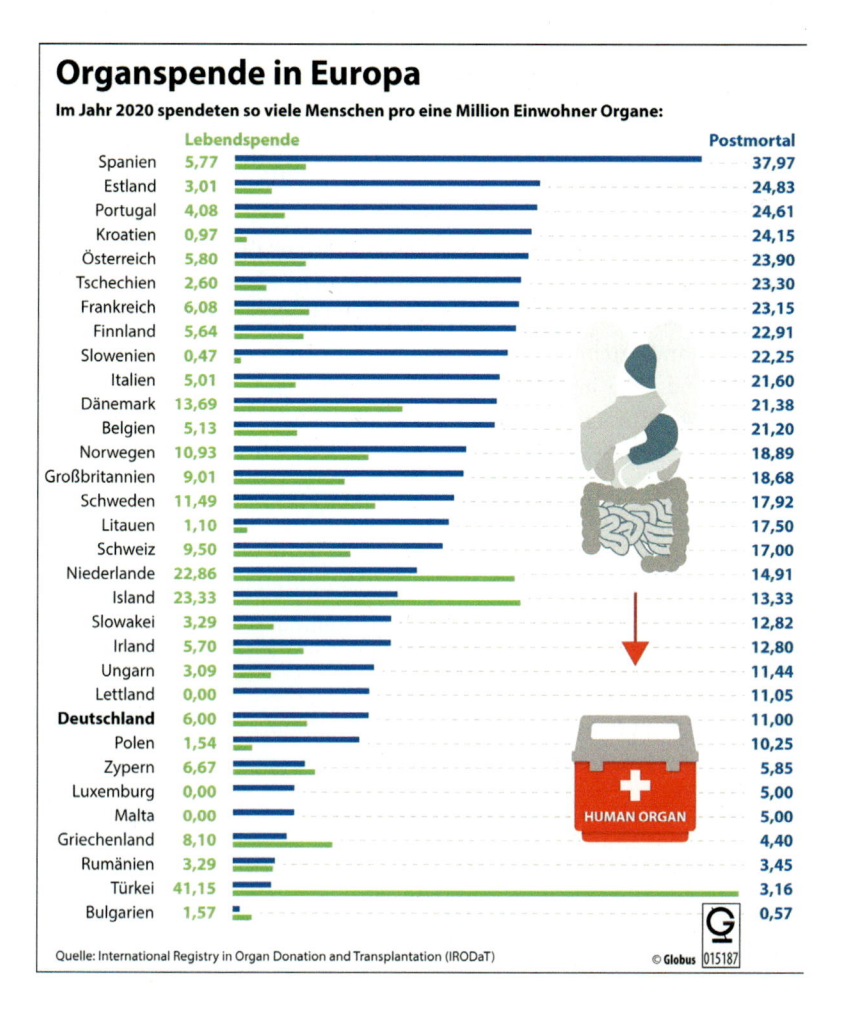

Organspende in Europa
Im Jahr 2020 spendeten so viele Menschen pro eine Million Einwohner Organe:

Land	Lebendspende	Postmortal
Spanien	5,77	37,97
Estland	3,01	24,83
Portugal	4,08	24,61
Kroatien	0,97	24,15
Österreich	5,80	23,90
Tschechien	2,60	23,30
Frankreich	6,08	23,15
Finnland	5,64	22,91
Slowenien	0,47	22,25
Italien	5,01	21,60
Dänemark	13,69	21,38
Belgien	5,13	21,20
Norwegen	10,93	18,89
Großbritannien	9,01	18,68
Schweden	11,49	17,92
Litauen	1,10	17,50
Schweiz	9,50	17,00
Niederlande	22,86	14,91
Island	23,33	13,33
Slowakei	3,29	12,82
Irland	5,70	12,80
Ungarn	3,09	11,44
Lettland	0,00	11,05
Deutschland	6,00	11,00
Polen	1,54	10,25
Zypern	6,67	5,85
Luxemburg	0,00	5,00
Malta	0,00	5,00
Griechenland	8,10	4,40
Rumänien	3,29	3,45
Türkei	41,15	3,16
Bulgarien	1,57	0,57

Quelle: International Registry in Organ Donation and Transplantation (IRODaT) © Globus 015187

1 Gehen Sie von dem oben dargelegten Grundmodell aus und skizzieren Sie ein erweitertes, schlüssiges Modell eines Arguments für den Fall der Organspenderin Lena. Bedenken Sie dabei, dass eine erweiterte Widerspruchsregelung gilt. Orientieren Sie sich dabei streng an Toulmins Vorschlag für die Darstellungsweise des Arguments.

2 Ergänzen Sie Ihr Modell eines Arguments nach Toulmins Schema entsprechend um eine Stützung der Schlussregel für den Fall der Organspenderin Lena. Bedenken Sie dabei, dass diese Stützung sowohl aus Erfahrungssätzen, aus statistischen Aussagen als auch aus normativen/ethischen Aussagen bestehen kann. Die folgenden Argumente enthalten alle drei Varianten. Sie können sie alle für eine Formulierung der Stützung verwenden.

3 Beurteilen Sie abschließend, ob die Darstellung von Argumenten im Toulmin-Schema hilfreich für die Beurteilung medizinethisch strittiger Fälle ist. Begründen Sie Ihre Einschätzung.

4 Führen Sie eine Podiumsdiskussion zur Frage durch, welche Lösung des Problems der Organspende die bessere ist: Widerspruchslösung oder Zustimmungslösung? Argumentieren Sie dabei aus den Perspektiven unterschiedlicher Betroffener und nutzen Sie dazu auch die nebenstehende Infografik.

Sein-Sollen-Fehlschluss*

Ethisch-philosophisches Argumentieren hat es ganz wesentlich mit der Verschränkung von Ethik und Empirie, von Normativität und Faktizität zu tun.

Sein-Sollen-Unterscheidung

Tatsachen („So ist es")	Normen („So soll es sein")
Aussagen/Beschreibungen (deskriptiv)	Forderungen/Wertungen (normativ)
Genese („wie geworden, entstanden")	Geltung („wie gewichtig, wertvoll")
natürliche Handlungsantriebe	moralische Handlungsmotive
Kausalität	Finalität/Zweckmäßigkeit

Einer der ersten, die unmissverständlich und konsequent das Sein vom Sollen getrennt haben, war David Hume. Gebots- oder Verbotsnormen lassen sich nach Hume grundsätzlich nicht aus einer noch so großen Menge von zutreffenden Aussagen über empirische Sachverhalte gewinnen. Aus dem, was in der Welt der Fall ist, lässt sich nicht herleiten, was in der Welt der Fall sein soll. Wer so schließt, begeht einen eklatanten Fehlschluss:

In jedem Moralsystem, das mir bisher vorkam, habe ich immer bemerkt, daß der Verfasser eine Zeitlang in der gewöhnlichen Betrachtungsweise vorgeht, das Dasein Gottes feststellt oder Beobachtungen über menschliche Dinge vorbringt. Plötzlich werde ich damit überrascht, daß mir anstatt der üblichen Verbindungen von Worten mit „ist" und „ist nicht" kein Satz mehr begegnet, in dem nicht ein „sollte" oder „sollte nicht" sich fände. Dieser Wechsel vollzieht sich unmerklich; aber er ist von größter Wichtigkeit. Dies sollte oder sollte nicht drückt eine neue Beziehung oder Behauptung aus, muß also notwendigerweise beachtet und erklärt werden. Gleichzeitig muß ein Grund angegeben werden für etwas, das sonst ganz unbegreiflich scheint, nämlich dafür, wie diese neue Beziehung zurückgeführt werden kann auf andere, die von ihr ganz verschieden sind. Da die Schriftsteller diese Vorsicht meistens nicht gebrauchen, so erlaube ich mir, sie meinen Lesern zu empfehlen; ich bin überzeugt, daß dieser kleine Akt der Aufmerksamkeit alle gewöhnlichen Moralsysteme umwerfen und zeigen würde, daß die Unterscheidung von Laster und Tugend nicht in der bloßen Beziehung der Gegenstände begründet ist, und nicht durch die Vernunft erkannt wird.

David Hume: Werke, Bd. 2., Hamburg 1978, S. 211

David Hume (1711–1776), schottischer Philosoph, war der Meinung, dass es keine Erkenntnis außerhalb der Erfahrung gebe (Ausnahme: die Mathematik). Er schrieb u. a. „Eine Untersuchung über den menschlichen Verstand" (1748).

Das „Humesche Gesetz" verbietet die streng logische Ableitbarkeit von Normen aus Tatsachen, vom Sollen aus einem Sein.
Ein Sein-Sollen-Fehlschluss liegt dann vor, wenn ein normativer Schlusssatz ausschließlich aus deskriptiven Sätzen abgeleitet wird, ohne zumindest eine normative Prämisse zu Hilfe zu nehmen.
Oder in negativer Formulierung:
Kein normativer Schlusssatz kann gültig aus einer Prämissenmenge gefolgert werden, die nicht zumindest eine normative Prämisse enthält.

Beispiel:

(A) Kati ist ein kleines Mädchen.
(B) Kleine Mädchen spielen mit Puppen.
(C) Kati soll mit Puppen spielen!

Der Sollens-Satz (C) wird eindeutig aus deskriptiven Prämissen (A) und (B) abgeleitet. Daher liegt ein Sein-Sollen-Fehlschluss vor. Dieser lässt sich umgehen, wenn eine normative Prämisse eingeführt wird, aus der – logisch völlig korrekt – ein entsprechend normativer Schluss gefolgert werden kann:

(A) Kati ist ein kleines Mädchen.
(B) Kleine Mädchen sollen mit Puppen spielen!
(C) Kati soll mit Puppen spielen!

Ein fehlerfreier Schluss also, wenngleich man über die eingeführte Prämisse geteilter Meinung sein kann.

In unseren alltäglichen Urteilen schließen wir häufig schnell und ohne große Bedenken von zweifelsfreien Fakten auf bestimmte Handlungsimperative. Aus der empirisch belegbaren Tatsache, dass sich bei Tempo 100 um 20 % weniger Unfälle als bei höheren Geschwindigkeiten ereignen, folgern wir vernünftigerweise, dass Tempo 100 flächendeckend eingeführt werden sollte. Hier liegt ein Sein-Sollen-Fehlschluss vor. Wiederum fehlt eine normative Prämisse, aus der die Aufforderung zum konkreten Handeln korrekt geschlossen werden könnte. Der unvollständige [...] Schluss müsste also um eine entsprechende Prämisse erweitert werden:

(A) Bei Tempo 100 geht die Zahl der Unfälle um 20 % zurück.
(B) Es ist geboten, die Zahl der Unfälle auf unseren Straßen zu reduzieren.
(C) Also ist es geboten, Tempo 100 einzuführen.

Im Sein-Sollen-Fehlschluss wird also die eigentliche problematische normative Prämisse unterschlagen. Der vom Argumentierenden mehr oder minder plausibel vorgenommene Verweis auf Faktizität verdeckt, dass eine normative Prämisse nicht explizit genannt und berücksichtigt wird. [...]

Ein extremes Beispiel für einen Sein-Sollen-Fehlschluss liefert der Vulgärnaturalist mit seiner klar sozialdarwinistischen Argumentation:

Der Lauf der Evolution unterliegt ehernen Gesetzen: Die Starken und Gesunden setzen sich im Kampf ums Überleben gegenüber den Schwachen und Kranken durch (survival of the fittest). Dieser Mechanismus ist keineswegs eine Erfindung des menschlichen Geistes. Er lässt sich vielmehr eindeutig in der Natur beobachten und beschreiben. Die Sprache der Natur ist in dieser Hinsicht unmissverständlich: Überall setzen sich die starken und gesunden Lebewesen durch. Also ist es auch für den Menschen moralisch legitim, die starken und gesunden Artgenossen zu fördern und die Schwachen und Kranken ihrem eigenen Schicksal zu überlassen.

Nach Volker Pfeifer: „Ethisch argumentieren". Paderborn 2009: Schöningh Verlag, S. 23–26

1 Fassen Sie Humes Argumentation gegen den Sein-Sollen-Fehlschluss mit eigenen Worten zusammen.

2 Finden Sie ausgehend von den im Text genannten Beispielen eigene Beispiele für Sein-Sollen-Fehlschlüsse im (Schul-)Alltag.

3 Stellen Sie die Argumentation des Sozialdarwinismus als Syllogismus dar und überprüfen sie deren Schlüssigkeit.

4 Korrigieren Sie den fehlerhaften Schluss und setzen Sie sich dann kritisch mit dessen Prämissen auseinander.

Personen- gegen Menschenwürde: Sein-Sollen-Fehlschluss in der medizinethischen Debatte um das Klonen?

Der ethische Einwand gegen das „therapeutische Klonen" ist klar: Es handelt sich um einen Verstoß gegen die Menschenwürde, die es verbietet, Menschen ausschließlich als Mittel den Zwecken anderer Menschen zu unterwerfen. Hiergegen wird geltend gemacht, Menschen im Frühstadium ihrer Existenz seien keine Menschen und hätten folglich keine Menschenwürde. Das Verfassungsgericht folgt in seiner ständigen Rechtsprechung dem von ihm bereits vor zwei Jahrzehnten formulierten Satz: „Wo menschliches Leben existiert kommt ihm Menschenwürde zu; es ist nicht entscheidend, ob der Träger sich dieser Würde bewusst ist und sie selbst zu wahren weiß. Die von Anfang an im menschlichen Sein angelegten potenziellen Fähigkeiten genügen, um die Menschenwürde zu begründen." (Urteil des BVG, Bd. 39, 1, 3.41)
[…]

Personen- gegen Menschenwürde?
Begeben wir uns für einige Augenblicke in die wohltuende Anarchie des philosophischen Seminars, wo nur das Argument zählt. Es wäre ja denkbar, dass diejenigen Recht haben, die, wie Norbert Hoerster vorschlagen, den Begriff der Menschenrechte aufgeben und durch den von Personenrechten zu ersetzen. Als Personen gelten nur diejenigen Menschen, die bestimmten Kriterien genügen, also zum Beispiel dem der aktuellen Fähigkeit zur Selbstachtung, sodass die Personenwürde nur durch die Handlungen verletzt wird, die einem Menschen die Selbstachtung nehmen.

Auch im philosophischen Seminar gibt es Regeln der Beweislast- beziehungsweise der Begründungspflichtverteilung. Die These derer, die Menschenrechte durch Personenrecht ersetzen wollen und einem großen Teil der Menschheitsfamilie das Personsein absprechen, hat eine große Begründungslast, denn sie widerspricht der gesamten Tradition nicht nur der europäischen, sondern auch der Menschheitsethik. Ihre richtige Voraussetzung ist, dass wir Menschen deshalb Personenwürde zuerkennen, weil die normalen Mitglieder der Menschheitsfamilie über bestimmte Eigenschaften verfügen wie Selbstbewusstsein, Selbstachtung und andere. Daraus aber wird nun gefolgert, nur diejenigen Mitglieder hätten Anspruch auf Respekt, die aktuell über diese Eigenschaften verfügen. Wenn dies so wäre, dann wären es tatsächlich die Eigenschaften und Zustände, die wir achten, nicht aber deren Träger, die manchmal in solchen Zuständen sind und manchmal nicht. Es gibt nur ein zulässiges Kriterium für menschliche Personalität: die biologische Zugehörigkeit zur Menschheitsfamilie. Die befruchtete Eizelle enthält das vollständige DNA-Programm. Der Anfang eines jeden von uns liegt im Unvordenklichen. Zu jedem Zeitpunkt ist es geboten das, was von Menschen gezeugt, sich autonom auf eine erwachsene Menschengestalt hin entwickelt, als „jemanden" zu betrachten, der nicht als „etwas", zum Beispiel als Organersatzlager zugunsten anderer, und seien sie noch so leidend, ausgeschlachtet werden darf. Auch die Unterkühlungsexperimente in den nationalsozialistischen Konzentrationslagern geschahen bekanntlich zugunsten anderer Leidender.

Robert Spaemann: „Gezeugt, nicht gemacht". https://www.zeit.de/2001/04/200104_klon.xml

Robert Spaemann (1927–2018) war bis 1992 Professor für Philosophie. Er verteidigte die Strafbarkeit der Abtreibung und war ein Gegner der aktiven Sterbehilfe.

1 Arbeiten Sie jeweils die Argumentation Robert Spaemanns sowie Norbert Hoersters aus dem Text heraus, indem sie diese als praktischen Syllogismus darstellen.

2 Prüfen Sie anschließend, ob jeweils ein Sein-Sollen-Schluss vorliegt, und korrigieren Sie diesen, wenn nötig.

3 Setzen Sie sich jeweils kritisch mit den beiden gegensätzlichen Positionen Spaemanns und Hoersters auseinander.

Grundlagen medizinethischer Argumentation

Dammbruchargument

Ein Dammbruchargument ist Teil einer rhetorischen Technik, die häufig in der Argumentation vorzufinden ist. Charakteristisch ist dabei, dass der Argumentationsgegner seinen Gegenüber vor dem Eingehen einer Entscheidung eindringlich warnt, indem er darauf verweist, dass diese Handlung „den Damm bricht". Häufig wird auch die Analogie einer „schiefen Ebene" beziehungsweise eines „rutschigen Abhangs" (deshalb auch bekannt als „Slippery Slope Argument") verwendet, um zu illustrieren, dass dies Stück für Stück weitere negative Konsequenzen zur Folge hat. Typisch für das Dammbruchargument ist ein scheinbar harmloser Ausgangspunkt A, der sich durch eine Vielzahl kleiner Schritte und Ereignisse zu einem unwahrscheinlichen Extremereignis entwickelt. Die Argumentationskette ist dabei vereinfacht wie folgt: „Wenn wir A erlauben, dann folgt zwangsläufig B, dann C und so weiter, bis wir dann irgendwann bei Z landen. Wenn A, dann Z. Und da Z ein absurder, gefährlicher oder anderweitig nicht wünschenswerter Zustand ist, dürfen wir A nicht erlauben."

Christian Glaser: Risiko im Management. 100 Fehler, Irrtümer, Verzerrungen und wie man sie vermeidet. Wiesbaden 2019: Springer Gabler Verlag, S. 178

1 Nennen Sie eigene Beispiele für Dammbruchargumente und stellen Sie diese vor.

2 Diskutieren Sie anschließend gemeinsam die Überzeugungskraft der von Ihnen präsentierten Dammbruchargumente.

Euthanasie: Die Gefahr des Dammbruchs?

Euthanasie wird auch Mitleidstötung genannt. Das ist zutreffend, denn ein wichtiges Motiv zur Euthanasie ist das Mitleid mit einem Wesen, das leidet. Nun könnte man allerdings sagen, dass viele alte und behinderte Menschen leiden. Euthanasie wäre dann die Politik, Menschen, ohne sie zu konsultieren, von ihren Leiden zu „befreien". Wie aber, wenn leidende Menschen das gar nicht wollen und sich ans Leben klammern?

Unfreiwillige Euthanasie – d. h. die Mitleidstötung von Menschen, die nicht getötet werden wollen – verstößt klar gegen den Respekt vor dem Willen anderer. Sie kommt unter moralischen Gesichtspunkten nicht in Frage. Die Anerkennung der Patientenautonomie unterscheidet das medizinethische Euthanasieproblem vom sog. „Euthanasie"-Programm der Nazis.

In „Grauen Bussen" wurden im nationalsozialistischen Deutschland im Rahmen der NS-„Euthanasie"-Programme Hunderttausende Menschen mit Behinderung in Tötungsanstalten verbracht und systematisch umgebracht.

Ein Einwand gegen die Praktizierung und Legalisierung der (aktiven) Euthanasie lautet, alte und behinderte Menschen würden in einer Umgebung, in der Euthanasie praktiziert werde, verängstigt und sogar dahin gebracht, sich selber als überflüssig und lästig für andere zu betrachten. Das Bild einer Gesellschaft aus gesunden und lebensstrotzenden Individuen wird so zwingend und verbindlich, dass sich alle, die diesen Normalitätsforderungen nicht entsprechen können, in die Defensive gedrängt fühlen.

Dieser Einwand ist sehr wichtig und sollte nicht bagatellisiert werden. Zwar trifft er nicht die Argumente für die Zulässigkeit der aktiven Euthanasie in einigen wohldefinierten Fällen; doch er appelliert an die Notwendigkeit einer umfassenden Theorie der Gesellschaft, in der die Lage der älteren und behinderten Menschen kritisch reflektiert wird.

Jean-Claude Wolf: Sterben, Tod und Tötung. In: Urban Wiesing (Hg.): Ethik in der Medizin. Stuttgart 2008, S. 243

3 Erklären Sie das im Text beschriebene Dammbruchargument mithilfe der obigen Übersicht zu Dammbruchargumenten.

4 Beurteilen Sie die im Text genannten Gefahren eines Dammbruchs, indem Sie die Schlüssigkeit des Arguments prüfen.

5 Erörtern Sie Chancen und Grenzen von Dammbruchargumenten.

Philosophische Grundbegriffe in der Medizinethik

Moralischer Status

1 Geben Sie den philosophischen Grundbegriff „moralischer Status" mit eigenen Worten wieder.

2 Erläutern Sie weitere Beispiele aus der Medizinethik, in denen der moralische Status von Menschen und Tieren umstritten ist.

3 Begründen Sie, warum die Festlegung des moralischen Status von Menschen und Tieren schwierig ist. Nennen Sie dazu anschauliche Beispiele.

Ein Grundproblem der Ethik und speziell der Bio[- und Medizin]ethik lautet, wie weit der Schutzbereich der Moral reicht. Unbelebte Dinge wie Steine gehören nicht zu den Objekten beziehungsweise den Adressaten der Moral. Bei Pflanzen beginnt schon die Auseinandersetzung über deren moralischen Status. Kommt ihnen als solchen Schutzwürdigkeit zu oder nur abgeleitet aus den Interessen der Menschen am Erhalt der Natur? In den Biowissenschaften ist insbesondere der moralische Status des frühen menschlichen Lebens umstritten. Ist der menschliche Embryo als solcher Träger moralischer Rechte oder genießt er den Schutz der Moral ebenfalls bloß indirekt durch Interessen anderer? Für die Frage der embryonenverbrauchenden Forschung und anderer biowissenschaftlicher Praktiken ist dabei insbesondere von Relevanz, ab wann das grundlegende Recht auf Leben einsetzt.

Thomas Schramme: Bioethik. Frankfurt a. M. 2002: Campus Verlag, S. 89

Peter Singer: Nur Personen haben ein Recht auf Leben

Peter Singer (geb. 1946) ist ein australischer Philosoph und Ethiker sowie ein bekannter Tierrechtler. Er lehrte an renommierten Universitäten, u. a. in Oxford, an der New York University und der Princeton University in New Jersey.

Ich glaube, dass man eine liberale Praxis der Abtreibung ethisch durchaus rechtfertigen kann, aber nur, wenn man bereit ist, mit der traditionellen Ethik radikal zu brechen und unsere Auffassung von der Unantastbarkeit menschlichen Lebens zu revidieren. Was unterscheidet den Menschen – nicht nur rein biologisch – von allen anderen Lebewesen und macht sein Leben schützenswerter als das der Tiere? Eine mögliche Antwort ist diese: Es ist die Bewusstheit seiner selbst und die Bewusstheit seiner Zukunft, die sich erst nach der Geburt entwickeln. Entscheidend für das Recht auf Leben ist, so meine ich, diese Entwicklung des Selbst-Bewusstseins. Erst dann würde ich den Menschen als Person anerkennen. Diese Grenze zwischen Lebewesen und einer Person ist nicht präziser, aber sie ist ethisch bedeutsamer als alle anderen Grenzziehungen. Denn nur eine Person mit Selbst-Bewusstsein, die weiß, was es bedeutet, wenn ihr Leben beendet wird, kann sich auch wünschen, weiterzuleben. Das kann ein Lebewesen ohne Selbst-Bewusstsein nicht.

Erscheint etwa irgendjemandem die nur auf den Ort bezogene Unterscheidung zwischen einem Fötus innerhalb oder einem Kind außerhalb der Gebärmutter besser? Warum, fragen wir dann, sollte der Fötus mit 24 Wochen kein Recht auf Leben haben, aber das Frühgeborene zum selben Zeitpunkt sehr wohl? Wenn wir somit zu dem Schluss gekommen sind, dass Neugeborene kein eigenes Recht auf Leben haben, müssen wir auch einräumen, dass nicht alles getan werden muss, um ein Kind unter allen Umständen am Leben zu halten. Doch bis zu welchem Zeitpunkt darf man sich gegen das Leben entscheiden? Das Selbst-Bewusstsein entwickelt sich allmählich, innerhalb der ersten sechs Monate nach der Geburt. Theoretisch wäre also die Tötung noch Monate nach der Geburt ethisch zu rechtfertigen. Das will ich nicht. Wir brauchen einen genaueren und früheren Zeitpunkt, von dem an menschliches Leben zu schützen ist. Man könnte ihn nach dem Ablauf des ersten Monats ansetzen. Innerhalb dieser Frist müsste sich allerdings irgendjemand finden – die Eltern, eine Ersatzfamilie, der Staat –, der sich des Kindes annimmt. Wenn die Ärzte dem Kind nicht ein dauerhaft qualvolles Leben voraussagen, dann wird der Staat, falls die Eltern das Kind ablehnen, einspringen und für das Baby sorgen. Jeder annähernd wohlhabende Staat ist dazu verpflichtet. Tut er das aber nicht, müssen die Eltern – gemeinsam mit dem Arzt – die Entscheidung darüber haben, ob ihr Kind am Leben bleiben soll. […]

4 Stellen Sie Singers Argumentation dar. Benennen Sie seine Prämissen (Voraussetzungen) und Schlussfolgerungen.
→ Gedankengänge darstellen und prüfen, S. 144

Wer behinderten Menschen sagt, sie müssten sich von meinen Ansichten bedroht fühlen, der schürt ohne jeden Grund Furcht und Empörung. Jahrelang habe ich mich nach Kräften bemüht, die Behinderten besser in die Gesellschaft zu integrieren. Kein Behinderter, der verstehen kann, dass er am Leben ist, wird durch meine Thesen bedroht. Erst wenn neugeborene Kinder verstehen könnten, dass sie am Leben sind und von meinen Ansichten bedroht werden, müssten sie Grund zur Furcht haben – aber dass sie genau das nicht begreifen können, ist die Grundlage meiner Argumentation.

Peter Singer: Nur Personen haben ein Recht auf Leben. Aus: Eine nicht gehaltene Rede. In: Die Woche, 03.05.1996, S. 20

5 Viele Behinderte fühlen sich von Singers Thesen bedroht. Sie sehen diese in der Nähe des nationalsozialistischen „Euthanasieprogramms" (s. S. 131). Diskutieren Sie, ob Sie Singer darin zustimmen, dass diese Ängste und Proteste, unbegründet sind. Verfassen Sie eine kritische Stellungnahme zu Singers Thesen.

Robert Spaemann: Alle Menschen sind Personen

Tatsächlich haben diejenigen, die die Begriffe „Mensch" und „Person" trennen wollen, ihre Konsequenzen immer noch nicht zu Ende durchgedacht. Nach traditioneller und philosophisch wohlbegründeter Auffassung ist Person jedes Wesen einer Spezies, deren normale Mitglieder die Möglichkeit haben, Ich-Bewusstsein und Rationalität zu erwerben. Wenn nun aber nur diejenigen Wesen Personen sind, die tatsächlich aktuell über diese Eigenschaften verfügen, dann darf jeder Schlafende dadurch am Aufwachen gehindert werden, dass man ihn tötet. Denn solange er schläft, ist er offensichtlich keine Person. Die Reduktion der Person auf bestimmte aktuale Zustände von Ich-Bewusstsein und Rationalität löst so am Ende den Begriff „Person" überhaupt auf. Es gibt gar keine Personen, sondern nur so etwas wie „personale Zustände" von Organismen. Dass dies unseren elementaren und spontanen Intuitionen widerspricht, ist offensichtlich. Ja, diese Sicht ist insofern selbstwidersprüchlich, als die personalen Bewusstseinszustände gar nicht beschrieben werden können, ohne auf etwas wie eine Identität von Mensch und Person zu rekurrieren[1]. Wenn wir sagen: „Ich wurde da und da geboren", so meinen wir mit „Ich" nicht so etwas wie ein Ich-Bewusstsein, das wir ja zur Zeit der Geburt noch gar nicht hatten, sondern wir meinen das Wesen, das schon war, was es ist, ehe es „Ich" sagen konnte. Ebenso spricht die Mutter, wenn sie zu ihrem erwachsenen Kind sagt: „Als ich mit dir schwanger war ..." Sie sagt nicht: „Als ich mit jenem Individuum schwanger war, aus dem dann später du wurdest ..." Dass die Mutter das Kind von Anfang an als Person, als ein Du betrachtet, ist sogar die Bedingung dafür, dass der Mensch jene Bewusstseinszustände erlangt, die dann für Personen charakteristisch sind. Kinder lernen Rationalität und Ich-Bewusstsein nur im Medium der Sprache. Diese aber lernen sie, indem die Mutter mit ihnen wie mit Wesen spricht, die bereits Personen *sind*. Die Mutter lächelt dem Baby zu, und nur so lernt es zurückzulächeln. Kein Mensch würde die Ausdrucksformen des Personseins lernen, wenn man ihn nicht als Person, sondern als ein zu konditionierendes Lebewesen behandelte. Personalität ist deshalb eine Wesensverfassung, nicht eine Eigenschaft, und schon gar nicht eine solche, die – im Unterschied zum Menschsein – allmählich erworben wird. Weil die normalen Individuen der Spezies *Homo sapiens* sich durch bestimmte Eigenschaften als Personen zu erkennen geben, müssen wir *alle* Individuen dieser Spezies als Personen betrachten, auch diejenigen, die zu solcher Kundgabe noch nicht, nicht mehr oder überhaupt nicht aktual imstande sind. [...] Die Anerkennung von Personsein ist die Anerkennung eines unbedingten[2] Anspruchs. Die Unbedingtheit eines Anspruchs wäre illusorisch, wenn zwar der Anspruch als solcher unbedingt, sein tatsächliches Vorliegen aber von empirischen Voraussetzungen abhängig wäre, die immer hypothetisch sind. [...] Personenrechte werden nicht verliehen und nicht zuerkannt, sondern von jedem mit gleichem Recht in Anspruch genommen.

---

[1] rekurrieren (lat.): (zu etwas) Zuflucht nehmen, sich berufen auf
[2] unbedingt: an keine Bedingung geknüpft, voraussetzungslos

Zu Robert Spaemann s. S. 130. Der Text ist eine direkte Entgegnung auf Singers Thesen.

1 Arbeiten Sie die Gegenargumente zu den Thesen Singers heraus.

2 Fassen Sie Spaemanns Begründung zu seiner These „Alle Menschen sind Personen" zusammen.

3 Leiten Sie aus dem Text weitere Einwände gegen den Utilitarismus* ab.

4 Führen Sie eine Debatte zur Streitfrage oder verfassen Sie einen Essay.
→ Einen Essay schreiben, S. 148

Quelle: Robert Spaemann: Personen. Versuche über den Unterschied zwischen „etwas" und „jemand". Stuttgart: Klett-Cotta 1996, S. 262 f.

Medizinethische Entscheidungsfindung anhand der vier Prinzipien der Medizinethik („Amerikanisches Modell")

Georg Marckmann (* 1966), studierte Humanmedizin und Philosophie; forscht als Lehrstuhlinhaber an der Ludwig-Maximilians-Universität München im Bereich der biomedizinischen Ethik.

Georg Marckmann: Was ist eigentlich prinzipienorientierte Medizinethik?

Von der Klinik zur ethischen Theorie

Beginnen wir mit einem hypothetischen Fall. Eine 75-jährige Frau mit einer unaufhaltsam fortschreitenden Demenz vom Alzheimer Typ entwickelt eine schwere Pneumonie. Ihre Tochter besteht darauf, dass eine Krankenhauseinweisung zur stationären Antibiotikatherapie „sinnlos" sei. Ihre Mutter würde solche „heroischen" Maßnahmen in ihrem jetzigen Zustand sicher ablehnen. In dieser Situation stellt sich nun die Frage: Ist es ethisch legitim oder vielleicht sogar geboten, die voraussichtlich lebensrettende Behandlung der Pneumonie zu unterlassen? Unser medizinisches Wissen sagt uns nur, was wir tun *können* (nämlich eine Antibiotikatherapie durchführen), nicht aber, was wir tun *sollen*. Hierbei handelt es sich um eine *ethische* Fragestellung, bei der wir auf moralische Normen und Überzeugungen zurückgreifen müssen. In den meisten Fällen finden wir ausreichend Orientierung in der traditionellen ärztlichen Ethik bzw. in unserer Alltagsmoral. Oft werden wir jedoch auch mit Entscheidungskonflikten konfrontiert, in denen unsere moralischen Überzeugungen unsicher oder gar widersprüchlich sind. In diesen Fällen ist die *ethische Theorie* gefordert, die versucht, allgemeine Kriterien für richtig und falsch, gut und schlecht bzw. gerecht und ungerecht aufzustellen. Leider konkurrieren mehrere ethische Theorien (wie bspw. die utilitaristische, kantische oder vertragstheoretische Ethik) mit dem Anspruch, die allein gültige Begründung moralisch richtigen Handelns zu liefern. Auch in mehreren Jahrhunderten moralphilosophischer Debatten konnte sich keine dieser Theorien durchsetzen.

Rekonstruierte Alltagsmoral statt umfassender Moraltheorie

Beauchamp, Tom Lamar (* 1939), US-amerikanischer Moralphilosoph und emeritierter Professor an der Georgetown University (Washington D. C.)

Childress, James Franklin (* 1940), US-amerikanischer Philosoph und Theologe, Professor an der University of Virginia (Charlottesville)

Vor dem Hintergrund dieser ungelösten Kontroversen entwickelten Beauchamp und Childress ihren Ansatz in der Medizinethik. Wir können bei den moralischen Dilemmata im Bereich der Medizin nicht warten, bis die moralphilosophischen Grundlagenprobleme gelöst sind, bis sich eine einheitliche Begründung moralischer Urteile durchgesetzt hat. Die Entscheidung beispielsweise, ob die an einer Demenz erkrankte Patientin zur Antibiotikatherapie stationär eingewiesen werden soll, kann nicht aufgeschoben werden, sondern muss binnen kürzester Zeit getroffen werden. Beauchamp und Childress schlagen deshalb vor, den Anspruch einer umfassenden ethischen Theorie mit einem obersten Moralprinzip aufzugeben und sich stattdessen an weithin konsensfähigen „mittleren" Prinzipien zu orientieren, die mit verschiedenen Moraltheorien vereinbar sind. [...]
Sie bilden allgemeine ethische Orientierungen, die im Einzelfall noch einen erheblichen Beurteilungsspielraum zulassen. Für die Anwendung müssen die Prinzipien deshalb konkretisiert und gegeneinander abgewogen werden. [...]

Die vier medizinethischen Prinzipien

Beauchamp und Childress rekonstruieren vier Prinzipien für den biomedizinischen Bereich, die inzwischen als die klassischen Prinzipien der Medizinethik gelten. Das erste und vor allem im Bereich der amerikanischen Medizinethik dominierende Prinzip ist der *Respekt der Autonomie bzw. Selbstbestimmung* des Patienten. Das Autonomieprinzip gesteht jeder Person das Recht zu, seine eigenen Ansichten zu haben, seine eigenen Entscheidungen zu fällen und Handlungen zu vollziehen, die den eigenen Wertvorstellungen

entsprechen. Dies beinhaltet nicht nur negative Freiheitsrechte (Freiheit von äußerem Zwang und manipulativer Einflussnahme), sondern auch ein positives Recht auf Förderungen der Entscheidungsfähigkeit. Folglich hat der Arzt nicht nur die (negative) Ver-
45 pflichtung, die Entscheidungen des Patienten zu respektieren, sondern auch die (positive) Verpflichtung, den Entscheidungsprozess selbst z. B. durch eine sorgfältige, auf die Bedürfnisse des Patienten zugeschnittene Aufklärung zu unterstützen. Das Autonomieprinzip findet seinen Ausdruck in der Forderung des informierten Einverständnisses *(informed consent)*. Jede diagnostische oder therapeutische Maßnahme muss durch die
50 ausdrückliche Einwilligung des Patienten legitimiert werden. Ein informiertes Einverständnis liegt vor, wenn der Patient ausreichend aufgeklärt worden ist, die Aufklärung verstanden hat, freiwillig entscheidet, dabei entscheidungskompetent ist und schließlich seine Zustimmung gibt. Das Autonomieprinzip richtet sich gegen die wohlwollende ärztliche Bevormundung – im Sinne eines Paternalismus – und fordert die Berücksichtigung
55 der Wünsche, Ziele und Wertvorstellungen des Patienten.
Das Prinzip der *Schadensvermeidung (nonmaleficence)* greift den traditionellen ärztlichen Grundsatz des „primum nil nocere" auf: Der Arzt soll dem Patienten keinen Schaden zufügen. Dies erscheint zunächst selbstverständlich. Bei einer unheilbaren Krebserkrankung im fortgeschrittenen Stadium kann sich jedoch beispielsweise die Frage stellen, ob
60 eine weitere Chemotherapie dem Patienten nicht eher schadet als nützt und damit unterlassen werden sollte.
Gerade bei den zum Teil sehr eingreifenden Behandlungsverfahren der modernen Medizin (bspw. Chemotherapie oder Bestrahlung) gerät das Prinzip der Schadensvermeidung häufig in Konflikt mit dem dritten Prinzip, dem *Prinzip der Fürsorge (beneficence)*: Der
65 Arzt soll das Wohl des Patienten fördern und dem Patienten nützen. Dies umfasst die Verpflichtung des Arztes, Krankheiten zu behandeln oder (präventiv) zu vermeiden, Beschwerden zu lindern und das Wohlergehen des Patienten zu befördern. Während das Prinzip des Nichtschadens fordert, schädigende Eingriffe zu unterlassen, verpflichtet das Fürsorgeprinzip den Arzt zu aktivem Handeln. Auch die traditionelle ärztliche Ethik hat
70 das Fürsorgeprinzip in ähnlicher Form artikuliert: Salus aegroti suprema lex. Das Wohl des Kranken ist in dieser Maxime jedoch oberstes Gebot ärztlichen Handelns, während das Fürsorgeprinzip im Ansatz von Beauchamp und Childress zunächst gleichberechtigt neben den anderen Prinzipien steht. Oft kann der Arzt dem Patienten jedoch nur nützen, d. h. eine effektive Therapie anbieten, wenn er gleichzeitig ein Schadensrisiko in Form
75 unerwünschter Wirkungen in Kauf nimmt. Dies erfordert im Einzelfall eine sorgfältige Abwägung von Nutzen und Schaden unter Berücksichtigung der individuellen Präferenzen des Patienten.
Als viertes Prinzip fordert das *Prinzip der Gerechtigkeit* eine faire Verteilung von Gesundheitsleistungen. Besonders das Gerechtigkeitsprinzip bedarf bei der Anwendung einer
80 weiteren Interpretation und Konkretisierung. Die Relevanz von Gerechtigkeitserwägungen ist eigentlich unbestritten und fast jeder würde wohl dem folgendem formalen Gerechtigkeitsprinzip zustimmen können: Gleiche Fälle sollten gleichbehandelt werden, und ungleiche Fälle sollten nur insofern ungleich behandelt werden, als sie *moralisch relevante Unterschiede* aufweisen. Dabei stellt sich dann jedoch sofort die Frage: Worin
85 bestehen denn diese moralisch relevanten Unterschiede? Mit anderen Worten: welche Kriterien sind für eine gerechte Verteilung von Gesundheitsleistungen ausschlaggebend?

Georg Marckmann: Was ist eigentlich prinzipienorientierte Medizinethik? In: Ärzteblatt Baden-Württemberg 12/2000, S. 499-502

1 Fassen Sie die vier Prinzipien der Medizinethik der beiden US-amerikanischen Bioethiker Beauchamp und Childress mit eigenen Worten zusammen.

2 Erläutern Sie den moralphilosophischen sowie medizinethischen Hintergrund, vor dem Beauchamp und Childress ihre Überlegungen formuliert haben.

3 Beurteilen Sie den im Text genannten medizinethischen Problemfall mithilfe der vier Prinzipien der Medizinethik. Gehen Sie dabei in zwei Schritten vor:
1. Interpretieren Sie zunächst jedes Prinzip im Hinblick auf die besondere Situation des Falls.
2. Überprüfen Sie anschließend, ob die aus den einzelnen Prinzipien resultierenden Verpflichtungen übereinstimmen oder in Konflikt zueinanderstehen und wägen Sie diese gegeneinander begründet ab.
→ Eine Dilemma-Diskussion führen, S. 146

Aktuelle medizinethische Probleme

Sterbehilfe*

Sterbehilfe*
Maßnahmen, die dem Sterbenden den Tod erleichtern sollen (Sterbebegleitung) oder die den Tod herbeiführen.

In der Diskussion werden häufig vier Formen von Sterbehilfe im Sinne einer „Hilfe zum Sterben" unterschieden:
1. „Sterbenlassen"/„Passive Sterbehilfe": Verzicht auf lebensverlängernde Maßnahmen (unter Beibehaltung von „Grundpflege" und schmerzlindernder Behandlung)
2. „Indirekte Sterbehilfe"/„Indirekte aktive Sterbehilfe": Schmerzlindernde Behandlung unter Inkaufnahme eines (nicht intendierten) Lebensverkürzungsrisikos
3. „Beihilfe zur Selbsttötung"/„Freitodbegleitung": Hilfeleistung zur Selbsttötung z. B. durch Beschaffung und Bereitstellung des tödlichen Medikaments
4. „Aktive Sterbehilfe"/„Direkte aktive Sterbehilfe"/„Tötung auf Verlangen": Absichtliche und aktive Beschleunigung oder Herbeiführung des Todeseintritts: im Gegensatz zur indirekten Sterbehilfe ist der Tod nicht nur in Kauf genommen, sondern beabsichtigt; im Gegensatz zur Beihilfe zur Selbsttötung liegt die letztentscheidende Tatherrschaft nicht beim Betroffenen selbst, sondern bei einem Dritten.

Der Nationale Ethikrat schlägt vor, die eingeführte, aber missverständliche und teilweise irreführende Terminologie von aktiver, passiver und indirekter Sterbehilfe aufzugeben.

Entscheidungen und Handlungen am Lebensende, die sich mittelbar oder unmittelbar auf den Prozess des Sterbens und den Eintritt des Todes auswirken, können angemessen beschrieben und unterschieden werden, wenn man sich terminologisch an folgenden Begriffen orientiert:
- Sterbebegleitung [= Maßnahmen zur Pflege und Betreuung von Sterbenden]
- Therapie am Lebensende [früher: „indirekte Sterbehilfe"]
  Grund: Der Tod des Patienten ist weder direkt noch indirekt das Ziel des Handelns.]
- Sterbenlassen [früher: „passive Sterbehilfe"]
- Beihilfe zur Selbsttötung [= assistierter Suizid – Unterstützung einer eigenverantwortlichen Selbsttötung]
- Tötung auf Verlangen [früher: „aktive Sterbehilfe"; im Unterschied zum assistierten Suizid führt hier nicht der Betroffene selbst, sondern ein anderer die tödliche Handlung aus]

Nationaler Ethikrat: Selbstbestimmung und Fürsorge am Lebensende. Stellungnahme. Berlin 2006, S. 53 ff.

Tagung des Deutschen Ethikrates (Vorläufer bis 2008: Nationaler Ethikrat); Der Deutsche Ethikrat ist ein mit mehreren wissenschaftlichen Fachrichtungen besetztes, unabhängiges Beratungsgremium, das sich mit ethischen, gesellschaftlichen, naturwissenschaftlichen, medizinischen und rechtlichen Fragen auseinandersetzt, die sich im Zusammenhang mit der Forschung und den Entwicklungen insbesondere auf dem Gebiet der Lebenswissenschaften und ihrer Anwendung auf den Menschen ergeben.

1 Vergleichen Sie die „alte" mit der „neuen", vom Nationalen Ethikrat empfohlenen Einteilung der Sterbehilfe.

2 Erörtern Sie, welche Absichten und Wertungen der „neuen" Sprachregelung zugrunde liegen.

Stellungnahme der Bundesärztekammer zur Sterbehilfe

Ärztliche Pflichten bei Sterbenden

Der Arzt ist verpflichtet, Sterbenden, d. h. Kranken oder Verletzten mit irreversiblem Versagen einer oder mehrerer vitaler Funktionen, bei denen der Eintritt des Todes in kurzer Zeit zu erwarten ist, so zu helfen, dass sie in Würde zu sterben vermögen. Die Hilfe besteht neben palliativer Behandlung in Beistand und Sorge für die Basisbetreuung. Maßnahmen zur Verlängerung des Lebens dürfen in Übereinstimmung mit dem Willen des Patienten unterlassen oder nicht weitergeführt werden, wenn diese nur den Todeseintritt verzögern und die Krankheit in ihrem Verlauf nicht mehr aufgehalten werden kann. Bei Sterbenden kann die Linderung des Leidens so im Vordergrund stehen, dass eine möglicherweise unvermeidbare Lebensverkürzung hingenommen werden darf. Eine gezielte Lebensverkürzung durch Maßnahmen, die den Tod herbeiführen oder das Sterben beschleunigen sollen, ist unzulässig und mit Strafe bedroht.

Die Unterrichtung des Sterbenden über seinen Zustand und mögliche Maßnahmen muss wahrheitsgemäß sein, sie soll sich aber an der Situation des Sterbenden orientieren und vorhandenen Ängsten Rechnung tragen. Der Arzt kann auch Angehörige oder nahestehende Personen informieren, es sei denn, der Wille des Patienten steht dagegen. Das Gespräch mit ihnen gehört zu seinen Aufgaben.

Bundesärztekammer: Grundsätze der Bundesärztekammer zur ärztlichen Sterbebegleitung. In: Urban Wiesing (Hg.): Ethik in der Medizin. Reclam, Stuttgart 2008, S. 224 f.

Bundesärztekammer
Die Bundesärztekammer ist die Zentralorganisation der ärztlichen Selbstverwaltung. Sie vertritt die berufspolitischen Interessen der in Deutschland niedergelassenen Ärztinnen und Ärzte.

1 Fassen Sie die Stellung der Bundesärztekammer zur Sterbehilfe zusammen.

2 Beurteilen Sie die Position der Bundesärztekammer, indem Sie selbst Stellung nehmen. Berücksichtigen Sie dabei Ihnen bereits bekannte, grundlegende Vorstellungen zur Person (s. S. 132 f.) und Menschenwürde (s. S. 56–60).

Stellungnahme der Kirchen zur Sterbehilfe

[…] Oft wird behauptet: Jeder Mensch muss sich selbst frei entscheiden können, wann er sterben will. Er hat ein Recht, sein Leben selbst zu beenden.

Unsere Antwort: Wer das Leben nur dann als wertvoll erlebt, solange er unabhängig und frei entscheiden kann, steht in Gefahr, jedes durch Behinderung, Krankheit und Siechtum begrenzte Leben abzulehnen.

Zum Menschen gehört aber von Beginn an das Angewiesensein auf andere Menschen. Dies wird gerade auch in Grenzsituationen immer wieder erfahrbar. Aus dieser Erfahrung heraus ist es eine wichtige Aufgabe, Grenzen im eigenen Leben anzunehmen.

Nicht Stärke, Gesundheit und Aktivität machen den Wert des Menschen aus. Als Christen glauben wir, dass jeder Mensch bedingungslos von Gott gewollt, bejaht und angenommen ist. In der Selbsttötung verneint der Mensch sich selbst. Welche Gründe auch immer dazu führen, keinem Menschen steht darüber ein Urteil zu. Die Gründe für eine solche Handlung bleiben ebenso wie die Auswirkungen einer Krankheit im Letzten unbekannt. Für einen Christen ist die Selbsttötung eines Menschen eine enorme Herausforderung. Er kann eine solche Tat im Letzten nicht verstehen und muss sie doch zugleich respektieren. Es gilt, frühzeitig entsprechende Signale wahrzunehmen und rechtzeitig Hilfe anzubieten.

Oft wird behauptet: Wenn das Leiden eines Sterbenden unerträglich ist, sollte aktive Sterbehilfe (Tötung auf Verlangen) erlaubt sein.

Unsere Antwort: Der Ruf nach dem erlösenden Tod ist nicht selten ein Schrei nach Nähe und Begleitung sowie die Bitte, nicht allein gelassen zu werden. Sterben kann verbunden sein mit Schmerzen, Alleinsein, Angst, Zorn, Hilflosigkeit, Resignation, Verleugnung und Verzweiflung.

Und schließlich gehört zum Sterben auch der Abschied, der für die Sterbenden ebenso wichtig ist wie für die Zurückgebliebenen.

Grundlage des Vertrauensverhältnisses von Arzt und Patient ist seit jeher der ärztliche Auftrag, menschlichem Leben nicht zu schaden, sondern es zu erhalten und zu fördern. Dieses Vertrauensverhältnis wird erheblich gefährdet, wenn der Arzt dem Patienten nicht mehr als Heilender und Helfer, sondern ebenso als Tötender begegnet.

Wenn es gesellschaftlich anerkannt und rechtlich erlaubt wäre, den Tod aktiv herbeiführen zu dürfen – sei es, dass der Kranke darum bittet oder dass man im angeblich „wohlverstandenen" Interesse des Kranken tätig wird –, dann würde die schwierige Situation des Schwerstkranken noch zusätzlich mit dem Problem belastet, ob er seiner Umgebung die Last seiner Pflege weiter zumuten darf. Dies kann den Kranken auf eine geradezu unerträgliche Weise unter Druck setzen und dazu führen, dass er gegen seinen Willen „Ja" sagt zur Beendigung seines Lebens. […]

https://www.ekd.de/sterbebegleitung_sterbehilfe_10.html [23.05.2022]

3 Geben Sie die Position der Kirchen zur Sterbehilfe wieder.

4 Setzen sich kritisch mit der Argumentation der Kirchen zur Sterbehilfe auseinander. Beziehen Sie dabei die oben gemachten Überlegungen zum Dammbruchargument (s. S. 131) sowie zum Personenbegriff (s. S. 132 f.) mit ein.

5 Entwickeln Sie in einem Leserbrief zusammenfassend Ihre eigene, begründete Lösungsvorstellung zum medizinethischen Problem der Sterbehilfe.

Standpunkte kontrovers

Soll die Präimplantationsdiagnostik (PID

In-vitro-Fertilisation durch Injektion eines Spermas in die Eizelle

Ungewollte Kinderlosigkeit wird immer seltener als schicksalsgegeben hingenommen. Bis Ende 2010 erblickten mit der Technik der „In-vitro-Fertilisation" (IVF) weltweit etwa vier Millionen außerhalb des Mutterleibs gezeugte Kinder das Licht der Welt. Die Labortechnik eröffnet darüber hinaus weitgehende Möglichkeiten der Selektion und Manipulation, deren Durchführung und Folgen schwerwiegende rechtliche, soziologische und ethisch-moralische Probleme aufwerfen.

Nach dem Embryonenschutzgesetz von 1990 ist es strafbar, die Gene von künstlich erzeugten Embryos zu untersuchen, bevor sie in die Gebärmutter eingesetzt werden. Ein Arzt, der bei drei zu künstlicher Befruchtung entschlossenen Risiko-Paaren deren befruchtete Eizellen auf Genschäden untersuchte und solche mit Gendefekten vernichtete, erstattete daraufhin Selbstanzeige. Der Fall wurde vom Bundesgerichtshof (BGH) letztinstanzlich in einem Grundsatzurteil (6. Juli 2010) dahingehend entschieden, dass eine solche Untersuchung zulässig ist: „Der Schutz vor schweren genetischen Schäden ist als Motiv dieser Untersuchung erlaubt." Jedoch schränkt das Urteil ein: „Es geht nicht um die Billigung irgendwelcher Selektionen von Embryonen, um die Geburt eines Wunschkindes herbeiführen zu können."

Die Texte von **Sonja Kastilan** und **Ulf von Rauchhaupt**, beide Wissenschaftsjournalisten, kommentieren das BGH-Urteil zur Präimplantationsdiagnostik vom 6. Juli 2010.

Sonja Kastilan: Eine Chance für Patienten

Der Berliner Arzt, dessen Selbstanzeige nun im Freispruch mündete, sah in der Präimplantationsdiagnostik (PID) eine Chance für seine Patienten. Dass diese in vielen EU-Ländern praktizierte Methode nicht im Widerspruch zum deutschen Embryonenschutzgesetz steht, davon sind einige Mediziner, Ethikexperten sowie Juristen seit Jahren überzeugt. Das erklärte Ziel sei schließlich eine Schwangerschaft, nicht der Test oder gar das Verwerfen von Zellmaterial, das nur gedeihen kann, wenn man es in den Mutterleib verpflanzt. Die betroffenen Paare wollen nicht in erster Linie ihre per IVF gezeugten Embryonen sortieren, sondern Nachwuchs. Dessen späteres Selbstverständnis als Mensch und Person stellt die PID keineswegs infrage: Gut oder schlecht, schön oder hässlich, das sind keine Kriterien, wohl aber die Lebensfähigkeit des wenige Tage alten Zellhäufchens. Oder soll eine Frau, die bereits Fehlgeburten erlitt, nochmals Wochen einer Schwangerschaft durchstehen, die ebenso schmerzvoll wie tragisch enden wird? Unweigerlich, weil die Entwicklung durch eine Chromosomenveränderung gestört ist, die mittels PID zuvor erkennbar wäre? Zählt nun das Argument der Menschenwürde mehr als ihre Persönlichkeitsrechte und der Schutz ihres Lebens? Wer will Frauen zwingen, sich einen Embryo einsetzen zu lassen, dessen Schicksal mit einer schweren, nicht therapierbaren Krankheit – nichts anderes steht jetzt zur Diskussion – besiegelt ist? Jene etwa, die mitansehen musste, wie Brüder und Cousins als junge Männer einer erblichen Muskelschwäche erlagen und regelrecht dahinsiechten. Um das ihrem Kind zu ersparen, nimmt sie invasive Eingriffe[1] in Kauf, stellt sich der Verantwortung, nach bestem Wissen und Gewissen. Die Entscheidung könnte sie dank PID im sehr frühen Stadium treffen, mit der Pränataldiagnostik[2] erst Monate später.

[...] Wenn Einzelne fantasieren, man dürfe mit den Genen ruhig das Talent verbessern, muss das ja nicht umgesetzt werden. Abgesehen davon, dass keiner wüsste, wie ein derartiges Styling im Moment gelingen soll, so bestehen zwischen Theorie und Praxis immer erhebliche Unterschiede. [...] Wer es für die eng begrenzte Anwendung zulässt, muss

---

[1] invasiver Eingriff: gewebsverletzender medizinischer Eingriff
[2] Pränataldiagnostik: medizinische Untersuchungen am ungeborenen Kind, z. B. Ultraschalluntersuchungen

nicht mit einem Ansturm der Massen rechnen, sondern mit wenigen Hundert Fällen im Jahr. Und ein Gesetz, das diese Diagnostik im Einzelfall mit Einschränkungen erlaubt, ist ebenso wirksam wie ein Verbot. Das sollte bedenken, wer nun Dammbruch oder Missbrauch fürchtet. Oder Diskriminierung: Krankheit und Behinderung werden keineswegs verschwinden, unsere Gesellschaft muss das humane Miteinander weiterhin fördern. Aber sie sollte mit der PID auch zulassen, dass Paare sich in Ausnahmefällen, wohlüberlegt und beraten, entscheiden können.

https://www.faz.net/aktuell/wissen/pro-fuer-das-leben-nicht-dagegen-11427405.html [03.06.2022]

Ulf von Rauchhaupt: Es gibt grundsätzliche Einwände gegen eine Präimplantationsdiagnostik

Es gibt grundsätzliche Einwände gegen eine Präimplantationsdiagnostik. Dabei geht es keineswegs darum, ob ein früher Embryo bereits ein Mensch ist. Selbst wenn man einen Moment postuliert, in dem er vom Zellhaufen zur schützenswerten Person mutiert, hat man bei einem nach Gen-Check eingepflanzten Embryo das Problem, dass die spätere Person ihr Dasein einer Auslese durch Menschenhand verdankt. Warum ist das ein Problem, wo doch auch die Natur Auslese betreibt und lebensunfähige Embryonen oft genug absterben lässt? Es ist eines, weil der Mensch seine Kriterien ändern kann. Natürlich schwören Fortpflanzungsmediziner nun Stein und Bein, dass sie das niemals tun werden, dass allein auf fatale Erbschäden getestet würde und nicht auf andere nachteilige genetische Eigenschaften. [...] Wenn das Leid der Eltern bei einer Fehlgeburt im achten Monat nun vermieden werden kann, müsste dann nicht auch das Leid eines schwerbehinderten Kindes verhindert werden, indem man es im Embryonenstadium gar nicht erst einpflanzt? Und wenn ja, ab welchem Grad der Behinderung? Wann ist überhaupt etwas eine Behinderung, mit der einem das Leben zugemutet werden darf? Das ist natürlich das altbekannte „Dammbruchargument". Es klingt abgedroschen, wäre aber einzig durch die Angabe absoluter Kriterien zu entkräften, nach denen die Auslese erfolgt. Kriterien aber, die in jeder Generation aufs Neue von der Gesellschaft ausgehandelt werden – und sei es in Parlamenten oder Ethikkommissionen –, sind nicht absolut, sondern relativ auf diese Gesellschaft, die zudem einem Wandel unterliegt, der nicht zuletzt durch den jeweiligen Stand der Technik getrieben ist. [...] So ist dann eigentlich nicht einzusehen, warum Paare mit Kinderwunsch sich überhaupt noch natürlich fortpflanzen sollten, denn schwere Gendefekte mit allem Potenzial für Leid und Risiko für die Mutter drohen auch regulär gezeugten Kindern. Eine numerisch geringere Wahrscheinlichkeit solcher Defekte bei normal fortpflanzungsfähigen Paaren ist kein ausreichendes Argument dafür, ihnen die Auslese und damit die Abwendung drohenden Leids zu verwehren. Und wenn alle dabei erzeugten Embryonen genetisch lebensfähig sind, aber nur wenige eingesetzt werden können: Will man dann losen, anstatt nachzusehen, welche ein bestimmtes, das Krebsrisiko erhöhendes Gen nicht haben? Oder nur männliche nehmen, wenn man sich eh einen Sohn wünscht? [...] Wer aber Zweifel hat, dass auf dieser Option ein Segen ruht, dem bleibt, zu Ende gedacht, nur, sich jede Manipulation des genetischen Roulettes, dem sich Menschsein verdankt, grundsätzlich zu verbitten. Das bedeutet aber auch, die dann bleibende Realität von Leid und Behinderung hinzunehmen und sie als menschliche statt als technische Herausforderung zu begreifen. Einen dritten Weg gibt es nicht.

https://www.faz.net/aktuell/wissen/contra-auslese-ist-auslese-11009574.html [03-06.2022]

1 Stellen Sie die in den Texten genannten Pro- und Kontra-Argumente tabellarisch dar. Führen Sie danach eine Podiumsdiskussion (ggf. mit auswärtigen Experten) zu dieser Thematik durch.

2 Vertreter der evangelischen und katholischen Kirche kritisierten das BGH-Urteil als „schweren Schlag gegen den Schutz, die Würde und die Unverfügbarkeit menschlichen Lebens". Setzen Sie sich mit diesen oder ähnlichen Vorbehalten kritisch auseinander.

Medizinethik

Medizinethik reflektiert über ethisch legitime Eingriffe in Zeugungs-, Lebens- und Sterbeprozesse des Menschen. Problemkomplexe aus dem medizinethischen Bereich sind u. a.:
- Pränatal- und Präimplantationsdiagnostik (PID)
- Klonen
- Transplantationsmedizin
- Sterbehilfe
- Schwangerschaftsabbruch

Zu den Grundlagen medizinethischer Argumentation gehören dabei der praktische Syllogismus und das Toulmin-Schema sowie der Sein-Sollen-Fehlschluss und das Dammbruchargument:

1. In einem **praktischen Syllogismus** wird aus einem normativen Obersatz (Normative Prämisse: NP) und mindestens einem nicht-normativen, deskriptiven Untersatz (Deskriptive Prämisse: DP) eine normative Schlussfolgerung (Konklusion: K) geschlossen:

1.	Lebewesen dürfen zu medizinischen Zwecken verwendet werden, wenn sie ohne Schmerzempfinden sind.	NP
2.	Menschlichen Föten fehlt in den ersten Monaten der Schwangerschaft die Ausbildung der Großhirnrinde, die für die Schmerzempfindung notwendig ist.	DP
3.	Menschliche Föten dürfen in den ersten Monaten der Schwangerschaft für medizinische Zwecke verwendet werden.	K

Diese Schlussfigur ist ein wesentliches Kennzeichen medizinethischen Argumentierens. Zentrale medizinethische Argumente lassen sich so als praktische Syllogismen darstellen und auf ihre logische Schlüssigkeit und Gültigkeit prüfen.

2. Praktische Syllogismen lassen jedoch grundsätzlich bloß analytische Schlüsse zu, d. h. die Schlussfolgerung enthält nur das, was in den Prämissen zu finden ist. Der Schluss „schließt" auch dann, wenn diese falsch sind. Mit seinem **Argumentationsschema** bereitet der britische Philosoph *Stephen Toulmin* einen Weg von der Logik zur Argumentationstheorie. Das Skelett dieses Argumentationsschemas lautet:

> **D, deshalb C, wegen W (Schlussregel), aufgrund von B.**

Das Toulmin-Schema stellt den praktischen Syllogismus gleichsam auf den Kopf und fundiert ihn mit einer substantiellen Begründungsdimension (B). Aus der „conclusio" wird ein „claim" (C/Behauptung), aus der deskriptiven Prämisse werden „facts" (D/Fakten) und aus der normativen Prämisse werden „warrants" (W/Schlussregel). Sie können ihrerseits durch „backings" (B/Stützen) weiter begründet werden. Die „warrants" sind zumeist Normen, Sitten und Gewohnheiten. Als „backings" kommen auf einer abstrakteren Stufe moralische Prinzipien oder Ethiktheorien infrage. Denkbar wäre, dass B seinerseits nochmals begründet werden kann (B 1). Um nicht in einen infiniten Regress zu geraten, scheint es für die an der Diskussion Teilnehmenden einer erforderlich, sich mit möglichst plausiblen Begründungsargumenten zufriedenzugeben.

Toulmin **erweitert** dabei sein Schema, indem er noch zwei weitere Gelenkstellen einbaut, um es für komplexere Begründungszusammenhänge flexibel einsetzen zu können. So führt er Modaloperatoren (MO: „notwendigerweise, „wahrscheinlich" oder „vermutlich") ein. Des Weiteren versucht er die Argumentation durch die Einführung gewisser Ausnahmebedingungen (AB: „Es sei denn"- bzw. „Wenn nicht"-Klausel) zu präzisieren. Die einzelnen Schritte können so klar identifiziert und analysiert werden. Dadurch wird das Argumentieren hinreichend strukturiert und transparent und kann so eher zu plausiblen Ergebnissen führen. Formelhaft verkürzt sieht die Struktur des Arguments so aus:

> **D → deshalb MO, C, wegen W, aufgrund von B, wenn nicht AB.**

3. Ethisch-philosophisches Argumentieren hat es ganz wesentlich mit der Verschränkung von Ethik und Empirie, von Normativität (Sollen) und Faktizität (Sein) zu tun. Dabei machte bereits David Hume deutlich, dass Gebots- oder Verbotsnormen sich grundsätzlich nicht aus einer noch so großen Menge von zutreffenden Aussagen über empirische Sachverhalte gewinnen lassen. Aus dem, was in der Welt der Fall ist, lässt sich nicht herleiten, was in der Welt der Fall sein **soll**. Wer so schließt, begeht einen Sein-Sollen-Fehlschluss: Ein **Sein-Sollen-Fehlschluss** liegt dann vor, wenn ein normativer Schlusssatz ausschließlich aus deskriptiven Sätzen abgeleitet wird, ohne zumindest eine normative Prämisse zu Hilfe zu nehmen.

4. Im Rahmen medizinethischer Argumentationen finden sich auch sog. **„Dammbruchargumente"**, die eindringlich vor bestimmten Entscheidungen warnen, da diese den „Damm brechen" würden und Stück für Stück weitere negative Konsequenzen zur Folge haben – ähnlich einer schiefen Ebene, weshalb Dammbruchargumente auch **„Argumente der schiefen Ebene"** oder **„Slippery-Slope-Argumente"** genannt werden.

Neben diesen genannten Grundlagen medizinethischer Argumentation sind auch die philosophischen Grundbegriffe **„moralischer Status"** und **„Person"** in Diskussionen medizinethischer Probleme zentral. So stellt sich beim moralischen Status eines Wesens die Frage, wie weit der Schutzbereich der Moral reicht. Geht man wie Peter Singer davon aus, dass der moralische Status einer Person an bestimmte, tatsächlich vorhandene Eigenschaften wie Selbstbewusstsein gebunden ist, so vertritt man einen qualitativ-aktualistischen Personbegriff. Im Unterschied dazu hängt man einem substanzialistischen Personbegriff an, wenn man wie Robert Spaemann behauptet, dass alle Menschen wesentlich oder substanziell Personen sind, unabhängig von biologischen oder kognitiven Eigenschaften: „Wer jemand ist, ist es immer."

Angesichts von ungelösten Kontroversen darüber, welche ethische Theorie eine allgemeingültige Begründung moralisch richtigen Handelns liefern kann, entwickelten die beiden US-amerikanischen Bioethiker Tom L. Beauchamp und James F. Childress **vier Prinzipien der Medizinethik** (sog. **„Amerikanisches Modell"**), die – weitegehend konsensfähig – mit verschiedenen Moraltheorien vereinbar sind:

1. **Prinzip der Autonomie:** Patienten sollen für sich über die sie betreffenden Angelegenheiten selbst, frei von fremdem Einfluss und Zwang entscheiden.
2. **Prinzip des Nicht-Schädigens:** Patienten darf keinen Schaden zugefügt werden, d. h. das Patientenwohl soll befördert werden.
3. **Prinzip des Wohltuns:** Die Rechte anderer sollen geschützt bzw. verteidigt werden, z. B. Behinderte geholfen werden.
4. **Prinzip der Gerechtigkeit:** Organe und Ressourcen sollen gerecht verteilt werden, was auch einen gleichen Zugang zu medizinischen Leistungen beinhaltet.

Bei diesen vier Prinzipien handelt es sich um **Prinzipien mittlerer Reichweite**, deren Gültigkeit nicht als Alternativen zu denken sind, sondern die alle ihre relative Berechtigung haben. Das Verhältnis zwischen den Prinzipien ist deshalb nicht hierarchisch zu verstehen, sind alle vier sind gleichermaßen wichtig und sollen vor allem eine praxisnahe Lösung medizinethischer Konflikte ermöglichen.

Mithilfe all dieser bisher genannten Aspekte medizinethischer Argumentation sowie Grundbegriffe und Prinzipien ist eine aktive Beteiligung an **aktuellen medizinethischen Diskussionen** wie etwa über die **Sterbehilfe** oder die **pränatale Diagnostik** sowie eine Entwicklung eigener Lösungsansätze möglich. Dabei gilt es nicht nur die jeweils vorgebrachten Argumente sorgfältig auf ihre logische Schlüssigkeit und transparente Terminologie kritisch zu prüfen, sondern auch grundlegende Vorstellungen zur Person sowie Menschenwürde in korrekter Weise zu berücksichtigen und aus den Perspektiven unterschiedlicher Betroffener zu argumentieren.

Denn nur so kann Medizinethik im Dienste der Menschenwürde stehen und demokratisch legitimierte Lösungen entwickeln.

Begriffe definieren

Oft kann man in politischen Debatten, in anspruchsvollen Talkshows oder in Unterrichtsdiskussionen erleben, wie die Gesprächsteilnehmer aufeinander einreden, in höchster Lautstärke, mit Eifer und Sachkenntnis – und dennoch nichts dabei herauskommt, weil die Diskutierenden aneinander vorbeireden.

Die Sprecher haben oft die Begriffe, um die es geht, zuvor nicht näher bestimmt, sodass zumeist kein Konsens zwischen den Diskussionsteilnehmern hergestellt werden kann, da die subjektiven Assoziationen bezüglich des aktuellen Gesprächsgegenstandes als Begriff den Mittelpunkt der Auseinandersetzung bilden, statt die Sache selbst. Wenn in einem Ethik-Kurs zum Beispiel darüber diskutiert wird, was eigentlich mit „Fairness" im Unterschied zu „Gerechtigkeit" überhaupt gemeint ist, wird man nicht weiterkommen ohne Definitionen.

Was heißt „definieren"?

Das Wort leitet sich her von lat. finis: die Grenze, das Ende und heißt also: Abgrenzen einer Wortbedeutung von anderen Bedeutungen.

Das Definieren ist eindeutig zweckbestimmt: Es soll das Gespräch, die Kommunikation zwischen Menschen zu einem Ergebnis führen.

Wie geht man beim Definieren vor?

Es gibt bestimmte Verfahrensweisen, um einen Gegenstand oder Begriff zu klären:

1. Die **ursprüngliche Wortbedeutung** feststellen, evtl. die Herkunft aus einer anderen Sprache. Die Etymologie, die Geschichte des Wortes, erhellt oft die Bedeutung.

2. Den allgemeinen **Oberbegriff** (die Gattung; *genus proximum*) und den spezifizierenden Unterbegriff (die Art; *differentia specifica*) finden, wobei der Unterbegriff die wesentlichen, unterscheidenden Merkmale angibt: „Pizza ist ein Nahrungsmittel aus Teig (= Oberbegriff), das in runde, flache Formen geknetet, mit verschiedenen anderen Nahrungsmitteln belegt und schließlich in speziellen Öfen gebacken wird."

Deutlich wird hier, setzt man anstelle der Pizza nun den Begriff Fairness ein, dass in ethischen Fragen die Begriffsdefinitionen nicht ganz so einfach zu setzen sind und nicht immer klare Kategorien von Ober- und Unterbegriffen zu unterscheiden sind, da auch teilweise Überschneidungen in der Wortbedeutung (Semantik) zutreffend sein können. Was jedoch auf jeden Fall erkennbar ist, bleibt die Tatsache, dass man der Begrifflichkeit selbst bereits näherkommt, wenn man sich über sie verständigt und den Versuch einer Definition unternimmt.

- Gerechtigkeit ist …?

Hier lohnt es sich, innezuhalten und zu prüfen, ob die bisherigen Abgrenzungen für den Zweck des Gesprächs genügend eng bzw. weit gefasst wurden (Bsp.: **Gerechtigkeit** = staatliches Verhalten, das jedem das Gleiche gewährt).

Dafür hat sich ein weiteres Verfahren bewährt:

3. **Verwandte Begriffe** suchen, um Feinbestimmungen vornehmen zu können:
   Zu „Fairness": Mitgefühl, Gewissen, Spielregeln …
   Zu „Gerechtigkeit": Rechtssystem, Rechte einfordern, Gleichheit …

In der Abgrenzung zu diesen benachbarten Begriffen (Wortfeldern) wird der gesuchte Begriff immer schärfer definiert. Ebenso hilfreich ist das Verfahren, den zu klärenden Begriff mit seinem gegenteiligen Begriff zu konfrontieren:
- Fairness – Foulspiel
- Gerechtigkeit – Ungerechtigkeit

4. In einem weiteren Definitionsakt, der sehr praxisnah ist, wird die Verwendung des Begriffs im **alltäglichen Sprachgebrauch** bzw. in feststehenden Redensarten geprüft, um festzustellen, ob die bisherigen Definitionen beschränkt oder gegebenenfalls erweitert werden müssen, z. B.:
- „Das war ein faires Fußballspiel".
- „Verteilt die Süßigkeiten gerecht untereinander."
- „Er verdient Gerechtigkeit, also einen fairen Prozess."

Folgerichtig und stimmig argumentieren

Logisches Argumentieren

Ein **Argument** ist eine Begründung für eine Behauptung bzw. These. In der Logik[1] bezeichnet der Begriff Argument verschiedene Formen von Schlussfolgerungen. Ein Argument in diesem Sinne besteht aus mehreren Sätzen: Die Sätze, die die Gründe für eine Schlussfolgerung enthalten, nennt man Vordersätze oder Prämissen; den Satz, der die Schlussfolgerung enthält, Nachsatz oder Konklusion. Zwei dieser Schlussformen sind besonders wichtig:

Deduktion* (der Schluss vom Allgemeinen zum Besonderen)

Alle Menschen sind sterblich.	Prämisse
Sokrates ist ein Mensch.	Prämisse
Sokrates ist sterblich.	Konklusion

Wenn die Prämissen als wahr behauptet werden, dann ist auch die Konklusion notwendig wahr. Ob die Prämissen tatsächlich wahr sind, spielt für die **logische Gültigkeit** eines Arguments keine Rolle, da diese sich rein formal nur auf das Schlussverfahren bezieht. So kann ein Argument gültig sein, auch wenn eine Prämisse und die Konklusion nach unserem Kenntnisstand unwahr sind: Alle Menschen sind unsterblich. Sokrates ist ein Mensch. Sokrates ist unsterblich. **Gültig** ist demnach ein deduktives Argument, wenn die Bejahung der Prämissen und der Konklusion keinen logischen Widerspruch ergeben. Ein logischer **Widerspruch** ist die Verknüpfung einer Aussage mit der Verneinung dieser Aussage, zum Beispiel wenn man behauptet, alle Menschen seien sterblich und Sokrates ist ein Mensch, aber Sokrates sei nicht sterblich.

Induktion* (von besonderen Fällen zu einem allgemeinen Grundsatz oder Gesetz)

Alle Philosophen, die bis zum Tag X beobachtet worden sind, sind gestorben.	Prämisse
Alle Philosophen sind sterblich.	Konklusion

Wenn die Prämisse(n) wahr sind, folgt daraus nicht notwendig die Wahrheit der Konklusion, da hier aus zeitlich und räumlich gebundenen Einzelfällen auf eine allgemeingültige Aussage geschlossen wird. So könnte ja in Zukunft ein Philosoph geboren werden, der nicht stirbt. Die Konklusion eines induktiven Arguments geht also über den Gehalt der Prämissen hinaus. Daher sollte man induktive Konklusionen als **Hypothesen** ansehen, die zu überprüfen und ggf. zu korrigieren sind.

Wichtige Argumentationstypen zur Begründung von Thesen

Analogieargument: Ein erörterter Sachverhalt wird mit einem anderen Bereich verglichen.

Autoritätsargument: Zur Stützung der These beruft man sich auf eine anerkannte Autorität, z. B. auf die Aussagen eines Philosophen oder einer Institution (z. B. Grundgesetz, Kant).

Empirisches Argument: Man nimmt Bezug auf gemeinsame, von allen nachvollziehbare Erfahrungen oder auf wissenschaftlich gesicherte Fakten.

Normatives Argument: Allgemein akzeptierte Wertmaßstäbe und Normen (Meinungsfreiheit, Menschenwürde) werden zur Begründung einer These herangezogen.

„Pinguine sind schwarz und weiß.
Einige alte Fernsehsendungen sind auch schwarz und weiß.
Also sind einige Pinguine alte Fernsehsendungen.
Logik: noch etwas, das Pinguine nicht so gut können."

Gedankengänge darstellen und prüfen

Darstellung einer ethischen Argumentation

Philosophische und ethische Texte sind oft sehr komplex und vielschichtig. Um den gedanklichen und argumentativen Kern solcher Texte freizulegen und zu veranschaulichen, kann man entweder die Argumentation in ihrer logischen Struktur darstellen (s. S. 143) oder mithilfe einer Strukturskizze (mögliche Gliederungspunkte sind: Fragestellung/Problematik, These, Argumente, Erläuterungen/Beispiele) oder einer Mindmap den „roten Faden" sichtbar machen.

Beispiel (Textgrundlage: Peter Singer: Nur Personen haben ein Recht auf Leben (s. S. 132 f.)):

Nur Wesen mit einem Lebensinteresse haben ein unbedingtes Recht auf Leben. (1)
Menschliche Föten und Neugeborene haben kein Lebensinteresse. (2)

Menschliche Föten haben kein unbedingtes Recht auf Leben. (3)

Überprüfung einer ethischen Argumentation

Eine Argumentation wie die von Peter Singer lässt sich überprüfen hinsichtlich des **Wahrheitsgehalts der Prämissen und der Konklusion oder in Bezug auf die logische Gültigkeit**.
Singers Argument ist demnach logisch gültig, der Wahrheitsgehalt und die Geltung der Prämissen jedoch ist umstritten und bedarf daher zusätzlicher Belege und Begründungen. Auch zeigt das Beispiel die besondere Problematik ethischer Argumentation. So enthält Singers Argument eine normative (1) und eine empirische Prämisse (2); die Konklusion ist normativ.
Normative Aussagen bedürfen einer anderen Form der Begründung als deskriptive Aussagen. Sie enthalten stets direkte oder indirekte Werturteile und Handlungsanweisungen. Sie „verlangen", dass sich derjenige, der sie vertritt, in seinem Handeln auch an ihnen orientiert. Daher ist es erforderlich, den normativen Charakter eines Satzes auch sprachlich deutlich zu machen. Es kann irreführend sein, normative Aussagen so zu formulieren, als handle es sich um deskriptive Sätze („Morden ist böse" statt „Du sollst nicht töten!").

Mithilfe der folgenden Fragen lässt sich der Gedankengang eines Textes, seine Aussagen und Argumente, überprüfen, bestätigen oder kritisieren:
- Sind die im Argumentationszusammenhang genannten empirischen Fakten nachvollziehbar und korrekt? Können sie als Basis dienen für ein moralisch-ethisches Argument oder beruht die Argumentation auf einem Sein-Sollen-Fehlschluss (s. S. 128 ff.)?
- Ist die Argumentation logisch gültig oder widersprechen sich miteinander verbundene Aussagen? Wird aus Einzelfällen zu schnell auf eine allgemeine Gesetzmäßigkeit geschlossen?
- Hat der Text einen „roten Faden" oder enthält er gedankliche Sprünge?
- Dienen Metaphern, Vergleiche und Analogien der Präzisierung und Veranschaulichung oder „hinken" sie?
- Was sind die Prämissen der Argumentation? Werden sie deutlich benannt oder stillschweigend vorausgesetzt?
- Werden die normativen Aussagen als solche kenntlich gemacht und überzeugend begründet?

Rembrandt van Rijn: „Der Philosoph" (1632) – eine Verbildlichung des Klischees des weltfremden Philosophen im Elfenbeinturm –, nach einer anderen Interpretation der neuzeitliche Philosoph, der statt des Wegs nach oben, der nur ins Dunkle führt, sich vom Licht der Welt erleuchten lässt, das als empirische Erkenntnis von außen zu ihm dringt.

Texte verstehen und deuten (Hermeneutik*)

Liest man einen Text, setzt man sich als Leser unmittelbar mit der Frage nach dessen Sinn auseinander. Die Geisteswissenschaften entwickelten dazu ein besonderes Verfahren, die sogenannte **„hermeneutische Methode"** (von gr. hermeneuein = auslegen), eine Vorgehensweise, die sich zugleich **als verstehender und deutender Auslegungsprozess** gegen die Kausalgesetzlichkeit der Naturwissenschaften abgrenzt.

Literarische Texte, insbesondere auch philosophische, erfordern gerade in ihrer ethischen Dimension eine solche sinngerichtete Auslegung. Im Rahmen der Hermeneutik als Theorie des Verstehens wird dargestellt, wie der Leser zu einem einheitlichen Bedeutungszusammenhang kommt und wie er sich in Bezug auf seine Wirklichkeitserfahrung einen Entwurf des Verstehens macht. Dieser tritt demnach aus dem Dreieck der beim Lesen zwangsläufig entstehenden Beziehung zwischen Autor, Text und Leser als **Intention** (Absicht) hervor.

So bedarf es demnach beim Verständnis philosophischer bzw. ethischer Texte eines zunächst subjektiven, individuellen Vorverständnisses, auch wenn es aufgrund der unterschiedlichen Sprachverwendung noch so allgemein ist. Denn durch den darauf folgenden Versuch des Verstehens eignet man sich dann Wissen über das zu behandelnde Gebiet an, mit dem das Vorverständnis erweitert und korrigiert wird. Mit diesem erweiterten Verständnis wiederum lässt sich der Text besser verstehen und das ursprüngliche Textverständnis wird erneut erweitert. Durch diese spiralförmige bzw. zirkelförmige Bewegung erschließt sich die Aussage allmählich in der Weise, wie sie vom Autor beabsichtigt wurde. Dabei gliedert sich der so entstehende Leseprozess in drei Phasen:

- vorläufiges, **assoziatives Gesamtverständnis** (Was ist das Thema des Textes? Welche Kernaussagen lassen sich feststellen? Was verbinde ich selbst mit dem genannten Thema? Welches Vorwissen und welche Vorerfahrung werden für das Verständnis vorausgesetzt?)
- **Analyse von Einzelmerkmalen** (Wie lässt sich der Text inhaltlich gliedern? Welche inhaltlichen Bezüge werden neben der Kernaussage noch angesprochen? Welcher formelle Aufbau ist erkennbar? Wie stellt sich die sprachliche Gestaltung des Textes dar?)
- Synthese der Einzelelemente zu einem reflektierten, differenzierten **Sekundär- bzw. Gesamtverständnis** (Wie lassen sich Inhalt, Aufbau, Form, Stil, Vorwissen und Kontextbezüge zu *einer* Aussage zusammenfassen?)

Die Einzelaussagen und deren sprachliche Verankerung werden im Zuge des Interpretationsprozesses in einen erweiterten Zusammenhang gestellt, in dem sie erst ihre Bedeutung insgesamt entfalten. Dabei gilt das **Prinzip der Reziprozität** (Wechselseitigkeit): Weiterführende Ergebnisse lassen immer einen veränderten Blick auf das bereits Gesagte zu, welches ohne die Beachtung der Einzelelemente jedoch nicht zustande gekommen wäre.

So bildet der Verstehensprozess eigentlich ein **Paradoxon**: Das, was verstanden werden soll, muss schon vorher irgendwie erfasst worden sein, um zum Verständnis weiterhin beizutragen; Verstehen im hermeneutischen Sinne ist demnach nicht geradlinig, sondern spiralförmig.

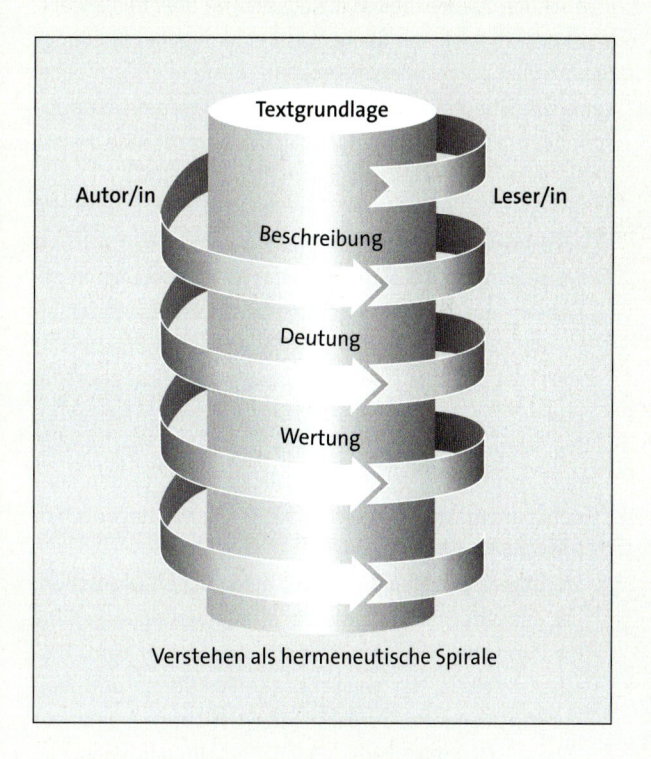

Verstehen als hermeneutische Spirale

Eine Dilemma-Diskussion* führen

„Wie würdest du dich in dieser Situation entscheiden?" – Das moralische Dilemma bildet einen klassischen Ausgangspunkt des Ethikunterrichts, der in der Regel die Präsentation einer moralischen Zwickmühle in Text- oder Bildform beinhaltet und mit der entsprechend offenen Frage abschließt und so zur eigenen Beantwortung herausfordert.

Präsentation und Diskussion sind in vier Schritten verkürzt so zusammenzufassen:

> **Verlauf einer Dilemma-Diskussion in vier Schritten:**
> 1. Konfrontation
> 2. Positionsbestimmung
> 3. Prüfung und Begründung
> 4. Stellungnahme und Auswertung

1. Während der Konfrontation geht es für die Schülerinnen und Schüler zunächst um das Nachdenken über den jeweiligen Kontext sowie die Suche nach einer eigenen Stellungnahme zum vorgegebenen Problem, ausgehend von einer konkreten Situation (Bild oder Text). Dabei werden in Korrespondenz mit dem Lehrer auch die Begleitumstände erfasst und gegebenenfalls Rückfragen im Plenum gestellt.
2. Im zweiten Schritt sollte dann eine eigene Positionierung vorgenommen werden, die auch in irgendeiner Art und Weise durch den Diskussionsleiter für alle Beteiligten gesichert werden sollte: Dies kann beispielsweise durch eine einfache Abstimmung geschehen, deren Ergebnis fixiert wird, oder auch beispielsweise durch eine persönliche Zuordnung im Raum (Barometer-Methode). Die letztere Herangehensweise hat dabei den Vorteil, dass mehrere Dimensionen berücksichtigt werden können, außerhalb von ausschließlichen bzw. kategorischen Pro- und Kontra-Positionen.
3. Im Folgenden gelangt man zur eigentlichen Diskussion, die entweder im Plenum oder in Kleingruppen geführt werden kann. Hier empfiehlt sich der Einsatz eines Diskussionsleiters, der versucht, alle Positionen und Meinungen adäquat zu berücksichtigen. Wichtige Ergebnisse (Thesen, Meinungen, Idee, Beispiele) sollten in jedem Fall für die folgende Evaluation festgehalten werden.
4. Abschließend soll in Wechselwirkung zwischen ursprünglicher Position und Diskussionsergebnissen nochmals überprüft und bestimmt werden, ob sich die eigene Position verändert hat oder ob sie eventuell manifestiert wurde. Dies kann an die in Schritt 2 gewählte Methode angelehnt sein, aber gerade zur Verdeutlichung im Sinne eines Diskussionsergebnisses auch gerade davon (visuell) abweichen.

Dringend geboten ist in jedem Fall eine Reflexion des Ergebnisses, des Verlaufs und des Verfahrens im Anschluss, da nur so auch der Sinn der Methode sichtbar wird: Die Dilemma-Diskussion ist keine Vorgehensweise, die losgelöst von ihrem jeweiligen Inhalt betrachtet werden sollte, sondern sie ist in ihrer grundsätzlichen Anlage immer in der Reflexion auf formeller und ethischer Ebene zu betrachten.

Auf jeden Fall sollte auch im Voraus für alle Beteiligten verdeutlicht werden, dass es keine richtige oder falsche Entscheidung im Rahmen des Dilemmas geben kann, sondern dass es vielmehr um die eigene Reflexion und Begründung des Standpunktes geht.

Gedankenexperimente durchführen

„Schrödingers Katze"

Stellen wir uns eine Kiste vor, durch deren Außenseiten keinerlei Verbindung zwischen dem Inneren und der Umgebung möglich ist. In diese Kiste wurde zuvor eine Katze gesetzt und zusätzlich ein Gerät, das durch ein Quantenereignis, in dieser Situation der Zerfall eines radioaktiven Atoms, in Gang gesetzt werden kann. Wichtig ist dabei zu wissen, dass der Zerfall eines Teilchens und damit das Freisetzen von radioaktiver Strahlung nicht bestimmbar ist, d. h., er lässt sich nicht berechnen, sondern lediglich mit einem statistischen Wert (der Halbwertszeit) annähernd voraussehen. Die Versuchsanordnung ist so ausgerichtet, dass, wenn das Quantenereignis eintritt, im Inneren der Kiste durch die Zerstörung einer Kapsel eine tödliche Menge Zyanid freigesetzt wird und die Katze somit getötet wird. Sie bleibt jedoch am Leben, falls das Quantenereignis nicht eintritt.

Wir können annehmen, dass für die Beobachter des Versuchs die Wahrscheinlichkeit, dass der radioaktive Zerfall stattgefunden hat, bei fünfzig Prozent liegt. Ebenso wahrscheinlich ist jedoch, dass er nicht stattgefunden hat. Aus diesen Prämissen (Voraussetzungen) schließt die Quantenmechanik, dass die Katze für die Beobachter in einem besonderen Zustand schwebt: Sie existiert innerhalb der alternativen Möglichkeiten, zugleich tot *oder* lebendig zu sein. Nachprüfbar wird der Zustand erst, wenn einer der Beobachter nach der Katze in der Kiste sieht. Das bedeutet aber auch, dass sich der Zustand der Katze mit dieser Sinneswahrnehmung erst einstellt!

Bei Schrödingers Katze handelt es sich um ein **Gedankenexperiment** des österreichischen Physikers Erwin Schrödinger aus dem Jahre 1935, das die Unvollständigkeit der Quantenmechanik veranschaulichen sollte.

Was hier zunächst ethisch erschreckend klingt, ist ein **Gedankenspiel**, das natürlich in dieser Weise nicht in die Realität umzusetzen ist. Aber genau so wie in den Naturwissenschaften, in denen man bestimmte Versuchsanordnungen arrangiert, um zu nachweisbaren, empirischen Ergebnissen zu gelangen, bedient sich die Philosophie seit Jahrtausenden dieser Möglichkeit, neue Einsichten zu gewinnen. So wird rein gedanklich eine Situation geschaffen, die bewusst ungewöhnlich und unwahrscheinlich erscheint, um dann **hypothetisch** philosophische Gedankengänge zu erläutern oder auch Thesen anschaulich zu begründen.

Am Anfang des Gedankengangs steht eine grundsätzliche, meist **philosophische Frage**, der man sich mit einer zunächst reinen Annahme eines **Standpunktes** nähert, die durch eine fiktive, aber informierende **Situationsbeschreibung (Kontext)** erweitert wird, um zu den daraus zu ziehenden **Schlussfolgerungen** zu gelangen, die es erlauben, die zu Anfang aufgeworfene Frage zu beantworten. Daran kann sich eine weiterführende Argumentation anschließen.

Es ist auch möglich, solche Gedankenexperimente nicht nur selbst durchzuführen, sondern sogar zu entwickeln. Charakteristisches Merkmal bilden dabei entsprechende sprachliche Formulierungen, die die Annahme des Fallbeispiels in den Vordergrund stellen (Nehmen wir an …; Angenommen, dass …; Stellen wir uns vor, dass …). Damit wird deutlich, dass es einer erfundenen Ausgangssituation bedarf, die zunächst einfach in ihrer Fiktivität angenommen werden muss und nicht hinterfragt werden sollte, um den Nutzen des Experiments aus der rückwärtsgerichteten Erschließung (vom Ergebnis zu den Annahmen) zu ermöglichen. Die sich aus dem Gedankenkonstrukt ergebenden Folgen werden differenziert durchdacht und zur weiteren Erkenntnisgewinnung herangezogen.

Philosophische Vorstellungen können genauer erläutert werden, indem man in verschiedene Rollen schlüpft oder eine besondere Stellung einnimmt (z. B. als Außerirdischer, als Tier etc.), aber auch völlig neue Gedanken können daraus entwickelt werden.

Einen Essay* schreiben

Ein **Essay** (frz.: Versuch, Kostprobe) ist ein (relativ kurzer) Prosatext, der sich betont subjektiv, facettenreich und meist skeptisch mit einer wissenschaftlichen oder einer (aktuellen) Frage des geistigen Lebens befasst. Als offene Form unterscheidet er sich von einer streng wissenschaftlich-sachlichen Abhandlung (z. B. korrekte Zitate, aber Verzicht auf Quellenangaben).

Begründer dieser eigenständigen literarischen Form ist der französische Philosoph und Schriftsteller Michel de Montaigne (1533–1592).

Merkmale sind u. a.: Originalität des Themas bzw. der Idee, Folgerichtigkeit der Gedankenführung, klare Herausstellung der eigenen Meinung (aber keine Propaganda, kein Pamphlet), argumentativ, Argumentation mit Beispielen illustrierend, Einsatz rhetorischer Mittel nicht als Selbstzweck, sondern der Argumentation dienend.

Der nachfolgende Text ist ein Auszug aus Montaignes Essay „Über Demokrit und Heraklit", zwei griechische Philosophen der Antike.

Michel de Montaigne: Über Demokrit und Heraklit

Der Mensch offenbart sich und verrät sich in jedem Teilchen gleichermaßen, in jedem Tun.
Demokrit und Heraklit waren zwei Philosophen, von denen der erste, da er das Menschsein nichtswürdig und lächerlich fand, sich den Leuten dementsprechend nie anders als mit spöttisch lachendem Gesicht zeigt, während der andere wegen ebendieses Menschseins mit uns Mitleid und Erbarmen fühlte und daher stets ein trauriges Gesicht trug:
*Der eine lachte, ging er aus dem Haus,
der andre brach sogleich in Tränen aus.*
Mir gefällt die Gemütsart Demokrits besser – nicht weil es angenehmer ist zu lachen als zu weinen, sondern weil sie eine größere Geringschätzung ausdrückt und uns strenger richtet als die andre; denn mir scheint, wir könnten, wenn es nach unseren Verdiensten ginge, nie genug verachtet werden. Dem Beweinen und Erbarmen ist stets eine gewisse Wertschätzung dessen beigemischt, was man beweint; die Dinge, die man verspottet, hält man hingegen für wertlos. Meiner Meinung nach findet sich in uns weniger Elend als Eitelkeit und weniger Infamie als Ignoranz. Nicht so sehr vom Bösen sind wir erfüllt wie von Leere. Wir sind nicht so erbarmungs- wie nichtswürdig. Deshalb war Diogenes, der stillvergnügt in seiner Tonne herumtollte und eines Tages sogar den großen Alexander zum Besten hielt, mit seiner Auffassung, wir seien nur Fliegen und ausgemachte Windbeutel, ein weit schärferer, schonungsloserer und nach meinem Empfinden realistischerer Richter als Timon, den man den Menschenhasser nannte; denn was man hasst, das nimmt man bitterernst. Dieser wünschte uns leidenschaftlich Tod und Verderben auf den Hals und floh den Umgang mit uns als gefährlich, weil er uns alle für bösartig hielt. Jener hingegen schätzte uns als derart unbedeutend ein, dass er in unserer Verderbnis keinerlei Ansteckungsgefahr sah; er mied uns daher nicht aus Angst, sondern weil er auf unsere Gesellschaft keinen Wert legte. Weder guter noch böser Taten hielt er uns für fähig. [...]

Das Besondere unseres Menschseins besteht darin, dass wir zugleich des Lachens fähige und lächerliche Wesen sind.

Michel de Montaigne: Essais. Eine moderne Gesamtübersetzung von Hans Stilett. München: Goldmann 2002, Erstes Buch, S. 456 f.

Donato Bramante (1444–1514): Demokrit und Heraklit

Filme untersuchen

Der Film nutzt – wie ein Roman – verschiedene Möglichkeiten des Erzählens. Das Mittel, das Erzählmedium des Films, ist die Kamera. Was sie aufnimmt, und vor allem wie sie dieses Geschehen aufnimmt, entscheidet über den dem Zuschauer möglichen Blick. Zur Untersuchung, zur Beschreibung und Deutung des Gesehenen sind einige Begriffe aus der Filmsprache wichtig, die hier präsentiert werden.

Grundbegriffe

Sequenz: Zusammenhängende Einheit eines Films, z. B. verbunden durch einen Schauplatz; Unterteilung in einzelne Szenen möglich

Einstellung: Kleinste Einheit im Film zwischen zwei Schnitten, auch Blende genannt

Schnitt: Wechsel der Einstellung

Harter Schnitt: Wechsel der Einstellung ohne Übergang

Schnitt/Gegenschnitt: Kontrastierung zweier Einstellungen in mehrfachem Wechsel, bei Dialogen auch Schuss-Gegenschuss genannt

On-/Off-Ton: Ton innerhalb bzw. außerhalb der Szene

Akustische Klammer: Zwei oder mehr Einstellungen werden durch ein Geräusch (Ton/Musik) miteinander verbunden.

Kameraeinstellungen

Vogel-, Normal- oder Froschperspektive: Blickpunkt, von der Kamera gesehen

Schwenk, Zoom, Fahrt: Bewegungen der Kamera

Einstellungsgrößen (mit Beispielen, auf die Darstellung von Menschen bezogen):

- *Panorama:* Der Kamerablick ist ausschweifend über eine Landschaft gerichtet.
- *Weit:* Eine Landschaft ist zu sehen, in der der Mensch verschwindend klein ist.
- *Totale:* Mehrere Menschen werden in einem Rahmen oder Raum gezeigt, in dem diese Menschen sichtbar Teil dieses Raumes sind.
- *Halbtotale:* Menschen sind als Ganzes zu sehen – etwa in einer Gruppe in Aktion.
- *Halbnah:* (Wenige) Menschen sind von der Hüfte aufwärts in einer Umgebung zu sehen.
- *Amerikanisch:* Ähnlich der halbnahen Einstellung wird der Mensch auf Knie- oder Hüfthöhe gezeigt (vor allem im Western bei Duellen).
- *Nah:* Der Mensch wird vom Kopf bis zur Mitte des Oberkörpers gezeigt.
- *Groß:* Der Blick ist konzentriert auf den Kopf des Menschen.
- *Detail:* Vom Gesicht ist nur ein Detail zu sehen.

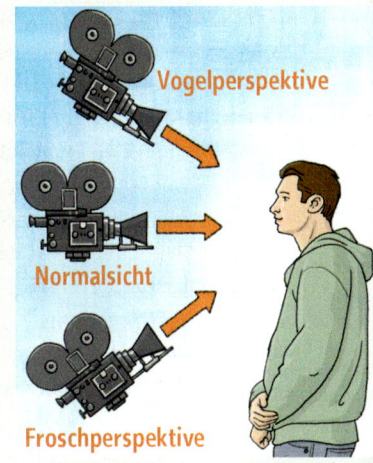

Bilder und Kunstwerke beschreiben und deuten

Bilder und Kunstwerke zeichnen sich durch ihre **Konkretheit**, **Unmittelbarkeit** der Wirkung und **Räumlichkeit** aus. Als visuelle Objekte werden sie von dem Rezipienten vollständig und zunächst ohne weitere gedankliche Auseinandersetzung aufgenommen. Mit der engen Verbindung verschiedener visueller Elemente geht zudem eine Vielzahl an möglichen inhaltlichen Aussagen und Bezügen einher. Um Bedeutungen zu erschließen, ist eine bewusste und im Vergleich zur alltäglichen Wahrnehmung verlangsamte und exaktere Aufnahme bzw. Verarbeitung des Gesehenen notwendig. Bei jeder Betrachtung eines Bildes oder Kunstgegenstands sind folgende Bereiche der Beschreibung sowie Deutung zentral:

- Auf welchen **Sachverhalt** bezieht sich das Dargestellte?
- Legt das Objekt eine bestimmte **Sichtweise**, einen bestimmten **Standpunkt** hinsichtlich dieses Sachverhalts nahe?
- Ist eine in dem Werk angelegte **Wirkungsabsicht** (aufklären, provozieren, übertreiben, bewerten etc.) auf den Rezipienten zu erkennen?
- Welche **Reaktionen** und **Vorstellungen** auf der Seite des Betrachtenden werden hervorgerufen?

In Anlehnung an philosophische Methoden der Erkenntnisgewinnung lassen sich verschiedene Herangehensweisen unterscheiden, die es ermöglichen, ein Bild oder ein Kunstwerk zu erklären und zu deuten[1]:

- Das Objekt wird auf der Grundlage eigener Wahrnehmungen, die beschrieben werden, erschlossen, ohne dass auf vorliegende Ideen oder Erklärungen rekurriert wird (**phänomenologisches Vorgehen**).
- Die einzelnen Elemente (Formen, Farbe, Licht, Perspektive etc.) werden beschrieben und in ihren Bezügen zueinander erläutert (**analytisches Vorgehen**).
- Eigene (Teil-)Eindrücke werden kontinuierlich mit dem Gesamtverständnis abgeglichen und erweitert (**hermeneutisches Vorgehen**).
- Gegensätzliche Deutungen werden argumentativ geprüft und gegeneinander abgewogen (**dialektisches Vorgehen**).

Weiterführende Denkansätze bieten oftmals Informationen zu dem Künstler bzw. der Künstlerin, gesellschaftliche, historische, soziologische Aspekte oder stilgeschichtliche Elemente (**Kontextwissen**).

Die gedankliche Reflexion kann auch Ausdruck in einem **handelnden Umgang** mit dem Bild oder dem Kunstwerk, der auf ein Umgestalten oder Ergänzen zielt, finden: Zwecks Deutung kann das Bild etwa durch zusätzliche (zeichnerische wie erzählerische) Elemente angereichert werden. Möglich ist ferner das Verfassen eines fiktiven Auftragsschreibens (an den Urheber) oder einer fiktiven Erzählung zu dem Objekt, das Erstellen eines Bildes mit gegenteiliger Aussage etc. Schließlich ist auch eine selbstständige, **kreative** Entwicklung von visuellen Materialien denkbar. Hierbei interessiert das neu entstandene Ergebnis als solches, d.h. etwa als Umsetzung eines eigenen Gedankens zu einem Thema, einer Frage etc.

A. Paul Weber: Wohin rollst du, Äpfelchen? (1968)

---

[1] Basierend auf Christine Grünberg: Bilder zeigen den ganzen Menschen. In: Anschaulich philosophieren. Hg. von Barbara Brüning und Ekkehard Martens. Weinheim und Basel: Beltz 2007, S. 95 ff.

# Einen Podcast erstellen

Podcasts sind Audio- oder Video-Publikationen, die im Internet angehört, heruntergeladen und abonniert werden können. Der folgende Beitrag beschränkt sich auf das Erstellen von Audio-Podcasts.

Anwendungsmöglichkeiten

Jedes Thema, das sich in Worte fassen lässt, kann man auch akustisch als Podcast aufbereiten. Weniger geeignet sind Themen, die Grafiken oder Illustrationen erforderlich machen. Podcasts können monologisch (Textvortrag) oder dialogisch (Interview, Gespräch) aufgebaut sein.

Technische Voraussetzungen

Zur Aufnahme eines Podcasts wird ein Aufnahmegerät, etwa ein Handy, ein Tablet oder ein PC mit externem Mikrofon, benötigt. Zur Bearbeitung der Aufnahme nutzt man entweder die verwendete Aufnahme-App oder ein Bearbeitungsprogramm für den PC. Eine ruhige Umgebung ist wichtig: Am besten nimmt jede Gruppe in einem getrennten Raum auf.

So funktioniert es

1. Schritt: Vor dem Start
Vor der Aufnahme sollte die inhaltliche Ausrichtung des Podcasts genau überlegt werden. Hat der Podcast ein bestimmtes Thema oder behandelt jede Episode andere Fragestellungen? Wer ist die Zielgruppe? Wie sieht die Struktur aus? Gibt es monologisch vorgetragene Texte, Interviews und Gespräche oder hörspielartige Stücke mit Geräusch-Effekten? Oder beinhaltet der Podcast verschiedene Hörformate?

2. Schritt: Thema erarbeiten
Am Anfang steht die inhaltliche Recherche und Aufbereitung des Themas.

3. Schritt: Themen verteilen
In der Regel organisiert man einen Podcast als themenverschiedene Gruppenarbeit. Die einzelnen Gruppen bearbeiten unterschiedliche Fragestellungen.

4. Schritt: Inhalte planen
Je nach Zugangsweise wird jedes Hörstück geplant. Jede Gruppe schreibt einen Text, der vorgetragen werden soll, sammelt Fragen für das Interview oder erstellt ein Skript, in dem neben dem Sprechertext auch Geräusche und Regieanweisungen notiert werden.

> **Tipp: Schreiben fürs Hören**
> Wer für Hörer statt für Leser schreibt, muss seine Sprache anpassen. Denn ein Hörer kann nicht zurückblättern und eine Passage ein zweites Mal lesen.
> Beim Schreiben sollte man sich eher an gesprochener Umgangssprache als an der Schriftsprache orientieren, d. h., kurze Sätze mit wenig Nebensätzen zu verwenden. Wichtige Begriffe sollten besser wiederholt als variiert werden. Auch ab und an eine kurze Zusammenfassung wichtiger Fakten einzubinden, hilft den Hörerinnen und Hörern.

5. Schritt: Sprechen üben
Vor der Aufnahme sollten die Sprechtexte eingeübt werden. Je öfter ein Text laut gesprochen wird, desto flüssiger gelingt dann die Aufnahme. Besonderes Augenmerk liegt auf langsamem, deutlichen Sprechen. Dabei könnte es helfen, Pausen und Betonungen im Skript zu markieren.

6. Schritt: Aufnehmen
Zum Aufnehmen braucht jede Gruppe einen ruhigen Raum, in dem sie ohne Störungen arbeiten kann. Wichtig ist es, nah am Mikrofon zu sprechen. Den passenden Abstand findet man – abhängig von der Lautstärke des Sprechenden – durch kurze Probeaufnahmen heraus. Die Aufnahme kann so oft wiederholt werden, bis man zufrieden ist.

7. Schritt: Nachbearbeiten
Der Umfang der Nachbearbeitung ist von der Art des Hörstücks abhängig. Bei einem Interview oder einem monologischen Text müssen vielleicht nur Anfang und Ende der Aufnahme sauber beschnitten werden. Vielleicht sind auch größere Versprecher, Denkpausen oder ganze Passagen des Tondokuments zu entfernen. Die meisten Aufnahme-Apps enthalten selbsterklärende Funktionen für solche einfachen Bearbeitungen. Hintergrundgeräusche oder Musik fügt man entweder in der Aufnahme-App oder am PC hinzu.

8. Schritt: Präsentieren und auswerten
Die fertige Podcast-Episode wird zum Schluss in der Lerngruppe präsentiert und besprochen. Die Reflexion der inhaltlichen, methodischen und technischen Umsetzung ist eine zentrale Lerngelegenheit eines Medienprojekts und sollte auf keinen Fall unter den Tisch fallen. Das gilt vor allem für einen Podcast, da die gewonnenen Erkenntnisse in die Produktion der nächsten Episode einfließen können.

Übersicht über Anforderungsbereiche und Operatoren

Anforderungsbereich I

Der Anforderungsbereich I umfasst
- die Wiedergabe von Sachverhalten aus einem abgegrenzten Gebiet im gelernten Zusammenhang,
- die Beschreibung und Verwendung gelernter und geübter Arbeitstechniken in einem begrenzten Gebiet und einem wiederholenden Zusammenhang.

Beispiele dafür sind:
- Wiedergabe von gelerntem Unterrichtsstoff (Daten, Fakten, Vorgänge, Begriffe, Formulierungen, Ergebnisse, Argumente);
- Beschreiben von Situationen, Vorgängen, Bildern u. Ä. in einer allgemein geläufigen oder in einer speziell eingeübten Terminologie;
- zusammenfassende Wiedergabe eines Textes oder Darstellung fachbezogener Sachverhalte.

Dem Anforderungsbereich I entsprechen z. B. folgende Operatoren:

Benennen Sie …	Begriffe oder Sachverhalte ohne nähere Erläuterung aufzählen
Beschreiben Sie …; Stellen Sie dar …	Sachverhalte oder Zusammenhänge strukturiert mit eigenen Worten wiedergeben
Geben Sie den Argumentationsgang wieder …	Einen Argumentationsgang strukturiert zusammenfassen
Fassen Sie zusammen …	Das Wesentliche in konzentrierter Form herausstellen
Skizzieren Sie …	Sachverhalte auf das Wesentliche reduziert übersichtlich darstellen

Anforderungsbereich II

Der Anforderungsbereich II umfasst
- das selbständige Auswählen, Anordnen, Verarbeiten und Darstellen bekannter Sachverhalte unter vorgegebenen Gesichtspunkten in einem durch Übung bekannten Zusammenhang;
- die selbständige Anwendung des Gelernten auf vergleichbare neue Situationen. Dabei kann es entweder um veränderte Sachzusammenhänge oder um abgewandelte Verfahrensweisen gehen.

Beispiele dafür sind:
- Herausarbeiten der Hauptprobleme oder -argumente eines Textes;
- Erläutern von Textinhalten, Rekonstruieren von historischen oder systematischen Zusammenhängen, ggf. unter bestimmten Fragestellungen;
- selbstständige, sachgemäße Darstellung auch komplexer Zusammenhänge und Texte (ethische Ansätze, kontroverse ethische Problemstellungen, Wechselwirkung zwischen ethischer Überzeugung und sittlichem Verhalten, Gültigkeitsanspruch und Relativität von Werten und Normen);
- Erläutern wichtiger Kategorien für ethisch-philosophisches Denken und sittliches Werten in neuen Zusammenhängen;
- Erschließen von Texten oder Sachverhalten mit Hilfe von Gelerntem, z. B. einer im Unterricht bearbeiteten ethischen Position;
- Wiedererkennen bekannter Strukturen in neuen Zusammenhängen, etwa bei der Überprüfung unbekannter Texte auf ihre ethischen und weltanschaulichen Voraussetzungen hin;
- Übertragen von Begriffen, Vorstellungen, Kontroversen in einen veränderten historischen Kontext (z. B. Wissenschaft und Verantwortung);
- Anwenden ethischer Kriterien auf Konventionen und Probleme des Alltags.

Dem Anforderungsbereich II entsprechen z. B. folgende Operatoren:

Analysieren Sie …; Untersuchen Sie …	Wichtige Bestandteile eines Textes oder Zusammenhangs auf eine bestimmte Fragestellung hin herausarbeiten
Vergleichen Sie mit …; Stellen Sie gegenüber …	Gemeinsamkeiten, Ähnlichkeiten und Unterschiede ermitteln
Ordnen Sie in den Zusammenhang ein …	Einen Sachverhalt mit erläuternden Hinweisen in einen Zusammenhang einfügen
Erklären Sie …	Einen Sachverhalt nachvollziehbar und verständlich machen
Arbeiten Sie heraus …	Aus Materialien Sachverhalte herausfinden, die nicht explizit genannt werden
Erläutern Sie …	Einen Sachverhalt veranschaulichend darstellen und durch zusätzliche Informationen verständlich machen

Anforderungsbereich III

Der Anforderungsbereich III umfasst das planmäßige Verarbeiten komplexer Gegebenheiten mit dem Ziel, zu selbständigen Gestaltungen, Deutungen, Folgerungen, Begründungen oder Wertungen zu gelangen. Dabei werden aus den gelernten Denkmethoden bzw. Lösungsverfahren die zur Bewältigung der Aufgaben geeigneten selbständig ausgewählt und der neuen Problemstellung angepasst. Beispiele dafür sind:

- Abschätzen der Möglichkeiten und Grenzen erworbener Fähigkeiten und Kenntnisse zur Lösung einer Aufgabe;
- Entwickeln neuer Fragen oder Perspektiven zu erworbenen Kenntnissen und erlangten Einsichten;
- Überprüfen der Stimmigkeit eines Argumentationszusammenhangs;
- Erörtern des Wahrheits- und Geltungsanspruchs vorgegebener Texte oder Positionen;
- wertender Vergleich oder Gegenüberstellung verschiedener Positionen, Fragestellungen und wissenschaftlicher Argumentationsweisen zu ethischen Fragen;
- Entfalten und Begründen der eigenen Position gegenüber einem ethischen Problem, einer ethischen Theorie, einer kulturellen Tradition oder Fragen der angewandten Ethik;
- Analyse und Beurteilung von komplexen Problemfällen der Ethik;
- Verarbeiten erworbener Kenntnisse und erlangter Einsichten bei der Begründung eines selbständigen Urteils;
- Erörtern der Realisierbarkeit ethischer Werte und Normen in gegebenen Situationen;
- Nachweis bzw. Begründung der angewandten Arbeitsschritte;
- kritische Überprüfung der eigenen Interessen oder Anschauungen.

Dem Anforderungsbereich III entsprechen z. B. folgende Operatoren:

Beurteilen Sie …; Bewerten Sie …; Nehmen Sie Stellung zu …	Zu einem Sachverhalt ein selbständiges Urteil unter Verwendung von Fachwissen und Fachmethoden begründet formulieren
Erörtern Sie …; Setzen Sie sich mit … auseinander	Eine These oder Problemstellung in Form einer Gegenüberstellung von Argumenten untersuchen und mit einer begründeten Stellungnahme bewerten
Begründen Sie …	Einen Sachverhalt oder eine Aussage durch nachvollziehbare Argumente stützen
Prüfen Sie …	Aussagen auf ihre Angemessenheit hin untersuchen
Entwickeln Sie …	Gewonnene Analyseergebnisse synthetisieren, um zu einer eigenen Deutung zu gelangen

Operatoren für alle drei Anforderungsbereiche

Gestalten Sie…; Entwerfen Sie…	Aufgaben auf der Grundlage von Textkenntnissen und Sachwissen gestaltend interpretieren
Debattieren Sie…	In einem Streitgespräch kontroverse Positionen nach vorgegebenen Regeln vertreten

Glossar

Absurdität (lat.): widersinnig oder unsinnig; der Begriff wurde von der existenzialistischen Philosophie des 20. Jahrhunderts – besonders von Albert Camus – verwendet, um die Grundsituation des Menschen in der modernen Welt zu kennzeichnen.

Anamnese (gr.): Der Begriff bezeichnet das zentrale Element in Platons Seelen- und Ideenlehre. Nach Platon besitzt die unsterbliche Seele eines jeden Menschen bereits vor der Geburt durch ihren Zugang zum Reich der Ideen alles Wissen, vergisst es aber bei der Geburt wieder. Die Aufgabe des Menschen zu Lebzeiten ist es also, sich – mithilfe der Anstöße geeigneter Lehrer wie z. B. Sokrates – an dieses Wissen wieder zu erinnern („anamnesis" = Erinnerung). Bildung und Lernen sind für Platon folglich Wieder-Erinnerung.

Anthropologie (gr.): Lehre vom Menschen; die philosophische Anthropologie fragt nach dem Wesen des Menschen, nach Sinn und Ziel seiner Existenz und nach seiner Stellung in der Welt.

Arbeit: ein Begriff mit vielfältiger und wechselnder Bedeutung: z. B. als Mühsal bzw. Plage; als Tätigkeit zur Sicherung des Lebensunterhaltes und Verbesserung der Lebensbedingungen; als Leistung. Die planvolle und gestalterische Aneignung und Nutzung der Natur durch Arbeit gehört zu den Wesensmerkmalen des Menschen. Arbeit bietet unter entsprechenden Umständen und Bedingungen die Möglichkeit der Sinnstiftung, der Selbstachtung und der Selbstverwirklichung. Die Einstellung zur Arbeit und die Art und Weise ihrer Ausführung bezeichnet man als Arbeitsethos bzw. Berufsmoral.

Ästhetik (gr.): ursprünglich die Lehre von der Wahrnehmung (aisthesis), später die philosophische Wissenschaft von Schönheit und Kunst; alltagssprachlich wird der Begriff Ästhetik/ästhetisch heute vor allem wertend verwendet, um etwas Geschmackvolles oder auch Schönes zu bezeichnen.

Atheismus (gr.: ohne Gott): Weltanschauung, die die Existenz eines Gottes verneint bzw. leugnet.

Aufklärung: geistige Strömung bzw. Epoche der Geistesgeschichte im 17. und 18. Jahrhundert, die den Gebrauch der menschlichen Vernunft an die erste Stelle setzte und dadurch gegen Vorurteile, irrationales Handeln und alle Formen des Aberglaubens kämpfte. Heute unterscheidet man zwischen einer „moderaten Aufklärung" und der „Radikalaufklärung", deren Gesellschafts- und Religionskritik die Französische Revolution vorbereitete und den modernen Atheismus vorwegnahm. Berühmte Vertreter der Aufklärung waren Locke, Hume, Voltaire, Diderot, Rousseau und Kant, für den Aufklärung der „Ausgang des Menschen aus seiner selbstverschuldeten Unmündigkeit" war.

Autarkie (gr.): in der aristotelischen Philosophie Begriff für zufriedene Selbstgenügsamkeit.

Autonomie (gr.): Selbstgesetzlichkeit (Ggs.: Heteronomie); das Vermögen der menschlichen Vernunft, sich die Gesetze des Handelns selbst zu geben. Kant: „Autonomie ist also der Grund der Würde der menschlichen und jeder vernünftigen Natur."

Bewusstsein: in der Philosophie das Wissen von der eigenen Existenz, die Selbstwahrnehmung als eigenständig denkendes Lebewesen, aber auch die Fähigkeit zu denken überhaupt.

Deduktion (lat.): in der Philosophie (Logik, Wissenschaftstheorie) die Schlussfolgerung vom Allgemeinen auf das Besondere; Deduktion ist das Gegenteil von Induktion.

Demarkationsproblem: Das Abgrenzungs- oder auch Demarkationsproblem, fragt in der Wissenschaftstheorie von Karl Popper nach einem Kriterium, wonach Behauptungen (Sätze, Satzsysteme) der empirischen Wissenschaft unterschieden werden können von Aussagen der Logik, der Mathematik, der Metaphysik oder auch von Mythen. Popper schlägt vor, die Falsifizierbarkeit einer Aussage durch Basissätze als Abgrenzungskriterium zu wählen. Eine Überprüfbarkeit von Wahrheit oder Falschheit müsse immer gewährleistet sein.

deskriptiv (lat.): beschreibend; in der Ethik unterschieden von „normativ" (eine Norm festlegend); in anderen Wissenschaften – etwa der Linguistik – wird ein deskriptiver Zugang zu den Tatsachen abgegrenzt von historischen Verfahren, die die Entstehung und Entwicklung dieser Tatsachen erforschen und darstellen.

Dilemma: (gr., Plural: Dilemmata) Konflikt, der dadurch entsteht, dass man in einer Situation, in der man zwei (oder mehr) Verpflichtungen einhalten sollte, nur einer Verpflichtung genügen kann.

Dilemma-Diskussion: Methode des Ethikunterrichts, die die Diskussion eines moralischen Dilemmas dazu benutzt, zu tieferen ethischen Einsichten zu gelangen.

Diskurs: argumentationsbasierte Diskussion, die auf rationalem Weg eine allgemein konsensfähige Lösung ethisch-moralischer Fragestellungen sucht.

Dogma (gr.): feststehender, unumstößlicher Lehrsatz; Aussage, die den Anspruch absoluter Gültigkeit und Wahrheit beansprucht. Beispiele: der Glaube an einen Schöpfergott im Judentum, Christentum, Islam; der Glaube, dass die heiligen Schriften (Thora, Bibel, Koran) von Gott gegebene Mitteilungen sind.

Dual-Process-Theorien: Theorie verschiedener psychologischer Fachrichtungen über den zweiprozessigen psychischen Verarbeitungsmechanismus von Information; Dieser erfolgt zum einen mittels des schnellen, oberflächlichen, intuitiv-assoziativen Prozesstyps, zum anderen mittels des langsamen, schrittweisen, tiefgreifenden analytisch-systematischen Prozesstyps.
Der intuitive Prozesstyp neigt dazu, unter Zuhilfenahme impliziter Verarbeitungsstrukturen implizite Einstellungen, vorschnelle Bewertungen und Vorurteile auszubilden. Er steht auch manipulativer Fremd- und Selbsteinwirkung offen.

empirisch (gr.): erfahrungsgemäß; auf dem Wege der wissenschaftlich-beobachtenden Methode (Empirie) gewonnene und auf ihr beruhende Erkenntnisse werden empirisch genannt.

Empirismus: Richtung der Philosophie im 17. und 18. Jahrhundert, die behauptete, nur durch den Gebrauch der sinnlichen Wahrnehmung seien Erkenntnisse zu erzielen; das Gegenprinzip dazu war der „Rationalismus", welcher auf den reinen Verstandesgebrauch setzte; Hauptvertreter des Empirismus: Hobbes, Locke und Hume.

Erkenntnistheorie: Sie beschäftigt sich mit zwei Fragen: Wann kann man überhaupt von Wissen sprechen? Unter welchen Bedingungen und in welchem Sinn kann man Aussagen als „wahr" bezeichnen? Auf diese Fragen antworten verschiedene erkenntnistheoretische Modelle.

Essay (frz.): ein (relativ kurzer) Prosatext, der sich betont subjektiv, facettenreich und meist skeptisch mit einer wissenschaftlichen oder zu einer (aktuellen) Frage des geistigen Lebens befasst. Als offene Form unterscheidet er sich von einer streng wissenschaftlich-sachlichen Abhandlung.

Ethik (gr.): wird auch als „Moralphilosophie", als „praktische Philosophie" oder als „Wissenschaft von der Moral" bezeichnet und befasst sich mit moralischen Urteilen und Handlungen. Man unterscheidet zwischen normativer Ethik, deskriptiver Ethik und Metaethik.

Euthanasie (gr.: guter Tod, gutes Sterben): euphemistischer Begriff für Sterbehilfe, der inzwischen wegen seiner missbräuchlichen Verwendung für den Massenmord an Behinderten während des Dritten Reichs vermieden wird.

Evolution (lat.): allmähliche Weiterentwicklung; heute vor allem gebraucht im biologisch-naturgeschichtlichen Sinne der Entwicklung der Lebewesen von niederen zu höheren Formen; die dieser Begriffsbedeutung zugrunde liegende Evolutionstheorie wurde von Charles Darwin (1809–1882) geprägt.

Existenzialist: Anhänger des Existenzialismus, einer philosophischen Richtung in Frankreich, die vom konkreten Dasein des Einzelnen in einer sinnlosen bzw. sinnentleerten („absurden") Welt ausgeht. Der Mensch ist gefordert bzw. „verurteilt", sein Wesen selbstverantwortlich zu entwerfen.

falsifizieren/Falsifikation/Falsifizierbarkeit (lat.): s. Verifikation/Falsifikation

Freiheit: zentraler Begriff sowohl in der Anthropologie als auch in der politischen Theorie. Man unterscheidet zwischen Handlungsfreiheit, Entscheidungsfreiheit und Willensfreiheit sowie der Freiheit von oder der Freiheit zu etwas. Die Freiheit des Gewissens gilt als Grundwert und als universales Menschenrecht.

Friedensmission: alle multilateralen (= zwischen mehreren Staaten stattfindenden) Friedenseinsätze, die nach einem externen oder internen gewaltsamen Konflikt zur Stabilisierung der Gesellschaften, zur Erhaltung des Friedens bzw. zum Aufbau der Grundlagen für einen dauerhaften Frieden beitragen sollen.

Gedankenexperiment: Die Philosophie bedient sich seit Jahrtausenden dieser Möglichkeit, neue Einsichten zu gewinnen. Rein gedanklich wird dabei eine Situation geschaffen, die bewusst ungewöhnlich und unwahrscheinlich erscheint, um dann hypothetisch philosophische Gedankengänge zu erläutern oder auch Thesen anschaulich zu begründen.

Gerechtigkeit: im subjektiv-personalen Sinn als Kardinaltugend eine sittlich-moralische Lebenshaltung; im institutionellen und gesellschaftspolitischen Bereich ein moralisch-normatives Prinzip für Staat, Recht und Politik.

Gesellschaftsvertrag: s. Vertragstheorie.

Gewissen: das Bewusstsein von der moralischen Qualität und vom sittlichen Wert oder Unwert des eigenen Handelns; die Empfindung der inneren Verpflichtung einer bestimmten Instanz gegenüber; die Psychoanalyse verortet das Gewissen im „Über-Ich".

Hermeneutik (gr.): die Theorie des Verstehens bzw. die Lehre von der Auslegung und Erklärung eines Textes oder eines Kunst- oder Musikwerks.

Heteronomie (gr.): in der Philosophie die Abhängigkeit von Regeln und Normen, die nicht aus dem handelnden Subjekt selbst kommen; Gegenbegriff: Autonomie.

Humanismus (von lat. humanus = menschlich): allgemein: eine auf die Humanität gerichtete Haltung; historisch: geistig-kulturelle Bewegung in der Renaissance, die aus dem neu entdeckten geistigen Gut der griech.-röm. Antike ein (gegenüber dem Mittelalter) neues Menschenbild propagierte. Anhänger dieser Denkrichtung bezeichnet man als Humanisten.

Idealismus (gr.): in der Erkenntnistheorie die Auffassung, dass die Wirklichkeit identisch sei mit der Welt, so wie Letztere uns erscheine; d.h., die Wahrheit ist abhängig von den Fähigkeiten und Eigenschaften des Erkenntnissubjekts; eine davon unabhängige Wirklichkeit mag existieren, bleibt für das erkennende Subjekt aber unzugänglich. Alltagssprachlich bezeichnet der Begriff eine optimistische ethisch-moralische oder politische Haltung, die sich an schwer erreichbaren oder unerreichbaren Idealen orientiert.

Ideenlehre: Mit seiner Ideenlehre schuf Platon die erste einheitliche Erkenntnistheorie. Demnach ist die sinnlich erfahrbare Welt ständigen Veränderungen und Wandlungen unterlegen. In ihr lässt sich das Zeitlose und unwandelbar Wahre folglich nicht erkennen. Platon nahm daher an, dass es sich bei der Erfahrungswelt lediglich um das unvollkommene Abbild der transzendenten, d.h. übersinnlichen, übernatürlichen Welt der Ideen handelt. Eine Idee (gr. idea = Erscheinung, Form) ist das allem Sichtbaren und sinnlich Erfahrbaren zugrunde liegende, unveränderliche, wahre und ewige Urbild. Diese Ideenwelt ist hierarchisch gegliedert. An höchster Stelle steht die Idee des Guten.

Induktion (lat.): In der Philosophie (Logik, Wissenschaftstheorie) ist Induktion die Gewinnung von allgemeinen Aussagen aus der Betrachtung vieler Einzelfälle; das Gegenteil der Induktion ist die Deduktion.

kategorischer Imperativ: zentraler Begriff in der Gesinnungs- bzw. Sollensethik. Immanuel Kant: „Handle so, als ob die Maxime deiner Handlung durch deinen Willen zum allgemeinen Naturgesetz werden sollte." „Handle so, dass du die Menschheit sowohl in deiner Person, als auch in der Person eines jeden anderen, jederzeit zugleich als Zweck, niemals bloß als Mittel brauchst."

kognitiv: (lat.) die Wahrnehmung und das Erkennen betreffend; In der Kognitiven Psychologie versteht man unter Kognition alle Prozesse, die mit der Informationsverarbeitung eines Systems zu tun haben. Beim Menschen betrifft dies die Bereiche Wahrnehmung, Aufmerksamkeit, Denken, Problemlösen, Lernen Handeln, Gedächtnis und Sprache.

Kommunismus (lat.): Die von Karl Marx und Friedrich Engels im 19. Jahrhundert begründete Lehre – später demnach auch Marxismus genannt – sagt voraus, dass im historischen Ablauf der Wirtschaftsordnungen nach dem Kapitalismus der Sozialismus und dann der Kommunismus folgen müsse. Dieser bezeichnet nach Marx und Engels die höchste Entwicklungsstufe der zivilisierten Menschheit, in der alle Produktionsmittel und Erzeugnisse in das gemeinsame Eigentum der Staatsbürger übergehen und alle Klassengegensätze überwunden sind. Kommunismus nennt man aber auch generell eine politische Richtung oder Bewegung, die sich radikal gegen den Kapitalismus wendet und stattdessen eine zentral gelenkte Wirtschafts- und Sozialordnung („Planwirtschaft") anstrebt. In der Sowjetunion und den von ihr beeinflussten Staaten wurde im 20. Jahrhundert – zum Teil mithilfe barbarischer Gewalt – versucht, den Kommunismus zu verwirklichen (Anführer: Lenin, Stalin). Kommunistische Systeme gibt es heute noch in Nordkorea, Kuba und der Volksrepublik China.

Konklusion (lat.): Schlussfolgerung.

Kontraktualismus (lat.): s. Vertragstheorie.

Kultur: Aufgrund seiner Instinktarmut als Naturwesen („Mängelwesen") schafft sich der Mensch mit der Kultur eine „zweite Natur" als Lebens- und Handlungsraum. Man unterscheidet zwischen kulturellen Handlungen, die ihren Zweck in sich selbst haben (z. B. Kunst, Spiel), und solchen, die instrumentellen und sozialen Zwecken dienen (Zivilisation).

Logik (gr.): Lehre vom folgerichtigen Denken und Argumentieren; Disziplin der Philosophie, die sich damit befasst.

Marktwirtschaft: ein Wirtschaftssystem, das auf dem Mechanismus von Angebot und Nachfrage sowie auf dem Prinzip der Konkurrenz und des freien Wettbewerbs privater Anbieter beruht; man unterscheidet die „freie Marktwirtschaft", die ganz ohne staatliche Eingriffe auskommt, und die „soziale Marktwirtschaft", bei der der Staat in Maßen eingreift, um die Rahmenbedingungen der Wirtschaft zu sichern und soziale Härten auszugleichen. Die Marktwirtschaft wird oft auch abwertend „Kapitalismus" genannt.

Marxismus: die auf den Lehren von Karl Marx (1818–1883) beruhende Weltanschauung und politische Bewegung; s. Kommunismus.

Materialismus (lat.): in der Philosophie die Annahme, dass alles auf Materie basiere und es nichts außer Materie gebe, dass Begriffe, die Immaterielles bezeichnen (z. B. Seele, Gott usw.), also keine Entsprechung in der Wirklichkeit haben; alltagssprachlich ist Materialismus eine Lebenshaltung, die sich ausschließlich an Besitz, Konsum und körperlichem Genuss orientiert.

Menschenrechte: s. Menschenwürde.

Menschenwürde: Die Menschenwürde ist ein Wert, der jedem Menschen aufgrund seines Menschseins unveräußerlich und „unantastbar" (Grundgesetz, Art. 1) zugestanden wird. Grundlagen des Menschenwürdebegriffs ist die in allen Kulturen und Religionen anerkannte Sonderstellung des Menschen in der Natur aufgrund seiner Sprach-, Vernunft und Moralfähigkeit. Die Rechtsordnungen billigen dem Menschen in der Regel angeborene und unveräußerliche Rechte (z. B. das Recht auf Leben) zu.

Metaphysik (gr.): philosophische Disziplin, die nach den letzten Gründen des Seienden sucht, um die Wirklichkeit erschöpfend zu erklären.

Moderne (lat.): Die neue oder neueste Zeit bzw. Epoche wird seit der frühen Neuzeit „Moderne" genannt und immer wieder gegen die „Antike", die alte Zeit, ausgespielt. Heute wird der Begriff meistens ganz allgemein für die Jetztzeit verwendet; mit Moderne im weiteren Sinne bezeichnet man aber auch die industrialisiert-technisierte Epoche seit ca. 1900 und die Formen und Strömungen der Literatur, Kunst, Musik und Philosophie, die sie prägten und von ihr geprägt wurden („klassische Moderne").

Moral (von lat. mores: Sitten, Charakter): Inbegriff der Werte und Normen, die in Form von Geboten und Verboten für den Einzelnen (Individualmoral) oder für eine Gruppe (Gruppenmoral, gesellschaftliche Moral) als akzeptiert bzw. als verbindlich gelten.

Moralismus: Lebenshaltung, die die Bedeutung der Moral sehr stark betont und die Moral streng und prinzipientreu auslegt; Moralismus wird oft als übertrieben, unerbittlich und selbstgefällig empfunden und bezeichnet.

mystifizieren/Mystik (gr.): „Form der Religiosität, religiöse Anschauung, bei der durch Versenkung, Hingabe, Askese o. Ä. eine persönliche, erfahrbare Verbindung mit der Gottheit, mit dem Göttlichen – bis zu einer ekstatischen Vereinigung – gesucht wird" (Duden); alltagssprachlich steht „mystisch" oft für undeutlich-geheimnisvoll; „mystifizieren" bedeutet, etwas mit der Aura des Geheimnisvollen umgeben.

Mythos (gr.): ursprünglich mündlich überlieferte Sage oder Erzählung aus der Frühzeit eines Volkes oder einer Kultur. Mythen (Plural) sind oft Geschichten, die die Grundfragen der Menschheit thematisieren, so z. B. die Entstehung der Welt, die Erschaffung der Menschen, aber auch das Verhältnis des Einzelnen zur Gesellschaft oder das der sterblichen Menschen zu den unsterblichen Göttern. Neben Letzteren sind häufig auch Halbgötter, Dämonen und besonders herausgehobene Menschen mit ungewöhnlichen Fähigkeiten die Protagonisten von Mythen. Daher kommt auch der heutige alltagssprachliche Gebrauch des Begriffs, der besondere und lange in Erinnerung bleibende Menschen oder Ereignisse gerne als „legendär" oder eben als „Mythos" bezeichnet (z. B.: „Das Wembley-Tor von 1966 ist ein Mythos des Fußballs.").

Narzissmus: übersteigerte Ichbezogenheit, Selbstliebe; der Begriff wird von der griechischen mythischen Gestalt des Narziss(os) abgeleitet, der sich in sein eigenes Spiegelbild verliebte.

Naturalismus: in der Philosophie eine Grundhaltung, die den Anspruch hat, alle Phänomene der Welt als naturhaft/natürlich zu begreifen und dafür ausschließlich naturwissenschaftliche Methoden und Denkweisen zu verwenden; Naturalisten wenden sich daher oft gegen die Religion und alles, was sie als „irrational" bezeichnen, z. B. die Annahme der Existenz immaterieller Gegebenheiten; s. auch Materialismus.

Naturgesetze: die den Naturphänomenen und -abläufen zugrunde liegenden objektiven Zusammenhänge, die gesetzesähnlich formuliert werden.

Naturrecht: ein angenommenes allgemeingültiges und unwandelbares Recht, das über dem geschriebenen und gesetzten positiven Recht steht und diesem als Maßstab und Orientierung dienen kann und soll.

Norm (lat. norma: Maßstab, Regel, leitender Grundsatz): von Werten abgeleitete konkrete Handlungsanweisungen (z. B. „Du sollst Bedürftigen helfen", abgeleitet vom Wert Hilfsbereitschaft bzw. Solidarität).

normativ (lat.): Normativ wird etwas genannt, das eine Regel oder einen Maßstab für etwas anderes angibt, somit also als dessen Norm dient oder dienen will; ein häufiger Gegenbegriff zu „normativ" ist „deskriptiv" (= beschreibend).

Person: Bezeichnung für ein rationales und selbstbewusstes Wesen; Merkmale: Fähigkeit zur Selbstreflexion und zu einem Vergangenheits- und Zukunftsbezug.

Pflicht: in der Ethik Immanuel Kants dasjenige, was jemand aus unbedingten moralischen Gründen und mit uneingeschränkter Verbindlichkeit tun soll.

Pluralismus (lat.): Der Begriff bedeutet in der Politik die Vielfalt gleichberechtigter Gruppen, Organisationen, Institutionen, Meinungen, Ideen, Werte, Weltanschauungen usw. innerhalb einer Gesellschaft, die ein Netzwerk von Verbindungen miteinander bilden; in der Philosophie ist Pluralismus die Auffassung, dass es kein gemeinsames Grundprinzip aller Phänomene gibt, deren Verbindung die Wirklichkeit bildet, sondern dass die Realität aus vielen selbstständigen Fakten oder Ideen besteht, die unabhängig voneinander existieren und auf unterschiedliche Art und Weise miteinander verbunden sind.

Postmoderne (lat.): umstrittener Epochenbegriff, der unsere Gegenwart, die Zeit nach („post") der Moderne bezeichnen soll; der ursprünglich von Jean-François Lyotard 1979 geprägte Begriff bezeichnete anfangs das Ende der legitimierenden Funktion sogenannter „großer Erzählungen", z. B. des Fortschrittsdenkens, in Geschichte, Politik und Kultur und ihre Ersetzung durch eine relativistische und pluralistische Grundeinstellung; der bald sehr populäre Terminus wurde und wird aber auch auf Stilformen in Architektur, Literatur und Kunst übertragen, wo er die stilistische Vielfalt und vermeintliche Beliebigkeit der 80er- und 90er-Jahre zu fassen versucht.

Prämisse (lat.): Voraussetzung; in der Logik nennt man die Sätze, die die Gründe für eine Schlussfolgerung enthalten, Vordersätze oder Prämissen; den Satz, der die Schlussfolgerung enthält, Nachsatz oder Konklusion.

präskriptiv (lat.): bestimmte Normen festlegend bzw. vorschreibend.

Prämisse (lat.): Voraussetzung; in der Logik nennt man die Sätze, die die Gründe für eine Schlussfolgerung enthalten, Vordersätze oder Prämissen; den Satz, der die Schlussfolgerung enthält, Nachsatz oder Konklusion.

Psychoanalyse (gr.): zusammenfassende Bezeichnung für die Lehren und Methoden Sigmund Freuds (1856–1939) und die von ihm begründete, im 20. Jahrhundert äußerst einflussreiche Denkschule.

Rechtsphilosophie: Anwendungsbereich der Philosophie, der sich mit den Grundfragen des Rechts und der Gerechtigkeit beschäftigt. Rechtspositivismus: rechtsphilosophische Grundhaltung, die allein das bestehende („positive") und in geltenden Gesetzen formulierte Recht als gültig anerkennt – ohne es dabei zu bewerten; der Rechtspositivismus leugnet demnach die Existenz eines übergeordneten „Naturrechts".

Rechtspositivismus: rechtsphilosophische Grundhaltung, die allein das bestehende („positive") und in geltenden Gesetzen formulierte Recht als gültig anerkennt – ohne es dabei zu bewerten; der Rechtspositivismus leugnet demnach die Existenz eines übergeordneten „Naturrechts".

Relativismus (lat.): philosophische Grundhaltung, die besagt, dass moralische Werte unterschiedlicher Kulturen unverträglich seien und sich oft widersprächen, weil die grundlegenden ethischen Axiome dieser Kulturen unterschiedlich seien („Kulturrelativismus"); demnach seien auch alle diese sich widersprechenden ethischen Prinzipien gleich gültig. Einen für alle Menschen übergeordneten universellen ethischen Maßstab gebe es nicht („ethischer Relativismus").

Religionsfreiheit: Freiheit und Recht des Einzelnen, religiöse Überzeugungen zu äußern, zu befolgen und auszuüben (aktive Religionsfreiheit), sowie Freiheit und Recht, ohne religiöses Bekenntnis zu leben (passive bzw. negative Religionsfreiheit). Die Religionsfreiheit ist Bestandteil der UN-Menschenrechtsdeklaration (Art. 18) wie auch des deutschen Grundgesetzes (Art. 4). Die Religionsmündigkeit, d. h. die Freiheit, über seine Religionszugehörigkeit bzw. seine Religionslosigkeit selbst zu bestimmen, beginnt in Deutschland juristisch mit dem 14. Lebensjahr.

Rhetorik (gr.): die Kunst der Rede; Sie wurde im Zeitalter der Aufklärung eher negativ als reine Überredungstechnik beurteilt und ist in unserer heutigen, von schnelllebigen Medieneindrücken dominierten Welt für die politische und ökonomische Entscheidungskultur unverzichtbar geworden.

Sein-Sollen-Fehlschluss: die Schlussfolgerung, dass aus dem, was ist, hervorgeht bzw. abzuleiten ist, dass es auch so sein soll.

Sophisten (gr.): antike Philosophenschule; die Sophisten („Weisheitslehrer") boten als freischaffende Lehrer den Bürgern Athens Unterweisung in der Rhetorik, der Redekunst, an. Zugleich waren sie auch Aufklärer, die den Menschen in den Mittelpunkt philosophischen Denkens stellten und erstmals die Grundlagen für eine vernunftbegründete und autonome Ethik schufen. Sie richteten ihre Analysen und ihre Kritik auf die gesellschaftliche Praxis, auf die Rechtsordnung sowie auf die Religion und gelangten dabei häufig zu einem relativistischen Standpunkt. „Sophist" wird bis heute auch als Schimpfwort benutzt und meint einen „Wortverdreher", dem es nicht darum geht, andere durch Argumente zu überzeugen, sondern der die Rhetorik dazu benutzt, um andere zu manipulieren. „Du bist und bleibst ein Lügner, ein Sophiste." (Faust zu Mephisto; Goethe: Faust I)

Sozialphilosophie: „Philosophie, die sich mit dem Menschen als gesellschaftlich bestimmtem Wesen und der kritisch reflektierenden Untersuchung der Gesellschaft befasst." (Duden)

Sterbehilfe: Maßnahmen, die dem Sterbenden den Tod erleichtern sollen (Sterbebegleitung) oder die den Tod herbeiführen. Als „passive Sterbehilfe" bezeichnet man das bewusste Unterlassen von lebensverlängernden Maßnahmen. Bei „aktiver Sterbehilfe" unterscheidet man zwischen „indirekter aktiver Sterbehilfe" (Inkaufnahme möglicher Lebensverkürzung durch Verabreichung schmerz- oder leidenslindernder Medikamente) und „direkter aktiver Sterbehilfe" (das gezielte und tätige Herbeiführen des Todes).

Stereotyp: vereinfachendes, verallgemeinerndes Urteil bzw. (ungerechtfertigtes) Vorurteil über sich oder andere oder eine Sache; festes, klischeehaftes Bild.

Stoa: Die Stoa (gr. Säulenhalle) ist eine nach ihrem Versammlungsort – der Stoa Poikile im antiken Athen – benannte Philosophenschule, die besonders für ihre ethischen Lehren bekannt war und ist. Nach der Stoa kommt es im Leben darauf an, Affekte und Leidenschaften wie Zorn, Lust oder Furcht zu vermeiden, um dadurch zu Unerschütterlichkeit und (Seelen-)Ruhe („stoischer Ruhe") zu gelangen.

Syllogismus (gr.): Begriff aus der Logik; ein Syllogismus ist ein Schluss vom Allgemeinen auf das Besondere, z. B. von einem Gesetz auf einen Einzelfall.

Teleologie (gr.): Lehre von der Zielgerichtetheit und Zweckmäßigkeit aller Dinge.

Theismus (gr.: Gott): Weltanschauung, die das Wirken eines persönlichen Gottes hinter der Schöpfung und dem Sein postuliert.

Theologie (gr.): die wissenschaftliche Lehre von einer als wahr vorausgesetzten Religion, ihrer Geschichte und Überlieferung. Der Begriff findet hauptsächlich für das Christentum Anwendung; die Theologie bezieht einen wissenschaftlichen Standpunkt innerhalb der Religion, während eine Betrachtung der Religionen aus einer distanzierten Position von der „Religionswissenschaft" geleistet wird.

Totalitarismus: allumfassender Machtanspruch eines politischen Herrschaftssystems, sowohl im öffentlichen als auch im persönlich-privaten Bereich, mit dem Ziel der uneingeschränkten Durchsetzung der eigenen Ideologie mit allen Mitteln.

Transzendenz (lat.): Transzendent wird etwas Übersinnliches genannt, das die Grenzen der uns möglichen Erfahrung übersteigt; der Begriff wird häufig benutzt, um die jenseitige und göttliche Sphäre in einem religiösen Glaubenssystem zu bezeichnen.

Tugend: Tüchtigkeit im Sinne einer sittlich-moralischen Haltung. Man unterscheidet zwischen Primar- bzw. Kardinaltugenden und sogenannten Sekundärtugenden sowie zwischen Verstandes- und Charaktertugenden. Den Tugenden entgegengesetzt sind die Laster.

Utilitarismus (lat.): Nützlichkeitsethik bzw. Folgenethik; Orientierung am größtmöglichen Erfolg bzw. Nutzen einer Handlung für eine größtmögliche Zahl der davon Betroffenen.

Verifikation/Falsifikation (lat.): Schlüsselbegriffe aus der bis heute sehr einflussreichen Wissenschaftstheorie Karl Poppers, dem „kritischen Rationalismus". Für Popper ist jedes Wissen nur vorläufig, alle Theorien sind Hypothesen, die man nicht mit letzter Gewissheit als wahr erweisen (verifizieren) kann. Sie können lediglich als fehlerhaft erwiesen (falsifiziert) und durch genauere ersetzt werden, die sich wiederum der Kritik stellen. Keine Theorie kann den Anspruch erheben, absolut wahr zu sein. „Insofern sich die Sätze einer Wissenschaft auf die Wirklichkeit beziehen, müssen sie falsifizierbar sein, und insofern sie nicht falsifizierbar sind, beziehen sie sich nicht auf die Wirklichkeit." (Karl Popper)

Vernunft: wesentlichste Fähigkeit des Menschen zum Erkenntnisgewinn und damit das wichtigste Instrument der Philosophie; Die Abgrenzung zum Begriff des „Verstandes" änderte sich seit der Antike. Die auch heute noch allgemein anerkannte und gültige Bedeutungsbestimmung des Begriffs „Vernunft" erarbeitete Immanuel Kant in der „Kritik der reinen Vernunft" (1781).

Vertragstheorie (auch „Kontraktualismus" von Kontrakt = Vertrag): Gedankenexperiment einiger Staatsphilosophen (Hobbes, Locke, Rousseau), das die Frage nach Herkunft und Notwendigkeit politischer Herrschaft zu beantworten versucht; die Vertragstheoretiker nehmen einen fiktiven „Naturzustand" an, der durch einen Gesellschaftsvertrag beendet wird, den alle Menschen frei miteinander abschließen und dessen Inhalten sie alle zustimmen können; dieser Vertrag enthält die Grundlagen des dann auf ihm aufbauenden – fiktiven – Staates; nach der Vertragstheorie müssen alle wirklich legitimen Staaten eine gesetzliche Grundlage haben, die einem solchen fiktiven Vertrag ähnlich ist und deren Inhalte ebenso allgemein zustimmungsfähig wären wie im Gedankenexperiment.

Werte: im moralischen Sinn Leitvorstellungen, von denen sich Individuen oder Gruppen bei ihren Entscheidungen und Handlungen leiten lassen bzw. die ihnen zur Orientierung dienen (z. B. Freiheit, Solidarität, Sicherheit, Wahrhaftigkeit, Menschenwürde). Aus diesen allgemeinen und abstrakten Zielorientierungen („Wertekanon") leiten sich jeweilige konkrete Handlungsanweisungen (Normen) ab.

Wissenschaftstheorie: Teilgebiet der Philosophie, das sich mit den Voraussetzungen, Methoden und Zielen von Wissenschaft beschäftigt und zu erklären versucht, auf welche Weise in und durch Wissenschaft(en) Erkenntnisse gewonnen werden können.

Würde: s. Menschenwürde.

zoon politicon (gr.: geselliges Lebewesen): eine auf Aristoteles zurückgehende Bezeichnung und Bestimmung des Menschen als eines auf Gemeinschaft angelegten und Gemeinschaft bildenden Lebewesens. Die moderne Soziologie bezeichnet den Menschen als „homo sociologicus" mit entsprechenden Rollenzuweisungen.

Personenregister

Adorno, Theodor W. **51**, 52
Alexander der Große 18, 148
Anaxagoras 20
Arendt, Hannah **23**
Aristophanes 10
Aristoteles 20 f., **72**, 73 ff.
Asma, Lieke 42 f,
Athene 12 f.

Beauchamp, Tom Lamar 134 f.
Birnbacher, Dieter 47
Borofsky, Jonathan 22
Breytenbach, Breyten 61
Brieskorn, Norbert 91
Buber, Martin **30**, 31

Chatwin, Bruce 16 f.
Childress, James Franklin 134 f.
Churchill, Winston 70
Cicero, Marcus Tullius **54**

Dalí, Salvador 32 f., 35
Darwin, Charles 19, 32
David 56
Deffner, Carmen 45
Demokrit 148
Descartes, René 78
Diogenes 148
Dürer, Albrecht 20

Eckert, Rainer 103
Eichmann, Adolf 23
Einstein, Albert 32
Elser, Georg 100
Epimetheus 12 f.

Festinger, Leon 44
Franklin, Benjamin 71
Franziskus (Papst) 70
Freud, Sigmund **32**–37

Gandhi, Mahatma 70, **101**, 102
Gehlen, Arnold **24**
Goethe, Johann Wolfgang 13
Grünberg, Christine 150

Habermas, Jürgen **98**, 99
Hamm, Bernd 90
Hegel, Georg Wilhelm Friedrich 18
Hephaistos 12
Heraklit 148
Herder, Johann Gottfried 24, **29**, 30
Hesiod 13, 72
Hitchcock, Alfred 35
Hitler, Adolf 100
Hobbes, Thomas 55, **80**, 81
Hoerster, Norbert 130
Höffe, Otfried 84
Homer 21, 49
Honecker, Erich 103
Horkheimer, Max 51
Hume, David **128**

Jaschke, Hans-Gerd 79
Jaspers, Karl 10
Jinping, Xi **92**

Kafka, Franz 49
Kähler, Christoph 102
Kant, Immanuel **50**, 51 f., 57 f., 60, 71, 84 f.
Kastilan, Sonja 138
Kelsen, Hans **96**, 97
Kierkegaard, Søren **28**
King, Martin Luther 99, **101**
Kopernikus, Nikolaus 32
Krenz, Egon 103
Kropotkin, Peter **19**

Leibniz, Gottfried Wilhelm 27, 29
Lind, Georg 47
Lippmann, Walter 115
Locke, John 44, **55**
Lorenz, Konrad **18**
Luxemburg, Rosa 71

Mann, Thomas 37
Marckmann, Georg 134 f.
Marx, Karl **22**
Masaccio 15
Maslow, Abraham 23
Michelangelo 14
Montaigne, Michel de 148
Montesquieu, Charles-Louis de 55
Moreau, Gustave 13

Moses 56
Mubarak, Hosni 98

Napoleon 18
Narziss 10
Nawiasky, Hans 73
Nuscheler, Franz 90

Oppermann, Thomas 127
Otto, Melanie 45

Pandora 13
Pico della Mirandola, Giovanni **56**, 57
Pieper, Annemarie **46**, 47
Platon 10 ff., **48**, 49, 73, 76 f., 105 f.
Plessner, Helmut **25**
Popper, Karl Raimund 14, **78**
Pörksen, Uwe 112, **113**
Prometheus 12 f., 24
Protagoras 12

Rauchhaupt, Ulf von 139
Reich, Jens 102
Rembrandt von Rijn 144
Reyher, Martin **111**
Rothhaar, Markus 60
Rousseau, Jean-Jacques **82**, 83

Saint Phalle, Niki de 34
Scheler, Max **26**, 27
Schick, Clemens 110
Scholl, Sophie 70
Schrader, Maria 62–67
Schramme, Thomas 132
Schrödinger, Erwin 147
Schumacher, Ralph 40 f.
Singer, Peter **132**, 133, 144
Sokrates 10, 47, 73, 76 f., 105 f., 122, 143
Spaemann, Robert **130**, 133
Spahn, Jens 127
Stalin, Josef 79
Stern, Elsbeth 40 f.
Stölzl, Christoph 37
Stuck, Franz von 10

Thiele, Martina 115
Thoreau, Henry David 99
Timon von Athen 148
Toulmin, Stephen **124**, 125 f.
Trump, Donald 106 f.

von der Pfordten, Dietmar 100

Wallrabenstein, Axel 110
Wolken, Simone 91

Zeus 11 ff.
Zorn, Daniel-Pascal 106 ff.

Sachregister

Aborigines 16 f.
Agape 11
Aggression 18, 34
Algorithmus 63 f.
Allgemeine Erklärung der Menschenrechte (1948) 89
Amnesty International 90, 109
Analogie 143 f.
Anamnese 49
Anerkennung 60
Anthropologie 10 – 19, 37, 55
Arbeit 22 f.
Arbeitslosigkeit 22
Archetypus 10
Argument 38 f., 46 f., 79, 105, 106 ff., 122 – 127, 131, 143 f.
Argumentation 124 ff., 129, 131, 143 f., 148
Argumentationstypen 143
Aristokratie 75
Arzt 105 f., 132, 134 – 138
Ästhetik 50
Astrophysik 32
Asylrecht 89, 91
Atheismus 107
Athen 10, 76, 105
Aufklärung 50 – 53, 55, 82, 88
Autarkie 21, 78
Autonomie 37, 50, 52, 58, 60, 130 f., 134 f.
autoritäres Regime 92 – 95

Banjul Charta 89
Bewusstsein 22, 27, 42, 47, 61, 65, 113, 132 f.
Bibel 14 f.
 – Altes Testament 14 f.
 – Bergpredigt 101
Bilder beschreiben und deuten 150
Bildungssystem 50 f.
black lives matter 42
(das) Böse 15, 21, 37, 79, 101, 148
Bosnien-Krieg 87
Brüderlichkeit 88 f.
Bundesärztekammer 136 f.
Bundesgerichtshof (BGH) 138
Bundestag, Deutscher 108, 110
Bundesverfassungsgericht (BVG) 52, 58 f., 130
Bürger 52 f., 74, 78, 82 – 85, 97, 99 f., 108, 124 f., 127

China, Volksrepublik 92 – 95
Christentum 88
CNN 112

Dammbruchargument 131, 139
Datenschutz 52 f.
DDR 102 f.
Debatte 43, 107 f., 110 f., 130, 134, 142
Deduktion 142
Definition 142
Demarkationsproblem 14
Demokratie 51, 74 f., 78 f., 86 ff., 92, 96 – 100, 104 f., 108 – 111
deskriptiv 19, 122, 125, 128 f., 144
Destruktionstrieb 34 f.
digitale Medien 52 f.
Digitalität 52 f.
dignitas 54
Dilemma 47, 134, 146
Dilemma-Diskussion 146
Diplomatie 86, 112
Diskriminierung 42 f., 89, 101, 139
Diskurs 32, 122
DNA 130
Dogma 106 ff.
„Dokument 9" (2012) 92
Dual-Process-Theorien 38 f.

Egoismus 77
Eigentum 55, 82 f., 89
Embryo 119 f., 123, 132, 138 f.
Embryonenschutzgesetz 138
Empirismus 55
Erfahrung 14, 18, 29 – 32, 36, 38, 41, 48, 65, 128, 145
Erkenntnis 10, 15, 48, 54, 78, 97, 115, 128, 144, 147, 150,
Erkenntnistheorie 48, 50, 115
Eros 10 f., 34 f.
Essay 148
Ethikrat, Deutscher 136
Europäischen Menschenrechtskonvention (1950) 53, 89
Europäische Union (EU) 86, 104
Europäischer Gerichtshof für Menschenrechte (EGMR) 89
Euthanasie 121, 131
Evolution 18 f., 26, 32, 129
Existenzialismus 28
Experiment 41, 43 f., 62

Facebook 53
Fairness 135, 142
falsifizieren/falsifizierbar 14, 37
Faschismus 79, 88
Filmanalyse 62 – 67, 149
Folter 90,
Fortschritt 19, 37, 61
Französische Revolution 82
Freiheit 26, 28, 30, 50 f., 55, 59, 61, 71, 77 ff., 82 – 85, 89, 92, 96 f., 100 ff., 105, 135
 – Gedankenfreiheit 89
 – Gewissensfreiheit 89
 – Informationsfreiheit 89
 – Meinungsfreiheit 61, 89, 143
 – Pressefreiheit 92
 – Reisefreiheit 102
 – Religionsfreiheit 89
Friede 61, 70, 78, 81, 84 – 87,
Friedenssicherung 86 f.
Furcht 80, 99, 103, 133
Fürsorge 135

Gedächtnis 26, 29, 32, 36, 40
Gedankenexperiment 82, 147
Geist 13, 26 ff., 41, 50, 54, 80, 82, 101, 129
Gemeinwohl 74 f., 77
Gemeinschaft/Zusammenleben 21, 59 f., 72 f., 75, 77, 86, 96
Genauigkeitsmotivation 39
Gentechnik 111, 138 f.
Gerechtigkeit 37, 55, 77, 82, 86, 101, 135, 141 f.
Gesellschaft 21, 33, 37, 46 f., 51, 53, 65, 77 ff., 82 f.
Gesellschaftsvertrag 82 f.
Gesellschaftszustand 80
Gesundheit 52, 54 f., 105, 110, 115, 135, 137
Gewaltenteilung 84, 88, 92
Gewissen 35, 50, 88 f., 98, 138
Gleichheit/Gleichheitsprinzip 55, 75, 78, 80, 84, 88 f., 96
Glück 57, 64 f., 72, 85
Golfkrieg, Zweiter (1991) 112 f.
Google 53
Grenzsituation 137
Grundgesetz 58 f., 100, 108
Grundrecht 52 f., 59, 123
(das) Gute 48, 72

guter Wille 46
„Gutmensch" 108

heilig 16 f., 58, 91
Hermeneutik 145, 150
heteronom/Heteronomie 96
Heuristik 39
heuristisch-systematisches Modell 39
Hirntod 121
Höhlengleichnis 48 f.
Homosexualität 115
Humanismus 56
humanitas 54
Humesches Gesetz 128 f.
Hypothese, hypothetisch 60, 82, 133 f., 147

Ich-Bewusstsein 133
Idealismus 22, 78
Ideenlehre Platons 48
Identität 35, 123, 133
Implicit Bias Trainings 43
implizite Einstellungen 42 f.
implizierte Voreingenommenheit 42 f.
implizite Wahrnehmung 41
implizites Lernen 40 f.
Impressionsmotivation 39
In-Vitro-Fertilisation 120, 138
Induktion 143
Instanzen der Seele 32 – 35
Intention 145
internationale/supranationale Organisationen 86
Internationaler Strafgerichtshof (ICC) 89
Internet 52 f., 92, 94 f., 151
Islam 88

Journalismus 92
Judentum 88

Kairoer Erklärung der Menschenrechte 89
kategorischer Imperativ 57 f., 60
Klonen 118 ff., 123, 130
kognitiv 38, 40, 44 ff., 115
kognitive Dissonanzen 44
Kommunismus 53, 79, 92
Kommunistische Partei (KP) Chinas 92

Konflikt 36
 – intrapsychisch 36, 47, 65
 – politisch 39, 59, 80, 84 – 87, 112 f.
Konklusion 122 – 126, 143 f.
Konkurrenz 19, 77, 80
Kontraktualismus 55, 80
Konzentrationslager/KZ 100, 130
Kooperation 19
Krankheit 120, 135 – 139
Krieg 21, 44, 61, 73, 75, 78, 80, 82, 84 – 90, 100, 107, 112 f.
kritische Theorie 51 f., 98
kritischer Rationalismus (nach Popper) 78
Kultur 10, 18, 24, 37, 46, 109
Kunst 12, 32 f., 35, 58, 106, 150
Kunstwerke beschreiben und deuten 150

Laster 128
Legalität 84, 98 f.
Legitimität 47, 79, 8798 f., 107, 111, 120, 129, 134 f.,
Leipziger Montagsdemonstrationen (1989) 102
Liberalismus 55, 92
Libido 34 f.
Lobbyismus 108 – 111
Logik 14, 78, 122 – 126, 143
Luftsicherheitsgesetz (LuftSiG) 58 f.
Lust 21, 32, 76

Marktwirtschaft 92
 – soziale Marktwirtschaft 110
Marxismus 22
Materialismus 22
Mauerfall, Berlin (1989) 102 f.
Maxime 57 f., 60, 100, 135
Medien 53, 92 f., 109, 112 f., 115
Medizinethik, Definition und Bereiche 120 f.
medizinethische Prinzipien 134 f.
Menschenrechte 53, 71, 88 – 92, 99, 109, 111, 123, 130
Menschenwürde 54, 56 – 60, 88 f., 123, 130, 136, 138
Metapher 144
metaphysisch/Metaphysik 14
Mindmap 144
Mitleid 131, 148
Monade 29

Monarchie 75, 81, 97
Moral 18 f., 37, 46 f., 55, 60, 79, 85, 98 f., 107, 123, 125 f., 128 f., 131 f., 134 f., 144, 146
Moralist 107 f.
Moralität 57, 84
Moralphilosophie 47, 57, 134
Mündigkeit 50 f., 113
Mythos 10 – 17, 48

Narzissmus 10
Nationalsozialismus/Drittes Reich 53, 79, 96, 100, 130 f.
NATO (North Atlantic Treaty Organization) 86
Natur 10 ff., 18 – 26, 29 ff., 46, 50, 54 – 58, 65, 72, 74 f., 78, 80, 83 ff., 88, 96, 129, 132, 139
Naturalismus 78, 129
Naturgesetze 29, 55, 58
Naturrecht 55, 88
Naturwissenschaft 14, 24, 37, 136, 145, 147
Naturzustand 55, 80, 82 ff.
Neoliberalismus 92
Neurose 36
Nihilismus 92
Norm 46 f., 55, 97, 98 f., 125, 128, 134, 140, 143
normativ
 – normative Aussage 122 – 126, 128, 144
 – normative Prämisse 122 – 126, 128 f.
 – normative Schlussfolgerung 122 – 126, 128 f.

offene Gesellschaft 78 f.
Oligarchie 74 f.
Organspende 126 f.
Organtransplantation 118, 121

palliativ 136
Parabel 49
Paradoxon 110, 145
Parteienstaat 96
Person 25, 55, 58 f., 80 f., 83, 89 f., 130, 132 f., 138 f.
Persönlichkeitsrechte 52, 138
Pflicht 54 f., 57 f., 82, 99, 135 ff.

Philanthropie 85
Pluralismus 78 f., 109
Pluralität 23, 46, 60
Podcast 151
Polis 21, 77
Politie 75
Populismus 70, 104 – 108
Postmoderne 106
Präimplantationsdiagnostik (PID) 119 f., 138 f.
Prämisse 122, 124 f., 128 f., 143 f.
Pränataldiagnostik 138
präskriptiv 19
Privatsphäre 53
prophetisch 35, 79
Protest 91, 96, 98 f., 101 ff.
Provokation 107 f.
psychischer Apparat 32 – 35
Psychoanalyse 32 – 37

Rassismus 42 f., 115
Recht 37, 47, 52 – 55, 59, 81 – 85, 88 f., 91 ff., 96, 132 – 135, 137, 144
Rechtsordnung 99, 113
Rechtsphilosophie 47, 100
Rechtspositivismus 55
Rechtssicherheit 55, 78
Rechtsstaat 92, 98 ff.
Rechtssystem 94, 142
Reflexion 29, 45, 146, 150 f.
Relativismus 97, 106
Religion 18, 47, 78, 89, 115
Religionsphilosophie 47
republikanisch 84
Résistance 99
Revolution/revolutionär 78, 82, 84, 88, 102 f.
Reziprozität 145
Rhetorik/Redekunst 79, 105 f.
rituell 17
Roboter 62 – 67
Ruanda 87

„Sapere aude" 50
Schadensvermeidung 135
Schicksal 12, 78 f.
Schlaf 16, 32 f., 35 f., 133
Schlussregel 122 – 126
Schmerz 15, 21, 48, 90, 121 f., 136 f.
„Schrödingers Katze" 147
Schuld 10, 35
Schwangerschaftsabbruch 119

Seele 25, 28 ff., 32, 35, 37, 49, 54, 56 f., 76 f., 82
Sein-Sollen-Fehlschluss 128 ff., 144
Selbstbestimmung 52 f., 60, 134
Selbstbewusstsein 27, 46, 130
Selbststeuerung 45
Selbstzweckformel Kants 57 f., 60
Sicherheit 19, 80 f., 86, 89
Sklave/Sklaverei 21, 71 f., 74, 82, 99, 105
Sophisten 105
Sozialismus 92
Sozialistische Einheitspartei Deutschlands (SED) 102 f.
Sozialkreditsystem, chinesisches 93 ff.
Sozialphilosophie 100
Sozialwissenschaften 45
Spielfilm 62 – 67, 149
Sprache 21, 29 ff., 36, 40, 112, 133, 151
Staat 20 f., 52 f., 55, 58 f., 71 – 87, 90 – 93, 96, 98 ff., 104, 132
Staatsräson 91
Staatsrecht 88
Staatsverfassung 72 – 75
Staatsideal 74 – 78
Stalinismus 79
Sterbebegleitung 121, 136 f.
Sterbehilfe 118, 121, 130, 136 f.
Stereotyp 38, 42, 113 ff.
Stimulus 41
Stoa 88
Strafe 15, 80, 90, 99, 137
Strafrecht 37, 89 f.
Strukturskizze 144
Sündenfall 15
Surrealismus 33
Syllogismus 122 – 125

Technik 24, 112 f., 120, 138 f.
Technologie 52
Teleologie/teleologisch 20
Terror/Terrorismus 58, 100
Thanatos 34
Tod 10, 23, 29, 34, 80, 121, 136 f., 148
Todesdefinition 121
Toleranz 55
totalitär/Totalitarismus 78 f., 88
Toulmin-Schema 124 ff.
Transplantationsmedizin 121, 126
transzendent 48
Traum 29, 35 ff.
Tugend 47, 58, 75 – 78, 128
 – Kardinaltugenden 77

Tyrannenmord 100
Tyrannis 75, 100

Überleben 19, 129
Umwelt 24, 26 f.
Umweltschutz 61, 93, 110 f.
UN/Vereinte Nationen 70, 85 ff., 89 f., 104
UN-Kriegsverbrecher-Tribunal 89
UN-Sicherheitsrat 86 f.
unbewusstes Lernen s. implizites Lernen
Utilitarismus 133

Vernunft 18, 26, 47, 49 ff., 55 – 58, 60, 76 – 79, 82, 85, 88 f., 96, 128
Verstehen 38 f., 145
Verteidigungsmotivation 39
Vertragstheorien 80 – 83
Verzweiflung 10, 26, 28, 137
Visiotype 112 ff.
Völkermord 87, 89
Völkerrecht 84 ff., 89, 96
Vorurteil 42 f., 46, 104, 110

Wert 46 f., 54 – 59, 78, 92, 96 f., 137
Wertmaßstab 47, 55, 107, 143
Wertung 113, 115, 128, 144
Wettbewerb 97
Widerspruchslösung/Widerspruchsregelung (Organentnahme) 121, 127
Widerstand 26 f., 45, 51, 83, 98 – 101, 113
 – gewaltloser Widerstand 101 ff.
 – passiver Widerstand 101
Wille 22, 37, 45 ff., 55, 57 f., 60, 80 f., 83, 96 f., 121, 131, 136 f.
Wirtschaftswissenschaften 78
Wissenschaft 12 ff., 24, 32, 37, 40, 42 – 45, 72, 78, 104, 107, 109 ff., 115, 132, 136, 143, 145, 147 f.
Wissenschaftstheorie 14, 78
Wortfeld 142

Zensur 77 f.
ziviler Ungehorsam 98 – 101
zoon politicon 20, 72
Zustimmungsregelung (Organentnahme) 121
Zweifel 36, 124, 139

Bildquellen

|action press, Hamburg: |action press, Hamburg: 70.3. |akg-images GmbH, Berlin: 10.1, 18.1, 22.1, 24.1, 50.1, 55.1, 78.1, 80.1, 101.1; Archive Photos 71.1; Bildarchiv Pisarek 30.1; Erich Lessing 8.3; Imagno/Austrian Archives (S) 96.1; Lessing, Erich 14.1, 15.1, 88.1, 144.1; Schütze/Rodemann 22.2; Science Photo Library 44.1; Science Source 82.1; TT News Agency/SVT 100.1; Vatikanische Museen 48.1; Weise, Anna 98.5; Wittenstein 70.1. |Alamy Stock Photo, Abingdon/Oxfordshire: Heritage Image Partnership Ltd 71.2; Horree, Peter 148.1. |Alamy Stock Photo (RMB), Abingdon/Oxfordshire: Art Heritage 20.1; Babnik, Erin 54.1; Bildagentur-online/Schoening 9.2; dbimages 71.3; Hay Ffotos/Morris, Keith 132.1; Heritage Image Partnership Ltd 8.1; PANAGIOTIS KARAPANAGIOTIS 76.1; Pictorial Press Ltd 92.1; public domain sourced/access rights from Historic Collection 26.1; Rehova, Magdalena 118.3; The Picture Art Collection 13.1; www.BibleLandPictures.com 73.1. |Baaske Cartoons, Müllheim: Schneider, Brigitte 91.2. |Berghahn, Matthias, Bielefeld: 147.1, 149.1, 149.2. |Bergmoser + Höller Verlag AG, Aachen: 88.2. |Bertelsmann Stiftung, Gütersloh: 95.1. |bpk-Bildagentur, Berlin: 81.1. |ddp images GmbH, Hamburg: Hitij, Maja 136.1. |Domke, Franz-Josef, Wunstorf: 145.1. |fotolia.com, New York: kagemusha 114.1; L.Klauser 9.3. |Getty Images, München: HO/AFP 35.1; Los Angeles Times/Seib, Al 124.1. |Glasbergen, Randy/glasbergen.com, Sherburne: 1997 by Randy Glasbergen 143.1. |Imago, Berlin: Boethling, Joerg 87.1; epd 138.1; iStockphoto.com, Calgary: Titel; br-photo 42.1; clu 29.1; Jan Will 114.3; © valentinrussanov 12.1. |laif, Köln: 40.1; Moro, Cira 130.1; P. Broze 118.1. |OKAPIA KG - Michael Grzimek & Co., Frankfurt/M.: imageBROKER/Baar, Helmut 98.4; Science Source 72.1. |PantherMedia GmbH (panthermedia.net), München: Ickler, Jens 114.4. |Picture-Alliance GmbH, Frankfurt a.M.: 70.2; akg-images 101.2, 103.1; Andreas Landwehr 94.1; ASSOCIATED PRESS 90.1; dpa 25.1, 51.1; dpa-infografik 91.1, 127.1; dpa-Zentralbild 46.1; dpa/Arnold, Andreas 119.1; dpa/Dedert, Arne 98.1; dpa/Elfiqi, Khaled 98.2; dpa/epa Zurab Kurtsikidze 79.1; dpa/EPA/AFP 112.1; dpa/Müller, Marc 61.1; dpa/UPI 23.1; dpa/Weigel, Armin 114.2; dpa/Wüstneck, Bernd 104.1; DUMONT Bildarchiv/Knoll, Georg 89.1; Franke, Andreas 98.3; KEYSTONE/Beutler, Christian 119.2; Mary Evans Picture Library 36.1; May, Frank 114.5; Pressefoto ULMER 70.4; SCHROEWIG/News & Images/Oertwig, Eva 110.1; United Archives/TopFoto 19.1; ZB/Franke, Klaus 113.1. |Reyher, Martin, Hamburg: 111.1. |Shutterstock.com, New York: Syda Productions 9.4. |stock.adobe.com, Dublin: Augenblick 23.2; lassedesignen 9.1; matiasdelcarmine 8.2, 31.1; Nivens, Sergey 28.2; Race, Dan 118.2; Rohde, Gabriele 54.2, 54.3; Thaut Images 8.4. |Stuttmann, Klaus, Berlin: 109.1. |Süddeutsche Zeitung - Photo, München: Melde Press/Reuterswärd, Carl Fredrik, Non-Violence, UN-Hauptquartier New York © VG Bild-Kunst, Bonn 2022 85.1. |toonpool.com, Berlin, Castrop-Rauxel: Belortaja, Medi 146.1. |ullstein bild, Berlin: 128.1, 131.1; ADN-Bildarchiv 102.1; Granger Collection 28.1. |VG BILD-KUNST, Bonn: Niki de St. Phalle, La Mort © Niki Charitable Art Foundation/VG Bild-Kunst, Bonn 2022 34.1; Porträt Sigmund Freud © Salvador Dalí, Fundació Gala-Salvador Dalí/VG Bild-Kunst, Bonn 2022 32.1; Venus von Milo mit Schubladen © Salvador Dalí, Fundació Gala-Salvador Dalí/VG Bild-Kunst, Bonn 2022 33.1; Weber, A. Paul, Wohin rollst du Äpfelchen? © VG Bild-Kunst, Bonn 2022 150.1. |Visum Foto GmbH, München: Panos Pictures 17.1. |© Bundeszentrale für politische Bildung/www.bpb.de, Bonn: 53.1. |© dtv Verlagsgesellschaft mbH & Co. KG, München: dtv-Atlas Philosophie, 2005, S. 198, mit freundlicher Genehmigung von dtv Verlagsgesellschaft mbH & Co. KG 27.1. |© SWR, Stuttgart: Letterbox Filmproduktion/Majestic 62.1, 67.1.